성인교육을 위한

# 성인학습 및 상담

# 성인교육을 위한
# 성인학습 및 상담

김동일
이미나
임형택
공저

# ADULT LEARNING AND COUNSELING

dm 동문사

# PREFACE 머리말

아리스토텔레스는 “인간과 동물이 서로 많은 공통점을 가지고 있는 자연적 생물이지만 본질적인 차이는 이성이다”라고 했다. 우리의 마음속에 생각과 관념의 형태로 존립하는 모든 것은 보고 듣는 우리 의식 속에 처음으로 들어온다고 생각한 것이다. 행복론은 쾌락과 만족을 누리는 삶, 자유를 누리며 책임지는 시민의 삶, 연구하는 철학자의 삶을 통해 균형과 절제를 통한 중용의 도(道)로 행복하고 조화로운 인간이 된다고 했다. 인간다운 삶을 위해서는 이성을 깨우치고 국가와 사회에 필요한 인재양성을 위한 교육의 필요성을 강조하였다.

칸트 또한 “인간이 신이라면 교육은 불필요하고, 인간이 동물이라면 교육은 불가능하다. 인간은 인간이기 때문에 교육이 가능하고 또 필요하다”라고 했다. 즉, 인간이 교육을 받아야만 인간이 될 수 있고 또 인간만이 교육을 받을 수 있다고 설명하고 있다.

교육은 사람들의 역사이며 문화이다. 문화의 지식을 받아들이는 것이 교육인 것이며 인간이 되어 가는 과정이다. 그래서 본 교재에서는 성인학습의 이론과 철학이 기술되었다. 인간은 더불어 살아가는 과정을 통해 끊임없는 교육이 요구된다. 21세기는 배우는 것과 행하는 것을 순환적으로 이루어지는 시대가 되었다. 그러므로 지속적인 성장을 위해서는 학교제도 교육뿐만 아니라 모든 교육의 활동이 끊임없이 이루어져야 한다. 일생의 삶의 질 향상을 위한 교육이 평생교육이다. 더 나아가 개인이 아닌 공동체의 교육실현에 접근하는 것이다.

교육은 인간화 과정의 배경이 되는 사회가 자기 모습을 바르게 갖추도록 스스로가 자기 주도적이고 주체적으로 개입하고 활동하는 것이다. 더 나은 삶과 다 함께 잘 사는 것이라고 할 수 있다.

본 교재는 성인을 위한 교재로써 성인교육자와 성인학습자가 함께 동행하는 마음으로 기술하였다. 집필자들도 지향하는 교육적 관점은 있지만, 교육목적은 인간의 삶의 질이다. 또한 성인을 더 이해하고자 하는 목적도 있다. 누구나 그러겠지만 본 교재도 평생교육현장에서 성인학습자들을 만날 때 유용하게 사용되었으면 하는 바람이다. 본 교재의 대분류는 성인학습론과 학습상담론으로 구분하였다. 이 교재의 내용은 다음과 같다.

제1장 '성인학습의 기초'에서 교육의 본질, 성인학습의 개념, 성인학습의 배경, 성인학습의 원리를 살펴보았다.

제2장 '성인학습자의 특성'에서는 생물학적 특성, 인지적 특성, 심리적 특성, 사회적 특성을 살펴보았다.

제3장 '성인학습자의 이해'에서는 성인학습자 발달 이해, 성인의 일반적 특징을 살펴본다.

제4장 '전통적 학습이론'에서는 인지주의 학습이론, 사회학습이론, 구성주의 학습이론을 알아본다.

제5장과 제6장은 '성인교육의 철학적 기초'에서는 철학의 이해, 인문주의 성인교육, 진보주의 성인교육, 행동주의 성인교육, 인간주의 성인교육, 급진주의 성인교육, 분석철학과 성인교육을 기술하였다.

제7장 '성인학습이론'에서는 안드라고지, 자기주도학습이론, 전환학습이론, 의식화이론, 경험학습이론을 기술하였다.

제8장 '성인학습상담과 진로상담의 이해'는 성인학습상담의 개념, 성인학습상담 방법, 성인학습상담자, 성인진로상담, 진로상담 이론을 살펴보았다.

제9장 '성인상담의 이해'는 정신분석적 접근, 인간중심적 접근, 분석심리적 접근, 개인심리적 접근, 게슈탈트적 접근, 해결중심적 접근, 긍정심리학적 접근을 살펴 보았다.

제10장 '성인상담의 기법 및 요소'에서는 비언어적 소통과 경청, 반영, 명료화, 재진술, 질문, 직면, 해석, 자기개방, 즉시성, 정보제공을 기술하였다.

제11장 '성인상담의 심리평가'에서는 심리평가의 이해, 지능 및 인지 평가, 성격 및 정서 평가, 신경심리평가를 기술하였다.

제12장 '성인상담과 매체활용기법'에서는 미술치료, 음악치료, 모래놀이치료, 독서치료를 살펴보았다.

제13장 '성인상담 과정'에서는 상담의 초기과정, 상담의 중기과정, 상담의 종결과정을 살펴보았다.

제14장 '성인상담사의 역할 및 전문성'에서는 상담사의 역할과 자질, 전문상담사의 전문성에 대한 내용을 기술하였다.

본 교재가 나오기까지 도와주시고 격려하여 주신 모든 분들에게 감사를 드리고자 한다. 그리고 출판을 흔쾌히 허락하고 모든 지원을 해주신 동문사 대표와 편집부에 감사의 말씀을 전한다.

2022년 3월

집필자 일동

CONTENTS 차 례


제1장 성인학습의 기초

01 ▌교육의 본질 ........ 15

02 ▌성인학습의 개념 ........ 17

03 ▌성인학습의 배경 ........ 24

04 ▌성인학습의 원리 ........ 33

제2장 성인학습자의 특성

01 ▌생물학적 특성 ........ 45

02 ▌인지적 특성 ........ 48

03 ▌심리적 특성 ........ 58

04 ▌사회적 특성 ........ 61

제3장 성인학습자의 이해

01 ▌성인학습자 발달 이해 ........ 71

02 ▌성인의 일반적 특징 ........ 82

제4장 전통적 학습이론

01 ▌인지주의 학습이론 ........ 101

02 ▌사회학습이론 ........ 113

03 ▌구성주의 학습이론 ........ 117

## 제5장 성인교육의 철학적 기초(Ⅰ)

01 ▌철학의 이해 ······ 123
02 ▌인문주의 성인교육 ······ 124
03 ▌진보주의 성인교육 ······ 135
04 ▌행동주의 성인교육 ······ 144

## 제6장 성인교육의 철학적 기초(Ⅱ)

01 ▌인간주의 성인교육 ······ 155
02 ▌급진주의 성인교육 ······ 172
03 ▌분석철학과 성인교육 ······ 185

## 제7장 성인학습이론

01 ▌안드라고지 ······ 193
02 ▌자기주도학습이론 ······ 211
03 ▌전환학습이론 ······ 221
04 ▌의식화이론 ······ 225
05 ▌경험학습이론 ······ 227

## 제8장 성인학습상담과 진로상담의 이해

01 ▌성인학습상담의 개념 ······ 231
02 ▌성인학습상담 방법 ······ 237
03 ▌성인학습상담자 ······ 240
04 ▌성인진로상담 ······ 244
05 ▌진로상담 이론 ······ 245

## 제9장 성인상담의 이해


01 | 정신분석적 접근 253
02 | 인간중심적 접근 258
03 | 분석심리적 접근 262
04 | 개인심리적 접근 266
05 | 게슈탈트적 접근 268
06 | 해결중심적 접근 271
07 | 긍정심리학적 접근 272


## 제10장 성인상담의 기법 및 요소


01 | 비언어적 소통과 경청 277
02 | 반영 282
03 | 명료화 285
04 | 재진술 287
05 | 질문 289
06 | 직면 292
07 | 해석 295
08 | 자기개방 297
09 | 즉시성 300
10 | 정보제공 302


## 제11장 성인상담의 심리평가


01 | 심리평가의 이해 307
02 | 지능 및 인지 평가 316
03 | 성격 및 정서 평가 322
04 | 신경심리평가 328

제12장 성인상담과 매체활용기법

01 ▌미술치료 ······ 337
02 ▌음악치료 ······ 342
03 ▌모래놀이치료 ······ 349
04 ▌독서치료 ······ 353

제13장 성인상담 과정

01 ▌상담의 초기과정 ······ 360
02 ▌상담의 중기과정 ······ 365
03 ▌상담의 종결과정 ······ 371

제14장 성인상담사의 역할 및 전문성

01 ▌상담사의 역할과 자질 ······ 381
02 ▌전문상담사의 전문성 ······ 384

참고문헌 ▌391

제 1 장

# 성인학습의 기초

01 교육의 본질
02 성인학습의 개념
03 성인학습의 배경
04 성인학습의 원리

# 01 교육의 본질

고대 그리스의 철학자 아리스토텔레스(Aristotelēs, BC 384~BC 322년)는 인간과 동물이 서로 많은 공통점을 가지고 있는 자연적 생물이지만 본질적인 차이는 이성이라고 했다. 우리의 마음속에 생각과 관념의 형태로 존립하는 모든 것은 우리가 보고 들음으로써 우리 의식 속에 처음으로 들어온다고 생각한 것이다. 아리스토텔레스의 행복론은 세 가지의 형상으로, 즉 쾌락과 만족을 누리는 삶, 자유를 누리며 책임지는 시민의 삶, 연구하는 철학자의 삶을 통해 균형과 절제를 통한 중용의 도(道)로 행복하고 조화로운 인간이 된다고 했다. 인간다운 삶을 위해서는 이성을 깨우치고 국가와 사회에 필요한 인재양성을 위한 교육의 필요성을 강조하였다. 고대 그리스에서의 교육은 자유인으로서 살아가는 데 필요한 파이데이(Paideia)는 전문직 직업교육이 아니라 교양교육(liberal arts)인 평생학습을 의미한다(송준석, 2018). 인간이란 무엇인가라는 의문을 찾기 위해 학습하고 깊이 성찰하지 않으면 인간 존재를 알지 못한다.

칸트(Immanuel Kant, 1724~1804)는 인간을 자연적이고 이성적이며 교육적 존재로 보고 있다. 칸트는 "인간이 신이라면 교육은 불필요하고, 인간이 동물이라면 교육은 불가능하다. 인간은 인간이기 때문에 교육이 가능하고 또 필요하다"라고 했다. 즉, 인간이 교육을 받아야만 인간이 될 수 있고 또 인간만이 교육을 받을 수 있다고 설명하고 있다.

교육은 사람들의 역사이며 문화이며(김동일, 2019), 사실이나 지적 활동의 가시적 결과물인 지식과 개인이 정보들을 완전히 내면화함으로써 통합적 능력인 판단의 결합으로 이루어진다(김승호, 2019). 즉, 문화의 지식을 받아들이는 것이 교육인 것이며 인간이 되어 가는 과정이다. 인간은 더불어 살아가는 과정을 통해 끊임없는 교육이 요구된다. 21세기는 앎(배우는 것)과 삶(행하는 것)을 실천하기에는 어려움이 있을 수밖에 없다. 그러므로 지속적인 성장을 위해서는 학교제도 교육뿐만 아니라 모든 교육의 활동이 끊임없이 이루어져야 한다. 일생의 삶의 질 향상을 위한 교육이 평생교육이다. 더 나아가 개인이 아닌 공동체의 교육실현에 접근하는 것이다(김동일, 2019).

교육은 인간이 '어떠한 상태로 되어가는 과정' 속에 있다. 즉, 인간화 과정의 배경이 되는 사회가 자기 모습을 바르게 갖추도록 개입하는 것을 포함한다(김창엽, 2019). 결국, 성인학습자의 특성과 같이 누가 챙겨주는 것이 아니라 성인 스스로가 자기 주도적이고 주체적으로 하는 활동이며(김동일, 2019), 더 나은 삶과 다 함께 잘 사는 것이라고 할 수 있다.

교육이 지향하는 교육적 관점은 있지만, 시대와 사회, 민족에 따라 교육목적의 변천은 다양하게 전개되었다(송준석, 2018). 교육사 브루바허(J. S. Brubacher, 1966)는 교육목적의 변천사를 11단계로 구분하였는데 다음과 같다. ① 체제의 보수적 계승, ② 자유시민의 육성, ③ 인간 영혼의 구원, ④ 신사 기질의 육성, ⑤ 다방면의 지식 습득, ⑥ 형식적 능력의 도야, ⑦ 민주사회의 실현, ⑧ 인간 능력의 조화적 발전, ⑨ 완전한 생활을 위한 준비, ⑩ 사회 적응 능력의 육성, ⑪ 꾸준한 경험의 재구성이다. 여기에 김정환(1984)은 두 가지를 추가하였는데 이는 다음과 같다. ① 사회개혁을 위한 역사의식 고취, ② 개개인의 인격적 자아 각성이다.

교육에 대한 이해와 바람직한 교육활동을 실천하기 위해서는 인간에 대한 이해가 선행되어야 한다. 일반적으로 교육의 대상인 인간의 본질 규정에 대해서는 여러 관점에서 논의가 가능하다. 교육의 대상인 인간을 어떻게 규정하느냐 하는 것은 실제 교육의 방향, 내용, 방법, 평가 등과 밀접한 관련을 갖게 된다. 이상섭과 오만록(1994)은 인간의 본질에 대한 관점을 크게 (1) 존재양식에 따른 인간의 본질 규정(① 이성적 존재, ② 도구의 존재, ③ 유희의 존재, ④ 사회적 존재, ⑤ 문화적 존재, ⑥ 상징적 존재, ⑦ 목적적 존재, ⑧ 윤리·도덕적 존재) (2) 본성의 관점에 따른 인간의 본질 규정(① 성선설, ② 성악설, ③ 백지설) (3) 심리학적 관점에 따른 인간의 본질 규정(① 행동주의 심리학, ② 정신분석학, ③ 제3세력 심리학 – 형태주의 심리학, 실존주의 심리학, 인본주의 심리학, 신정신분석학, 인지주의 심리학 등) 등으로 구분하여 살펴보고 있다.

인간에 대한 이해가 시대마다 그 관점과 입장이 약간씩 다르다 하더라도 교육과 관련지어 본다면, 인간은 교육에 의해 인간다운 인간으로 만들어지는 '교육적 존재'라고 볼 수 있다. 인간은 불안전한 존재로 태어나 가정교육을 포함한 학교교육, 사회교육 등 제반 형태의 교육을 통하여 인간으로서 갖추어야 할 특성을 갖춘 인간다운 인간이 된다. 그러므로 인간은 인간으로 태어난다기보다는 교육에 의해 인간으로 만들어진다고 할 수 있다. 그러므로 인간은 교육을 받지 않으면 안 되는, 즉 교육을 필요로 하는 존재인 동시에, 교육이 가능한 교육적 존재인 것이다(이상섭, 오만록, 1994).

Adult Learning and Counseling

## 02 성인학습의 개념

### 1) 성인학습의 정의

성인학습은 성인이 행하는 학습을 말한다. 먼저 학습의 대상이 성인이라고 되어 있기에 성인에 대한 정의가 필요하다. 성인이라는 말을 사용할 때 다양한 개념들이 관련된다.

법적으로 성인기는 혼인, 투표, 취업, 군복무, 운전면허, 음주·흡연 등을 하는 것이 허용된다. 성인기에 진입하는 법적 연령은 국가에 따라 15~21세까지 다양하다. 아프리카의 일부 국가에서는 성인을 13세로 규정하기도 하고, 유대인들은 전통에 따르면, 성인기는 성인식을 하는 나이인 13세로 규정한다. 이 나이가 되면 유대인 남자들은 율법을 번역한 토라(Torah)를 공부함으로써 성인이 될 준비를 해야 한다. 성경에는 성행위를 하는 것을 포함하여 결혼을 위해 요구되는 연령적 요건은 없다. 포스트맨에 의하면, 중세기 기독교 교회는 7세가 되면 성인이 되는 책무를 부여받는 연령으로 간주하였다(Postman, 1982). 미국·영국·중국을 비롯하여 세계 대부분의 지역에서 성인의 법적 연령은 18세지만, 이란은 21세, 인도네시아는 20세와 같이 예외도 있다(차갑부, 2009).

우리나라의 경우 성인과 경계 선상에 있는 청소년의 관련 법에 의한 성인의 법적 기준을 보면, 청소년기본법에는 9세부터 만 24세까지를 청소년이라고 한다. 그리고 청소년보호법은 만 19세 미만이다. 그렇다면 그 이후는 성인이라고 생각할 수 있다. 민법상 성인은 만 19세 이상인 사람을 말한다(김동일 외, 2020). 그러나 일반적으로 만 18세를 경과할 경우 성인으로 간주되는 권리와 의무도 있다.

성인이란 생활주기(life cycle)에 있어서 어떤 단계를 말한다. 즉, 한 개인은 일생을 통하여 아동, 청소년, 성인, 노인 등의 단계를 거치게 된다(차갑부, 2009). 성인은 개인이 살고 있는 사회에서 인정하는 지위(status)를 말한다. 그것은 사회적 부분집합일 수 있다. 즉, 아동과 구별되는 성인, 또는 일련의 이상 및 가치를 가진 성인기(adulthood)를 포함할 수 있다(Rogers, 1969).

성인(成人, adult)이란 성숙에 이른다는 의미를 지닌 라틴어 동사 아도르스케레(adolescere, 청년기가 되다)에서 유래되었으며 아둘투스(adultus)의 과거분사형이다. 이 말은 성숙한 사람은 더 이상 성장하거나 발달하지 않는다는 뜻을 내포하고 있다. 그러므로 근원적인 의미는 성인성이란 청년기와 노년기 사이의 단계로 유아기처럼 왕성하게 성장하지 않으며 노년기처럼 쇠퇴하지 않는 별 변화가 없는 사이의 연령기를 암시한다(임정수, 2014). 흔히 성인은 그들이 필요로 하는 모든 지식과 습성을 이미 습득했다고 생각하기에 '성인기(adulthood)'의 개발을 위한 노력을 하지 않는다(안요한, 2015).

성인기는 생물학적 · 심리학적 성인발달, 법적 · 개인적 특성, 사회적 지위에 의해 규정될 수 있다. 성인기에 대한 다양한 측면은 때때로 일치되지 않고 모순되기도 한다. 어떤 사람은 생물학적 측면에서 성인의 행동특성을 갖고 있지만, 법적으로 성인 연령에 미달한다면 아이로 취급될 수 있다. 반대로, 어떤 사람은 법적으로는 성인이지만 성인의 특성을 규정하는 성숙성(maturity)과 책임감을 갖고 있지 않을 수 있다(차갑부, 2009).

성인기는 일반적으로 신체적 성숙이 완성된 시기로 이해된다. 먼저 이차적 성징이 나타난다. 그리고 성인기에는 수면 패턴이 변화하여 일반적으로 청소년기보다 잠을 덜 잔다. 성인기는 자신의 관점에서 세계를 경험하는 진정한 삶의 시험기(real test of life)이다. 이리하여 성인은 젊은이들에게 자신의 경험을 선날하고, 젊은이들은 자신이 성인이 되었을 때 그러한 경험을 할 수 있다.

교육학자인 노울즈(Knowles, 1980)는 '사회적으로 성인의 역할을 수행하는 사람' 또는 '심리적으로 자신을 성인으로 인식하는 사람' 모두를 성인이라고 정의한 바 있다. 이러한 의미로 성인을 파악하는 것이 완전하지는 않지만, 생물학적 의미에서 적정 연령에 도달한 사람으로서 사회적으로 생산적인 일을 하고 자신의 삶에 대하여 기본적인 책임과 의무를 지닌 자를 성인으로 규정하는 것이 일반적이라 할 수 있다(Knowles, 1980; 권두승 외, 2016; 이현림 외, 2006; 가영희 외, 2017).

성인학습은 인간의 행동을 변화시키는 것을 의미하는데, 학습자인 성인이 자신의 요구와 흥미에 따라 자기주도적으로 실시하는 학습활동을 의미한다. 나아가 성인학습은 성인의 전 생애 걸쳐 다양하고 자주 경험하게 되는 무계획적이고 우연적인 학습활동을 포함한다(Marsick & Watkins, 1990).

어떤 이론가는 인간을 유년기 · 아동기 · 청소년기 · 성인기를 거쳐 발달한다고 하며, 어떤 이론가들은 인간의 발달을 3가지 단계, 즉 성장기 · 안정기 · 쇠퇴기로 본다. 또한 성인기를 관심이나 초점이 변화하는 시기로 성인은 자신의 직업, 가정, 사회적 관심(친구나 이웃 등)에 초점을 두는 것으로 보기도 한다. 다시 말해, 성인은 새로운 직업, 결혼과 부모됨, 자녀의 결혼, 부모의 죽음, 배우자나 친구의 죽음 등 일련의 위기를 통해서 발달된다고 본다. 성인의 발달에 대한 분명한 합의는 없지만, 아래의 〈표 1-1〉처럼 성인 모두가 변화와 성장의 패턴이 동일하지 않다는 것은 분명하다(차갑부, 2009).

**| 표 1-1 | 성인의 발달단계별 학습자 특성**

| 구분 | 특성 |
|---|---|
| 젊은 대학생 | • 부분적으로는 부모에게 의존하지만, 정신적으로는 독립적이다.<br>• 사회지향적이다.<br>• 경제적인 문제에 관심이 있고, 더욱 큰 목표를 달성하기 위해 노력하면서 그것을 뒷받침하기 위한 시간제 직업을 갖고 있는 경우가 많다.<br>• 실용적인 것을 학습하려는 갈망이 있다. |
| 성인학습자 | • 새로운 직업기술을 습득하기 위해 학습하고자 한다.<br>• 자기주도학습을 선호한다.<br>• 능동적으로 학습활동에 참여한다.<br>• 학습 내용을 실생활에 적용하기를 원한다. |
| 중년기학습자 | • 학습에 대해 두려움을 갖고 있다.<br>• 학습하는 것에 대해 절박감을 느끼기도 한다.<br>• 생활에의 책임이 학습에의 책임보다 더 중요하다.<br>• 풍부한 경험을 가지고 있으며, 그것을 학습과 관련시킬 때 학습의 참여가 편안함을 느낀다. |
| 은퇴기학습자 | • 학습 내용의 관련성보다 내용에 대한 내재적 관심 때문에 많은 동기를 부여받는다.<br>• 다양한 배경 경험이 있다.<br>• 문제해결 과정을 학습하는 것을 좋아한다.<br>• 학습하는 데 많은 시간이 소요된다. |

출처: 차갑부(2009). 성인교육방법의 새로운 지평 텔리아고지. 경기: 교육과학사.

많은 학자가 성인학습에 대해 정의를 하고 있지만 보편타당하게 정의하기가 어렵다. 그러나 마이어(Mayer)의 정의는 의미한 바가 크다. 그는 성인학습이란 '경험의 결과로 인하여 사회에서 성인으로 간주되는 사람들의 지식, 태도 및 행동이 비교적 지속적으로 변화하는 과정'이라고 하였다(Mayer, 1992). 다시 말해, 성인학습이란 첫째, 성인의 행동 변화가 있어야 한다. 둘째, 성인의 행동 변화를 위해 경험이나 훈련 또는 연습을 한다. 셋째, 발생한 행동 변화가 비교적 오래 지속되어야 한다는 것이다. 이는 성인기에도 지속적이고 계속적인 발달이 이루어지기 때문에 학습이 계속 필요하다는 것과 같다.

메리엄과 브로켓(Merriam & Brockett, 1997)은 성인학습을 '교수-학습이 대응 관계에 있어 교육자가 수행하는 일에 대응하는 측면으로서 학습자의 내부에서 일어나는 인지적 과정'이라고 정의하였다. 한편 자비스는 교육이란 제도화된 학습이라고 규정한다(Jarvis, 1985). 예컨대 책을 읽는 일 속에서 '학습'이 일어나지만 '교육'은 독서지도 프로그램이라는 구체적이고 계획된 과정을 통해 일어나는 것이라는 것이다. 지금까지 전통적인 교육학에서 '교육'을 '학습'보다 넓은 개념으로 규정해왔다면, 성인교육학자들에게 있어서 '학습'이란 비단 교육에 의해 인도되는 행위뿐만 아니라 그것을 넘어서는 보다 넓은 의미로 인식되고 있다(한숭희, 1999).

## 2) 성인학습의 의의

학습은 '생명체'가 일상적으로 수행하는 삶의 한 단면으로서 마치 호흡과 같이 자연스러운 삶의 과정이다(Smith, 1982). 한 가지 다른 점이 있다면, 숨쉬기가 인간이 의식하든 의식하지 않든 무조건 일어나는 생명유지시스템인 점과 달리 인간의 학습은 무의식적인 측면과 의식적인 측면을 동시에 가지면서 생명체의 본원적 발전을 지원하는 생명발달 시스템이라고 보는 것이다. 여기에서 '동시에'라고 표현한 것은 학습의 자원이 되는 지식과 정보 등이 자신이 의식하는 동안은 물론이고 의식하지 않는 동안에도 흡수 혹은 주입되기 때문인데, 그럼에도 불구하고 학습은 그러한 지식과 정보의 수동적인 습득에 머물지 않고 그것을 자원으로 사용하여 자신의 경험을 적극적으로 재구조화하는 창조적이고 변혁적인 과정에까지 이른다는 점에서 의식적인 생명과정이라고 할 수 있다. 요컨대, 학습은 가장 근본적인 인간의 생명과정의 하나이며, 만일 학습활동이 없다면 인간의 생명과정은 정지하거나 적어도 인간적 삶의 본질을 잃게 된다고 할 수 있다(한숭희, 1999).

전통적 교육학에서는 구조화되고(structured) 포장된(packaged) 장시간의 발화독점(發花獨占), 예컨대 강의와 같은 일방적 대화방식을 일컬어 '가르친다'라고 표현해왔다. 대화식 교육이라는 이름 아래에서도 여전히 '가르침'은 교수자의 관점과 이해를 학습자에게 우회적으로 설득하거나 안내하는 행위로 이해되었다. 물론, 교사는 가르치는 자이며 학생은 배우는 자라는 구분에서 우리는 쉽게 벗어날 수 없다. 그러나 바로 이러한 신화(神話)로 인하여 교육 패러다임 안에서 일어나는 '가르치고 배우는' 행위는 일상생활 속에서 나타나는 대화의 자연스러움과 전혀 다른 의미와 형태를 가지게 되었다. 이 점과 관련지어 볼 때, 오늘날의 학교는 마치 말하기를 직업으로 삼는 사람들(교사)과 듣기를 직업으로 삼는 사람들(학생)을 사회적 역할에 따라 인위적으로 분리해 놓음으로써 한쪽에서는 배우는 기능을 거세하고 다른 한쪽에서는 가르치는 기능을 거세하는 모순을 범하고 있는 셈이다(한숭희, 1999). 사실, 인간학습이 가장 중요한 것의 하나는 배움과 가르침이 호환적인 순환 관계라고 할 수 있다. 성인교육에 있어서 일반적인 사람도 누구도 가르칠 수 있다는 전제를 인정한다. 이러한 가르침은 즉각적인 배움을 동반하는 의사소통적 나눔 행위와 같다. 일상생활의 대화 속에서 많은 것을 배우지만, 그것이 항상 확실한 인식론적 정당화를 동반하는 것은 아니다(최성애, 2010). 대화 가운데 가르치고 배우는 관계 속에서 서로의 인식수준은 자연스럽게 향상된다(장상호, 1997). 즉, 가르치는 행위와 배우는 행위는 마치 대화의 짝처럼 맞물리면서 서로의 인간적 발달을 촉진해가는 것이며, 이러한 점에서 가르침과 배움은 모두 학습, 학습자, 학습관계를 맺어주는 기본적 관계의 요소라고 할 수 있다(한숭희, 1999). 이러한 성인학습이 지니는 의의로 몇 가지 의미를 살펴볼 수 있다(최은수 외, 2010; 나항진 외, 2017; 가영희 외, 2017).

첫째, 학습자의 제반 경험에 근거한 학습활동이 전개된다는 것이다. 즉, 각자의 경험(생활경험, 학습경험, 직업경험) 등을 통해 학습활동이 이루어진다. 성인학습자는 대부분이 자신이 당면 문제에 초점을 맞춰진 학습활동이라고 할 수 있다.

둘째, 일정한 목적 달성을 위한 특정 계획과정으로 이루어지는 의도적 활동이라는 것이다. 이는 스스로 학습의 구성요소를 구성하고 활동을 계획하여 자기주도적 학습이 나타난다. 교사와 학생 간에는 서로 상호보완적이고 수평적인 관계를 맺으며, 학습자를 돕는 조력자로서 의도성과 계획성이 있다. 성인학습자에게 목적 없는 행위와 결과에 책임을 부여할 수 없는 행위는 성인학습으로 볼 수 없다.

셋째, 다양한 학습에 의해 자기실현을 가능하게 한다는 것이다. 매슬로(Maslow, 1943)의 욕구이론에 의하면 자아실현에 도달하도록 성인은 성장한다고 하였다. 성인기의 발달 과업을 달성하도록 노력하여야 하고, 생산적인 사람이 됨과 동시에 인간의 지속적인 성장에 기여하여야 한다.

학습은 자신의 의지를 필요로 하지만, 의지만으로 학습이 이루어지는 것은 아니다. 그것은 여전히 현실 속에서 인간이 겪는 끊임없는 도전과 모순에 대한 생존투쟁에 의해, 그리고 조직공동체 내부의 타자와의 관계에 의해서 자연스럽게, 혹은 어쩔 수 없이 이루어지는 것이라고 본다. 그리고 이 과정은 누가 대신 해결해 줄 수 없는 것이며, 바로 이 점에서 인간은 자기주도적 학습자가 되어야 할 존재론적 필연성을 부여받는 것이다. 그러므로 학습은 생명체의 생명발달과정으로서 필수적인 것이며, 그것은 교육자에 의해 인위적으로 개입되고, 구조화되고, 계획되기보다는 자기주도적이며 맥락 의존적으로 일어나는 주체적 과정이라는 사실을 부각하기 위한 것이다(한숭희, 1999).



# 03 성인학습의 배경

## 1) 성인학습의 사회적 배경

현대사회에서 학습은 삶의 중요한 부분으로 이해되고 있다. 인류의 역사는 다음 세대를 위해 교육을 잘하였는가에 따라 어느 민족이나 국가는 흥성하였으며 잘못 교육하였을 때는 쇠망하였다. 그러므로 교육은 어느 시대에서나 기성세대에게 매우 중요한 과업이다(김동일 외, 2020). 오늘날 지식기반 직업과 글로벌 시장, 통신으로 서로 연결된 시민, 혼합된 문화적 전통으로의 평등한 세계를 맞이하였기에 21세기는 우리에게 과거와는 완전히 다른 새로운 장을 요구한다(Trilling, Bernie & Fadel, Charles, 2016; 김동일 외, 2021 재인용).

**| 표 1-2 | 시대 변화에 따른 교육의 목표**

| 교육의 목표 | 농업시대 | 산업시대 | 지식시대 |
|---|---|---|---|
| 직장과 사회에 기여 | • 가족과 다른 사람들을 위해 식량 생산<br>–기초생활을 위해 도구와 물품을 생산<br>–지역 움막 경제 참여 | • 전문화된 직업을 통해 사회 공헌<br>• 산업발전에 기여하기 위해 공학과 과학을 적용<br>• 생산과 분배의 긴 사슬의 한 부분을 차지 | • 세계적인 정보와 지식 업무에 기여<br>• 사람들의 요구에 부응하고 문제를 해결하기 위한 서비스 혁신<br>• 세계 경제에 참여 |

| 교육의 목표 | 농업시대 | 산업시대 | 지식시대 |
|---|---|---|---|
| 개인의 재능 발휘 및 개발 | • 교육을 받으며 기초 3과목 학습(읽기, 쓰기, 산수)<br>–농업, 수공업 기능 학습<br>–유용한 물건을 만들기 위해 도구 이용 | • 가능한 한 많은 사람을 대상으로 기초적인 문해력과 산술능력 교육<br>• 대부분 사람이 상공업과 산업 관련 기능 학습<br>• 최상위 및 몇 명의 경우 관리 및 행정 능력, 공학 과학 학습 | • 기술 기반 지식 및 생산성 향상 도구를 이용한 개인의 자기 계발 증가<br>• 중산층의 성장으로 인한 지식기반 직업 및 기업의 세계적 진출 확대<br>• 평생 재능 계발 및 학습을 위해 지식 및 기술 도구 활용 |
| 시민의 의무 완수 | • 상부상조<br>–마을공동체 필요에 기여<br>–마을에 꼭 필요한 서비스 및 공동체 행사지원 | • 공동체 이익이 되도록 사회 및 시민 단체 참여<br>• 조직화된 노동 및 정치 활동 참여<br>• 자원봉사 및 자선활동을 통해 지역의 시민활동 발전에 기여 | • 지역사회의 의사결정 과정에 참여하며 온라인 및 개인적으로 정치적 활동 참여<br>• 온라인 커뮤니티와 소셜 네트워크를 통해 세계적인 이슈에 관여<br>• 소셜 네트워크 및 통신 도구를 이용하여 지역 및 세계적인 문제에 시간과 자원 사용 |
| 전통과 가치 전수 | • 농업 지식과 전통을 다음 세대에 전달<br>–부모와 조상의 윤리, 종교, 문화적 전통 속에서 자녀 양육 | • 과거의 상업, 수공업, 전문기술 등에 관한 지식을 배워 다음 세대로 전달<br>• 다양한 문화와 전통이 도시에 공존하는 가운데 자신의 고유문화와 가치 보존<br>• 교통 및 통신의 발달에 따라 다양한 문화권과 상호교류 가능 | • 한 분야에서 전통적인 지식을 빠르게 습득하여 그 원리를 다른 영역에 적용함으로써 새로운 지식과 혁신을 창조함<br>• 광범위한 문화와 전통에 대해 공감하고 그것으로부터 정체성을 가짐<br>• 다양한 문화와 전통의 참여 및 관용<br>• 전통과 세계 시민의식이 혼합되어 새로운 전통과 가치가 창조·전승됨 |

출처: Trilling, Bernie & Fadel, Charles(2016). 21st century skills: learning for in our times. 한국교육개발원 역. 서울: 학지사.

학교교육을 마친 성인들에게 있어서 급속한 사회변화와 그에 따른 학습자들의 학습욕구를 만족시키기에는 역부족이기 때문에 성인학습의 필요성과 당위성이 다음과 같이 요구된다(이현림 외, 2006).

첫째, 기존의 학교교육이 폐쇄적인 교육과정을 통하여 사회와의 교류가 단절된 상태에서의 교육이 이루어졌다. 따라서 성인학습을 통해 지역과의 교류를 통한 학습공동체의 장을 만들 필요성이 제기되었다.

둘째, 암기 위주의 주입식 교육에 의하여 편협한 사고의 한계를 만들어 냈다. 이에 성인학습은 자유롭고 창의적이며, 협동과 참여를 바탕으로 인간적인 교육을 할 필요가 있다.

셋째, 기존 학교교육은 특정 연령대에 전통적 학습자들만을 대상으로 교육함으로써 성인학습자의 요구를 받아들이기 어려웠다. 성인학습자의 다양한 요구에 알맞은 직무교육의 한계가 전통적 교육에서 나타났기 때문에 조직 내에서 학습기회를 다양하게 제공될 필요성이 있는 것이다.

넷째, 학교교육은 다소 부정적이며, 소극적 태도를 취하게 하는 학습 분위기가 형성되어 학습자 스스로 학습하려는 의욕과 학습에 대한 주도성을 빼앗아 버렸다. 그러나 늘어난 학습에 대한 기대와 가능성을 성인학습에 의하여 충족시켜 줄 것이다.

현대사회에서 성인학습 활동이 증가하는 여러 요인이 있으나 여기에서는 성인 인구의 증대와 같은 인구통계학적 요인, 경제의 세계화, 테크놀로지의 변화, 일반 조직의 영향 등과 같은 요인으로 나누어 제시하고자 한다(Merriam & Caffarella, 1999).

첫째, 성인 인구의 증가와 그에 따른 학습요구의 증대이다. 대부분의 선진국과 일부 개발도상국은 아동, 청소년 인구보다도 성인 인구가 더 많은 것으로 나타나고 있으며, 우리나라도 점차 성인들의 비중이 증대되고 있는 경향을 보인다. 과거의 세대보다 훨씬 더 많은 교육을 받은 세대이기도 하다. 이전에 받은 교육정도에 따라서 성인학습자들이 참여를 결정짓는 가장 중요한 요소라는 것을 감안한다면 성인 인구 그 자체가 증가하는 것과 그들의 교육수준이 높다는 것은 곧 성인학습에 대한 요구가 높아졌다는 것을 의미하는 중요한 사회적 요인이 될 수 있다.

둘째, 새롭게 변화되는 경제구조이다. 한국사회의 경제문제는 세계의 경제 문제와 고립시켜서 논할 수 없는 시대가 되었다. 특히 자본의 세계화 과정에서 IMF 사태를 맞이한 한국의 경우는 더욱더 세계 경제에 의존적일 수밖에 없는 상황에 처하게 되었다. 이와 같은 과정에서 한국의 사기업은 물론 공공 기관조차 구조조정이나 조직개편 등과 같은 명목하에 대량 해고를 자행하기도 하였다. 따라서 경쟁사회에서 살아남기 위해서라도 성인들은 자신의 능력을 개발하지 않으면 안 되게 되었으며, 이것이 곧 성인학습을 촉진하는 요인으로 작용하고 있다.

셋째, 과학기술의 발전으로 인한 변화이다. 현대사회에서 하루가 달리 빠르게 진전된 눈부신 과학기술의 발전은 일의 주체 세력을 산업노동자에서 서비스와 지식노동자로 바꾸어 놓았다. 직장에서 신체적 기능발휘를 기본 중심으로 하던 일들이 대뇌의 기능발휘를 주축으로 하는 일들로 대체되기에 이르렀다. 과학기술의 발달은 결과적으로 한 사회의 인력구조를 변화시키고, 기술우위사회(technocracy, 테크노크라시)의 대두를 앞당기는 데 충분하였다. 기술우위사회에서의 시민들은 어떤 교육적인 틀에서 배우고 익힌 지식에 대하여 결코 만족하거나 안주할 수 없고 더 높은 수준의 전문지식을 배워야만 한다는 압박을 받게 된다. 이와 같은 요인들은 결과적으로 일터에서 요구하는 새로운 기술에 대한 습득요건을 제대로 충족시키지 못한 사람들에게 직업전환(job dislocation)을 하도록 만든다. 직업전환이 여의치 못한 경우에는 기술적인 실업(technological unemployment)으로 발전하게 된다. 산업·과학기술의 발전이 국가의 경제발전에 필수불가결한 일이기는 하지만, 따라오지 못하는 성인들의 실업을 방치할 수는 없는 것이다(이성호 외, 1983). 따라서 한 사회의 인적자원개발(Human Resources Development, HRD)은 그 사회발전을 위한 필수적인 과업으로 대두하게 되었다(권대봉, 1998). 그러므로 성인들은 오늘날과 같은 기술우위 시대에서 조직으로부터의 고용 관계 형성과 유지를 위해서라도 계속해서 학습하지 않으면 안 되는 사회가 되었다.

넷째, 현대사회의 급속한 변화와 발전은 모든 조직의 끊임없는 변화를 불러일으키고 있다. 조직의 기본 요소라고 할 수 있는 물적 자원, 재정적 자원, 그리고 인적자원의 세 가지 중에 물적 자원과 재정적 자원은 비교적 변하지 않기 때문에 한계를 가지고 있지만, 이러한 한계를 극복할 수 있는 인적자원을 최대한 개발하는 것이 현대사회의 조직변화에 적응할 수 있는 최선의 방법이 되고 있다. 따라서 효율적으로 조직의 목표달성을 위하여 인적자원을 개발하는 데 노력을 기울여야 한다. 이에 따라 조직에 속한 성인들은 자의에 의해서든 타의에 의해서든 일정량의 학습을 하게 되었고, 학습조직이 필요하게 되었다. 현대사회가 변화함에 따라 성인학습이 필요하게 되었으며 전 세계적으로 성인의 학습 참여율이 증가하고 있다. 성인학습은 평생의 삶 동안 핵심적인 역할을 수행하게 되는데 이는 다음과 같다(Trilling, Bernie & Fadel, Charles, 2016; 김동일 외, 2021 재인용).

첫째, 직장과 사회에 대한 기여이다. 한 분야의 핵심 지시와 내용을 신속하게 배울 수 있어야 한다. 동시에 일과 생활에 필요한 필수적인 학습과 혁신, 기술, 직업 기능의 다양한 요소를 익힐 수 있어야 한다. 이와 같은 기능은 오늘날 지식 및 혁신 업무에 적용할 때 세계 네트워크에 참여하게 되는 것이다.

둘째, 개인의 재능 실현이다. 학교와 가정 그리고 지역사회에서 인터넷 보급률이 빠른 속도로 증가하고 있다. 이러한 도구를 모든 사람이 이용할 수 있도록 하고 정보의 부익부 빈익빈 현상을 해소하게 된다면 더 많은 사람이 자신의 가능성을 깨달을 기회를 얻게 될 것이다.

셋째, 시민의 의무 완수이다. 다양한 미디어의 활용과 인터넷 접근이 가능해짐에 따라 다양한 스펙트럼의 이슈, 정보와 견해, 그리고 여러 사람의 대화가 열람 가능해졌고 그 덕분에 더욱 나은 정보를 바탕으로 민주적 의사결정 과정에 참여할 수 있게 되었다. 이메일과 인터넷, 휴대전화로 인해 관심사를 공유하는 사람과 의견을 교환하고 사회 및 시민, 공동체적 활동을 조정하는 것이 훨씬 수월해졌다.

넷째, 전통과 가치 전달이다. 기존의 전통과 우리 주위의 매우 다양한 전통으로부터 우리 자신의 정체성을 확립하고 유지하는 것이다. 이와 동시에 관용과 타협의 정신을 발휘하여 다른 이의 정체성과 가치를 인정하는 법을 배워야 한다. 그리고 더욱 풍성하고 창의적이며 활기찬 공동체를 이룩할 기회는 한층 더 커졌다.

21세기 지식정보화 사회에 접어들면서 세계의 다양한 지식과 정보의 창출이 활발하게 이루어짐에 따라 개인의 존중과 자유로운 선택의 기회가 확대되고 있다(김동일 외, 2021). 또한 개인의 삶뿐만 아니라 자원의 보존과 재생, 환경문제, 사회복지와 구호 등 사회적·환경적 요인들을 범국가적이고 다문화적·통합적 관점에서 접근해야 한다(김형재 외, 2015).

이처럼 성인학습은 현대사회의 중요한 화두가 되었다. 동일한 상황 맥락 속에서 하나의 시스템 공교육에 위기가 도래하는 한편 다른 하나의 시스템인 평생교육이 새로운 힘을 받고 있는 현상을 의미심장하게 생각해야 한다. 오늘날 평생교육은 교육학 연구의 다양한 장면과 영역에서 '패러다임의 변화'를 가장 적극적으로 받아들여 새로운 이해 틀로 스스로를 구축해내고 있다(한숭희, 2002). 특히 2차 세계대전 이후 국민의 높아지는 학습요구는 많은 국가가 성인학습 혹은 평생교육에 관심이 기울이게 하는 커다란 이유가 되었다(나항진 외, 2017). 이로 인해 UNESCO와 OECD를 중심으로 성인학습 및 평생교육의 변화를 가져오게 되었다.

## 2) UNESCO와 OECD의 평생학습

UNESCO의 역사는 평생학습의 역사와 함께했다. UNESCO의 설립 목적과 이념을 나타내고 있는 헌장은 전쟁이나 평화는 인간의 마음속에서 시작되기 때문에 인류의 지적・도덕적 연대 위에 평화를 건설해야 한다고 주장한다. 이러한 이유에서 교육의 기회는 모든 사람에게 충분하고 평등하게 주어져야 하고, 객관적 진리는 구속받지 않고 탐구되어야 하며, 사상과 지식은 자유로이 교환되어야 함을 확신하면서, 국민들 사이의 의사소통 수단을 발전 확대시키는 동시에, 서로를 이해하고 서로의 생활을 더욱 진실하고 더욱 완전하게 알도록 하기 위하여 이러한 수단을 사용할 것을 동의하고 결의하였다(UIL, 2013). 이처럼 UNESCO의 교육사업 초기에는 문맹퇴치를 목적으로 하는 성인문해교육이 주된 과업이었다(이희수 외 2005; 김동일 외, 2021 재인용).

초기 UNESCO 학습사회를 주창한 랭그랑(Lengrand), 다베(Dave), 겔피(Gelphi), 포레(Faure) 등은 서구 사회의 지배적인 자본주의를 부정하고 그 토대 위에 교육과 문화를 새로이 건설하는 것이라고 주장하였다(Wain, 2001).

UNESCO 평생학습연구소(UNESCO Institute for Lifelong Learning, UIL)가 추진하는 문해교육사업(Literacy Initiative for Empowerment: LIFE, 2005~2015)은 비문해자가 인구의 50% 이상이거나 비문해 성인의 수가 천만 명을 넘는 해당국에 대하여 문해능력을 향상시키기 위한 협력체계의 문해사업이다. UNESCO 평생학습연구소는 문해교육사업을 통해 국가의 각 부처와 NGO 기구, 시민연대, UN 사무국과 기부금 원조 국가들의 협력적 전략으로 파트너십 형성을 도모한다(평생교육진흥원, 2008).

UNESCO의 평생교육사업 목적은 '모든 이를 위한 교육(Education For All: EFA)'이라는 배경 속에 평생교육 주요 사업들의 근거가 되는 중장기 전략을 제시하였다(평생교육진흥원, 2008). 중장기 전략(2014~2021)은 평화와 공평하고 지속적인 발전이라는 포괄적인 목표 아래 9개의 전략목표를 제시하고 있다(UNESCO, 2014).

| 표 1-3 | **문해교육사업(LIFE)에 참여하는 국가 현황**

| 대륙별 구분 | 참여 국가 |
|---|---|
| 아시아·태평양 지역 | 네팔, 방글라데시아, 아프가니스탄, 이란, 인도, 인도네시아, 중국, 파키스탄, 파푸아뉴기니아 |
| 아프리카 지역 | 감비아, 기니, 디부티, 베닌, 부르키나파소, 세네갈, 시에라리온, 에리트레아, 에티오피아, 중앙아프리카공화국, 차드, 콩고민주공화국 |
| 중동·아랍 지역 | 모로코, 모리타니, 수단, 예멘, 이라크, 이집트 |
| 중남미 지역 | 브라질, 아이티 |

출처: 평생교육진흥원(2008). 국제기구 평생교육 정책동향: 유럽연합(EU), 유네스코(UNESCO)를 중심으로. 서울: 평생교육진흥원.

|  |  |
|---|---|
| 사명 | 유네스코는 유엔 전문기구로서 「유네스코 헌장」에 따라 교육, 과학, 문화, 정보커뮤니케이션 분야의 활동을 통해 평화 구축, 빈곤 퇴치, 지속가능한 발전 및 문화 간 대화 등에 이바지하고자 한다. |
| 포괄목표 | 평화, 공평하고 지속가능한 발전 |
| 범세계적 우선순위 | 아프리카 / 양성평등 |
| 전략 목표 | ① 모두를 위한 양질의 평생학습 기회 제공을 위한 교육 체계 개발 지원<br>② 창조적이고 책임 있는 세계시민 양성을 위한 역량 강화<br>③ 모두를 위한 교육(EFA; Education for All) 증진 및 미래 교육의제 설정<br>④ 국가, 지역, 전 지구적 차원의 과학, 기술, 혁신체제 및 정책 강화<br>⑤ 지속가능발전의 주요 과제에 관한 과학 분야 국제협력 증진<br>⑥ 통합적 사회발전 지원, 문화간 화해를 위한 문화간 대화 증진, 윤리 원칙의 증진<br>⑦ 유산의 보호와 진흥, 전승<br>⑧ 창의성과 문화적 표현의 다양성 증진<br>⑨ 표현의 자유, 미디어 발전, 지식과 정보에 대한 접근 증진 |

출처: UNESCO(2014). 2014~2021 Medium-term strategy. 번역 내용 재구성.

| 그림 1-1 | **UNESCO 중장기 전략(2014~2021년)**

UNESCO가 이해한 초기 학습사회는 유토피아적이면서 이념적으로는 좌파 급진주의적 성향을 담고 있었다. 그러나 자본주의의 영향 때문에 서구식 보수적 신자유주의 개념으로 바뀌었고, 결국 OECD의 등장으로 보수주의적 평생교육론은 평생학습(lifelong learning)이라고 재명명된 실용주의적 입장을 취하게 된다. OECD 등의 국제기구 및 서유럽이나 북미의 개별 국가들이 평생학습 체제를 구축하려고 하는 것은 분명히 근대적 제도의 하나로 존속해 온 공교육 제도에 대한 모종의 변화를 시도하고 있다. 서유럽을 중심으로 한 선진국가들, 특히 그들의 지구적 조직체인 OECD 등이 가정하고 있는 것은 교육에 대한 공공지출을 줄이고 그것을 개별적 학습(individual learning)으로 대체함으로써 신자유주의적으로 교육 체제 전반을 구조조정을 하는 것이었다. 평생교육을 '평생에 걸친 개별학습의 집합체'로 다시 규정하는 순간 평생교육은 국가의 정책 영역을 떠나 사적 부문인 고용 가능성을 중심으로 한 자본지배 영역으로 이동한다. 안드라고지와 관련해서는 성인교육의 영역에서 직업계속교육 혹은 평생 직업개발훈련 등의 내용과 기회를 보다 확장해 나감으로써 명실상부하게 '요람에서 무덤까지'의 교육영역과 내용, 그리고 대상을 통합한 한 가지 평생교육 시스템 모형으로 스스로를 자리매김해 가고 있다.

결국, 평생교육은 단지 평생 배워야 한다거나 혹은 평생 가르쳐야 한다는 동어 반복적 명제가 아니다. 이것은 '교육이란 무엇인가'라는 질문에 대한 한 가지의 답변 방식이다(한숭희, 2002). 또한 성인학습의 학습생활 전반을 통일적으로 구성하는 교육연구의 체계를 수립하는 것이다. 튜이즌만(Tuijnman, 2002)은 성인학습의 연구에 다음과 같은 화두를 던졌다.

> "평생학습관점(lifelong learning perspective)을 채택할 때 우리가 강조점을 두어야 하는 것은 성인학습에 대한 이해가 학교학습에 대비하여 가지고 있는 독특한 인식론도 아니며, 학습자에게 제공되는 교육기회의 경로(pathway)도 아니다. 오히려 그 중요성은 학습자들이 다양한 경로를 통해 학습여행(learning trip)

을 하면서 획득하게 되는 것 자체에 있다. 교수자와 학습자가 함께 수행하는 교육적 실천(educational practices)이란 다양한 삶의 장면에서 획득된 학습자의 경험 및 다양한 학문적 교훈 속에서 획득된 이론적 통찰이 만들어 내는 합성물이다. 학교교육에 대한 연구 및 성인교육에 관한 연구가 동시에 평생학습과 관련된 확장된 탐구의 영역에 공헌하며, 그것은 또한 다양한 종류의 행동과학, 사회과학, 그리고 인문학적 지식에 의해 가능해진다."

그는 성인의 '학습여행'을 통해 어떻게 한 성인이 종합적으로 형성되어 가는지를 탐구하는 것이다. 그러한 종합적인 접근 속에서 인간의 평생에 걸친 학습과정이 지니는 비밀에 제대로 밝혀질 수 있을 것인가이다. 즉, 학습현상을 매개로 한 학습중심의 교육학으로 전일적인(holistic) 성인연구라고 볼 수 있다(한숭희, 2002).

Adult Learning and Counseling

## 04 성인학습의 원리

평생학습에 대한 이해를 기반으로 성인학습을 효과적으로 전개할 수 있도록 도와주거나 지원할 수 있는 원리를 도출하는 것은 의미가 있다(조성연 외, 2017). 로저스(Rogers, 1998)는 선행학습이론을 종합하여 성인학습에서 강조되는 학습의 특징을 다음과 같이 정리하였다.

첫째, 학습은 지식이나 기술을 단지 수동적으로 수용하는 것이 아닌 적극적인 활동이다.

둘째, 학습은 개인적이며 또 개별적이다. 우리가 타인과 관계를 맺으며 함께 배울 때도 학습에서 일어나는 궁극적인 변화는 개별적이다.

셋째, 학습은 자발적이다. 학습자는 강제에 의해서가 아니라 자발적으로 학습해야 한다.

**| 표 1-4 | 학습에 관한 전통적 모델과 현대적 모델의 비교**

| 전통적 투입 모델 | 현대적 행동 모델 |
|---|---|
| 수동적(passive) | 적극적(active) |
| 수용하기(receipt) | 탐색하기(search) |
| 부족한 부분 채우기(fill a deficit) | 만족 추구하기(seek a satisfaction) |
| 외부 자극에 반응하기<br>(responsive to outside stimulus) | 내적 충동에 의한 주도<br>(initiated by inner drive) |
| 핵심용어: 주기, 나누기(give, impart) | 핵심용어: 발견, 창조(discover, create) |
| 지식과 기술의 전이<br>(transfer of knowledge/skills) | 문제해결<br>(problem-solving) |
| 교사를 필요로 함(need for teacher) | 자기학습(self-learning) |

출처: Rogers, A. (1998). Teaching adult. Buckingham: Open University Press.

한편, 노울즈는 경험 및 실생활 지향성을 중시하는 안드라고지적 전제에 기초하여 성인학습의 특성을 다음과 같이 기술하였다(Knowles, 1989).

첫째, 성인의 학습 동기는 경험에서 비롯된 필요와 흥미에 의하여 유발된다.

둘째, 성인학습은 생활 지향성에 기초하므로 성인학습에서 중시할 부분은 삶의 현장이지 교과목이 아니다.

셋째, 성인학습의 가장 중요한 자원은 성인학습자의 경험이다. 성인학습자들의 경험을 분석함으로써 평생교육의 방법을 계획할 수 있다.

넷째, 성인은 자신의 삶을 스스로 주도한다. 성인학습에서 교수자의 역할은 지식의 전달자나 평가자라기보다는 학습자와 함께 문제를 탐구해 나가는 동반자에 가깝다.

다섯째, 성인학습자들 간에는 적지 않은 개인차가 존재한다. 따라서 성인학습자의 연령 · 학습 스타일, 시간 · 장소 · 학습 속도의 차이를 충분히 고려하여 반영하여야 한다.

이와 같은 성인학습의 기본 원리에 대한 주장은 매우 다양하다. 능률적인 학습을 위한 성인학습의 원리로 박노열(1997)은 참여 및 조직의 원리, 다양성의 원리, 상호학습의 원리, 상호속성의 원리를, 조용하(1992)는 자발성의 원리, 자기학습의 원리, 상호학습의 원리, 생활적응의 원리, 지역성의 원리, 능률성의 원리를 제시하였다. 한국교육학회 사회교육연구회(1995)는 자발학습의 원리, 자기주도적 학습의 원리, 상호학습의 원리, 현실성의 원리, 다양성의 원리, 능률성의 원리, 참여교육의 원리, 유희 · 오락성의 원리로 정리하였다. 한편, 차갑부(1995)는 자발학습의 원리, 자기주도적 학습의 원리, 상호학습의 원리, 다양성의 원리 및 참여교육의 원리를 제시하였고, 그루네르트는 근접성의 원리, 적합성의 원리, 동기부여의 원리, 우선성의 원리, 쌍방향 커뮤니케이션의 원리, 피드백의 원리, 참여학습의 원리, 다중감각을 활용한 학습원리, 반복학습의 원리를 제시하였다(Groehnert, 1999). 그리고 권두승 외(2016)는 자발적 학습의 원리, 자기주도적 학습의 원리, 상호학습의 원리, 생활적응의 원리를, 조성연 외(2017)는 자발적 학습의 원리, 자기주도적 학습의 원리, 상호학습의 원리, 다양성의 원리, 활용성의 원리를 들었다.

**| 표 1-5 | 학자(기관)들이 주장하는 성인학습 원리**

| 학자(기관) | 성인학습의 원리 |
|---|---|
| 박노열(1997) | 참여 및 조직의 원리, 다양성의 원리, 상호학습의 원리, 상호속성의 원리 |
| 조용하(1992) | 자발성의 원리, 자기학습의 원리, 상호학습의 원리, 생활적응의 원리, 지역성의 원리, 능률성의 원리 |

| 학자(기관) | 성인학습의 원리 |
|---|---|
| 한국교육학회 사회교육연구회(1995) | 자발학습의 원리, 자기주도적 학습의 원리, 상호학습의 원리, 현실성의 원리, 다양성의 원리, 능률성의 원리, 참여교육의 원리, 유희·오락성의 원리 |
| 차갑부(1995) | 자발학습의 원리, 자기주도적 학습의 원리, 상호학습의 원리, 다양성의 원리 및 참여교육의 원리 |
| Groehnert(1999) | 근접성의 원리, 적합성의 원리, 동기부여의 원리, 우선성의 원리, 쌍방향 커뮤니케이션의 원리, 피드백의 원리, 참여학습의 원리, 다중감각을 활용한 학습원리, 반복학습의 원리 |
| 권두승 외(2016) | 자발적 학습의 원리, 자기주도적 학습의 원리, 상호학습의 원리, 생활적응의 원리 |
| 조성연 외(2017) | 자발적 학습의 원리, 자기주도적 학습의 원리, 상호학습의 원리, 다양성의 원리, 활용성의 원리 |

이상의 원리를 종합적으로 정리하여 제시하면 다음과 같다(가영희 외, 2017; 조성연 외, 2017; 권두승 외, 2016; 차갑부, 2009).

## 1) 자발적 학습의 원리

자발적 학습이란 학습자가 외부의 권리나 타인의 강요에 의해 학습에 임하는 것이 아니라 스스로 의지에 기초하여 행하는 학습을 말한다(권두승 외, 2016). 즉, 성인학습은 스스로 동기화를 통해 자발성에서 학습이 시작된다는 특징을 가지고 있으며, 이 원리는 성인의 자아개념 변화로부터 도출되는 것이기도 한다. 그러므로 학습자들이 특정한 분야나 내용에 대한 학습의 필요성을 인지하도록 자극하고, 스스로 학습의 필요성을 느껴 필요한 것을 배우고자 하는 욕구를 끌어내야 하며, 지속적으로 학습활동에 참여할 동기를 유발시키는 방법을 강구해야 한다. 성인학습자들은 과거 학습경험에 의해 불안감이나 저항감을 느끼고 있을 가능성이 있으므로 학습 참여에서 불안을 해소시킴과 동시에 자신감을 불어넣어 주는 것이 자발적 학습을 촉진시키는 방법이다. 그뿐만 아니라 자아개념이 확립된 성인학습자들이 자발적으로 찾아올 수 있도록 그들의 흥미와 관심에 기초한 학습이 전개될 때 스스로 참여하게 될 것이다.

노울즈는 "학습자는 학습하고자 하는 욕구가 있어야 한다."라고 주장함으로써 이와 같은 성인학습의 자발성에 대해서 강조하고 있다(Knowles, 1989). 보일(Boyle, 1981) 또한 "학습자는 학습에 대한 욕구를 느껴야 한다. 학습자는 학습목표를 자신의 목표로 지각해야 한다. 문제 중심의 학습상황은 학습자들의 학습 욕구를 부여하는 데 도움을 줄 것이다."라고 주장하고 있다. 왈드론과 무어(Waldron & Moore, 1991)도 그 중요성을 인식하면서 이러한 동기를 향상시키는 방법으로 세 가지를 제시하고 있다(차갑부, 1993).

첫째, 학습자들이 학습경험을 가치 있고 자신의 개인적 욕구와 관련된다고 간주해야 한다.

둘째, 학습자들은 현재 자신의 능력 수준에서 볼 때 목표가 바람직할 뿐만 아니라 성취 가능하다고 생각해야 한다.

셋째, 학습자들은 학습과업에 내포된 윤리적 의미에 민감해야 한다.

따라서 학습자들이 자발적으로 교육에 참여할 수 있도록 하기 위해 필요한 제반 여건을 갖추도록 해야 한다. 성인학습자가 자발적으로 학습에 임하도록 하기 위해서는 그들이 특정 분야나 내용에 대한 학습의 필요성을 인지하도록 자극하고 촉구하는 일이 중요하다. 스스로 그 필요성을 깨닫고 자주적으로 배우고자 하는 욕구를 내부로부터 느끼게 하며 깨달음을 얻을 수 있는 학습 성과를 평가하고 자발적이고 지속적인 학습활동이 이루어지게 한다. 이를 위해 학습을 조직화하고 구성하며 각종 매체와 학습보조의 기술 및 장비 등을 동원해야 한다(한국교육개발원, 2001). 즉, 자발성의 원리는 성인학습자의 교육 및 상담에서 그들의 자발적 욕구를 파악하고 촉진하는 것이 중요하다고 볼 수 있다.

### 2) 자기주도적 학습의 원리

자기주도적 학습이란 스스로 자신의 학습 욕구를 진단하고, 목표를 설정하고, 학습을 위한 각종 자원을 파악하며, 학습전략의 선택과 실행 및 결과 평가를 해 나가는 과정을 의미한다(차갑부, 1995). 다시 말해, 타인의 판단이나 기준에 의하지 않고 학습자 스스로가 주체적으로 학습의 목적, 방법을 결정하도록 학습에 대한 자율성과 자기계발의 주도권을 부여하는 것을 말한다. 이것은 성인학습에 있어서 '경험의 역할'이 강조되는 것으로부터 도출되는 원리이기도 하다(권두승 외, 2016). 성인학습자들은 아동과는 비교될 수 없는 다양한 경험을 이미 갖고 있어 한층 질 높은 학습이 가능하며 새로운 학습이 전개될 수 있다. 또한 성인은 자율적인 존재이기 때문에 자발적으로 학습활동에 참여하게 됨은 물론, 구체적인 학습계획을 세우고 그것에 기초하여 학습을 전개하며 자기 스스로 학습활동을 평가하는 자기주도적인 학습을 할 수 있다(권두승 외, 2016). 자기주도적 학습을 촉진하기 위한 방법으로 각종 사회교육 시설을 확충하고 일반 대중에게 완전히 개방함으로 학습자들이 성인학습을 편안하고 손쉽게 접할 기회를 부여하는 것이다. 또한 각종 성인교육 프로그램에 참여하는 학습자들에게 각자의 수준에 맞는 교육활동을 자기주도적 학습의 과정으로 전개, 발전시킬 수 있도록 학습의 계약(learning contract)을 맺어 가며 스스로 학습을 전개해 가는 계기를 마련해 주는 일이다(한국교육개발원, 2001). 결국 자기주도적 학습의 원리는 성인학습자가 스스로 학습활동에 참여하고 전념할 수 있는 환경이 얼마나 조성되느냐가 관건이라고 볼 수 있다(조성연 외, 2017).

### 3) 상호학습의 원리

상호학습이란 교수자의 학습자 사이에 서로 배우고 가르치는 활동이 일어난다는 것을 의미할 뿐만 아니라 동일한 목적을 지닌 학습자 상호 간에도 가르치고 배우는 활동이 전개된다는 것을 의미한다(권두승 외, 2016). 학습효과를 높이기 위해서는 학습에 참여한 모든 사람의 집단 역동을 활용하는 것이다. 성인의 경우 다양한 통로를 통하여 축적한 각자의 경험을 학습자원으로 공유하여 서로에게 영향을 주고받음으로써 상호학습이 가능하게 된다. 이와 같은 원리는 아동과는 달리 성인의 경우 다양한 통로를 통해 축적된 경험이 그 개인의 인격을 형성하기도 하고 타인과 구별되는 개성을 형성하기도 한다는 것으로부터 도출된다.

성인학습자들은 가정이나 사회에서 교육자의 위치에 서 있으므로 가르치는 사람과 배우는 사람의 획일적인 구분이 불가능함을 고려해야 한다. 이에 성인학습 지도자는 '교사'라는 역할보다 '촉진자', '조언자'의 역할이 더 강조된다. 배우고 가르치는 사람 간의 지위 격차란 없으며 동료라는 특수한 관계가 강력한 힘을 발휘하기도 한다. 상호학습의 원리에 따라 성인학습에서 학생과 교사의 관계는 수평적이고 인격적인 관계이어야 하며 이를 통해서 교사와 학생이 함께 학습해 나갈 수 있도록 해야 한다(차갑부, 1995).

### 4) 다양성의 원리

다양성의 원리는 학습대상자의 계층별, 연령별, 성별, 관심 및 흥미별에 따른 다양성을 말한다. 또한 시설, 학습장소, 학습목적, 학습대상, 학습방법, 학습내용 등의 다양성이다. 아동 및 청소년을 대상으로 하는 학교교육에서는 교육내용, 교육방법, 교육대상자 등이 매우 동질적이다. 특히 교육대상의 연령대가 비슷하며 관심 영역 역시 비슷하다는 점이 특징이다. 반면에, 성인학습의 대상은 직업, 연령, 학력, 사회경제적 배경, 사회적 경험 등에서 매우 이질적이다. 따라서 성인학습에 있어 학습내용과 학습방법은 이것을 감안하여 선정해야 한다. 이러한 점을 고려하여 성인교육을 담당하는 교사는 교육목표와 내용에 따라서 다양한 수업방식을 적용해야 할 필요성이 있다(차갑부, 1995). 기획 단계부터 이질성을 고려하는 것까지 교육적 경험을 통해 다양한 경험을 얻을 수 있는 환경을 조성하는 것도 중요하다(이현림 외, 2006). 즉, 서로 다양한 배경을 가지고 있다는 성인학습자의 차이점은 오히려 다양성의 개념으로 효과적으로 활용될 필요가 있다. 성인교육을 필요로 하는 사람들의 요구가 다양해짐에 따라 다양한 기법이나 교육 기자재를 활용하여 교육이 이루어질 수 있게 되었다. 그러나 학습의 능률을 높여주기 위해서는 다양한 성인학습자의 필요를 최대한으로 충족시켜 주는 것보다 그러한 다양한 활동과 방법의 조화로운 활용이 더 중요하다고 볼 수 있다.

### 5) 생활적응(활용성 또는 현실성)의 원리

성인이 생활 가운데 당면하게 되는 과제 및 요구에 기초하여 학습을 전개하고, 그 과제 혹은 요구가 충족된 후 생활에 직접 활용하기도 하고 적용하는 것이 생활적응의 원리이다. 성인학습자들은 아동과 달리 가정, 직장, 사회의 구성원으로서 당면하는 문제에 실제적인 결정을 내려야 한다. 이러한 문제들을 해결할 방법에 대한 교육의 필요성을 성인학습자들이 느끼게 된다. 성인학습은 현실성에 따라 구체적인 현실문제를 해결함으로써 역할수행에 실제적인 도움을 줄 수 있어야 한다. 다시 말해, 성인의 학습활동은 제반 문제를 중심으로 전개되며, 학습의 성과는 투입된 비용이나 노력과 비교하여 즉각적으로 적용할 수 있는지 또는 요구 충족의 정도에 따라 결정된다(권두승 외 2016). 그러므로 성인학습의 성과는 투입된 비용이나 노력과 비교하여 학습의 결과가 실생활에 얼마나 적용되는지에 의해 결정된다. 따라서 성인학습의 학습목표, 학습내용, 학습방법, 학습평가에 이르기까지 현실과 밀착될수록 교육의 유의미성이 높아지게 되는 것이다.

### 6) 참여교육의 원리

참여의 원리는 학교교육에서 교육의 목적, 내용, 방법의 선택과 교육기획, 진행, 평가 등에 있어서 능동적인 참여가 어렵지만, 성인학습에서는 모든 분야에 골고루 참여할 기회를 갖는 것이다(임형택 외, 2015). 참여교육의 원리는 성인학습을 시행하면서 교육의 전 과정에 전문적인 지도자들과 성인학습자들이 참여함으로써 교육이 이루어지고, 그 결과에 피드백을 받아 새로운 교육이 실시되는 것이다. 참여교육은 성인학습 전 과정에 대하여 성인학습자들이 적극적으로 참여하도록 유도함으로써 학습자 생활의 질을 개선하여 더욱 나은 상태로 변하하는 데 도움을 줄 수 있는 현실성을 강조한다.

### 7) 능률성의 원리

능률성의 원리는 평생교육에 있어서 투입한 것과 노력한 것 이상으로 교육적인 효과를 가져와야 한다는 것이다. 이러한 교육적 효과를 거두기 위하여 적절한 교육방법의 적용이 요청된다(임형택 외, 2015). 즉, 성인학습의 목적 달성을 위해 다양한 학습형태나 매체를 투입할 때 투자보다 학습결과가 높은 방법을 선택해야 할 것이다. 선정된 교육방법이 바람직하더라도 시간적 · 경제적으로 효과적이며 능률적인지 살펴봐야 할 것이다. 일정한 목표가 정해져 있고 계획에 의하여 행해지는 활동이라면 성과에 주목하여 일정한 시간 내에 많은 경과를 진행할 수 있게 계획이 선행되어야 한다.

### 8) 유희 오락성의 원리

유희 오락성의 원리는 평생교육방법을 선택하면서 게임이나 오락적인 성격을 가질 경우 평생학습 참여의 폭과 질을 향상할 수 있다. 즉, 성인학습에 게임과 같은 오락적 측면이 추가될 경우 학습자의 적극성을 높일 수 있다. 유희와 오락의 장점, 즉 배우며 즐기는 가운데 긴장을 풀고 즐길 수 있다는 것을 살리는 것이다(임형택 외, 2015). 학습에 대한 불안이나 부담감으로 심리적 압박을 받는 성인학습자들을 학습에 가벼운 마음으로 즐기도록 할 수 있게 해야 한다. 유희 오락성이 가미됨으로써 학습에 쉽게 접근할 수 있게 된다. 따라서 유희 오락성의 원리는 중요한 요소가 된다. 역할극이나 율동 그리고 각종 오락, 운동경기 등이 한 예가 되겠다(임형택 외, 2015).

### 9) 융통성의 원리

성인학습에 있어서 모든 학습이 계획된 방향으로만 진행되는 것은 아니다. 때로는 계획과 다른 학습내용과 방법이 요구되므로 상황에 따라 임기응변식으로 새로운 방법을 도입하거나 그 계획 자체를 원천적으로 변경시켜야 할 경우도 생긴다. 각각의 사태에 대해 얼마나 융통성 있게 대처하느냐에 따라 성인학습의 성패가 달린 것이다.

### 10) 계속성의 원리

성인학습은 평생 동안 계속되어야 하므로 교육을 하는 기관과 담당자는 성인학습자가 지속적으로 학습에 참여할 수 있는 교육기회를 개발·제공해야 한다. 성인학습의 기회가 확대되고 내용이나 방법이 다양해짐에 따라 보통 한 프로그램을 통한 학습자의 학습욕구 충족은 부족하게 되었다. 따라서 성인학습에서 지속적인 학습이 가능하도록 지식 자체를 학습시키기보다는 학습하는 방법을 습득시키고 자기계발의 중요성을 각인시켜 학습의 기본을 심어주는 것이 중요하다.

제 2 장

# 성인학습자의 특성

01 생물학적 특성
02 인지적 특성
03 심리적 특성
04 사회적 특성

# 01 생물학적 특성

성인기의 신체발달은 청년기나 성인 초기 때 최고조에 이르면서 점차 감퇴하는 시기로 신체변화가 매우 다양하게 일어난다. 특히 성인전기의 시기는 신체적으로 가장 건강한 시기로서, 아동기나 성인 후기에 비해 만성적 질병이 가장 적게 보고되고 있다(송명자, 2008; Turk et al., 1984). 성인기의 변화는 신체적인 측면에서 '노화(aging)'에 초점을 맞추고 있다. 즉, 노화와 관련된 퇴화과정이 시작되기 때문이다.

최근 건강상의 쇠퇴에도 불구하고 심리사회적 건강과 삶의 만족에 높은 수준을 유지하는 성공적 노화(successful aging)에 대한 연구가 관심이 모이고 있다(서은주, 2009; Rowe & Kahn, 1987, Wong, 1989). 성인들의 노화는 한 번에 갑자기 일어나는 것이 아니며 또 노화가 진행된다고 해서 학습이 불가능한 것은 아니라는 연구들이 누적되면서 성인들의 학습가능성(capacity to learn)에 대한 긍정적인 전망이 이루어지고 있다. 특히 성인들은 시력 및 청력과 같은 신체기능의 노화와 더불어 학습하는 능력 또한 저하되는 것이 일반적이다. 성인들이 보다 효과적으로 학습할 수 있는 최적의 물리적 및 심리적 환경을 조성하려면 성인교육자는 성인기의 생물학적 노화에 대하여 정확하게 이해하고 접근하는 것이 필요하다(권대봉, 1999).

## 1) 감각기능 변화

성인기에 가장 뚜렷한 변화는 감각기능인 시력과 청력의 변화이다. 시각과 청각의 기능 변화는 학습과 직결되기 때문에 성인학습자의 학습 과정에 영향을 미치는 중요한 요인으로 고려된다(최윤정, 2018). 특히 조절능력의 감소는 성인중기와 성인 후기의 전반적인 시각정확도를 감소시킨다(장휘숙, 2008). 이러한 시각의 감퇴는 대체로 40~49세 사이에 나타나며 노안이 대표적 징후다. 실제로 성인중기 동안에는 가까운 것을 보는 데에도 어려움이 생긴다. 이것은 눈으로 가는 혈액 공급이 감소하고 눈의 수정체가 탄력성을 잃기 시작하여 시각의 범위가 좁아지면서 가까운 물체에 초점을 맞추는 능력이 조금씩 감소하는 반면에 사각범위는 커지기 때문이다(권두승 외, 2016; 장휘숙, 2008). 이러한 시력 저하는 인지기능 저하의 가능성을 높이고 활동성을 약화시켜 우울감에 영향을 주거나 자기통제감에 영향을 주는 것으로 알려져 있다(강현욱 외, 2012; 김희정 외, 2011; 장유리 외, 2008).

청력은 언어 지각능력이기 때문에 의사소통에도 영향을 미친다. 특히 성인후기에는 청력 손상에 의한 언어 지각능력의 감퇴로 삶의 만족이 심각하게 훼손된다. 70세 이후부터 대화의 내용과 정서적 의미를 탐지하는 능력이 감퇴하기 때문에 노인들은 대화 상대자에게 적절하게 반응하지 못하게 된다(Villaume et al., 1997). 주위의 가족들은 청력 손상을 입은 노인과 대화하기 위하여 큰소리를 질러야 하고, 그래도 알아듣지 못하는 일이 반복되면 결국 노인은 사회적으로 고립되고 고독감을 느낄 수밖에 없다(장휘숙, 2008).

### 2) 신경계의 변화

신경계란 뇌와 척추를 포함하는 신경으로 행동이나 신체적 반응을 조절하는 기관들로 학습을 위한 일차적인 생물학적 기초를 형성한다. 이러한 신경계의 변화는 성인기의 인지기능에 영향을 미치게 된다. 뇌의 노화와 관련된 연구들을 보면, 노화로 인해 뇌세포와 신경이 소실되더라도 남아 있는 신경 간의 연결이 증가한다는 뇌가소성을 지지한다(Bee & Bjorkland, 2004). 뇌의 가소성(plasticity)이란 전 생애 동안 신경세포(뉴런)의 수상돌기(dendrites)들이 뻗어 나와 다른 뉴런과 새로운 연결을 만들어 변화될 수 있는 특성을 말한다. 뇌의 특정한 영역이 손상되더라도 다른 뇌의 영역이 손상된 영역을 보상하게 되어 높은 수준의 뇌 활동을 유지할 수 있는 것으로 나타났다(Reuter-Lorenz & Lustig, 2005). 즉, 노화가 진행되면서 대부분의 뉴런이 더 이상 분열할 수 없게 된다고 할지라도, 신경계는 전 생애 동안 가소성을 지니기 때문에 수상돌기들이 뻗어 나와 다른 뉴런과 새로운 연결을 만들 수 있다(장휘숙, 2008). 따라서 지속적인 학습을 하게 되면 신경세포 간의 연결이 계속해서 이루어지므로, 성인기의 학습은 우리가 건강하게 살아가는 데 매우 중요한 기능을 한다(최윤정, 2018).

뇌의 무게는 20세를 전후하여 정점에 도달했다가 노년기까지 약 10%가 감소한다(송명자, 2008). 뇌의 구조 측면에서 연령이 증가하면서 뇌량의 부피가 감소하는데, 특히 해마와 전측 전두엽이 신경세포의 소실에 민감하다고 알려져 있다(이현수, 2005, Jernigan et al., 1991; Meyer & Shaw, 1984). 이러한 뇌의 변화로 인지기능도 함께 변화하여 인지 처리의 속도, 억제기능, 작업기억과 같은 집행적 통제기능, 장기기억 능력 등 인지기능의 쇠퇴로 이어진다. 하지만 인간의 경우에는 규칙적인 신체활동이나 운동이 성인 후기 동안에도 대뇌의 신경세포를 유지하게 한다는 증거들이 많이 있다(장휘숙, 2008). 그 예로서 신체활동을 많이 하는 노인들이 더 빠른 반응시간과 인지기능 및 기억기능을 지니고 있었고(Cotman & Neeper, 1996), 정원 가꾸기 같은 신체활동은 인지검사와 기억검사에서 높은 점수와 관련되어 있었다(Berkman et al., 1993). 이처럼 신경계인 뇌의 변화로 인해 성인기의 신경계 변화는 불가피하여 기억을 비롯한 인지기능의 변화와 저하가 나타나지만, 신경세포의 유지와 개선이 가능한 것으로 알려져 있다.

### 3) 외양과 근육골격 및 심장혈관 계통의 변화

성인 중기와 후기의 사람들을 생각해 보면 흔히 주름지고 축 처진 흰 피부와 숱 없는 머리를 언급할 수 있다. 이는 지방분비선(sebaceous gland)이 감소하고 이에 따라 피부 각질이 변화하여 피부가 거칠어지고 탄력성이 떨어지기 때문이다. 이 외에도 치아와 손톱, 발톱과 관련하여 여러 가지 신체적 모습에 변화가 오는데 개인차는 있을지라도, 모든 사람에게 어느 정도는 공통으로 발생하는 현상이다(나항진 외, 2017). 또한 나이가 들어감에 따라 대부분의 사람은 근육이 줄어들고 탄력성이 떨어지는 변화를 보인다. 근육의 힘은 20세와 30세 사이에서 절정을 이루며 그 이후 점차 떨어지다가 60대 후반이나 70대가 되면 현저히 줄어든다(나항진 외, 2017).

성인들은 심장혈관계통에도 변화를 경험하게 된다. 심장질환과 관련한 질병으로 동맥경화증(arteriosclerosis)과 아테롬성 동맥경화증(atherosclerosis) 등이 알려져 있다. 동맥경화증은 동맥관이 두꺼워져서 탄력이 떨어지게 되는 것을 말하며 흔히 동맥경화라고 알려져 있다. 이는 혈관 안의 침전물(calcification)이 고이고 아테롬성 동맥경화로 인해 생긴다. 혈관질환 질병은 노인의 주요 사망원인 중 하나이다. 심장질환은 미국에서 장애를 일으키는 제1의 노인 만성질환이다(U.S. Senate Special Committee on Aging, 2010).



# 02 인지적 특성

## 1) 지능의 변화

### (1) 지능의 개념과 본질

지능이란 말은 라틴어 "~ 중에서 선택하다"라는 말에서 나왔다. 지능은 정의하기가 매우 힘든 추상적인 개념이지만, 일반적으로 어휘력이나 독해력 같은 언어능력, 논리적 사고와 건전한 판단을 수반하는 문제해결 능력 그리고 환경 적응 능력 등으로 정의된다(정옥분, 2015). 지능은 직접 관찰할 수 없어서 사람들의 행위와 행동을 통해 지적 능력을 추론한다. 달리 말하면, 과업을 수행하는 정도를 보고 능력을 평가한다(나항진 외, 2017).

지능을 어떻게 정의하느냐에 따라 개인의 지능과 연령의 관계가 달라진다. 예를 들어서 지능을 단일요인으로 생각한다면 지능은 연령이 증가함에 따라 감소하는 것이라고 간단하게 말할 수 있을 것이다. 그러나 지능을 복합요인으로 여긴다면 지적인 능력 중에서 어떤 것은 연령이 증가함에 따라 감소하지만 어떤 것은 안정적으로 남아 있거나 오히려 증가할 수 있다. 이러한 점은 성인이라 하여 지능이 반드시 감퇴되어 가는 것이 아님을 밝혀 성인학습에 대한 새로운 가능성을 보여주는 것이다(권대봉, 1999). 한편 샤이(Schaie)는 지능에 대한 이와 같은 두 입장에 대해 다음과 같은 견해를 보인다(Schaie, 1996). 즉, 지능을 단일요인으로 보는 것은 아동에게는 적절하지만, 청소년이나 성인에게는 유용하지 않다는 것이다. 이는 성인의 경우 각각 인생주기에 따라 다양한 측면의 지능이 존재한다는 것이 밝혀지고 있기 때문이다(권두승 외, 2016).

### 가. 스턴버그의 삼원지능이론

스턴버그(Sternberg, 1986)의 삼원(三元)지능이론(triarchic theory of intelligence)에 의하면, 지능은 세 가지 요소, 즉 구성적 요소, 경험적 요소, 상황적 요소로 구성되어 있다고 한다. 정보를 얼마나 효율적으로 처리하는가 하는 것이 구성적 지능이다. 구성적 지능은 성분적(componential) 요소라고도 한다. 우리가 일반적으로 지능이라고 부르는 개념과 매우 유사하다. 구성적 요소는 우리가 문제에 어떻게 접근하고, 문제를 어떻게 해결하며, 결과를 어떻게 평가하는가를 말해주는 것이다. 경험적(experiential) 요소는 새롭거나 친숙한 과제에 어떻게 접근하는가이다. 이는 통찰력 차원의 요소로서 새로운 정보를 이미 알고 있는 정보와 비교하여 과거의 경험을 바탕으로 하여 새로운 문제를 해결할 수 있는 능력을 말한다. 상황적 요소는 맥락적(contextual) 요소라고도 한다. 상황적 요소는 환경에 어떻게 대처하는가를 말하는 것이다. 이는 지능의 실제적이고 현실적인 측면으로서 우리가 학교에서 배우지 못하는 실생활에 필요한 중요한 정보를 얻는 능력이다. 스턴버그는 우리가 사회에서 성공하려면 교과서에서 배운 지식보다 실용적 지식이 더 중요하다고 한다(정옥분, 2015).

### 나. 가드너의 다중지능

가드너(Gardner, 1983)는 각종 지능검사 간의 상관관계 연구를 토대로 하여 개념화한 것으로 문제를 해결하고 여러 분야에서 생산적인 일을 하는 데 필요한 언어지능, 논리적·수학적 지능, 음악적 지능, 공간지능, 신체운동 지능, 대인관계 지능, 자기이해 지능, 자연친화 지능 등의 여덟 가지 다중지능(multiple intelligence)을 제시하였다(곽내영, 2007).

언어적 지능(linguistic intelligence)은 언어분석력과 복잡한 어문자료 및 은유 이해력을 의미한다. 시인이나 문학 작가가 사용하는 미묘한 뉘앙스에서도 나타나고, 반대로 언어사용이 불가능한 실어증 환자에게서도 나타난다. 음악적 지능(Musical intelligence)은 리듬 정보처리 능력을 포함하는 음악적 재질을 의미한다. 흔히 음악적 천재에게서 나타난다. 논리적·수학적 지능(Logical-mathematical intelligence)은 산수 연산이나 상징적 논리 능력을 의미한다. 흔히 수학 천재에게서 나타난다. 복잡한 추리를 해야 하는 분자생물학이나 고에너지 물리학의 이론화 과정에서도 보인다. 공간 지능(Spatial Intelligence)은 공간적 사고와 추리 능력을 의미한다. 숨은 그림을 찾고 공간 속에서 사물을 머릿속으로 그 위치를 바꾸고 돌려서 그것을 진술할 수 있는 능력이다. 흔히 미술, 건축, 공학분야에서 특출한 자에게서 나타난다. 로댕이나 피카소 등의 특출한 능력에서 추리해 낸 것이다. 신체운동 지능(Physical exercise intelligence)은 신체를 인식하고 조절하는 능력을 의미한다. 흔히 뛰어난 운동선수, 무용가, 마술사에게서 나타난다. 대인관계 지능(Interpersonal intelligence)은 가정, 학교, 이웃, 동료관계 등의 복잡한 사회 환경 속에서 나타나는 미묘한 단서(타인의 기질, 동기, 의도)를 잘 파악하고 활용하며 타인에 대한 지식에 따라 행동할 줄 아는 능력이다. 흔히 사회지능(social intelligence)이라고 부르기도 하며, 뛰어난 지도자에게서 나타난다. 자기이해 지능(Intrapersonal intelligence)은 자기 내부에 관한 지식과 신체 기능에 대한 느낌과 통제 능력을 의미한다. 종교인에게서 흔히 볼 수 있다. 자연친화지능( Naturalist intelligence)은 자연탐구지능, 자연주의적 지능이라고 한다. 생존을 위해 자연에 적응하고 적용하는 능력이다. 자연 현상에 대한 유형을 규정하고 분류하는 능력이다. 자연탐구 지능이 높은 사람은 자연 친화적이고, 동물이나 식물 채집을 좋아하며, 이를 구별하고 분류하는 능력이 높다. 여러 가지 동물과 식물을 관찰하고 알아봄으로써 개발시킬 수 있다. 이 여덟 가지 영역 중 한 영역의 지능이 높다고 해서 다른 영역의 지능까지 모두 다 높은 것은 아니다(정옥분, 2015).

| 표 2-1 | 가드너의 지능 유형

| 유형 | 지능의 특성 | 관련 직업 예시 |
|---|---|---|
| 언어 지능 | • 문장의 뜻을 이해하고, 효과적인 의사소통을 할 수 있는 능력<br>• 단어의 의미와 소리에 대한 민감성<br>• 문장 구성법에 있어서의 숙련, 언어 사용방법에 대한 이해 | 시인, 정치가, 연설가, 교사, 작가 등 |
| 논리·수학적 지능 | • 논리적·추상적 사고능력과 수리능력 포함<br>• 사물과 상징, 그 작용 및 작용 간의 관계에 대한 이해<br>• 문제를 인지할 수 있는 능력과 이유를 찾으려는 능력 | 수학자, 과학자, 세무사 등 |
| 음악적 지능 | • 언어와 마찬가지로 음악 또한 자기표현의 수단<br>• 개개의 음과 음절에 대한 민감성<br>• 음과 음절을 리듬이나 구조로 결합하는 방법에 대한 이해<br>• 음악의 정서적 측면에 대한 이해 | 음악가, 작곡가 |
| 공간 지능 | • 균형·구성에 민감하고 입체적 공간 관계를 이해하는 능력<br>• 시각적 세계를 정확하게 지각, 이를 변형시킬 수 있는 능력<br>• 물리적 자극 없이 시각경험을 재생할 수 있는 능력<br>• 유사한 양식을 감지하는 능력 | 예술가, 항해사, 기술자, 건축가, 외과의사 |

| 유형 | 지능의 특성 | 관련 직업 예시 |
|---|---|---|
| 신체 운동 지능 | • 운동신경이 예민하며, 사물을 섬세하고 능숙하게 다루는 능력<br>• 표현하거나 목적을 직접적으로 나타내기 위해 자신의 신체를 적절하게 잘 사용할 수 있는 능력<br>• 사물을 능숙하게 잘 다루는 능력 | 무용가, 외과의사, 운동선수, 공예가, 배우 |
| 대인 관계 지능 | • 상대방의 기분이나 동기 및 의도를 이해하는 능력<br>• 타인의 기분 · 기질 · 동기 · 의도를 파악하고 구분하는 능력<br>• 타인에 대한 지식에 따라 행동할 수 있는 잠재력 | 정치가, 종교인, 부모, 교사, 사업가, 행정가 |
| 자기 이해 지능 | • 자신의 감정을 잘 이해하여 행동의 길잡이로 삼는 능력<br>• 삶에 대한 자신만의 감정에 대한 접근 가능<br>• 행동을 주도하고 이해시키기 위해 감정을 유도하는 능력 | 소설가, 임상가 |
| 자연 친화 지능 | • 자연환경에 대한 정보와 관련이 있는 지능<br>• 동식물이나 주변 사물을 관찰하여 공통점과 차이점을 분석하는 능력 | 동물행동학자, 지리학자, 탐험가 |

출처: 홍지명 외(2018). 인간과 교육. 경기: 정민사. 재구성.

여덟 가지의 지능은 정보를 처리하는 기본단위로서 공간지능은 시각적 상징 체계, 음악지능은 리듬 정보와 같이 그 자체의 독립적인 상징체계가 있다. 각 지능은 그 자체로서 완비된, 그러나 다른 체계와 연결된 기본단위(module)로 볼 수 있다. 예를 들면, 자동차의 점화장치는 추진장치나 배기장치와 관련되어 있지만, 분명히 독립되고 분리된 장치이다.

다중지능 이론은 우리 주변에서 말은 잃어버렸으나 음악적 재능을 가지고 있는 사람, 그림은 잘 그리지만 다른 것은 아무것도 못 하는 사람, 일곱 자릿수와 여덟 자릿수를 곱하여 순식간에 답을 아는 사람을 잘 설명하는데, 이는 각각 다른 음악적 · 공간적 · 수학적 정보처리 체계가 있다는 것을 시사한다. 종래의 지능 이론들은 언어적 지능과 논리 · 수학적 지능만을 지나치게 강조한 나머지, 학교나 가정에서 공간지능이나 대인지능과 같은 지능을 경시하여 계발해 주지 못했음을 지적한다(하표욱, 2001). 즉, 종래의 지능 측정치인 IQ 점수는 사람의 능력을 진단하는 데에 대단히 부적절하다는 것을 시사한다.

## 2) 창의성

### (1) 창의성의 개념

창의성도 지능과 마찬가지로 개념 정의가 매우 어렵지만, 일반적으로 창의성은 참신하고 색다른 방법으로 사고하고, 독특한 해결책을 생각해 낼 수 있는 능력으로 정의된다. 즉, 사고와 독창성을 창의성이라고 하며 새로운 상황에서의 문제해결 능력이라고도 한다(나항진 외, 2017). 이러한 창의성은 흔히 창의력, 창조성, 독창성, 독창력 등과 같은 뜻의 말로 사용되기도 한다(정복분, 2015). 창의성이란 특수한 재능을 가진 몇몇 사람들에게만 나타나는 것이 아니라, 모든 사람이 가지고 있는 보편적인 능력이다. 창의성은 기본 바탕이 보편성이라는 전제하에 창조 정신과 이미지가 생명이다. 그래서 지나치게 현실적인 접근은 무모한 도전보다 실패할 확률이 더 높아 보인다. 창의력을 가치화하는 데 그 행위의 바탕을 두고 있다. 이러한 창의성이 어느 정도 발현되는가 하는 것은 개인이 가지는 내적인 특성과 외부적인 환경요인이 어느 정도 조화를 이루느냐에 따라 달라진다.

21세기의 창의성은 생존의 문제로 변화하는 사회에서 살아가는 전략으로 지식과 정보의 단순한 학습과 적용이 아닌 무한한 상상력과 창의성을 바탕으로 유용한 산출물을 창출해 내어야 한다(김길수 외, 2015). 과거처럼 특정한 전문 영역이나 특정한 계층에서만 창의력이 필요한 시대가 아니며 학문 분야, 산업계, 광고 홍보, 예술 분야, 일상생활 등 지식서비스 사회를 살아가는 사람들 누구나 창의성이 필요하기 때문이다. 토렌스(1959)에 의하면 창의성은 소수의 천재에게만 나타나는 것이 아니라 모든 사람이 지니고 있는 개인적인 특성으로 교육을 통해 개발될 수 있다고 하였다. 그리고 유연성, 융통성, 독창성, 상상력을 창의성의 구성요인으로 보았다(Torrance, 1959). 창의성은 이제 개인의 생사가 달린 문제일 뿐 아니라 사회흥망을 좌우하고 나아가 국가의 운명이 달린 문제가 되었다(홍길회, 2018).

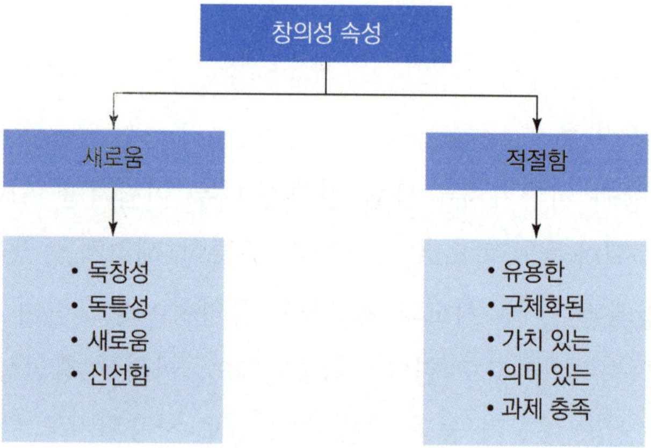


출처: 홍길회(2018). 유아교사를 위한 창의성 교육의 실제. 경기: 정민사.

| 그림 2-1 | **창의성 속성**

창의성의 개념에는 두 가지 핵심 요소를 갖고 있다. 독창성, 독특성, 새로움, 신선함의 뜻을 내포할 수 있는 '새로움(novelty)'과 유용한, 구체화된, 가치 있는, 의미 있는, 과제 조건을 충족시키는 '적절성(appropriate)'을 내포하고 있다. 따라서 어떤 결과나 산출물이 창의적이라고 평가되기 위해서는 '새로움'과 '적절성' 두 요소를 동시에 충족시켜야 한다(홍길회, 2018).

창의성도 연령에 따라 변화한다. 창의성에 관한 초기 연구들(Lehman, 1953)은 30대에 가장 창의적인 생산물이 산출될 수 있다고 주장하고, 중요한 창의적 생산물의 80%가 50세까지 완성된다고 보고하였다. 그러나 창의성이 감퇴한다고 해서 더 창의적이지 않다는 의미는 아니다. 창의적인 사람은 나이가 들어도 여전히 아이디어를 생성해 내며, 다만 젊을 때보다는 더 적은 양의 창의적 아이디어를 산출한다는 것이다(Dixon & Hultsch, 1999). 더욱이 창의성에서의 감퇴가 50대 혹은 그 이후의 연령에서 일어난다고 할지라도 감퇴의 정도는 그렇게 크지 않다(장휘숙, 2008). 피카소(Picasso), 톨스토이(Tolstoy), 프로이트(Freud), 소포클레스(Sophocles) 등은 70세 이후에도 위대한 업적을 남겼다. 따라서 성인도 여전히 창의성을 지니고 있으며 창의적 활동에 참여할 수 있다(조성연 외, 2017).

### (2) 창의적인 사람의 특성

창의적인 사람의 특성은 지적 특성, 정의적 특성, 행동특성으로 구분한다.

#### 가. 지적 특성

창의적인 사람의 지적 특성은 지능이 높은 사람으로 다음과 같은 특성이 나타난다(Guilford, 1967).

첫째, 문제사태에 대한 감수성(sensitivity to problem)이 높다. 문제를 인식하는 능력과 인식된 문제를 진술할 수 있는 능력을 갖추고 있다. 또한 탐구심이 많고 소극적 수용이 아닌 건전한 회의심(건전한 사고)이 많으며, '경험에의 개방성'을 가지고, 다른 사람들이 놓치기 쉬운 문제들을 인식한다. 문제를 인식할 때 과거의 방식에 집착하지 않고, 시야를 넓혀 자유분방하게 탐색할 줄 안다.

둘째, 사고활동의 유창성(fluency)이 높다. 단위 시간에 더 많은 아이디어를 생각해 내며, 아이디어의 폭이 넓다. 그리고 자기가 형성하고 있는 참신한 조합에 대한 판단을 일정 시간 동안 유보할 수 있는 능력이 있다. 이는 자유분방하게 아이디어가 흘러나오도록 하여, 아이디어가 모두 떠오르면 그때 평가하고 판단(조합)할 시간이 충분히 있다는 것을 알기 때문이다. 어떤 자극에 대하여 새로운 생각(idea)의 풍부함을 나타내는 능력, 즉 연상적 유창성(associative fluency), 언어적 유창성(word fluency), 표현적 유창성(expressive fluency), 관념적 유창성(ideational fluency) 등이 있다.

셋째, 사고의 융통성(flexibility, 유연성)이 많다. 자신의 창조 과정을 관찰하는 능력을 갖추고 있다. 자신의 문제를 큰 체제 속의 작은 체제 속에 있는 것으로 볼 줄 알고, 이런 체제 속의 입·출력의 처리를 관찰할 줄 알며, 입·출력 간의 상호관계와 상호작용을 명백히 볼 줄 안다. 다양하고 광범위한 생각을 생산해내는 능력, 즉 사고의 횡적 능력이 있다. 다각적으로 접근하여 생각의 범위와 종류를 더하고, 문제사태에 대한 새로운 의미를 포착하여 그 문제사태의 해결책을 강구하는 능력, 즉 자발적 유연성(spontaneous flexibility), 순응적 유연성(adaptive flexibility) 등이 있다.

넷째, 사고와 행동의 독창성(originality, 참신성)이 높다. 창조물은 희귀하고 새롭다. 겉보기에 아무 관련이 없는 아이디어들로부터 새로운 것을 강조해 내는 능력이 있다. 처음에는 각 요소가 서로 양립할 수 없는 것처럼 보이는 것을 두 개 이상 요소로 조합하여 참신한 개념, 발명품, 이론, 해결방식을 찾아낼 줄 안다. 참신한 것을 찾아내기 위해 다른 어떤 사람들보다 깊이 파고 들어가는 특성이 있다. 이는 모든 요소(개념, 이론 등)에 대한 풍부한 지식이 있어야 한다는 뜻은 아니다. 문제사태에 직면하여 희귀하고 비상한 해결책을 찾아내는 능력, 즉 비범함(uncommonness), 원격연합(remoteness), 교묘함(cleverness) 등이 있다. 기타 치밀성(elaboration), 재정의(再定義, redefinition)성 등이 있다.

### 나. 정의적 특성

창의적인 사람의 정의적 특성은 다음과 같다.

첫째, 새롭고, 복잡하고, 어려운 문제를 선호하는 경향이 있다.

둘째, 모호성을 참는 역량이 있다.

셋째, 실패에 대한 불안이 적고 다소의 위험부담을 즐기는 경향이 있다.

넷째, 관행에 동조하기 거부하는 경향이 있다.

다섯째, 자신의 경험에 대해 개방적이다.

여섯째, 성취욕, 지배성, 자율성, 변화 선호, 공격성 등이 강하며, 정열적인 성향이 있다.

### 다. 행동특성

맥키논(McKinnon, 1962)의 연구 보고에 의하면, 창의적인 행동특성은 독자적·개인적이고 타인의 요구나 기대에 구애받지 않는 경향이 뚜렷하다. 또한 감정이나 정서 혹은 경험 면에서 개방적이며, 사소한 일에 관심을 두지 않는다. 사물의 의미와 함축성 그리고 다른 사람과의 교제에 더욱 많은 관심과 직관적 지각(intuitive perception) 경향성이 강하다(곽내영, 2007).

고얄(Goyal, 1972)은 창의적인 사람의 행동특성에 대하여 정열적이고 내향적인 성향을 가지고 있으며, 독자적 사고와 활동성을 가지고 있다고 한다. 그리고 개방적이고 관대하여 자신들과 반대되는 가치도 수용한다고 하였다(곽내영, 2007).

겟젤스와 잭슨(Getzels & Jackson, 1962)은 창의적인 사람들과 지능이 우수한 집단 간의 공상 내용과 가정 변인의 차이를 밝힌 연구에서 공상을 풍부하게 하여 주어진 자극에 구애받지 아니하고 자유롭게 독자적으로 사고한다고 하였다. 겟젤스와 잭슨에 따르면 창의적인 행동특성은 다음과 같다.

| 표 2-2 | 창의적인 행동특성

| 행동의 특성 |
|---|
| • 호기심이 매우 높다.<br>• 적극적이고 열정적이다.<br>• 이상주의적이다.<br>• 독립심이 유달리 강하다.<br>• 모험정신이 높다.<br>• 심리적이고 예술적 감각이 뛰어나다.<br>• 마음속을 터놓지 않는다.<br>• 의문점을 많이 갖는다.<br>• 성찰력이 뛰어나다.<br>• 상상력이 풍부하다.<br>• 자기확신이 강하다.<br>• 감정 표현이 자유롭다.<br>• 독서열이 높다.<br>• 쉽게 동조하지 않는다.<br>• 수업시간에 가끔 예견하지 못한 생각이나 행동한다. |

출처: 홍지명 외(2018). 인간과 교육. 경기: 정민사.

# 03 심리적 특성

## 1) 성격의 개념과 특성

성격을 뜻하는 영어 퍼스낼리티(personality)는 라틴어 페르소나(persona)에서 유래되었다. 페르소나는 로마시대 희랍의 극장에서 배우들이 사용하는 일종의 메가폰과 같은 것이 달린 자기 배역을 나타내는 가면을 의미한다. 페르소나라는 말은 한 개인이 다른 사람에게 주는 전체적이고 특징적인 인상의 의미로 사용되었다. 또한 한자어로 성격은 성품(性)과 격식(格)이 합해져서 이루어진 말로써 내면의 품성이 격식을 차려 나타나는 심리와 행동 패턴을 의미한다. 즉, 개인의 행동과 사고를 규정하는 일반적 경향이라고 할 수 있다.

성격에 대한 학자들이 정의를 보면, 알포트(Allport, 1961)는 '환경에 대한 개인의 독특한 행동과 사고에 의한 지속적인 방식을 결정하는 정신적 · 물리적 제 조직의 역동적 체제', 설리반(Sullivan, 1953)은 '인간 상호관계 속에서 개인의 행동을 특징지어 주는 비교적 지적인 심리적 특성'이라고 하였다. 또한 프롬(Fromm, 1953)은 '한 개인의 특징이 되며 독자성을 꾸며주는 선천적 · 후천적인 정신적 특질의 총체'이며, 힐가드(Hilgard, 1972)는 '환경에 독자적으로 적응하도록 하는 개인의 여러 특징과 행동 양식의 전체적 통합체'라고 하였다. 이처럼 학자들이 정의를 정리하면 공통으로 인정하고 있는 특성이 나타나는데 다음과 같다(곽내영, 2007).

첫째, 성격은 개인이 환경에 적응하는 반응양식을 결정해 주는 생리적 · 정신적 측면의 내적 조직 내지는 내적 구조이다.

둘째, 성격은 개인이 일정한 방식으로 행동하게 하는 일관성과 지속성을 갖는 고유하고 일관된 반응양식이다.

셋째, 성격은 사회적인 관계 혹은 대인관계에서 타인에게 주는 개인의 전체적인 인상으로서, 개인이 가지고 있는 중요한 사회적인 자극가치이다.

넷째, 성격은 사람마다 차이가 있어 환경으로부터 독자적 적응을 하게 한다.

다섯째, 성격은 성장함에 따라 형성되며 환경이나 학습 등의 외부 조건에 따라 변화될 수 있다.

## 2) 성격의 변화

성인기의 성격 변화는 성숙을 말할 수 있다. 코스타와 맥크레이는 성인 초기인 20대이거나 대학생은 30대에 비해 더 충동적이고 상처받기 쉬우며 불안해 하고 우울하며 자기통제력이나 신뢰가 낮다고 하였다(Costa & McCrae, 1994). 성인중기에서 성인 후기의 성격 변화는 다른 사람에 대한 배려를 들 수 있다. 이것은 샤이의 연구결과로부터 알 수 있는 데, 연구의 한 변인으로 인간적 관심(humanitarian concern)을 포함시켰다. 이 변인에 대한 점수는 성인 초기와 중기 사이에는 감소하다가 성인중기와 후기 사이에는 꾸준히 증가한다(Schaie & Parham, 1976).

**| 표 2-3 | 연령에 따른 성격 변화**

| 연령 | 성격 변화 |
|---|---|
| 20~40세 | • 낮은 수준의 자율성, 성취 지향성, 독립성, 자신감, 인지적 수행, 자기 주장성이 보다 높은 수준으로 증가<br>• 자신에 대한 개방성 수준의 증가<br>• 미성숙한 수준의 방어기제를 많이 사용하고 성숙한 수준의 방어기제는 덜 사용함<br>• 인간적 관심 수준이 낮음, 다른 사람에 대한 관용 수준이 낮음<br>• 낮은 수준의 강건함 |

| 연령 | 성격 변화 |
|---|---|
| 40~65세 | • 자기주장, 인지적 수행, 성취 지향성, 자율성이 중년기에는 최고의 수준에 달하고, 그 이후부터는 이러한 특성이 감소하기 시작함<br>• 자신에 대한 개방성이 높은 수준임.<br>• 성숙한 방어기제 사용은 증가하고 미성숙한 방어기제 사용은 감소<br>• 비록 자발적으로 자선활동을 하는 것은 최절정이지만 인간적 배려와 관용은 중간 수준임<br>• 중간 수준의 강건함 |
| 65세 이상 | • 자기주장, 인지적 수행, 성취 지향성, 자율성 등은 중년기의 최고 수준에서 감소했음<br>• 이 시기에는 개방성이 유지된다거나 증가한다는 증거가 없음<br>• 이론에서는 성숙한 방어기제의 사용이 증가된다고 하지만 그에 대한 증거는 없음<br>• 인간적 관심과 관용이 최고의 수준임<br>• 최고 수준의 강건함 |

출처: 권두승 외(2016). 평생학습사회 실현을 위한 성인학습 및 상담(3판). 경기: 교육과학사. 재구성.

### 3) 건강한 성격의 특성

인간은 생물학적 본성과 환경 여건 등의 여러 요인에서 벗어나 발달하고 성장하는 존재로 보았다. 이러한 성숙은 건강한 성격의 특성으로 자아 실현인의 특성을 보인다. 이에 알포트의 성숙한 인간, 로저스의 완전히 기능하는 인간(fully functioning person), 프롬의 생산적인 인간(productive person), 융의 개별화된 인간(individualized person)으로 건강한 성격의 특성을 제시하였는데 이는 다음과 같다.

알포트의 '성숙한 인간'은 첫째, 의미 있는 여러 행동에 관여하고 참여한다(자아의식의 확대). 둘째, 자기를 타인과 정열적으로 관계를 형성할 수 있는 능력이다(좋은 관계 형성). 셋째, 세상을 객관적으로 보며 실재를 있는 그대로 받아들인다(현실적인 자각). 넷째, 해야 할 중요한 일과 그 일을 행할 기술과 헌신 그리고 열정을 갖는다(기술과 과업). 다섯째, 자신을 객관적으로 보고 자신의 약점을 웃

어넘길 수 있는 능력과 여유를 갖는다(자기객관화). 여섯째, 자신의 약점을 인정하는 자기승인이나 좌절을 참아내는 자기감정 통제의 능력이 있다(정서적 안정). 일곱째, 자신의 중요한 활동에 적절한 의미와 책임을 부여하는 준거를 가지고 있다(통정된 생활 철학).

로저스의 '완전히 기능하는 인간'은 경험에 대한 개방성, 실존적인 삶, 자신에 대한 신뢰, 사고와 행동의 자유로운 선택과 미래에 대한 자신감, 창조성 등이 있다.

프롬의 '생산적인 인간'의 특성은 자신을 사랑할 수 있는 능력, 다른 사람들과의 진정한 인간관계 확립, 이성에 의한 세상의 파악과 이해, 생산적인 일에의 참여, 보람 있고 가치 있는 일에의 종사 등이 있다.

한편 융의 '개별화된 인간'은 자기 실존의 목적과 의미를 발견하는 책임 있고 독자적인 인간으로 자기 자신에 대한 지각, 자기수용, 자기통합, 자기표현, 인간관용, 미지와 신비의 수용, 보편적인 성격 등의 공통적인 특성을 제시하였다.



## 04 사회적 특성

### 1) 사회적 역할과 성 역할 변화

성인 초기에 새로운 사회적 상황을 맞이하게 되면서 개인의 사회적 역할뿐만 아니라 성인의 성 역할에도 변화가 일어난다(은여옥, 2007; 정옥분, 2000). 그러나 결혼하게 되고, 특히 자녀를 갖게 되면 배우자로서의 역할, 자녀의 출산으로 인한 부모 역할 등이 남성과 여성의 역할을 보다 더 분명하게 한다.

성인중기를 거치면서 성 역할 고정관념은 감소하게 되는데, 그 이유는 자녀들이 집을 떠나고 성 역할 구분의 필요성이 감소하였을 뿐 아니라 성격 변화도 함께 일어나기 때문이다(은여옥, 2007).

성인 후기에 이르면 대부분의 역할을 상실하거나 역할 수행으로부터 벗어나게 됨으로써 새로운 도전을 맞게 된다. 직업을 가진 사람들은 직업으로부터 은퇴하고 배우자의 사망으로, 혼자만의 생활을 해야 하는가 하면, 가까운 친구 역시 멀리 이사를 가거나 사망함으로써 친구관계망을 상실한다. 그렇다고 해서 성인 후기 노인들이 아무런 역할도 수행하지 않는다는 것은 아니다. 그들은 아직도 사회적 지위나 역할을 지니고 있지만 성인 초기나 중기만큼 많은 의무나 기대를 갖지 않는다는 것이다(장휘숙, 2008).

성 역할 정체감은 남녀 모두가 남성성과 여성성을 함께 지니고 있고, 성인기에도 계속 발달해 나가며, 각 개인의 성역할에 가정이나 학교, 사회의 영향이 크게 작용함을 알 수 있다(조성연 외, 2017).

## 2) 학습동기

### (1) 동기의 개념

동기(motivation)는 '움직인다'는 의미의 라틴어 모베레(movere)에서 유래되었다. 인간행동의 촉진적 역할을 하는 충동(drive), 욕구(need), 흥미, 가치 및 태도 등을 포함하는 언어로서 체내의 심리적 결핍상태 또는 평형이 파괴된 상태이다. 동기란 인간의 행동을 발생시키는 원인이 되고, 행동의 방향과 목표를 제시하며, 행동의 수준이나 강도를 결정하는 심리적인 상태 또는 과정으로서 인간행동의 활성화를 증진 혹은 감소시키는 내면적 현상이다. 또는 어떤 일을 행하게 되는 원천이 되는 것으로 한 사람의 행동을 결정하는 의식적·무의식적 원인이라고 한다. 동기에 대한 학자들의 정의는 다음과 같다.

| 표 2-4 | 동기의 정의

| 학자 | 정의 |
|---|---|
| Warren(1943) | 개인의 행동을 결정하는 요인으로 작용하는 의식적 경험 또는 무의식적 조건 |
| Lindsley(1957) | 어떤 목표를 지향하는 행동을 일으키고, 방향을 잡아 주고 유지하는 힘의 총합 |
| Combs & Snygg(1959) | 자아개념을 보존하고 향상시키기 위한 계속적인 힘 |
| Guthrie(1952) | 반응의 강도를 높이는 조건 |
| Chauhan(1980) | 동인과 목표를 연결하는 개념 |
| Atkinson(1958) | 행위의 방향과 강도 및 지속에 대한 잠정적인 영향 |
| Young(1961) | 인간과 동물의 행위를 결정짓는 요인 |

출처: 곽내영(2007). 곽내영 교육학(상). 서울: 도서출판 들풀. 재구성.

동기라는 개념은 호기심(curiocity), 흥미(interest), 욕구(need), 가치(value), 태도(attitude), 열망(aspiration), 유인가(incentive) 등과 함께 쓰인다.

| 표 2-5 | 동기의 개념

| 구분 | 개념 |
|---|---|
| 호기심 | 본능적으로 외부 대상에 관심을 가지는 것 |
| 흥미 | 어떤 사물이나 사건 혹은 견해를 선택하여 자발적으로 주의를 기울이는 것 |
| 욕구 | 특정한 활동이나 결과가 제공해 줄 수 있는 무엇인가가 된 상태 |
| 가치 | 자신의 삶에서 중요하다고 여기는 모든 종류의 목표에 대한 지향(orientation) |
| 태도 | 개인이 현재 지각하고 있는 것에 대한 호의적 혹은 비호의적 감정 |
| 열망 | 어떤 종류의 성취에 대한 개인의 희망이나 포부 |
| 유인가 | 사물이나 대상이 가지고 있는 정적 또는 부적 가치이며 유기체를 끌어당기거나 밀어내는 정도 |

출처: 곽내영(2007). 곽내영 교육학(상). 서울: 도서출판 들풀. 재구성.

### (2) 학습동기의 의의

심리학자들은 사람들의 행동은 어떤 동기(motive)가 있어야 발생한다고 본다. 동기는 어떤 개체의 행동이 활성화되고 목표를 향해 나아가도록 밀어주는 가설적 상태이므로, 동기가 부여되어 있으면 개체는 활동하게 되고, 목표를 향해 어떤 강도(强度)를 가지고 나아가게 된다(김현택 외, 2003). 즉, 동기는 행동을 일으키는 인간 내부의 심리적 요인의 총칭이다. 이러한 학습동기에는 두 가지가 있다. 첫째, 내적동기로 행동을 일으킨 행위가 목적이 된다. 둘째, 외적동기로 행동을 일으킨 행위가 다른 외적 결과물을 얻기 위한 수단이 된다. 내적동기에는 학습성취가 있으며 외적동기에는 취업이 있다.

| 표 2-6 | **내적 동기와 외적 동기**

| 구분 | 내적 동기 | 외적 동기 |
|---|---|---|
| 형태 | 자연적 발생 | 인위적 발생 |
| 목적 | 이유 | 원인 |
| 방법 | 능동 | 수동 |
| 주체 | 자기 자신 | 타인 |
| 지속 | 장기적 | 단기적 |
| 육성 | 호기심, 즐거움, 보람, 기쁨, 성취동기, 동일시 | 칭찬, 상벌, 보상, 강화 |

출처: 곽내영(2007). 곽내영 교육학(상). 서울: 도서출판 들풀.

동기는 행동을 유발하고, 행동의 방향을 설정하며, 그 행동을 유지하도록 하는 심리적인 힘이다(추헌, 1994), 이는 여러 욕구(needs)에 의하여 촉진되고 욕구를 만족시킬 수 있는 목표지향적 행동을 일으킨다. 학습행동은 동기유발에서 시작되며 학습을 촉진하는 동기는 성취동기(成就動機)의 일종이다.

성인학습자의 학습동기는 학습자의 욕구(needs)나 요구(wants)와 밀접하게 관련이 있다. 미국의 사회학자 매슬로(Maslow)의 욕구단계이론(needs hierarchy theory)을 살펴보게 되면, 인간 욕구는 낮은 차원으로부터 생리적 욕구, 안전욕구, 사회적 욕구, 존경 및 자아실현의 욕구 등의 높은 단계로 계층을 형성하며, 낮은 단계의 욕구가 충족되면 높은 단계의 욕구 충족을 위한 동기부여 요인으로 작용한다는 것이다.

성인기에 사람은 먹고 살기 위해 일을 해야 하는, 그래서 직업을 가져야 하는 당면 문제도 있지만 자기실현, 지식 및 소양 증대 등의 욕구로도 일을 하거나 직업을 가지고 있다. 이러한 욕구는 학습동기로 작용한다. 성인학습자는 일상생활 또는 직무 속에서 보다 효율적인 것과 전문적인 것 또는 소양적인 것의 심화나 확대를 기대하면서 학습활동을 하게 된다. 결국 의도된 성인학습자는 생활과 직무의 질을 향상시키는 학습동기를 지니며, 학습활동을 발생시킨다.

### 3) 진로 및 직업상의 특성

성인 초기에서부터 중년기까지 주요 발달과업은 직업생활을 시작하고 유지하는 것이다. 성인기 동안의 직업발달을 연구한 슈퍼(Super)는 직업에 대한 개념이 성인 초기부터 은퇴까지 단계적으로 변화한다고 하며 직업발달 이론을 제안하였다(Super, 1957, 1986, 1990).

슈퍼(Super, 1957)는 진로발달의 기본적인 단계를 탐색 단계, 확립 단계, 유지 단계, 은퇴 단계로 구분했다. 진로발달 단계는 연령에 따라 구분되어 있으나 고정된 단계가 아니며, 인생의 어떤 시기에는 또 다른 단계로 재순환할 수 있다(Sharf, 2006).

탐색 단계는 15~25세의 청소년기와 성인 초기에 해당된다. 탐색 단계는 결정화 단계, 구체화 단계, 실행 단계의 하위 단계로 나누어지는데, 성인에게는 본격적으로 입직하여 직업생활을 시작하는 단계이다.

확립 단계는 일반적으로 25~45세에 해당된다. 이 단계는 어떠한 직업을 가짐으로써 일의 생애를 시작하고 자신의 일을 확립해 가게 된다. 확립 단계는 정착화 단계, 공고화 단계, 발전 단계 등이 포함된다. 다른 단계도 마찬가지지만, 탐색 단계와 확립 단계 동안의 성공적인 경험을 통해서 각 개인의 가치가 더욱 강화해지게 된다.

확립 단계의 하위 단계인 정착화 단계에서는 시작한 일을 지속적으로 수행하게 되고, 일자리를 오랫동안 유지함으로써 안정감을 확보하게 되며, 자신의 입지를 공고화하기 시작한다. 다음 단계인 공고화 단계는 주로 20대 후반이나 30대 초반에 일어난다. 자신의 일이나 직업에 보다 안정감을 느끼게 됨에 따라 자신의 지위를 더욱 공고화하고, 안정감을 느끼게 되면 더 높은 지위로의 승진을 바라보게 된다. 발전 단계는 확립 단계 어느 때나 일어날 수 있지만, 통상적으로는 안정화 단계와 공고화 단계에 이어 발생하는 과정으로, 이때 보다 높은 급여와 더불어 보다 큰 책임을 지는 지위로 승진하게 된다(Sharf, 2006).

유지 단계는 약 45~65세로, 이때는 새로운 일을 하기보다는 기존의 상태를 유지하는 상황을 맞이하게 된다. 유지 단계에서는 신체적인 능력, 회사의 정책, 개인의 재정상황, 동기화 등에 따라 개인차가 발생하기도 한다. 갱신 단계는 지위를 유지하기 위해 필요한 교육을 받는 단계로, 교육과정을 통해 자신이 일하는 분야에서 일어나는 변화들을 업데이트하게 된다. 유지 단계의 마지막인 혁신 단계는 갱신 단계처럼 새로운 것을 배우는 것에 그치지 않고 그 분야에 새로운 공헌을 하고자 노력하게 된다. 유지 단계에서 성인들이 해당 분야의 지식을 업데이트하지 못하거나 기존의 지식을 혁신하기 위해 노력하지 않는다면 일자리를 잃을 위험에 처하게 된다(Sharf, 2006).

은퇴 단계의 하위 단계는 감퇴, 은퇴계획, 은퇴생활을 경험하게 된다. 감퇴기는 자신이 맡은 일에 대한 책임을 서서히 줄여 가는 단계를 의미한다. 감퇴기가 진행되면서 사람들은 은퇴를 계획하게 된다. 인생 후반기의 생활계획과 재정이나 퇴직 후의 활동에 대한 계획 등이 포함된다. 일반적으로 60대 후반의 사람들이 은퇴생활 단계에 해당되며, 이 시기에는 그동안 행해 온 자신의 역할과 생활양식에서 변화가 생겨난다. 은퇴에 대한 계획을 세우는 것이 성공적인 은퇴의 관건이라고 하며 앞으로 다가올 퇴직이라는 사건을 어떻게 예견하고 있는지 정도가 이후의 결과에 영향을 끼친다(Johnson el al., 2001).

| 표 2-7 | **진로발달 단계별 과업**

| 발달단계 | 하위단계 | 발달과업 |
|---|---|---|
| 탐색 단계 (15~25세) | 결정화기 (crystalization) | 자신에 대한 이해와 직업에 대한 이해를 바탕으로 어떤 직업을 선호할 것인지 분명히 할 수 있게 됨 |
| | 구체화기 (specification) | 고려했던 직업들 중 선택할 수 있는 의사결정 능력이 요구됨 |
| | 실행기 (implementation) | 본격적으로 입직하여 직업 생활을 시작하는 단계 |
| 확립 단계 (25~45세) | 정착기 (stabilizing) | 자신이 선택한 직업에서 성공하는 데 필요한 기술과 흥미를 가지고 있는지를 확인 |
| | 공고화 (consolidating) | 자신의 직업에 정착하며 신뢰할 만한 직업인이 되어 가는 과정 |
| | 발전 (advancing) | 보다 높은 봉급과 책임 있는 지위로 승진하게 되는 과정 |
| 유지 단계 (45~65세) | 유지 (maintaining) | 새로운 일을 하기보다는 기존의 상태를 유지하는 상황을 맞게 됨 |
| | 갱신 (updating) | 자신의 기술 갱신 또는 새로운 기술 도입 |
| | 혁신 (innovating) | 업무 수행을 위한 혁신적 방법을 찾거나 근로 경험이 적은 근로자들에게 멘토 역할수행 |
| 은퇴 단계 (65세 이후) | 감퇴 (decelerating) | 자신이 맡은 일에 대한 책임을 서서히 줄여 감 |
| | 은퇴계획 (retirement planning) | 인생 후반기의 생활계획과 재정이나 퇴직 후의 활동을 계획하는 것 |
| | 은퇴생활 (retirement living) | 60대 후반에 해당되는 시기로, 자신이 해 온 역할과 생활양식에서의 변화가 나타남 |

출처: 최윤정(2018). 성인학습 및 상담. 서울: 학지사. 재인용.

성인에게는 일생 동안 진로와 관련된 다양한 위기와 전환사건이 발생한다. 전환이란 한 단계에서 다른 단계로의 이동을 의미하고, 위기는 갑작스럽게 발생한 문제들로 부정적인 의미를 가지고 있다. 성인기의 진로문제는 그들의 교육 및 상담에서 매우 중요한 주제가 되며, 성인기 동안 이루어지는 경험을 더욱 의미 있게 하고 발생 가능한 위기를 예방하여 성공적인 진로전환을 할 수 있도록 도움이 필요하다(조성연 외, 2017).

제 3 장

# 성인학습자의 이해

01 성인학습자 발달 이해
02 성인의 일반적 특징

# 01 성인학습자 발달 이해

## 1) 발달의 의미와 영향요인

### (1) 발달의미

학자마다 발달의 정의는 다양하게 표현되었다. 맥그로(M. B. McGraw)는 유기체 내의 에너지와 환경 속의 에너지가 끊임없이 교류한 결과로 산출되는 과정이라고 하였고, 워렌(D. H. Warren)은 개체가 발생으로부터 성숙으로 옮겨갈 때 일어나는 구조나 형태상의 변화라고 하였다. 그리고 코프카(K. Koffka)는 유기체와 유기체의 기관이 양적으로 증대하고, 구조에 있어서 정밀화되며, 기능이 유능화되는 것이라고 발달의 의미를 말하였다. 발달은 연령 증가와 함께 나타나는 인간의 신체적·심리적 변화를 총칭하기도 한다. 인간의 삶은 연속적인 과정으로 태어나면서 죽을 때까지 기나긴 삶의 여정 속에서 변화하는 환경에 따라 적응해 나가며 살아간다. 즉, 수태의 순간에서부터 사랑에 이르러 늙어 죽기까지 전 생애에 걸쳐 나타나는 모든 변화의 과정이다. 또한 신체적 측면뿐 아니라 지능, 언어, 정서, 사회성, 도덕성 등과 같은 심리적 측면까지 포함된 변화이다(곽내영, 2007).

| 표 3-1 | **발달의 내용**

| 변화 | 발달 내용 |
| --- | --- |
| 크기의 변화 | • 신체적 생장: 신장 · 체중 · 흉위의 증대와 심장 · 폐 · 위 등 내장 제기관의 구조의 증대화<br>• 지적 역량에 있어서의 증대: 어휘, 추리, 상상, 지각 및 기억의 능력 등 |
| 비율의 변화 | • 신체비율의 변화<br>• 정신적 발달에 있어서의 변화<br>–유아의 언어가 자기중심적인 것이 줄고 사회중심적인 것이 늘어남<br>–자기 신변의 것에 관심을 기울이다가 점점 관심이 확대되어 이웃, 학교, 지역사회로 확대됨 |
| 새로운 특징의 획득 | • 신체적 특징의 획득: 청년기에 신체적 및 성적 발달의 완성과 함께 끝남<br>• 정신적 특징의 획득: 대부분 학습의 결과로 계속적으로 발생함 |
| 낡은 특징의 소실 | • 발달이 진행됨에 따라 어떤 특징은 소용이 없어져 소실됨<br>• 예를 들면, 젖니를 간다거나 유아어(語)가 없어지는 것 |

출처: 곽내영(2007). 곽내영 교육학(상). 서울: 도서출판 들풀.

발달(development)은 성장(growth), 성숙(maturation), 학습(learning)의 상호작용 결과이다. 인간의 변화와 관련하여 발달, 성장, 성숙이라는 용어들이 혼용하여 사용하고 있다. 일반적으로 성장은 신체의 크기나 능력이 향상하는 것으로 주로 양적인 변화로서 외형적인 신체의 변화를 의미한다. 성숙은 유전적 요인에 의해 발달적 변화들이 통제되는 생물학적 과정으로 기능적인 측면의 변화를 의미하는 것으로 이해되고 있다. 성인기는 사실상 신체적으로는 성장과 성숙이 완료되어 오히려 노화가 시작되는 시기이며 인지 · 정서 · 사회적으로는 성장과 성숙이 여전히 진행되는 시기라 할 수 있다. 한편, 학습은 직접 또는 간접경험의 산물로서 훈련이나 연습에 기인하는 발달적 변화를 의미한다(서기원, 2009). 바꾸어 말하면 일생을 통하여 성장, 성숙, 학습에 의해 이루어지는 변화과정이 바로 인간발달이며, 이러한 인간발달은 대체로 생물학적 발달, 인지적 발달, 사회정서적 발달의 세 영역으로 이루어진다. 생물학적 발달은 신체적 변화와 관련된 것이고, 인지적 발달은 학습, 기억, 문제해결 능력, 지능 등에서의 변화를 포함하며, 사회정서적 발달은 성격의 안정성과 변화, 대인관계, 사회적 관계의 성장과 변화 등을 의미한다(정옥분, 2015). 뉴만과 뉴만(Newman & Newman, 2006)은 인간의 발달에 관해서 다음과 같은 기본 전제들을 제시하였다(이인정 외, 2020).

첫째, 인간의 성장과 발달은 삶의 모든 기간에 걸쳐 일어난다. 인간발달은 모체 내에서 수태되었을 때부터 죽을 때까지의 긴 인생과정에서 일어나는 변화를 모두 포함한다.

둘째, 인간의 삶이란 시간에 따라 진행되면서 지속성(continuity)과 변화(change)를 보인다. 지속성은 한 단계에서 다른 단계로 이동해도 유지되는 기억, 정체성과 같은 특징의 안정성(stability)을 가리키며, 변화는 생물학적 성숙, 교육과 같은 체계적 사회화에 의한 성장과 재구조화를 의미한다.

셋째, 인간을 전체로 이해해야 한다. 왜냐하면 우리는 일상생활에서 인간으로서의 여러 기능이 통합된 방식으로 활동하기 때문이다.

넷째, 인간의 발달과 행동은 그에 관련된 상황이나 인간관계의 맥락에서 분석되어야 한다. 인간은 환경에 적용하는 고도의 능력이 있으므로 행동 양식이나 그 변화는 흔히 그것이 일어난 물리적·사회적 상황을 반영하기 때문이다.

다섯째, 인간은 자신의 발달에 능동적으로 기여한다. 기여는 기회와 목표, 사회적 기대에 대한 수용이나 거부, 선호와 취향 등에서 개인적 선택을 통해 이루어진다.

인간을 이해하는 전 생애 발달 관점의 발달심리학은 태내기(수정~출생)에서부터 신생아기(출생~1개월), 영아기(1개월 이후~24개월) 유아기(2~6세), 아동기(7~12세), 청소년기(12~20세), 성인전기(20~40세), 성인중기(40~65세), 노년기(65세 이후)의 단계까지 인간의 변화에 대해 특정 시기마다 보편적 특성을 파악하고자 하는 학문이다(정옥분, 2019). 특정한 시기에 해당되는 발달단계에 대한 보편적인 이해는 복잡하고 다양하게 변화하는 삶 속에서 개인을 이해하는 데 도움이 된다. 따라서 성인기 발달의 원리와 특성을 이해함으로써 성인학습자들의 학습을 촉진할 수가 있다(최윤정, 2018).

운동발달은 일반적으로 상부에서 하부(cephalo-caudal)로, 중심에서 주변 부분(proximal-distal)으로, 전체 활동에서 특수 활동(mass-specificactivity)으로 진행된다. 즉, 머리 쪽에서 꼬리 쪽으로 발달해 가는 두미형 발달(cephalo-caudal trend) 경향과 신체의 중심 부분에서 말초 부분이나 모세혈관 쪽으로 발달해 가는가는 원심형 발달 또는 중심·말초형 발달(proximal-distal trend) 경향이다. 언어발달은 갓 태어난 아기의 울음, 옹알이, 한 단어 문장, 두 단어 문장, 복잡한 문장 순으로 발달해간다. 정서발달은 출생 초기의 막연한 큰 상태에서 점차 분화되어 사랑, 미움, 분노, 두려움 등의 특수한 형태로 변화해간다. 즉, 인간발달의 원리를 다음과 같이 제시한다(곽내영, 2007; 김제한, 2001).

첫째, 발달은 개체와 환경과의 상호작용의 산물이다. 발달은 생물학적 성장에 기초하여 주어진 경험·훈련 등이 서로 작용하여 나타난 결과이다. 즉, 생물학적 특성인 유전적 요인과 후천적으로 주어지는 자극의 총체인 환경조건에 따른 상호작용의 결과이다.

둘째, 발달은 일정한 발생학적 순서에 따른다. 발달은 두부에서 미부로, 중심부에서 말초부로 향해서 발달해 가는 경향이 있는 것을 볼 수가 있다. 발달은 일정한 발생학적 순서를 따르며 이는 역행될 수 없는 정해진 과정이다. 모든 유기체에 있어 발달의 순서와 방향은 다른 차이가 없으며 동일하다. 인간행동의 변화는 단계적으로 순서에 맞게 일어나며 한 단계의 특징은 다음 단계의 행동 특징과 위계적인 관련성을 지닌다. 이 순서는 간단한 것에서부터 복잡한 것으로, 또 전체적인 것에서 특수한 것으로 진행된다. 인간발달에 일정한 순서와 방향이 있다는 것은 발달의 전(前) 단계는 다음 단계의 기초가 되며, 한 단계에서 다음 단계로 이행할 때 보다 높은 차원의 발달이 이루어짐을 의미한다.

셋째, 발달은 분화의 과정임과 동시에 통합의 과정이다. 발달은 전체적·일반적인 기능에서부터 부분적·특수적인 기능으로 분화해 가는 동시에 그 분화는 단순한 세분에 그치지 않고 분화된 각 부분은 일정한 계열에 준해서 조직되고 통합되어서 전일적인 체제로 형성되어 중심화를 이루어 가게 된다.

넷째, 발달의 각 측면은 상호관계적이다. 발달은 각 기능 상호 간에는 아무런 관련성이 없는 것처럼 보이지만 기능 상호 간에는 밀접한 관련이 있다. 인간의 각 발달영역, 즉 신체·언어·인지·정서·사회성 발달 등은 서로 무관하게 이루어지는 것이 아니라 서로 영향을 주고받으며 발달한다. 신체발달은 사회성 발달에 영향을 주고 사회성 발달은 인지발달에 영향을 준다.

다섯째, 발달에는 개인차가 있다. 모든 유기체의 발달은 보편적인 순서에 따르지만, 성장 속도와 발달 시기에는 모든 사람이 동일하게 발달하는 것은 아니다. 이러한 개인차에는 두 측면이 있다. 먼저, 개인 간의 차(inter-individual difference)이다. 개인과 개인 사이의 특성이나 행동상의 차이이다. 예를 들면, 성(性), 연령, 지능, 성격, 적성, 환경, 성장 배경의 차이 등을 들 수 있다. 두 번째로 개인 내의 차(intra-individual difference)이다. 개인 내부에서 제 특성 간의 차이이다. 발달의 각 측면이 모두 다 평균치에 있지 않은 것은 개인 내 차이 때문이다.

여섯째, 발달은 양적임과 동시에 질적이다. 인간의 성장·발달은 모든 신체적·지적·정서적·사회성에 있어서 양적·질적으로 발달을 가져오는 것을 말한다.

일곱째, 발달은 계속적이며 점진적인 과정이다. 성장이나 발달의 속도는 그것이 낮은 단계에서부터 높은 단계로 진행되는데, 여기에는 급격한 도약이 있는 것이 아니며 경사적으로 서서히 이행하는 연속적인 변화과정이다.

발달의 의미는 삶의 주기적 과정에서의 변화를 말한다. 레빈슨은 발달의 개념을 과정(process)과 계절이라는 말로 설명한다. 과정이란 태어남이라는 출발점으로부터 죽음이라는 종결점까지의 삶의 순례를 의미한다. 일반적으로 인간 삶의 주기는 끝없는 문화적, 개인적 변이를 가지면서도 태어나서 늙고 죽는다는 통속적인 형태를 따라간다(양정환, 2004). 그 순례의 길에 주어지는 수많은 영향에 의해 개인 순례의 성격이 특징지어진다. 이런 의미에서 발달은 연속성이다. 계절이란 삶의 주기 안에서 나누어지는 일련의 기간이나 단계를 말한다(양정환, 2004). 삶의 과정은 단순하지도 않거니와 불변의 계속된 흐름만은 아니다. 삶의 주기에는 각기 독특성을 지닌 질적으로 다른 계절들이 있다. 계절에 따라 변화가 뒤따르고 한 계절에서 다음 계절로 옮겨감에는 과도기가 필요하다. 각 계절은 제각기 충분한 기간을 가지며 그 계절이 누릴 독특한 권리가 있고 그 계절의 특성이 인정돼야 한다. 어느 계절이 더 낫고 더 중요한 것은 아니다. 각 계절이 다 같이 각기 필요로 하는 위치가 있고 전체에게 제공하는 공헌점이 있다. 각 계절은 과거와 미래를 연결하면서 그 자체 안에 양자를 다 내포하는 전 삶의 주기의 유기적인 일부이다(김재은, 1992).

녹스(Alan Knox)도 발달이란 용어가 성인이 시간을 거듭하면서 경험하는 품성과 태도에서 순서 있고 연속적인 변화라고 지적한다(Knox, 1977). 발달이란 용어의 이러한 설명은 변화라는 말에 성장과 개선을 강조한다는 가치판단을 부과하지 않기 위해서이다. 즉, 성인기 동안에 일어나는 복합적이고 미묘한 변화들을 놓고 우리가 어느 것이 낫다고 쉽게 규정할 수 없다(이정숙, 2004). 삶의 각 단계는 그 나름대로 가치를 지니고 있으며 변화 간의 조화가 가장 바람직하고 발전적인 요소를 지닌다고 말할 수 있다(나항진 외, 2017). 그러므로 각 사람은 생애 동안에 계속해서 변화지만 그 변화가 때로는 노인의 경우와 같이 퇴행일 수도 있다. 여기서 말하는 변화란 선택의 여지와 함께 필수성의 양면성을 다 내포한다. 성인의 발달은 현재의 자기와 이상적인 자기 사이의 긴장감에서 시작하며 특히 사회에서의 역할 변화의 시기에 일어난다. 발달에는 개인차가 인정되고 발달의 개념 속에는 생리적 변화, 자아개념, 동기, 가치. 태도, 관심이 다 포함된다(이정숙, 2004). 이렇게 성인발달이 변화의 개념으로 사용된다고 할 때 이 변화에 대해서 개방되지 않으면 폐쇄적으로 되고 개방적일 때 잠재능력의 개발 및 성장의 기회가 된다(이정숙, 2004).

### (2) 발달의 영향요인

인간발달의 영향요인은 유전적 요인, 환경적 요인, 심리적 요인이 있는데 자세한 내용은 다음과 같다(곽내영, 2007).

| 표 3-2 | **발달의 영향요인**

| 영향요인 | 내용 |
|---|---|
| 유전적 요인<br>(생물학적 요인) | ① 부모<br>② 성(性)<br>③ 민족<br>④ 질병 |
| 환경적 요인 | ① 거주지<br>• 맹모삼천지교(孟母三遷之敎)<br>• 낙도나 산간벽지의 어린이들의 문화 실조 현상<br>② 가정<br>③ 양육방식<br>⑤ 기후 · 계절<br>⑥ 출생순위 |
| 심리적 요인 | ① 친자관계<br>• 편애와 차별은 질투와 적개심을 형성한다.<br>• 배척은 반사회적 성향을 형성한다.<br>• 익애나 과잉보호는 버릇없고, 자기중심적이며, 이기적 성향을 형성한다.<br>② 부모의 결손<br>• 인간발달에 중요한 부모로부터 받는 심리적 양육, 혹은 애정의 결손<br>• 모성 실조(maternal deprivation)<br>③ 정신적 상처 |

출처: 곽내영(2007). 곽내영 교육학(상). 서울: 도서출판 들풀.

### (3) 학습의 필요성과 가능성

#### 가. 학습의 필요성

학습의 필요성은 인간발달의 측면과 사회체제 존속의 측면에서 살펴볼 수 있다. 인간발달의 측면에서 미성숙(의존성과 가소성)은 학습과 교육을 해야 하는 상태를 의미한다. 의존성은 인간이 너무 미숙한 상태로 태어나기 때문에, 성숙한 인간의 보호와 의존하지 않고서는 생명조차 보존하기 어려운 상태를 의미한다. 무기력함을 뜻하지만, 한편으로는 적극적인 성장 가능성(성장하려는 적극적인 힘, 발달할 능력) 등을 뜻한다. 가소성(可塑性, plasticity)은 잠재적 변화 가능성에 대한 능력의 신축성이다. 학습과 환경으로부터의 영향에 의하여, 인간의 타고난 성장 능력이 다양하게 발전할 수 있는 유연성이다. 즉, 경험으로부터 학습하는 능력이다.

두 번째로 학습의 필요성은 사회체제 존속의 측면으로 문화의 전달과정을 통해, 사회를 존속시키고 문화를 발전시킨다는 것이다.

#### 나. 학습의 가능성

인간발달의 결정적인 요인에 대해서 유전론과 환경론 간의 논쟁이 있다. 유전론은 인간의 능력은 선천적으로 결정되며, 그 능력 자체는 학습에 의해 바뀌지 않는다고 본다. 예를 들면, 플라톤이 인간은 금·은·동으로 구별되는 능력의 한계를 갖고 태어났으며, 학습에 의해 동을 금으로 만들 수 없다고 봄과 동시에, 지식(knowledge)도 생득적이라고 믿는다. 20세기 초에 지능지수(IQ)의 측정을 제안하고 측정도구를 만들었던 사람들은 지능의 불변성을 믿는다. 아서 젠슨(Arthur Jensen)은 흑백인종 간의 정신 능력이 선천적으로 다르다고 주장한다(Jensen, 1969)[1].

1) 젠슨은 1969년 하버드대학교에서 '우리는 얼마나 지능지수(IQ)를 끌어 올릴 수 있는가'라는 논문을 발표하였다. 이 논문은 다양한 인종의 지능지수(IQ)를 테스트했다. 실험 결과는 흑인보다는 백인이 백인보다는 아시아인이 우수하다는 사실을 발표하였다.

환경론은 환경이 유전보다 인간의 성장발달에 절대적인 영향을 미친다고 본다. 개인의 현재 능력 정도는 환경 내지 후천적 교육에 의해 결정된 것이라고 본다. 엘베시우스(Claude Adrien Helvétius)와 콩디야크(Étienne Bonnot de Condillac)는 교육의 힘을 과신하여 후천적 "교육이 모든 것을 할 수 있다(Education can do all)"라고 주장한다.

한편, 오늘날에는 유전·환경 상호작용론을 중시하는 관점이다. 동일한 유전요인도 환경이 다르면 다른 능력이나 행동을 나타내지만, 동일한 환경요인도 유전요인이 다를 때 각 개인에게 다른 영향을 받는다는 것을 강조한다.

## 2) 발달단계 및 발달과업

### (1) 발달단계

일정한 연령기에 도달하면 그 전후 시기와는 구별되며 그 시기의 사람들에게 공통적으로 나타나는 일반적인 발달 특징이 있는데 이것을 기준으로 인간의 생애를 몇 개의 시기로 구분한 것이다. 즉, 연령이 증가함에 따라 신체(체위의 크기, 신체 각 부위의 비율)의 변화, 행동 목록 내용의 변화, 내재적 구조와 기능의 변화가 이루어지며, 이 기준에 의하여 발달단계가 구분된다. 발달단계의 구분은 학자들의 관심 영역 혹은 구분의 기준에 따라 다르며 명칭도 각기 다르다. 피아제는 인지구조의 차이에 근거하고, 프로이트는 성적 리비도의 발달과정을 근거로 하며, 에릭슨은 심리사회적 발달에 따라 구분하고 있다. 이러한 발달단계는 비연속적 이론(discontinuity theory)과 연속이론(continuity theory)으로 구분된다. 먼저, 비연속적 이론은 인간이 질적으로 명확히 구분되는 몇 개의 단계를 걸쳐 변화·발달하고 한 단계에서 다음 단계로의 이행은 급진적으로 일어난다는 것이다. 또한 인간발달은 어느 국면에서나 분명하게 구분되는 단계를 보이면서 단계적으로 진행된다는 것이다. 대표적인 이론으로는 프로이트의 심리성적 단계, 피아제의 인지발달단계 및 콜버그의 도덕성 발달단계 등이 있다. 두 번째는 연속이론으로 행동주의적 입장과 일치하며, 기본적으로 자극-반응의 결합으로 이루어지는 조건형성의 누적된 결과로 서서히 점진적으로 이루어진다는 것이다.

### (2) 발달과업

인간에게는 전 생애에 걸친 발달단계 과정에서 단계별로 특별히 요구되는 과업이 존재하는데, 이를 발달과업이라 한다(권중돈, 2014). 에릭슨은 일생 동안 여러 단계의 심리사회적 위기를 경험하는데, 그 위기의 결과로 성격이 발달한다고 보았다. 즉, 사회가 개인에게 미치는 영향과 개인이 개인적·사회적 위기를 극복하면서 '나는 누구인가?'와 '내가 무엇을 해야 하는가?'에 대한 답을 발견하는 과정에 초점을 두고 있다(이인정 외, 2009). 에릭슨의 인생주기 각 단계는 그 단계에서 해결하지 않으면 안 되는 단계의 특이한 발달과제를 지니고 있는데, 이러한 과제는 자아의 측면과 사회의 측면에 관한 발달과제이며, 특히 사회적 현실과의 상호관계에 있어서 자아에 대한 발달과제이다(김제한, 2001).

하비거스트(Havighurst, R. F., 1952)가 에릭슨의 영향을 받아 제시한 발달과업의 개념은 정상적인 발달을 이루기 위해 정해진 일정한 시기에 발달시켜야 할 과업이 있다고 하였다. 즉, 인간발달의 각 단계에서 누구나 습득해야 할 행동형태이며, 습득하게 되면 다음 단계에서도 잘 적응할 수 있으나 습득하지 못할 때는 다음 단계에서의 발달에 지장이 초래될 뿐만 아니라 불행을 경험하게 되고 사회적으로 부적응 상태에 처하게 되는 것이다. 그래서 발달과업은 자기가 있는 발달단계에서 마땅히 달성해야 할 과업이다.

| 표 3-3 | 인간발달 단계별 주요 발달과업

| 발달단계 | 발달과업 |
|---|---|
| 영유아기 (0~6세) | 보행학습, 고형분의 음식섭취 학습, 언어학습, 배설통제 학습, 성차인식, 생리적 안정 유지, 환경에 대한 단순개념 형성, 타인과의 정서적 관계 형성 학습, 양심의 발달 |
| 아동기 (6~12세) | 놀이에 필요한 신체기술 학습, 자신에 대한 건전한 태도 형성, 또래친구 사귀는 법 학습, 성 역할 학습, 기본 학습기술(3R)의 습득, 일상생활에 필요한 개념 학습, 양심, 도덕, 가치체계의 발달, 사회 집단과 제도에 대한 태도 발달 |
| 청소년기 (12~18세) | 자신의 신체 및 성 역할 수용, 동성 또는 이성 친구와의 새로운 관계 형성, 부모와 다른 성인으로부터의 정서적 독립, 경제적 독립의 필요성 인식, 직업 선택 및 준비, 유능한 시민으로서의 기본적인 지적 기능과 개념 획득, 사회적 책임에 적합한 행동, 결혼 및 가정생활의 준비, 과학적 세계관에 근거한 가치체계의 발달 |
| 성인(청년)기 (18~30세) | 배우자 선택, 배우자와의 생활방법 학습, 가정 형성, 자녀양육과 가정관리, 시민의 의무 완수, 친밀한 사회집단 형성 |
| 중·장년기 (30~60세) | 사회적 의무의 완수, 경제적 표준생활 확립과 유지, 10대 자녀의 훈육과 선도, 적절한 여가 활용, 배우자와의 친밀한 관계 유지, 중년기의 생리적 변화 인정 및 적응, 노년기 부모에의 적응 |
| 노년기 (60세 이후) | 신체적 건강 쇠퇴에의 적응, 은퇴와 수입 감소에의 적응, 배우자의 사망에 대한 적응, 동년배와의 유대관계 재형성, 사회적 시민의 의무 수행, 생활에 적합한 물리적 환경의 조성 |

출처: 권중돈(2014). 인간행동과 사회복지실천: 이론과 적용. 서울: 학지사.

발달과업에는 두 가지 중요한 의미가 있다. 모든 사람은 특정한 시기에 기대되는 과업이 있다. 이 과업은 질서와 계열성을 가지고 누구에게나 나타난다. 발달과업은 시기별로 양상이 다르고 그 과업의 성공적인 달성이 인간의 발달을 촉진하는 결과를 가져온다. 과업 중의 일부는 인간의 생물학적 발달과 직접적으로 관련되어 있고 일부는 사회가 요구하는 특정한 규범에 의해 결정된다.

# 02 성인의 일반적 특징

## 1) 에릭슨의 성인기 발달

에릭슨(Erikson)의 심리사회학적 발달이론은 '인간이 전 생애에 걸쳐서 성장함으로 생물학적·환경적 영향에 완전히 순응하는 존재가 아니다'라고 한다. 개인의 성장이 인생의 전 과정에서 완성되도록 노력하는 존재라고 보았다. 에릭슨(1950)은 초기 성인의 시기를 19~35세로 하며, 이 시기에는 배우자를 선택하는 과업을 달성하려고 이성과 친밀감(intimacy)을 발전시키는 것이 가장 중요하다고 하였다(Erikson, 1950). 에릭슨은 자신에 대한 신뢰감 없이는 타인과 친밀한 교제를 지속하기 어렵다고 한다. 성인 초기는 자신의 내적인 통일감과 계속성을 유지할 수 있는 자신의 정체성을 정립하고 자신의 배우자와 친밀감을 발전시키는 만남을 이루어 가야 할 것을 강조하였다. 이러한 친밀한 관계를 만들어 가는 데 실패하게 되면 고립감(isolation)이 생성되며 타인과의 교제나 접촉을 회피하게 되고, 자신에게 위협적으로 느껴지는 사람을 거부하게 되며 공격적인 태도를 보이기도 한다. 또한 성인 초기에는 부모에게서 독립하여 자기의 일을 찾고 배우자를 선택하여 성숙하고 책임감 있는 성인의 역할을 수행하는 것이 중요하다. 자신의 특성에 맞는 직업을 선택하여 근로 활동에 종사하며 타인과 우정을 쌓고 친밀한 관계를 만들어 가야 한다.

에릭슨은 중년기를 35~50세로 보았으며 발달과업이 잘 이루어지면 생산성(generativity)을 발전시키게 되지만 반대의 경우에는 침체성(stagnation)을 갖게 된다. 침체성이란 성인이 다음 세대를 위하여 자신이 한 일이 아무것도 없다는 것을 깨닫게 되는 것이다. 생산성을 발달시키는 데 실패하면 개인은 침체감(stagnation)에 빠지게 된다. 일상에서 따분함을 느끼게 되어 우울증 성향이 강해지며 대인관계나 또래관계는 거의 상실된다고 보았다. 인생을 지루하고 따분하다고 생각하는 사람, 불평불만이 많은 사람, 모든 일에 비판적인 사람들이 침체성을 갖고 있다고 볼 수 있다. 심리학자들은 중년기에 인생의 정점으로 보았으며 자신에 대한 성찰이 가장 많이 일어나는 시기로 보았다. 중년기에는 주로 다음 세대를 가르치거나 지도하는 데 매우 적극적으로 참여하고 사회봉사 등을 통해 사회성을 발휘하여 후세대를 이끌어 가는 돌봄의 역할도 수행한다(Ryff, 1984). 부부 사이의 친밀감이 더 넓은 타인에게로 확대되어 생산성(generativity)이 형성되는 시기이다. 생산성이란 자신의 내적 자원을 생산적 목적을 위해 끌어내며 후세대를 보살피는 미덕을 터득하는 것이므로(Levinson, 2004), 행복한 노년기를 보내는 데 중요한 기반을 닦는 시기가 된다고 보았다. 자신의 직업과 관련된 분야에서 직업적인 성취나 학문적·예술적인 업적을 남기려는 성향이 강해 중년기에는 생산성을 발휘하게 된다.

에릭슨은 노년기를 50세 이상의 시기로 보았으며 노년기에 성공적인 발달과업을 이루게 되면 자아통합감(ego-integrity)을 달성하게 되지만, 반대의 경우에는 절망감(despair)을 가지게 된다고 보았다. 노년기는 신체적으로 노화가 진전되어 신체는 노쇠해지며 직업에서 은퇴하고 친한 친구나 배우자 등의 사망을 경험하면서 무력감에 빠지기 쉽다. 따라서 노년기에 노인들이 죽음을 앞에 두고 자신이 살아온 삶을 되돌아보는 성찰적 행위를 통하여 자신의 부족한 부분을 보충하고 관용을 베풀며 성숙한 인격자가 되어야 할 것을 발달과업으로 제시하였다. 노년기에 발달시켜야 하는 미덕은 지혜로 이것은 죽음에 직면했을 때 나타나는 인생 자체에 대한 초연한 관심으로 보았다(정옥분, 2019). 지혜는 노년기에는 지적인 힘이기도 하지만 심리적인 자원이 되기도 한다. 노년기에는 나의 삶이 타인과는 구별되는 고유한 것이었다는 것을 발견할 때, 후회 없는 삶을 수용하게 된다고 보았다. 노인들은 삶의 유한성을 깨닫고 시간이 흐를수록 죽음에 가까이 간다는 무력감이나 좌절감에 빠지기보다는 자신의 삶을 되돌아보고 통합성, 일관성, 완성성을 느끼려고 노력한다고 본다. 따라서 중년기의 발달과업을 달성한 사람은 이 시기에는 성취감과 만족감을 갖고 자신의 삶을 성찰하게 되어 자신의 결손 부분을 보충하여 완성도가 높은 인간이 되려고 노력하는데, 이것을 자아통합감으로 보았다. 즉, 자아통합감이란 인생을 성찰해 보고 자신의 정체감을 새롭게 확립하는 과정이라고 볼 수 있다. 자아통합감을 발달시키게 되면 평온한 노년을 보낼 수 있으며 다가오는 죽음을 의연하게 맞을 수 있다고 보았다. 절망감은 노년기에 원망, 상실감 그리고 삶에 대한 불만족감이 쌓이게 되면 자신이 원하였던 삶을 살지 못했다고 느끼거나 실망감에 빠져 다른 사람에 대한 비난이 늘어난다. 자신의 삶이 무의미했다고 느끼는 사람은 절망하게 된다.

**| 표 3-4 | 에릭슨의 심리사회학적 발달이론**

| 발달단계 | 시기 | 연령 | 특징 | 중요관계 | 주역할 | 기본 덕목 |
|---|---|---|---|---|---|---|
| 신뢰감 VS. 불신감 | 영아기 | 0~ 1세 | • 경험의 일관성, 계속성, 동일성이 신뢰감 형성 여부를 결정함<br>• 관계의 질이 음식이나 애정 표시의 절대량보다 중요함<br>• 구강기 | • 어머니 | 받고 주는 것 | 희망 |
| 자율성 VS. 수치심 | 유아기 (乳兒) | 1~ 3세 | • 배설과 걷기와 같은 기능을 학습하는 과정에서 형성<br>• 과보호가 없고 도움이 결핍되지 않는 범위에서 자율성이 형성됨<br>• 항문기 | • 부모 | 참고 배설 하기 | 의지력 |
| 주도성 VS. 죄악감 | 유아기 (幼兒) | 3~ 6세 | • 신체적 활동 및 언어구사능력의 발달 → 주도성의 단계로 들어감<br>• 자율성+과제수행 · 계획 · 처리능력=주도성<br>• 활동 제한, 아동의 질문에 대한 일관성 결여 → 죄악감<br>• 탐구실험의 자유 부여, 아동질문에 대답할 시간 할애 → 주도성<br>• 남근기 | • 가정 | 창조 to make, 시도 to make like | 목적 |

| 발달단계 | 시기 | 연령 | 특징 | 중요관계 | 주역할 | 기본 덕목 |
|---|---|---|---|---|---|---|
| 근면성 VS. 열등감 (부적절감) | 아동기 | 6~ 11세 | • 지적 호기심과 지적 성취가 행동의 핵심 & 대원리가 됨<br>• 격려, 허락, 칭찬→근면성<br>• 성공의 평가를 받지 못함, 귀찮은 취급, 비웃음→열등감 | • 이웃<br>• 학교 | 솔선적 시도, 협력적 시도 | 능력 |
| 정체감 VS. 역할혼미 (자아혼돈) | 청소년기 | 11~ 19세 | • 정체감: 동일성과 계속성의 자신감<br>• 역할혼미: 특히 성적(性的)·직업적 정체감에 대한 의혹<br>• 심리적 이유기 | • 동료집단<br>• 과거집단<br>• 지도력 있는 모델 | 자아 확인, 상호 작용 | 충성심 |
| 친밀감 VS. 고립감 | 청년기 | 19~ 35세 | • 동성, 이성 간의 인간적인 관계에서 친밀감 형성<br>• 지나친 경쟁심은 고립감을 유발함 | • 우정, 섹스<br>• 경쟁, 배우자 | 양보, 자아 발견 | 사랑 |
| 생산성 VS. 침체성 | 중년기 (장년기) | 35~ 50세 | • 직업적 성취, 학문적·예술적 업적을 통하여 생산성 형성<br>• 자식을 낳고 후세 교육에 관심<br>• 생산성: 주로 다음세대를 지도하는 관심으로 나타남<br>• 지도과정에 참여할 수 없는 사람→침체감과 자기 골몰에 빠짐 | • 직장생활<br>• 집안일 분배 | 출산, 양육 | 배려 |
| 자아 통합감 (통일성) VS. 절망감 | 노년기 | 50세 이후 | • 통합: 자기 자신과 또한 자기 자신의 생활을 그렇게 살아왔어야 하는 것이었고, 다른 어떤 것으로도 대체할 수 없는 것으로서 받아들이는 것<br>• 인류와 민족을 생각함<br>• 인생에 대한 무력감을 느낌 | • 인류, 민족 | 실존 확립, 현실 수용 | 지혜 |

출처: 곽내영(2007). 곽내영 교육학(상). 서울: 들풀.

### 2) 하비거스트의 성인기 발달

하비거스트(Havighurst, 1972)는 에릭슨의 영향을 받아 인간발달에는 단계마다 누구나 습득해야 할 행동형태가 있으며 그것을 습득하게 되면 다음 단계에서도 잘 적응할 수 있으나 제대로 습득하지 못했을 때는 적응하는 과정에서 장애나 불행을 경험하게 되고 사회적으로도 부적응 상태에 놓이게 된다는 의미에서 발달과업(developmental tasks)을 주장하였다. 초기 성인의 발달과업은 부부관계를 통하여 가족의 과업을 달성하고 직업 영역에서 경력을 쌓아가는 것을 과업으로 보았다. 정신적인 측면에서는 직장생활에서 필요한 기능을 습득하고 사회적 역할과 기술을 학습하며 직장생활에 순응할 것을 강조하였다. 사회적인 측면에서는 배우자를 선택하고 가정을 이루며, 성인으로서의 생활양식을 습득하여 동료집단과의 관계를 잘 유지해 나갈 것을 강조하였다.

중년기에는 생리적 변화를 인정하고 이에 적응해야 할 것을 강조하였다. 정신적인 측면에서는 시민으로서 사회적 책임수행 의식을 가져야 할 것, 경제적 안정을 달성할 것, 10대의 청소년들이 책임감을 소지한 행복한 성인이 되도록 이끌어 가야 할 것이 강조되었다. 사회적 측면에서는 성인으로서 건전한 여가활동을 즐기며, 하나의 인격자로서 배우자와 관계를 발전시키고, 연로한 부모님 돌보기(care)를 발달과업으로 보았다.

노년기에는 신체적 쇠퇴를 인지하고 건강한 신체를 유지할 것을 중요하게 생각한다. 정신적인 측면에서는 은퇴와 수입의 감소, 배우자 사망에 적응해야 할 것을 강조하였다. 사회적 측면에서는 또래와 친밀한 관계를 맺는 일, 사회적으로 시민의 책임을 수행하는 일, 만족할 만한 생활 조건을 갖춰 가야 할 것을 강조하였다. 하비거스트가 제시한 단계별 발달과업과 관련하여 성인학습자의 청년기, 성인 초기, 중년기, 노년기 발달과업을 구체적으로 살펴보면 다음과 같다(이현림 외, 2006).

| 표 3-5 | 성인학습자의 발달단계별 주요 발달과업

| 발달단계 | 발달과업 |
| --- | --- |
| 청년기 | • 남녀 사이의 새롭고 더욱 성숙한 관계를 이룩한다.<br>• 남자나 여자로서의 사회적 역할을 학습한다.<br>• 자기의 체격을 인정하고 성 역할을 인식한다.<br>• 부모 또는 다른 성인에게서 정서적 독립을 이룬다.<br>• 경제적 독립의 필요성을 절실히 느낀다.<br>• 직업의 선택과 그 준비에 몰두한다.<br>• 결혼과 가정생활을 준비한다.<br>• 시민적인 자질로써 필요한 지적 기능과 개념을 발달시킨다.<br>• 사회적으로 책임 있는 행동을 원하며 이를 실천한다.<br>• 행동지침으로 적절한 과학적 지식에 맞춰 가치관과 윤리체계 형성한다. |
| 성인 초기 | • 배우자를 선택한다.<br>• 결혼 후 배우자와 함께 생활하는 방법을 배운다.<br>• 가정생활을 준비한다.<br>• 자녀를 양육한다.<br>• 가정관리를 학습한다.<br>• 직업생활을 한다.<br>• 공민적 책임의 부담을 갖는다.<br>• 적절한 사회집단에 참여한다. |
| 중년기 | • 성인으로서 사회적 책임을 수행한다.<br>• 생활의 경제적 수준의 확립을 유지한다.<br>• 자녀가 신뢰할 수 있는 부모로서 협력한다.<br>• 성인의 여가생활에 적극적으로 참여한다.<br>• 하나의 인격자로 자기 배우자와 관계를 맺는다.<br>• 중년기의 생리적 변화를 인정하고 이에 적응한다.<br>• 연로한 부모를 공경한다. |
| 노년기 | • 체력과 건강의 쇠퇴에 대하여 적응한다.<br>• 정년퇴직과 수입의 감소에 대하여 적응한다.<br>• 배우자의 사망에 대하여 적응한다.<br>• 동년배 노인들과 친밀한 관계를 맺는다.<br>• 사회적이고 공민적인 책임을 이행한다.<br>• 만족할 만한 생활조건을 구비한다. |

출처: 이현림 외(2006). 성인학습 및 상담(2판). 서울: 학지사.

하비거스트의 발달과업이 교육에 시사하는 바는, 교사나 지도자가 학습자의 발달 정도와 발달과업을 파악하고 이해함으로써 그들이 당면한 문제가 무엇인지 확인하고 잘 해결해 가도록 조력할 수 있으며, 교육적 노력이 투입되어야 할 시기를 결정하는 데 필요한 기초자료를 제시해 준다(이현림 외, 2006).

### 3) 길리간의 성인기 발달

길리간(Gilligan, 1984)은 성인 초기의 시기에 남자와 여자라는 성별에 따라서 사회화가 다르게 진행되므로 남녀 간의 차이가 명확해진다고 보았다. 이러한 차이는 남녀의 사회화 과정이 다른 것에 원인이 있다고 본다. 남성들은 부모에게서 독립하려는 독립성이 뚜렷한 특징으로 나타나지만, 여성은 자율적인 존재로서의 발달보다는 타인과의 관계성을 중시한다. 그리고 여성들은 겸손, 남성들은 자신감이라는 덕목을 소지하게 된다고 보았다.

### 4) 융의 성인기 발달

융(Jung)은 집단 무의식을 구성하고 있는 정신적 소인을 페르소나, 아니마와 아니무스, 그림자, 자기로 보았다. 페르소나(persona)는 가면으로 개인이 사회적 요구들에 대한 반응으로 밖으로 내놓은 공적 얼굴이다. 또한 아니마(anima)는 남성이 소지하는 정신적 여성성을 말하며, 아니무스(animus)는 여성이 소지하는 정신적 남성성을 말한다. 융은 인격의 통합체를 자기로 보고, 모든 의식과 무의식의 실체인 자기(self)가 중년기에 나타난다고 보았다. 융은 중년기를 인생의 시기에서 가장 중요한 시기로 보고 40세 이전의 시기에는 외적인 성향으로 물질적 가치를 추구하지만, 40세 이후는 내적 성향이 강해져 정신적 추구가 강해진다고 보았다. 이것이 균형과 조화를 이루려는 전체의 통일성인데, 융은 이것을 개성화 과정으로 보았다. 중년의 시기에는 발달적 위기를 겪을 수도 있으나, 외부 세계에 쏟았던 에너지가 자기 내면으로 향하게 되며 외적인 것을 내적으로 전환하여 개별화하며 물질보다는 정신적인 것에 가치를 지향하게 된다고 보았다.

### 5) 레빈슨의 성인기 발달

예일대학교 의과대학 임상심리학과 교수였던 레빈슨(Levinson)은 그의 동료들과 함께 산업체의 일용직 근무자, 기업의 간부, 교수, 소설가 등 40명의 남성을 대상으로 이들의 깊이 있는 정기적 면담을 통하여 『남성 인생 4계절(The Seasons of a Man's Life)』이라는 책을 발간하였다. 연구팀은 1923~1934년에 태어난 35~45세의 남성들로 1차 정기적 면담 후 2년 뒤 추후 면담하고 한 차례 남성들의 배우자와도 면담하여 자료를 수집하였다.

레빈슨의 『남성 인생 4계절』에서는 인생 시기를 아동기와 청년기, 성년기, 중년기, 노년기의 4계절로 구분하였다. 레빈슨의 이론에 있어서 핵심적인 개념은 인생 구조(life structure)이다. 인생 구조는 특정 시기의 개인의 인생에 있어서 강조되는 패턴이나 디자인을 의미한다. 인생 구조의 주요 구성요소는 다양한 타자들과의 관계이다. 여기에는 배우자, 자녀, 직장상사와 동료, 교회나 클럽과 같은 사회적 구조나 의미 있는 집단도 포함된다. 이러한 인간관계들은 개인의 인생을 채워주는 것이고 인생에 형태를 만들어주는 것이다.

이와 동시에 우리가 만드는 인생 구조는 우리의 성격이나 스타일에 의해서 영향을 받기도 한다. 비슷한 생활환경에 있는 두 사람이라 할지라도 다른 인생 구조를 창조할 수 있다. 그리고 발달과제는 성인의 인생과정에서 변화하기 때문에 인생 구조는 선 생애에 걸쳐 안정적일 수 없다. 그러므로 레빈슨은 성인의 인생이라는 것이 안정적인 인생 구조 시기와 전의 생활구조가 재음미 되고 적응이 되며, 변하는 전환기가 번갈아 나타나는 것이라고 했다.

레빈슨(Levision, 1978)은 인생의 주기를 봄, 여름, 가을, 겨울의 사계절로 비유하며, 크게 네 개의 시기로 나누고, 각 시기 사이에 세 번의 시기 간 전환기를 설정하여 설명하였다. 성인전기의 아동 및 청소년기는 만물이 소생하는 봄처럼 성장하는 시기이고, 성인 초기는 성장이 절정에 이르는 여름처럼 인생의 목표와 꿈을 실현하려 노력하는 시기이며, 중년기는 결실을 맺는 가을처럼 성취의 절정에서 지나온 삶을 되돌아보고 잘못된 것을 수용하면서 삶의 균형을 찾는 시기이다. 그리고 노년기에는 휴식과 재탄생을 준비하는 겨울처럼 지나온 삶을 정리하면서 다가오는 죽음을 준비하며 의미 있는 삶을 위해 마지막 노력을 하는 시기이다(심은정 외, 2013). 다음의 그림에서 알 수 있듯이 각 시기는 성인 이전 시기(0~22세), 성인 초기(17~45세), 성인중기(40~65세), 성인 후기(60세 이후)로 나누어진다. 시기 간 전환기는 성인 이전 시기와 초기 사이의 성인 초기 전환기, 성인 초기와 중기 사이의 성인중기 전환기, 그리고 성인중기와 후기 사이의 성인 후기 전환기로 구성된다.

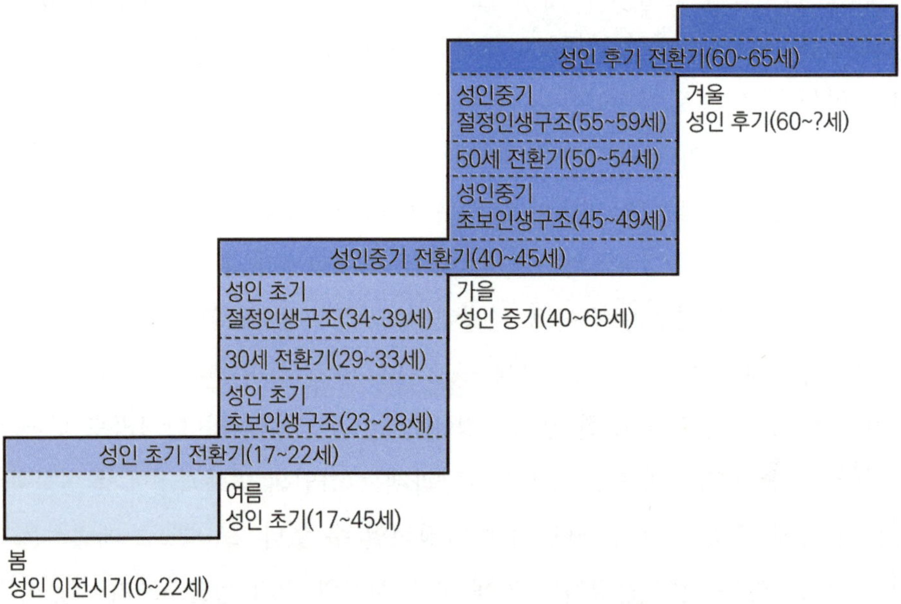


출처: 권두승 외(2016). 평생학습사회 실현을 위한 성인학습 및 상담(3판). 경기: 교육과학사. 재구성.

**| 그림 3-1 | 레빈슨의 인생주기 모형**

위의 [그림 3-1]에서 보는 바와 같이 인간의 삶은 네 계절로 나누어지고 각 계절의 기간은 약 20여 년으로 잡는다. 20년의 삶은 아동기와 사춘기로 채워진다. 두 번째 20년을 성인 초기라 하며, 세 번째 20년을 성인중기라 하고, 마지막 네 번째 20년(20년을 채우지 못하고 죽거나 더 살기나 하지만)을 성인 후기라 부른다. 레빈슨은 계절과 계절 사이에 약 5년간 겹쳐지는 기간을 설정하고 있는데 이 기간을 전환기 또는 과도기하고 본다. 이 전환기들은 문자 그대로 한 계절에서 다음 계절로 옮겨가는 중간 단계이다. 그리고 각 계절은 세 단계로 나누어진다. 첫 단계는 그 계절의 구조를 수립하는 단계로서 특정 계절의 도입기에 그 계절에 적응하도록 자리를 찾고 관계를 수립하며 자신의 삶의 형태를 구성하는 기간이다. 두 번째 단계는 새롭게 형성된 삶의 구조를 검증하고 수정하는 기간이다. 세 번째 단계는 그 계절의 전성기로서 자신의 삶의 의미 있는 일들의 결실을 수확하고자 한다(이효주, 2003). 이렇게 보면 각 계절에서의 안정기는 5~6년에 불과하다. 따라서 레빈슨이 말하는 발달단계란 자아나 능력과 같은 부분적인 것의 발달이 아니라 생활구조 전체의 발달을 의미한다(이현림 외, 2006). 즉, 성인의 삶은 '안정성'이라는 개념보다는 '변화'라는 개념으로 표현됨이 마땅하다.

**| 표 3-6 | 레빈슨의 발달단계별 발달과업**

| 발달단계 | 연령 | 발달과업 |
|---|---|---|
| 성인전기 | 17~22세 | 성인을 향한 과도기, 자아개념 확립, 성인의 가능성 모색 |
| | 23~28세 | 성인의 생애주기를 만들기 위해 노력 |
| | 29~33세 | 자신의 한계를 해결하고 만족할 만한 생활토대를 마련 |
| | 34~39세 | 인생을 확립하고 자신의 목표 성취에 전력 |
| 중년기 | 40~44세 | 중년의 과도기, 지난 시간을 돌아보고 변화를 모색함 |
| | 45~49세 | 새로운 선택을 통해 생활구조를 만드는 과제 |
| | 50~54세 | 중년 안정기, 인생 절반의 과도기 과제를 실행함 |
| | 55~59세 | 중년기 제2의 생활구조를 구축하는 시기 |

| 발달단계 | 연령 | 발달과업 |
|---|---|---|
| 노년기 | 60~65세 | 노년기에의 과도기 |
| | 65세 이후 | 생활주기에서 중요한 전환기로 작용 |

출처: 박경실 외(2013). 평생교육론. 서울: 학지사.

레빈슨은 성인들이 각 계절에 내포된 세 단계를 거쳐 갈 때마다 발달한다고 주장한다. 다시 말해서 각 단계가 다 특수 발달과업과 연관되어 있다는 말이다. 각 단계에 많은 변화가 일어난다. 그러나 한 단계에서 다음 단계로 움직여 나가는데 필수적 요건은 새 발달과업의 수행을 위해 시작해야 하고 삶의 새로운 구조를 수립해야 한다. 레빈슨의 조사연구의 가장 중요한 발견은 성인의 발달과업이 연령과 밀접히 연관된다는 사실이다. 모든 사람이 꼭 같은 시간의 연속성을 따라가는 것은 아니지만 그 연구팀이 발견한 것은 계절별 연령 변이가 5~6년 이상을 넘지 않는다. 이 중 레빈슨은 40~65세인 중년기를 가장 중요한 시기로, 대부분의 경우에는 생물학적 능력이 감퇴하지만, 사회적 책임은 더 커진다. 레빈슨은 중년기의 발달단계별 과업을 다음과 같이 제시하였다 (Levinson et al., 1978).

**| 표 3-7 | 레빈슨의 중년기 발달단계별 과업**

| 발달단계 | 연령 | 발달과업 |
|---|---|---|
| 성인 초기에서 중년기로 전환 | 40~45세 | • 성인 초기와 중년기의 교량 역할을 한다.<br>• 전 단계에 수립했던 인생 구조의 목표 달성 여부를 평가하게 된다. |
| 중년기로의 진입 | 45~50세 | • 새로운 직업을 구상하거나 현재의 일을 심층적으로 구성해 보거나 재혼 등을 생각하고 새로운 인생 구조를 수립한다. |
| 50세 전환기 | 50~55세 | • 30세 전환기와 유사한 기능을 한다.<br>• 중년기 인생 구조의 위기에 대비한다. |
| 중년기의 안정기 | 55~65세 | • 중년기의 토대를 구축하고 안정을 찾는 시기이다.<br>• 자신의 역할 변화를 성공적으로 수행하게 되면 만족스러운 중년의 시기를 보내게 된다. |

출처: 정옥분(2019). 발달심리학: 전생애 인간발달(3판). 서울: 학지사. 재인용.

### 6) 베일런트의 성인기 발달

베일런트(Vailant, 1977)는 1942년에서부터 1944년까지 하버드 대학의 건강한 대학생 95명을 대상으로 그랜트 연구(Grant Study)라고 불리는 종단적 연구를 통하여 성인기 발달의 각 단계에서 성공적인 삶을 살아가는 사람들의 단계별 변화 양상, 성공적인 삶에 관여하는 요인들, 그리고 개개인이 각각의 상황에 독특하게 적응하는 양식을 구별하고자 하였다. 그랜트 연구에서는 성인기 발달이 개인에 따라 큰 연령차가 있으나 성공적인 삶을 살아가는 사람들이 이행하는 과정은 유사하다는 사실을 발견했다. 또한 자신의 삶에 중요한 의미가 있는 사람들과의 지속적인 관계가 성공적인 삶을 결정하는 가장 중요한 요인이라는 사실도 확인하였다. 미래를 추적해 가는 방식으로 연구한 그랜트 연구 대상자의 삶은 일반적으로 인생주기 단계가 순차적으로 이루어짐이 틀림없다는 에릭슨의 가설을 지지하였다(Vailant, 1977).

성인전기와 성인중기에 대한 발달양상을 살펴보면, 20대는 부모에게서 독립하여 자율성을 획득하며 가정을 이루는 시기이다. 30세 전의 안정된 결혼생활의 시작 여부는 40대와 50대 삶의 행복을 결정하는 중요한 기준이 된다. 또한, 성인 전기는 직업에 몰두하는 단계이다. 25~35세 사이는 청년기의 이성과 열정을 버리고 철저히 현실적인 삶을 살아가는 시기이다. 베일런트는 이 시기를 직업 강화단계라 지칭한다. 50대에 성공적인 삶을 살고 있는 사람들은 자신의 삶을 회고할 때 성인전기를 가장 불행하다고 판단하는 반면에, 성공적이지 못한 사람들은 이 시기에 향수를 자신이 느낀다고 보고 있다. 이것은 성공적인 사람들의 경우 현재에 만족하기 때문에 과거보다는 현재가 행복하다고 느끼지만 그렇지 못한 성인의 경우 현재가 만족스럽지 못하기 때문에 현재보다는 과거를 그리워한다고 본다.

또한 베일런트는 성인이 어려움에 직면하였을 때 가지게 되는 적응기제, 즉

방어기제에 대해 연구하였다. 성인은 모두 약간의 불안을 가지고 있기 때문에 어떤 종류이든 보다 성숙한 방어기제를 사용하여 어려움에 효과적으로 대처한다. 이처럼 사람들은 다양한 수준의 방어기제를 상황에 따라 사용하지만 베일런트는 대부분의 성인이 성숙한 방어기제를 더 많이 사용하는 동시에 성숙하지 않은 방어기제는 덜 사용한다고 주장하고 있다. 베일런트는 성숙 정도에 있어서 커다란 개인차가 있다고 한다. 좀 더 성숙한 방어기제를 사용하는 성인은 자신의 개인적·직업적 삶에 있어 더 성공적이다(Duvall, 1962).

| 표 3-8 | 베일런트의 방어기제 수준

| 수준 | 내용 |
|---|---|
| Ⅰ. 정신병적 방어기제 (psychotic mechanism) | • 망상적 투사(delusional projection): 괴롭힘을 당하는 망상<br>• 부인(denial): 현실을 인정하지 않음<br>• 왜곡(distortion): 환상이나 소원성취에 대한 망상을 포함하는 것으로 내적 욕구에 맞도록 현실을 재구성함 |
| Ⅱ.미성숙한 방어기제 (immature mechanism) | • 투사(projection): 자신이 인정하지 않는 감정을 다른 사람의 탓으로 돌리는 것<br>• 분열적 환상(schizoid fantasy): 환상이나 내면으로 퇴각함으로써 갈등을 해결하는 것<br>• 심기증(hypochondriasis): 다른 사람에 대한 비난이 신체적 질병에 대한 불평으로 바뀌는 것, 종종 의존 요구를 피하거나 무시당하는 것에 대한 불만을 피하고자 사용됨<br>• 수동적 공격행동(passive aggressive behavior): 다른 사람에 대한 공격이 수동성으로 간접적이고 효과적으로 표현되거나 자신에게 표현됨<br>• 행동화(acting out): 무의식적 소망에 따른 감정을 인식하지 못한 채 직접적으로 표현하는 것, 여기에는 비행이나 성질을 부리는 것이 포함됨 |
| Ⅲ. 신경증적 방어기제 (neurotic mechanism) | • 지성화(intellectualization): 소망이나 바람을 형식적이고 정서적인 용어로 생각하고 그것에는 영향을 미치지 않는 것<br>• 억압(repression): 어떤 정보를 인정하지 않거나 기억이 나지 않음, 의식적인 기억에서 지워버림<br>• 대치(displacement): 원래의 대상이 아니라 다른 대상으로 감정을 옮김(예, 사랑하는 사람을 포옹하고 싶을 때 고양이를 안는다) |

| 수준 | 내용 |
|---|---|
| Ⅲ. 신경증적 방어기제 (neurotic mechanism) | • 반동형성(reaction formation): 자신이 싫어하는 직장동료에게 예외적으로 친절한 것과 같이 자신이 무의식적으로 정말로 하고 싶은 것과 반대되는 방식으로 행동하는 것<br>• 해리(dissociation): 성격의 임시적이고 극적인 변화 |
| Ⅳ. 성숙한 방어기제 (mature mechanism) | • 이타심(altruism): 다른 사람에 대해 대리적이지만 건설적인 봉사<br>• 유머(humor): 불안을 야기하는 생각이나 감정을 다른 사람이 불편하지 않고 불쾌하지 않게 표현하는 것, 빈정거림은 포함되지 않음<br>• 억제(suppression): 충동이나 갈등을 다루는 것에 대해 의식적으로나 전의식적으로 연기하려고 결정하는 것<br>• 예측(anticipation): 미래의 문제나 불편함에 대한 현실적 추측과 그에 대한 계획<br>• 승화(sublimation): 스포츠를 통해 공격성을 표현하는 것과 같이 쾌락을 줄이거나 반대되는 결과를 가져오지 않고 어떤 욕망이나 소망을 간접적으로 표현함 |

출처: 권두승 외(2016). 평생학습사회 실현을 위한 성인학습 및 상담(3판). 경기: 교육과학사.

### 7) 로에빙거의 자아발달이론

로에빙거(Jane Loevinger, 1970)는 인간의 전 생애주기 동안 일어나는 인간발달이나 인격의 성장에 관해 관심을 가지고 연구하였다. 자아발달은 로에빙거가 특별히 관심을 가지고 연구한 분야로 다른 학자들이 도덕화(moralization), 통합, 자기체계, 인지적 복합성, 그리고 신념 발달이라고 부르는 것을 포함한다. 로에빙거는 자아발달이 점점 더 세련된 수준의 의미 만들기로 발전하면서 발달한다고 했다. 로에빙거 외(1970)에 의하면, 경험에 있어서 의미를 찾는 것은 자아의 많은 중요한 기능의 하나라기보다는 자아의 본질 혹은 자아의 기능이라고 하였다(Loevinger et al., 1970).

로에빙거의 자아발달은 출생부터 성인기를 통하여 10개의 단계를 거치면서 이루어지게 된다. 자아발달단계는 전사회적 단계, 공생단계, 충동적 단계, 자기보호단계, 동조자단계, 자기자각적 단계, 양심적 단계, 개인적 단계, 자율적 단계, 그리고 통합적 단계로 이루어져 있다. 에릭슨의 이론처럼 발달은 한 단계 한 단계씩 이루어진다. 그러나 다음 단계로의 이동은 개인이 현 단계의 발달을 완전하게 이룬 후에야 가능하다. 같은 연령대의 성인이라고 할지라도 그가 속한 자아발달 단계는 얼마든지 다른 성인들과 다를 수 있다. 로에빙거는 이 단계들이 우리가 모두 거쳐야만 하는 길과 같다. 그러나 이동속도와 도달하는 마지막 단계는 개인마다 매우 다르다고 하였다. 이러한 로에빙거의 자아발달 이론 10단계 다음과 같다(가영희 외, 2017; 권두승 외, 2016).

| 표 3-9 | **로에빙거의 자아발달이론**

| 단계 | 내용 |
|---|---|
| 1단계<br>전사회적 단계 | • 전사회적 단계로 자아가 없는 세상과 구별되지 않는다. |
| 2단계<br>공생단계 | • 공생 단계로 자기와 비자기를 구별한다. |
| 3단계<br>충동적 단계 | • 인과관계로 인식하고 보상과 처벌에 의한 현재 중심적 판단을 한다.<br>• 진정한 자아 기능이 낮은 수준에 있다. |
| 4단계<br>자기보호 단계 | • 보상과 처벌을 예상하며 자기통제가 시작되고 비난을 표출한다. |
| 5단계<br>동조자 단계 | • 순응주의자 단계라고도 한다.<br>• 청소년들이 사회적인 인정과 수용에 대해 관심을 가지며 적당한 집단규칙을 수용하고 소속감을 통해 안정을 느낀다. |
| 6단계<br>자기자각 단계 | • 규범 및 기대로부터 자기 자신을 구별하고 내적 생활이 시작된다.<br>• 자신의 개성과 다른 사람의 개인차를 인식하기 때문에 상호작용이 민감하다.<br>• 자아 비판적이고 반성하는 태도를 보이면서 사회 규칙이나 가족의 기대에 수용하고 따르지 않는 것에 대해서 죄책감이나 외로움을 느끼기도 한다. |

| 단계 | 내용 |
|---|---|
| 7단계<br>양심적 단계 | • 내적 자아의식이 더욱 분명해지고 행동보다 감정과 동기가 더 중요하다.<br>• 자기를 존중하고 타인에 대해 인내심과 책임감이 있으며 공감 능력이 있다.<br>• 개인 간의 세계에 대한 좀 더 복합적인 견해가 등장한다.<br>• 양심적인 사람은 전의 단계들의 특성처럼 더 기회주의적이지 않다.<br>• 내적 자아의식은 더욱더 분명해져서 내적이고 도덕적인 추동력이 집단의 규칙보다 더 중요하게 된다.<br>• 사람을 다른 요구, 다양한 행동 패턴, 독특한 특성을 가진 존재로 인식한다. |
| 8단계<br>개인적 단계 | • 개인을 독특한 존재로 인식하고 존중하며, 타인에 대한 인내심이 증가한다.<br>• 타인에 대한 의존성 문제로 갈등이 생기며, 물질적 · 정신적인 독립에 대한 갈등을 겪게 된다. 즉, 물질적 · 정신적인 독립을 추구하게 된다.<br>• 각각의 개인은 독특한 존재로 인식되며, 그들의 결점이나 장점이 분명히 지각된다. 다른 사람에 대한 의존의 문제로 새로운 갈등이 시작된다.<br>• 참을성이 있고 모순을 이해하고 과정에 대해 흥미를 느끼고 갈등적인 정서를 자각하는 것이다. |
| 9단계<br>자율적 단계 | • 개성을 존중하고 타인의 장단점을 수용한다.<br>• 흑백논리로 판단하지 않으며, 객관적이고 차별적으로 타인을 존중한다.<br>• 다른 사람들의 개성을 존중하고 다른 사람과의 관계에서 풍요함을 발견한다.<br>• 그의 결점이나 실패도 수용한다. 삶에 있어서 갈등과 역설을 수용한다.<br>• 복합적 · 객관적 · 차별적 · 자아실현적이고 다른 사람들을 존중하는 것이다. |
| 10단계<br>통합적 단계 | • 이 단계에 이르는 성인은 소수이다. 자아통합과 자아실현을 하는 단계로 에릭슨의 자아통합 단계와 매슬로의 자아실현 단계와 비슷하며, 책임감과 자아 정체감이 강하고 개인의 욕구와 사회의 현실을 통합하며 현명하다.<br>• 현명하고 더 감정 이입적이고 내적 갈등을 화해시킬 수 있고 개성을 소중하게 생각하고 정체감을 발견하는 역할을 조화시킬 수 있다는 것이다. |

출처: 권두승 외(2016). 평생학습사회 실현을 위한 성인학습 및 상담(3판). 경기: 교육과학사. 재구성.

로에빙거 이론의 장점은 단계와 특정한 연령을 결부시키지 않았다는 것이다. 성인발달에 관한 연구를 보면 엄격하게 연령을 규정한 단계이론은 성인들의 실제 생활에 맞지 않는다는 것을 쉽게 알 수 있다. 성인들은 같은 연령대에 있다고 하더라도 서로 다르다. 로에빙거의 이론은 이러한 차이를 묘사하는 데 도움을 준다(권두승 외, 2016).

# 제 4 장

# 전통적 학습이론

01 인지주의 학습이론
02 사회학습이론
03 구성주의 학습이론

# 01 인지주의 학습이론

인지주의 학습이론 인간의 내적 과정의 측면에서 학습의 의미와 과정을 분석하고 규명해야 한다고 보는 사상이다. 이 교육이론은 자극과 반응을 조정하는 기억, 사고와 같은 유기체의 내적 변인을 중요시하였다. 즉, 지각, 인식, 의미, 이해, 기억, 문제해결 등을 인간의 행동이나 학습을 결정하는 중심개념으로 보는 것이다. 인지학습이론에 따르면 여러 상황을 조직하고 연결하는 법칙에 따라 학습자의 지각이 달라진다. 다시 말해 학습자는 현상들을 조각난 무의미한 파편으로 지각하는 것이 아니라 조직된 형태로 지각하려는 경향이 있다(임창재, 2000).

## 1) 베르트하이머(Max Wertheimer)의 지각체제 이론

부분보다는 전체에, 그리고 독립된 사건보다는 패턴에 관심을 두는 레빈(Lewin), 퀼러(K hler), 코프카(Kofka) 등으로 대표되는 게슈탈트(Gestalt) 심리학이다.

인지학습이론에 중요한 기초를 제공한 형태주의 심리학(Gestalt Psychology)의 초점은 지각의 경험에 있었다. 형태주의 심리학의 창시자인 독일 철학자 막스 베르트하이머(Max Wertheimer, 1880~1943)가 주장하는 핵심은 독일어의 게슈탈트(Gestalt)로 표현되었는데, 이는 조직의 형태, 윤곽 또는 부분의 집합과는 대조되는 조직된 전체를 뜻하는 것이다. 즉, 작은 한 부분의 변화는 필연적으로 전체를 변화시키는 것이기 때문에 동떨어져 있는 부분 등을 연구한다는 것은 옳지 못하다고 강조하면서 학습자는 학습상황에서 부분을 보는 것이 아니라 각 부분의 상호관계 맥락에서 전체를 지각하는 것으로 보아야 한다는 것이다. 이는 학습이 사물의 부분들을 개별적으로 공부하는 것만으로는 부족한 것이며,

그것이 기능하는 전체를 이해할 때 비로소 가능하다는 것이다. 또한 환원주의적인 원자론(atomism)에 반대하는 전체론(holism)의 입장이다.

서로 관련된 조직 체제화의 능력은 인간의 보편적이고 생득적인 경향이다. 지각장이 체제화되어 있지 않으면 하나의 통합된 형태로 체제화하는 것이 학습이다. 이 지각의 경향성을 지각의 법칙(law of perception), 체제화의 법칙(law of pragnanz) 또는 의미의 법칙이라 부른다.

### (1) 의미의 법칙

학습자가 문제 상황을 지각할 때에는 여러 부분을 조직하고 연결하는 방법에 따라 지각은 달라지는데, 여러 부분을 조직하고 하나로 연결시키는 법칙이다. 이러한 법칙에는 유사성의 법칙(law of similarity), 근접성의 법칙(law of proximity), 폐쇄(완결성)의 법칙(law of closure), 연속성의 법칙(law of continuity)이 있다.

#### 가. 유사성의 법칙(law of similarity)

어떤 것을 지각하면서 개개의 독립된 부분은 비슷한 것끼리 연결되어 하나로 이루어 가면서 지각하게 되는 경향이다. 예를 들면, 아래 [그림 4－1]에 'RZRZRZ'을 지각함에 있어서 'RZRZ'의 연속으로 지각하는 것이 아니라, R는 R끼리 Z는 Z끼리 연결해 지각하는 경향이다.

R Z R Z R Z
R Z R Z R Z
R Z R Z R Z
R Z R Z R Z
R Z R Z R Z
R Z R Z R Z

유사한 요소들은 다른 요소들과 같은 거리에 있을 때 유사한 것끼리 뭉쳐져 지각되는 경향이 있다. 그림에서 RZRZ보다는 R과 Z는 그들끼리 뭉쳐져 보인다.

| 그림 4－1 | 유사성의 법칙(law of similarity)

### 나. 근접성의 법칙(law of proximity)

지각장에서의 독립된 부분들의 조직은 가까운 것끼리 연결되어 하나의 의미 있는 형태를 형성해가는 경향이 있다. 예를 들면, [그림 4-1] RZ의 짝의 연속으로 지각된다든가 새와 양(羊)이 뒤섞인 그림임에도 양보다는 새로 지각되는 것은 근접된 것으로 지각되는 경향이 있기 때문이다.

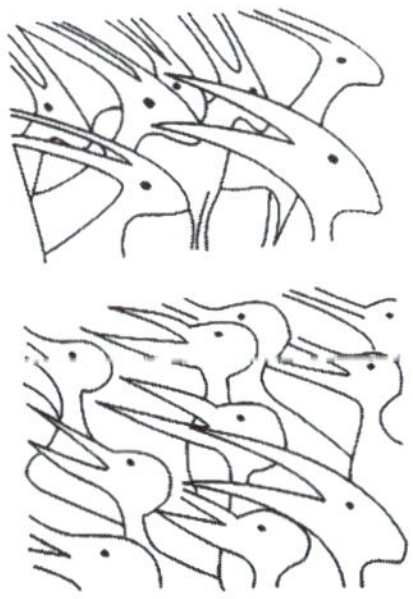

가까이 있는 요소들은 멀리 떨어져 있는 동일한 요소들보다 뭉쳐져 지각된다. [그림 4-1] 유사성의 법칙에서 RZ RZ RZ는 RZ의 짝으로 보인다. 근접되어 있는 사물은 사실보나 유사한 섯으로 지각한다. 또 다른 그림에서 영양이 새들과 함께 있으면 새로 지각된다.

| 그림 4-2 | 근접성의 법칙(law of proximity)

### 다. 폐쇄(완결성)의 법칙(law of closure)

독립된 부분의 조직 및 연결함에 있어서는 불완전한 것도 그대로 지각하는 것이 아니라 완전한 것으로 보아 연결해 가는 경향이다. 예를 들면, [그림 4-3]에서 불완전한 원임에도 완전한 원으로 지각하거나, 불규칙한 점들의 나열임에도 그것이 연결되어 있거나 혹은 폐쇄된 것으로 보아 말(馬)로 지각된다.

미완성 그림이 완성된 그림으로 보이는 경향이 있다. 미완성의 원이 완성된 원으로 보며, 불규칙한 점들을 실선으로 연결된 것으로 지각하여 말(馬)로 본다.

| 그림 4-3 | 폐쇄(완결성)의 법칙(law of closure)

### 라. 연속성의 법칙(law of continuity)

형태화함에 있어 개개의 부분을 조직하는 것은 처음 시작한 것에 따라서 동일한 형태로 계속해서 완성해 가는 경향이다. [그림 4-4]를 지각하면서 직선과 곡선의 혼합으로 지각하는 것이 아니라, 곡선은 곡선대로 직선은 직선대로 지각하게 되는 것이다.

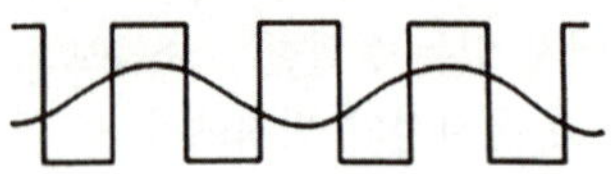

요소들이 선행요소들의 방향으로 계속되는 것처럼 보이며, 서로 연결된 것으로 본다. 곡선은 곡선대로, 직각의 그림은 다른 그림으로 본다.

| 그림 4-4 | **연속성의 법칙(law of continuity)**

## (2) 파이현상(phi phenomena)

파이현상은 착각현상이라고도 한다. A 현상과 B 현상을 각각 독립적으로 지각하는 것이 아니라, A 현상과 B 현상을 전체적으로 동시에 지각함으로써 사실상 존재하지 않은 현상의 운동을 지각하게 되는 현상이다. 즉, 파이 현상은 정지해 있는 물체를 빠른 속도로 연속해서 보면, 시각이 그 물체들을 개별적으로 감지할 수 있는 역치를 넘어서게 되기 때문에 마치 물체가 움직이는 것처럼 보이게 되는 시각의 착각을 말한다. 예를 들면, 여러 개의 전구를 일정하게 배열한 다음 짧은 간격으로 차례로 불을 켜 나가면 전구들이 점멸하는 것이 아니라 불빛의 운동을 지각하게 된다. 이 현상은 영화를 볼 때 경험할 수 있는데, 정지된 사진의 연속에 불과한 영화필름을 영사기에 돌리면 운동으로 지각되는 현상이다. 지각의 장 또는 문제 상황이란 있는 그대로의 시각적 장이 아니라 개인이 경험하고 이해하는 장이다.

## 2) 퀼러(Köhler)의 통찰학습이론

퀼러(Wolfgang K  hler, 1887~1967)의 학습이론은 맹목적인 시행착오나 무의식적 충동의 발산으로써 이루어지는 것이 아니라, 문제 상황의 통찰을 통해 해결 과정이 이루어지는 형태심리학이다. 이러한 통찰학습이론을 확인하기 위해 아무런 학습경험이 없는 침팬지에게 지각의 통찰력 실험을 하였다. 우리에 바나나를 매달아 두고 바닥에는 나무막대와 나무상자를 놓아두어 침팬지가 어떻게 바나나를 먹는지 지켜보는 실험이다. 그리고 침팬지가 천장에 매달려 있는 바나나를 따 먹기 위해 방 안에 널려 있던 몇 개의 상자들을 포개놓고 올라가서 바나나를 따 먹는 것을 보았다. 이 과정을 관찰한 그는 침팬지가 스키너의 쥐나 손다이크의 고양이와 같이 시행착오 식으로 문제를 해결하는 것이 아니라 잠시 상황에 대하여 생각하는 듯 보인 후 통찰에 의해 즉각적으로 문제를 해결하는 것을 알았다(백영균 외, 2010). 통찰은 '해결 전'에서 '해결'로 갑자기 일어나며 또한 그것은 완전한 것이기 때문에 우리는 대개 '아하!(aha! phenomenon, aha! experience)' 경험을 가지게 된다.

| 그림 4-5 | 아르키메데스, 유레카!

이러한 통찰은 부분과 부분, 부분과 전체 또는 수단과 목적 간의 관계를 이해하는 것이다. 통찰학습의 특성은 통찰에 의해 이루어진 문제해결은 먼저 갑

자기 일어나고 완전하며 행동으로 옮기는 데 있어 원활하고 오류가 없다. 또한 상당 기간 유지되고 반복되며 새로운 장면에 적용될 수도 있다. 더불어 문제해결에 관련된 요소들이 학습자가 지각하기 쉽도록 잘 배열되어 있을 때 통찰은 더욱 쉽게 일어난다(이현림 외, 2006). 통찰학습의 과정은 다음과 같다.

- 학습자가 문제 장면에 직면하게 된다. 문제 장면은 일종의 인지 불균형을 야기함으로써 학습의 동기가 형성된다.
- 문제 장면의 탐색이 이루어진다. 탐색은 시행착오적인 것이 아니라 목적과 수단, 요소와 요소 간의 관계, 부분과 전체 장면 간의 관계를 파악한다.
- 관계의 이해 또는 파악의 형성, 통찰을 통하여 학습이 일어난다.

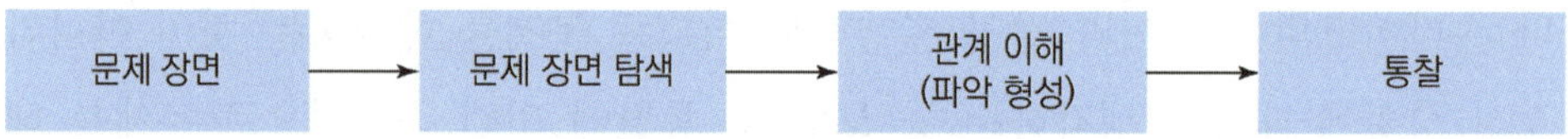


| 그림 4-6 | **통찰학습의 단계**

통찰이론의 전제는 반드시 이전에 오랜 시간 동안의 고민과 성찰이 이미 이루어졌어야 한다는 것이다. 오직 합리적이고 신중하고 지혜로운 숙고가 선행되었을 때에만(Carlo, 2016) 유레카 순간이 온다.

### 3) 레빈(Lewin)의 장이론

장이론(field theory)의 대표적인 이론가는 레빈(Lewin, 1942)이다. 초기 연구는 형태심리학적 원리에 입각한 기억의 역학적 연구와 동기에 관한 연구로써 독자적 영역을 개척하여 위상심리학(topological psychology)을 발전시켰다. 심리학적 장은 물리학적·생물학적 장과는 다른 것으로 상호종속적인 공존적 사실들의 전체라고 하였다.

학습은 개인의 생활공간에 있어서 영역의 분화와 많은 하위구조로의 분절을 포함하며, 이 분절 상호 간에 기능적 연관이 생겨서 어떻게 목표에 용이하게 도달하는가를 이해하게 되는 인지구조의 변화이다. 학습의 결과로 행동이 습관화되었다는 것은 이미 분화된 여러 영역 간의 연결통로들에 통일성이 증대되었음을 의미한다.

레빈은 학습과정의 첫 단계에서의 인지는 분석적으로 이루어지는 것이 아니고 전체적 장(Field)의 관계로 이루어진다고 보았다. 장이란 인지가 일어날 때 그 사람에게 심리적으로 영향을 준 전체적 상황이라는 것이다. 그리고 한 사람의 전체적 생활공간을 뜻한다. 이 생활공간은 환경과 개인으로 구성된다. 인간은 목적 지향적으로 행동하고, 목표달성 방법에 대해 인지구조를 통찰하여 재구성한다는 것이다(가영희 외, 2017).

레빈은 행동이 일어나는 변화에 따라 학습을 네 가지 유형으로 분류하였다. 첫째, 가장 일반적인 학습의 유형으로 인지구조의 변화로서의 학습, 둘째, 동기 변화로서의 학습, 셋째, 이데올로기 변화로서의 학습, 넷째, 근육조직의 자의적 통제 및 정교성의 획득으로서의 학습, 즉 신체적 통제로서의 학습으로 나누어진다.

이러한 레빈의 장이론 특징은 다음과 같다(가영희 외, 2017; 곽내영, 2007).

첫째, 지각과 실재는 상대적 관계이다. 즉, 학습은 인지 대상인 지각의 장(perceptual motor region)과 내적·개인적 영역(inner-personal region)의 관계에서 이루어진다.

둘째, 인간은 자아의 관심을 추구하고 항상 전체로서 관련된 상황을 강조한다. 즉, 학습은 생활공간에서 영역의 분화와 많은 하위구조로의 분절을 포함하며 이 분절 상호 간에 기능적 연관이 생겨서 항상 전체로서의 상황에서 시작하는 것이 기본적인 입장이다.

셋째, 현시성의 원리를 중시하고 학습을 통찰(인지구조의 성립) 또는 인지구조의 변화로 설명하고 있다.

## 4) 정보처리 학습이론

정보처리 학습이론은 인지심리학에서 최근에 대두되고 있는 이론이다. 새로운 정보가 투입되고 저장되며 기억으로부터 인출되는 방식에 대한 이론이다. 학습은 일련의 정보 투입으로 볼 수 있으며, 이렇게 저장된 정보는 유사한 환경이나 새로운 문제 상황에서 회상, 즉 인출된다는 것이다(안범희, 1996).

정보처리 과정을 보면 주의집중, 지각, 시연, 부호화, 인출, 망각 등의 과정이 포함되어 있다(임규혁 외, 2007). 주의집중(attention)이란 자극에 반응하는 것을 의미한다. 주의집중의 독특한 특성은 그것이 선택적이라는 것으로 주의집중하지 않으면 감각등록기의 자극은 유실된다. 따라서 학습은 주의집중을 함으로써 시작된다. 지각(perception)이란 경험에 의미와 해석을 부여하는 과정이다. 감각등록기에 들어온 자극에 일단 주의집중을 하면 그러한 자극에 대해 지각을 하게 된다. 시연(rehearsal)은 작동기억 안에서 이루어지는 처리과정으로써 정보를 소리 내어 읽든지 속으로 되풀이하든지 간에 그것의 형태와 관계없이 계속해서 반복하는 것을 의미한다. 작동기억 안으로 들어온 정보는 시연을 통해 파지(retention)가 되기도 하고 장기기억으로 전이가 이루어지기도 한다. 부호화(encoding)란 장기기억 속에 존재하고 있는 기존의 정보에 새로운 정보를 연결하거나 연합하는 것으로, 작동기억에서 장기기억으로 정보를 이동시키는 과정을 의미한다. 부호화는 정보처리 모델에서 가장 중요한 인지처리 과정이라고 할 수 있는데, 이는 부호화가 일어나지 않는다면 우리가 받아들이는 대부분의 정보가 단지 일시적으로 저장되기 때문이다. 마지막으로, 인출(retrieval)이란 장기기억에서 정보를 찾는 탐색과정이며 부호화와 밀접하게 관련되어 있다. 이는 효과적으로 부호화되지 않으면 효과적으로 인출될 수 없음을 의미한다.

주의집중 → 지각 → 시연 → 부호화 → 인출 → 망각

| 그림 4-7 | **정보처리학습의 단계**

정보처리 과정의 시작은 주의집중이므로, 성인학습자의 주의집중을 향상하려면 이를 방해하는 요인인 심리적 요인, 환경적 요인 등을 정비할 필요가 있다.

## 5) 피아제(Piaget)의 인지발달단계

내적 인지과정에 관심을 가진 인지심리학자인 피아제(Piaget)이다(권두승 외, 2016). 피아제의 이론에서 인간의 지적능력은 개인이 주어진 환경에 효과적으로 적용할 수 있는 능력을 의미한다. 피아제는 생물체가 환경에 순응하기 위하여 자신의 신체구조를 바꾸어 가듯이 인간도 환경 내의 여러 사상을 능동적인 활동을 통해 끊임없이 자신의 인지구조를 재구성해 나가는 것으로 생각한다. 이것을 성인학습과 관련하여 생각해 보면, 학습에 있어서 학습자는 주어지는 정보를 능동적으로 재조직하고 재구성하여 자신에게 알맞게 받아들이는 것으로 해석할 수 있다. 또 피아제는 인간의 인지발달은 생득적 요인인 순응(adaptation)과 조직(organization)의 영향을 받는다고 했는데 이것은 학습에 시사하는 바가 크다고 할 수 있다.

### (1) 인지발달 단계

인지발달을 자기중심성(편견)의 감소 과정으로 설명하고 있다. 조작(operation)의 개념을 도입하여 인지발달단계를 제시하였다. 조작이란 내면화된 행동체계를 의미하고 조작의 유무 및 유형에 따라서 네 단계로 구분되며, 각 단계는 서로 질적으로 다르다.

| 표 4-1 | 피아제의 인지발달 4단계

| 발달단계 | 연령 | 특징 |
| --- | --- | --- |
| 감각<br>조작기<br>(유아기) | 0~2세 | • 감각 및 운동의 상호작용을 통해 신체 도식(감각형식) 발달<br>• 사고의 수단인 언어를 가지고 있지 않음<br>• 자기중심적: 일차적 사고(목적성취적 사고)<br>• 대상 항구성(object permanence) 인식<br>• 단순 반사행동에서 목적을 가진 행동으로 발전 |
| 전조작기<br>(아동 초기) | 2~7세 | • 언어발달<br>–반드시 개념화를 뜻하는 것은 아니다.<br>–전개념(前概念, preconcept, 애매한 뜻으로 사용함)<br>• 외부 세계의 탐색을 통해 일련의 스키마를 발달시킨다.<br>• 점차 규칙을 발견하고 새로운 정보에 적용하지만 지나친 일반화(overgeneralization) 경향을 보인다.<br>• 자기중심성(ego-centrism) 또는 집단독백(collective monologue): 이 단계의 마지막(7세경)에서 사회화된 상호소통적 대화에로 점진적 전환이 이루어진다.<br>• 중심화(centreation) 또는 편견<br>–대상들을 일방적인 관점에서 사고한다.<br>–한 번에 고려할 수 있는 변인수가 제한되어 있다.<br>–사물을 단일차원에서 직관(감각직관)적으로 분류한다.<br>–가역성이 없다.<br>–보존성(conservation)이 희박하다.<br>• 사상(事象)을 점검 내적으로 표상(사고)할 수 있게 된다.<br>• 물활론적 사고를 한다. |
| 구체적<br>조작기<br>(아동 중기) | 7~11세 | • 관찰된 실제 사상에 한정된 논리적 추리력<br>• 언어의 사회화<br>• 보존성이 나타남: 현상의 변화에도 질량의 본질을 변화시키지 않고 실감함<br>• 탈중심화(집중배제, 또는 편경배제, decentration)<br>–하나의 특성에만 주의집중을 유지하려는 능력(편견) 배제<br>–추상적 개념이나 원리를 다룰 수 있을 정도로 충분히 자기중심성이 감소하지는 못함<br>• 조작의 가역성(可逆性)을 알게 됨<br>• 개념(조작력) 형성 및 분류화의 능력(구체적 사물에만 한정) |

| 발달단계 | 연령 | 특징 |
|---|---|---|
| 형식적 조작기 (아동 후기) | 11~15세 | • 인지적 조작단계에 들어섬<br>• 추상적 사물에 대한 논리적 사고 가능<br>• 조합적(연역적) 사고: 자료를 조직하여 과학적으로 추리하며 가설 설정 |

출처: 곽내영(2007). 곽내영 교육학(상). 서울: 도서출판 들풀. 재구성.

인지주의와 관련해서 언급할 분야는 교수이론이다. 교수이론은 학습에 관해 알려진 것과 학습을 촉진하는 방법을 결합하려는 시도이다. 오즈벨(Ausubel), 브루너(Bruner), 가네(Gagne)는 정신과정의 이해를 어떻게 학습에 연결할 수 있는가에 관한 좋은 예를 제공해 준다.

오즈벨(1968)은 인간의 인지구조 속에 이미 존재하는 개념들과 연결 짓는 의미 있는 학습(meaningful learning)과 기계적 학습(rote learning)을 구별했다. 기계적 학습은 개인의 인지구조와 연결이 되어 있지 않기 때문에 쉽게 잊혀진다. 그는 새로운 학습을 하기 위해서 선행 조직자(advanced organizer)를 사용할 것을 제안했다. 선행조직자는 학습자가 이미 알고 있는 것과 그가 눈앞의 과제를 의미 있게 학습하기 전에 알아야만 하는 것 사이의 간격을 좁히는 역할을 한다(Driscoll, 2005). 오즈벨은 새로운 학습에 있어서 학습자의 인지구조의 중요성을 강조했다.

오즈벨과 반대되는 의견을 가진 브루너는 발견을 통한 학습을 강조했다. 노울즈에 의하면, 브루너의 교수이론은 세 개가 거의 동시적 과정을 포함하는 학습활동에 관한 이론이라고 한다(이현림 외, 2006).

첫째, 새로운 지식의 습득이다.

둘째, 새로운 과제를 그것에 맞도록 지식을 조작하거나 변형하는 과정이다.

셋째, 우리가 지식을 조작한 방법이 그 과제에 적합했는가를 검토 혹은 평가하는 과정이다.

지식의 획득과 그 과정을 교수에 연결한 교수이론가 중에서 가장 중요한 사람은 가네(Gagne)이다. 그는 지식에는 신호학습, 자극-반응, 운동훈련, 언어적 연합, 차별학습, 개념학습, 규칙학습, 그리고 문제해결의 여덟 가지 유형이 있다. 그리고 이들에는 각각 적절한 교수 절차가 있다.

인지주의적 관점의 연구자들은 인간의 내재적인 정신과정에 초점을 둔다. 인지주의자들은 정신이 환경에서의 특정 자극을 어떠한 과정을 거쳐서 의미있는 것으로 받아들이는가에 관심을 두고 있다. 이러한 점은 발달적 관점에서 성인학습을 연구하는 데 많은 도움이 된다. 이 입장은 노화(aging)가 정보를 저장하고 인출할 인간의 능력에 어떠한 영향을 미치며, 성인의 내적 정신구조에 어떠한 영향을 미치는가 등에 관심을 두고 있다. 인지주의적 경향이 성인학습자 지도에 주는 주요 시사점을 언급하면 다음과 같다(Simpson, 1980).

첫째, 성인학습자의 생활공간은 아동의 경우보다는 매우 다양하며 분화되어 있다.

둘째, 학습활동은 학습자의 인지적 발달을 반영하는 지식의 구조와 밀접하게 관련될 때 보다 효과적이다.

셋째, 학습은 외부적으로 제공된 체계를 통하여 관찰된 세계를 재조정하고, 분류하며, 의미를 부여하는 귀납적인 탐구 활동의 결과로 나타난다.

넷째, 학습은 개인이 현상적인 세계를 경험할 때 그들 자신의 구조를 설정하는 것과 같은 귀납적인 탐구활동의 결과로 나타난다.

다섯째, 학습목표는 최종적인 상황을 의미하며, 이는 개인이 기존에 지니고 있던 폐쇄적인 개념을 수정하는 것과 같은 형태로 나타난다.

# 02 사회학습이론

사회학습이론은 행동주의와 인지주의의 영향을 받은 것으로 다른 사람을 관찰함으로써 사람들이 학습한다는 주장이다. 관찰이 사회적 맥락 속에서 발생하기 때문에 사회학습이라고 한다. 행동주의적 접근과 인지주의적 접근을 통합한 것으로 대표적인 이론가는 반두라(Bandura, 1986)이다. 그는 목표와 기대가 중요한 학습기제이다. 동기는 목표지향적 행동인데, 그 행동은 여러 행위들의 예견된 결과와 자기효능감(self-efficacy)에 관한 사람들의 기대에 의해 유발된다. 목표와 현재의 수행(performance) 사이에 차이가 있음을 알게 되면 변화에 대한 유인(誘因)이 생기고, 목표 달성에 필요한 행동을 하기 위해 자기효능감이 요구된다. 반두라는 동기의 원천으로 자기효능감과 적극적인 목표의 설정에 의해 영향받는 가능한 행동결과에 관한 사고와 심상을 들고 있다. 가능한 행동결과에 관한 사고와 심상이란 과거의 경험과 그 경험의 결과 그리고 다른 사람들의 관찰에 기초하여 미래의 결과를 상상한다. '내가 면접시험 보고 합격할 것인가 아니면 불합격할 것인가?'와 같은 형식으로 나타난다. 이런 심상은 자기효능감에 의해 영향을 받는다. 반두라는 동기의 원천인 자기효능감과 적극적인 목표의 설정에 대한 설명은 다음과 같다(곽내영, 2007).

## 1) 반두라의 동기 원천

### (1) 자기효능감

과제 해결을 위해 자신이 가지고 있는 인지적 사회적 행동적 기능들을 통합하고 적용하는 기제이다. 구체적인 장면에서 과제를 일정 수준에서 수행할 수 있다는 자신의 능력에 대한 개인적 신념이다. 즉, 자신이 그 결과를 얻는 데 필요한 행동을 실행할 수 있는가에 관한 판단이다. 특정한 과제에서 자신이 성공할 것이라는 상상은 그 과제에 대한 자기효능감에 의해 결정된다. 대부분 학생은 교사의 칭찬을 바라고, 교사의 질문에 자신이 정답을 말한다면 교사가 칭찬하리라는 믿음(긍정적인 결과기대)을 갖고 있지만, 자신이 정답을 말할 만한 실력이 안 된다고 믿는다면(낮은 자기효능감), 교사의 질문에 답하려 하지 않을 것이다.

### (2) 적극적인 목표의 설정

행위자가 설정한 목표는 성취결과를 평가하기 위한 자신의 기준이 된다. 행위자의 자기효능감이 도달하고자 하는 목표에 영향력을 행사하며, 목표를 향해 일해 나갈 때, 행위자는 가능한 긍정적인 성공결과와 부정적인 실패결과를 상상한다. 설정한 기준에 부합될 때까지 행위자는 계속해서 노력하는 경향이 있다. 설정한 목표에 도달하게 되면 잠시 이에 만족할 수도 있지만, 자신의 기준을 높이고 새로운 목표를 설정하는 경향이 있다. 여기에서도 강화가 사용되는데, 반두라에 의하면 강화는 사람들에게 무엇이 어떤 결과를 낳게 되는가에 대한 정보를 제공하고, 사람들을 긍정적인 결과가 나타날 것이라고 믿는 방식으로 행동하게끔 동기화하게 된다. 강화가 기대를 창조하기 때문에 시간상으로 볼 때 전진적(前進的)으로 작용하게 된다. 이와는 다른 행동주의적 접근에서는 강화는 반응의 빈도를 높이기 위해 사용되므로, 후진적(後進的)으로 작용한다.

사회인지학습이론에서의 강화는 각 개인에게 직접 주어지지 않는다고 하더라도 대리경험(vicarious experience), 모방학습(imitative learning), 관찰학습(observational learning), 모델링(modeling) 등을 통해서도 주어질 수 있다.

## 2) 관찰학습의 과정

반두라는 주의집중, 파지(기억보존), 행동연습, 동기의 네 과정에 의해 관찰학습이 이루어진다고 하였다(가영희 외, 2017).

### (1) 주의집중(Attentional) 단계

어떤 행동을 관찰을 통해 학습하려면 그 행동이 관찰자의 주의를 끌어야만 한다. 감각 능력, 과거의 강화, 모델의 특성이 관찰자의 선택적 주의의 정도에 영향을 미칠 수 있을 것이다. 학습과정에서 교사의 능력, 전문성, 유머 등은 학습자의 주의집중을 시키는 데 효과적일 것이다.

### (2) 파지(Retention) 단계

모델을 관찰한 후 일정 기간 모델의 행동을 상징적인 형태로 기억하는 것이다. 관찰자는 장기기억 속에 모델의 행동 중 주의 집중한 내용을 문자나 부호 등으로 표상화시켜야 한다. 파지과정에서 중요한 것은 시연이다. 시연에는 내적 시연과 외적 시연이 있는데, 내적 시연은 개인이 행동하는 것을 마음속으로 상상하는 것이고, 외적 시연은 실제로 행동을 하는 것이다. 내적 시연을 한 뒤 외적 시연을 하면 학습을 더 효과적으로 할 수 있다.

### (3) 재생(Reproduction) 단계

관찰자가 새로 획득한 행동을 실제의 행동으로 재연하는 과정에서 관찰자의 기억 속에 담긴 심상이나 언어적 부호들은 중요한 기능을 발휘한다. 모방한 행동 계열을 마음속으로 리허설을 해본 다음에 시연하면 효과적이라는 연구가 이를 뒷받침한다. 관찰한 행동은 많은 연습을 통해서 잘 재생할 수 있고, 자신의 행동을 관찰하고 자신의 행동과 모방하고자 하는 모델의 행동과의 비교를 통해서 자기 행동을 수정하며, 관찰자가 정확하게 모방하지 못한 부분은 즉각적인 피드백을 해주어 교정해야 한다.

### (4) 동기화(Motivational Processes) 단계

모델의 행동을 모방하는 것은 강화에 따라 달라진다. 즉, 관찰 때문에 학습된 행동에 대해 강화를 하면 그 행동은 지속하나 처벌을 받으면 그 행동이 일어나는 비율은 감소할 것이다.

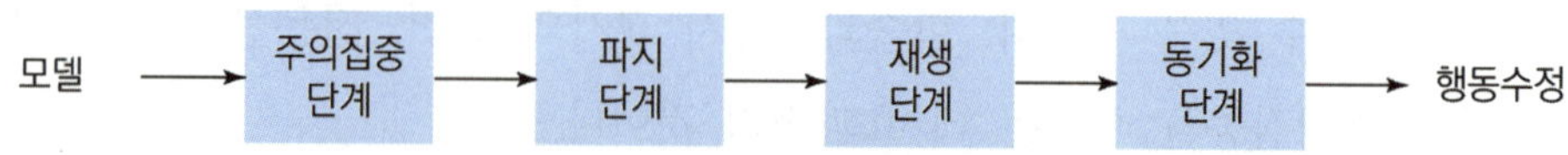


출처: 가영희 외(2017). 성인학습 및 상담. 서울: 동문사.

**| 그림 4-8 | 관찰학습의 단계**

## 3) 사회학습론의 성인학습 적용 및 시사점

반두라는 자기효능감에 대해 강조하였는데, 이는 성인학습과 관련이 많다. 예컨대, 자기효능감이 높은 사람은 자신이 무엇인가를 꼭 배워야 한다면 내용이 아무리 어렵거나 돈이 많이 들거나, 시간이 걸려도 반드시 배우려고 할 것이다. 그러나 자기효능감이 떨어지는 사람은 이러한 경우 쉽게 포기한다. 따라서 성인학습에서는 학습자의 자기효능감 수준을 제대로 파악하여 학습의 수준과 질을 적절히 조절하여야 한다. 학습자의 자기효능감 수준에 따라 수업 및 과제의 난이도를 고려하여야 학습자의 학습에 대한 흥미와 열정을 조절할 수 있기 때문이다.

교사는 항상 학습자들의 관찰 대상이 되어 모델링(modeling)이 되고 있다는 사실을 기억해야 한다. 교사가 하는 행동과 언어는 학습자들에게 관찰학습이 되어 때로는 의도하지 않은 학습결과를 초래하기도 한다. 사회학습이론으로부터 성인학습을 위한 시사점을 몇 가지 도출할 수 있다(권두승 외, 2016: 이현림 외, 2003).

첫째, 학습은 개인과 환경, 그리고 행동 간의 상호작용 결과로 나타난다. 동일한 환경 내에서 다양한 행동이 나타나는 것은 각 개인이 지니고 있는 성격 특성과 주어진 자극에 대한 독특한 상호작용 결과이다.

둘째, 사회학습이론의 경제성과 효과성은 새롭고 복잡한 행동을 가르침에 있어서 길고 긴 조건형성 과정에 따라 하나하나 체험하지 않고도 학습이 가능하다는 점에서 매우 의의가 있다.

셋째, 개인이 처한 환경에서 만나는 사람들의 행동을 관찰함으로써 이루어지므로 사회적 상황의 중요성을 부각했고 성인학습자 상호 간의 모델링과 멘토링의 과정을 설명하는 데 있어서 사회적 맥락을 강조하였다는 점이다.

Adult Learning and Counseling

## 03 구성주의 학습이론

구성주의자들은 학습이란 의미를 구성하는 과정이라는 기본적 가정하에, 학습자의 능동적인 지식구성 과정을 중요시한다. 즉, 학습자들이 자신의 경험을 이해하고 노력하는 과정에 지식이 구성된다는 것이다(Driscoll, 2005). 그러나 현실의 성격, 경험의 역할, 관심 있는 지식, 의미를 만드는 과정이 일차적으로 개인적인 것이냐 사회적인 것이냐에 따라 개인적(인지적) 구성주의(cognitive constructivism), 사회적 구성주의(social constructivism)로 나누어지기도 한다. 어느 쪽이든 간에 구성주의는 각각의 인식론과 독립적인 신뢰성을 갖는다.

### 1) 구성주의 학습이론의 유형

#### (1) 개인적 구성주의

개인적 구성주의는 교수자가 인지적 갈등을 유발하는 경험을 제공해서 학습자가 경험에 더 잘 적응할 수 있는 새로운 스키마를 개발하도록 격려하는 데 중점을 둔다. 집단 토의에서 제시된 실용적인 활동들을 교육학적 연습의 핵심을 형성한다.

따라서 성인교육자들은 학습자가 그들 자신의 경험으로부터 지식을 스스로 구성하는 것을 이해하고 학습자들이 자신의 경험에 국한된 지식에 갇혀 있는 것에 대해 학습자 간 상호작용을 통해 열린 사고를 할 수 있도록 관점을 재조정할 기회를 제공할 필요가 있다(최윤정, 2018). 이러한 구성주의는 피아제(Piaget)의 인지발달 이론에 기초하며, 급진적 구성주의라고도 한다(가영희 외, 2017).

#### (2) 사회적 구성주의

사회적 구성주의자로 알려진 캔디(Candy, 1991)는 이러한 점이 성인교육에 적용될 수 있는지에 대해 논의를 전개한 바 있다. 캔디는 더 나아가 학습에 대한 구성주의자들의 입장이 자기주도성(self-directedness)과 적절히 조화를 이룬다고 하였다. 구성주의는 활동적 탐구, 독립성, 학습과제에서의 개인의 특성이 조합된 특징을 강조하기 때문이다. 실제로 성인학습 분야에서 인지적 도제이론(Cognitive Apprenticeship Theory), 상황에 따른 학습(상황이론 또는 정황교수 이론, Anchored Instrucation), 반성적 사고 등 구성주의적 요소와 개념이 많이 적용되고 있는 것도 사실이다. 또한 그는 지식이란 개인이 사회적으로 공유하는 문제나 과제에 대해서 말하고 행동할 때 형성된다고 하였다. 의미를 만드는 것은 사람들 간의 대화 과정이고, 학습은 사회적 접촉을 통해 하나의 문화 속에 동화되는 과정이라고 생각하기 때문이다. 이러한 접근은 학습이 문화적으로 공유된 방식으로 세계와 현실에 대해서 이해하고 말하는 것을 의미한다. 브루너(Bruner)와 비고츠키(Vygotsky)의 발달이론은 사회적 환경의 영향을 강조하는 부분에서 본다면 사회적 구성주의에 해당한다(가영희 외, 2017).

### 2) 성인학습에의 시사점

구성주의는 성인학습에 다음과 같은 시사점을 주고 있다(Simpson, 1980).

첫째, 학습자가 그들 자신의 경험으로부터 지식을 구성하며, 관점을 재조정하는 것을 강조한다.

둘째, 인간이 외부 세상에 대한 독특한 경험과 믿음에 의해서 모든 외부의 실재를 다르게 받아들인다는 인식론적 가정이 있다.

셋째, 인간은 외부 세계에 있는 실재의 본성을 경험에 의하여 의미 있게 구성하고, 학습을 끌어내는 동시에 개인적인 학습목적을 추구한다.

제 5 장

# 성인교육의 철학적 기초(I)

01 철학의 이해
02 인문주의 성인교육
03 진보주의 성인교육
04 행동주의 성인교육

# 01 철학의 이해

철학은 변화되는 인간에 대한 질문으로 계속된다. 그리고 사회와 문화의 변화도 새로운 철학사상을 요구하게 된다. 이러한 변화에 묻고 답하는 과정에 새로운 설명과 이론이 나타나고 그들의 역할을 수행하기 위해 다양한 원리들과 관련된다.

그리스 시대의 진리나 가치는 권위적이고 변하지 않을 것으로 간주하던 인문주의 성인교육은 변화와 상대성, 다원주의 등이 인간의식 속에 진보주의가 소개되면서 도전받았다. 반면, 인간주의는 인간의 삶 속에서 지적, 정서적 성장에 대한 인간의 잠재성을 초점을 두고 인간주의의 영향을 주었다. 행동주의와 진보주의의 공통점은 과학적 방법과 실험의 중요성을 매우 강조하는 면이다. 그러나 행동주의는 인간의 통제가 가능하다고 보고 바람직하게 여긴다는 점에서 진보주의와 다르다. 급진주의는 사회에 대한 유토피아적 생각으로 교육을 사회의 재형성을 위한 합법적인 도구로 보았다. 분석철학은 진보주의자들의 많은 개념과 은유와 주장에 대한 반대 입장에 있다. 성인교육철학에 대한 연구는 우리에게 개인적, 문화적 과거에 대한 통찰력을 얻게 해주고 그들의 기호와 판단능력을 향상시킨다. 성인교육에서 철학적 이슈에 대한 끊임없는 반성은 비판적 사고방법을 발전시키고 개인이 더 나은 질문을 하게하며, 그들의 현재 한계를 넘어 교육자의 비전을 확장해 준다(기영화 역, 2012).

히엠스트라(1988)는 교육철학의 장점을 다음의 네 가지를 말하고 있다 (Hiemstra, 1988).

첫째, 철학은 인간관계에 대한 이해를 증진한다.

둘째, 철학은 긍정적인 인간 상호작용과 관련된 다양한 요구에 민감하다.

셋째, 철학은 인간 가치를 이해하고 구별, 분리하는 준거 틀을 제시한다.

넷째, 철학은 성인학습의 유연성과 일관성을 증진한다.

성인교육철학에 따라 사상이 지향하고 목적하는 바도 서로 다르기 마련이다. 갈등하는 가치 속에서 어떤 목적을 선택할 것이냐의 문제는 바로 어떤 교육철학적 관점으로 교육이 나아가야 할 하나의 바탕 또는 기준으로 삼는가의 문제인 것이다(송준석, 2018). 진정한 철학적 인간학이 되기 위해서는 이 철학자가 자각에 의해 발견한 것의 그 주위에서 조립되고 결정(結晶)되어야 한다(남정길 역, 1975). 그러기에 사실 철학적 인간관은 신앙적 존재로서의 인간, 이성적 존재로의 인간을 비롯한 생물학적 존재로서의 인간의 특성에 대한 지식을 총망라하여 이를 분석의 대상으로 삼아야 할 것이다(송준석, 2018).

Adult Learning and Counseling

## 02 인문주의 성인교육

### 1) 인문주의 성인교육 역사

인문주의 성인교육은 그리스 철학자 소크라테스, 플라톤, 아리스토텔레스로부터 비롯하여 21세기 지금까지도 교육사상에 중대한 영향력을 지배해 왔다. 그리스의 교육철학은 궤변가(sophist)들이 수사학, 논쟁의 기술, 청중을 다루는 기술을 연마한 정치가를 양성하고자 하는 공리주의 교육철학의 반대하여 일어난 것으로 지성과 덕성을 갖춘 교양있는 정치가(선하고 도덕적인 인간; the good and virtuous man)를 육성하고자 하는 데 목적이 있었다(Elias & Merriam, 1980). 이러한 사상은 자유로운 학습, 지식의 조직화, 지적능력의 개발 등을 강조한다(기영화, 2012).

플라톤의 경우 최고의 이상은 무엇이 진(眞)이며 가치 있는지를 아는 철인왕(哲人王, the philosopher king)을 길러내는 데 있었다. 그러기 위해서 교육목표는 문법과 수사학, 자연과학, 역사와 문학 그리고 논리학과 철학을 연구하는 것으로 엄격한 지적 훈련을 통과해야만 완수될 수 있었다.

소크라테스는 교수방법론에 있어서 문답법을 통해 덕의 본질을 탐구하고자 했다. 자기 어머니의 직업을 빗대어 자신의 교육방법을 산파술이라고 이름을 붙였다. 산파는 신모가 아이를 낳을 때 옆에서 도와주는 구실만 하는 존재이지 산모 대신에 아이를 낳아줄 수는 없다. 즉, 진리는 배우는 사람이 산출해 내는 것이지, 스승이 대신하여 낳아줄 수는 없다는 의미로 사용되었다. 그는 진리를 아는 사람만이 진리를 행할 수 있다고 보았기 때문에 자기 제자들에게 모든 가정들에 대해 의문을 제기할 것과 지식 있는 사람이 될 것을 호소했다.

아리스토텔레스는 습관을 형성케 하는 도덕교육과 실천적 지성교육을 개발하게 하는 예술과 신중(愼重)[2)]한 교육, 그리고 이론적인 교육(과학지식, 지능, 지혜) 등과 같은 요소들에 대해서 주의 깊은 연구를 하였다. 그에게 있어서 지혜는 진리에 대한 명상이자 이상적인 삶을 가능케 하는 것이었다. 그런 의미에서 지혜는 행복과 동일어이다.

이 교육사상은 초대와 중세 교회로 이어져 더욱 왕성하게 발전하였다. 어거스틴도 기독교교육의 교육과정에 교양과목으로 사용하기도 하였으며, 기독교 학교들은 3학(문법, 수사학, 논리학)과 4과(산술, 기하, 천문학, 음악)를 포함했다. 이들 인문 과목들은 대부분의 기독교 학교에서 기계적인 방식으로 가르쳤고 성경을 읽고 이해하기 위한 기술을 제공하는 것이다. 중세교회의 기독교사상의 지적

2) 이성으로 자신을 통치하고 훈련하는 능력이다. 이는 종종 '지혜', '통찰력' 및 '지식'과 관련이 있다. 현대 영어에서는 '점점 더 조심'과 동의어가 되었다. 최근에는 '실용적 지혜', '실제적인 판단' 또는 '합리적 선택'과 같은 용어로 번역되었다(위키백과사전, 2021).

최고봉은 토마스 아퀴나스의 신학적, 철학적 체계 속에서 발견된다. 기독교 사상과 인문주의 학습의 결합은 오늘날까지도 계속되고 있다.

인문주의 전통은 1450년에서 1850년까지 유럽대륙에 우세한 사상으로 고전적 인본주의 교육철학(classical humanistic philosophy of education)의 핵심요소이다.

에라스무스(Erasmus, 1466경~1536), 토마스 모어(Thomas More, 1478~1535), 이그나티우스 로욜라(Ignatius de Loyola, 1491~1556)의 교육 목적도 문화인 양성이었다. 특히 문예부흥 운동은 예술문화(회화, 시, 문학, 건축 등)에 대한 깊은 이해를 주장하였다. 이러한 인문주의 교육철학은 수학이나 철학을 통해서 인간 이성 능력을 향상하려 했던 합리적 계몽주의 사상가들인 칸트나 헤겔에서도 가치를 부여하고 있었다. 인문주의 교육은 종종 엘리트 계급이나 지도자들 또는 귀족들을 위한 교육이기도 하였다.

영국과 프랑스에서의 발전은 식민지 시대에 미국으로 전파되어 교육이론과 실천에 영향을 주었다. 하버드대학 설립 당시 교육과정은 중세 대학의 전통 교육과정으로 3학(문법, 수사학, 논리학), 4과(산술, 기학, 음악, 천문학), 3개의 철학(자연철학, 도덕철학, 정신철학), 고전어(성서언어, 고전어) 그리고 순수예술과 종교였고(Cremin, 1970) 도시마다 도서관 설립을 촉진하게 되었다(Knowles, 1977).

미국 제3대 대통령 제퍼슨(Thomas Jefferson, 1743~1826)도 통치권의 남용을 막기 위해서는 교육받는 시민의 양성이 중요하다고, 인문주의 교육을 통한 새나라 지도자 양성을 꾀하였다.

남북전쟁 이후 가장 현저하게 나타난 인문주의 교육운동은 쇼타쿠아(Chautauqua)운동으로 잘 조직된 독서 안내 프로그램이었다. 이 조직은 종교적인 성향을 근간으로 하여 그 위에 인문주의 교육이 결합하였다. 존 빈센트에 의해 창설된 쇼타쿠아운동은 다음과 같은 몇 가지 가정을 근거로 하고 있다. 즉, 전 인생은 교육의 과정이다. 하지만 교육의 진정한 기초는 기독교 신앙이다. 모든 지식은 하나님과 관계된 것일 때만 신성할 수 있다. 인생의 초기에 교양교육을 받지 못한 사람들은 그것을 인생 말기에 더 많이 바라게 된다. 지성은 독서와 반성 그리고 생산을 통해서 개발될 수 있다. 성인들의 지능은 다른 사람의 지도와 도움, 격려가 필요하다. 교사는 직접접촉이나 서신 왕래를 통해서 그 과정에 참여할 수 있다. 교육은 자발적인 모임이나 지역 동아리에서 상주하고 있는 학자들과의 접촉을 통해서, 아니면 여름학교나 집회 등으로 이루어질 수 있다는 가정들을 전제로 한 것이다(Vincent, 1959).

빈센트에게 있어서 지적교육은 일생을 통해 계속될 수 있는 것이다. 그래서 그 교육을 정신적, 사회적, 도덕적, 종교적인 것으로 간주하였다. 그가 세웠던 계획을 보면 그는 이미 고전 읽기 프로그램의 선구자 역할을 하고 있었음을 알 수 있다.

> 같은 책들을 읽게 하고 똑같은 행간을 따라 생각하게 하며, 동일한 신성한 날들을 지키게 하라. 독서 진행의 처방을 광범위하고 포괄적이노록 하라. 즉, 처음에는 넓은 지식 세계에 관해 일반적 수준에서 탐색하는 정도로 제한하고 나중에는 독자의 발전 정도나 취미, 기회 등을 따라서 전문강좌로 전개해 가야 한다(Vincent, 1959).

이 운동은 대학 인문교육의 연장 프로그램으로 1890년 위스콘신대학교와 시카고대학교에 설립되었고(Knowles, 1977) 1차대전 후 새 사회 수립의 가치 체계의 근거를 인문주의에 두고자 하는 허친스(Hutchins), 아들러(Adler), 반 도렌(Van Doren), 마르탱(Maritain) 등 항존주의자들이 펼친 고전 읽기 프로그램(Great Book Program)의 전신이 되었다.

미국 성인교육의 인문주의에 대한 연구가 강하게 촉진될 수 있었던 것은 1951년에 포드재단 후원으로 설립된 시카고대학교의 '인문주의 성인교육 연구센터(The Center for the Study of Liberal Education for Adults)'이다. 이 연구소의 주요 관심사는 대학교육 프로그램에서의 성인 인문교육 개선, 개선된 교수방법 개발, 그리고 성인 인문교육 프로그램 후원이었다(Elias & Merriam, 1980). 1970년 이후 인문주의 교육은 대학 신입생들의 교양과목 설치와 중년과 노년들을 위한 교양강좌로 발전했다.

### 2) 인문주의 교육관

인문주의 교육의 목적은 인간의 이해로부터 시작한다. 세월의 변천과 문화가 변해도 인간의 본질은 한결같은 존재로 존속해 왔다. 이러한 인간의 본질에 대한 견해를 허친스는 다음과 같이 논술했다.

> 인간은 합리적이고 도덕적이며 영적 그리고 심미적 존재이다. 그러므로 인간, 개선이란 그들의 합리성, 도덕성의 영성, 심미감을 충분히 개발시킴을 의미한다. 그리고 모든 사람은 그것들을 최대한 확장시켜야 한다"고 말한다(Hutchins, 1953).

위와 같은 인문주의 교육은 합리적(지성) 교육, 도덕교육, 영적 교육, 심미감 교육이 필요하다. 인문주의 교육은 무엇보다도 합리적(rational) 교육 내지 지성(intellectual) 교육이라 할 수 있다. 지성인이 된다 함은 정보 습득만이 아니라 사실적 차원을 넘어서 원리와 가설을 응집하고 상황을 분석하며 질서를 짓는 지혜의 차원으로 이런 지성인을 교양인이라고 부른다.

또한 이러한 지성 연마를 통해서 도덕인이 되는데 아리스토텔레스가 말하는 도덕적 미덕은 정의(justice), 인내(fortitude), 용기(prudence), 절제(temperance) 등이었다. 어거스틴은 기독교인의 덕목이라고 하는 믿음(faith), 소망(hope), 사랑(love), 겸손(humility) 등이다(Elias & Merriam, 1980). 인문주의 교육철학자들은 도덕교육에서 중요한 진리를 일관되게 강조해 왔는데, 이는 도덕교육이 지적인 교육을 기초한 교육이기 때문이다.

인간에게 있어서 종교교육이 필요한 이유는 개개인의 내적, 영적 자유가 성취되면 사회가 변화된다는 것이며 심미감의 개발을 통하여 창의력을 증진하고 진리와 선과 거룩성에 접하게 한다는 것이다. 그래서 영적교육 내지 종교교육은 인간의 도덕적 본성과 밀접하게 연결되어 있다. 마르탱(Maritain, 1943)은 자기 철학의 기초를 그리스적(Greek) 인간관과 기독교적 인간관 그리고 유대교적 인간관에 두고 이러한 입장을 다음과 같이 강력하게 표명하였다.

> 이성을 부여받은 동물로써 인간이기에 인간의 최고 위엄은 그 지성에 있으며, 하나님과 인격적인 관계가 있는 자유로운 개체로서 인간이기에 인간의 최고의 의(義)는 자발적으로 하나님의 법률에 복종하는 데 있다. 그리고 거룩한 생활과 은혜로운 자유 앞에서는 죄악에 가득 차고 상처뿐인 피조물로서의 인간이기에 그의 최고의 완전함은 사랑을 통해서만 가능하다(Maritain, 1943).

마르탱과 다른 종교교육자들은 교육의 최고 목표 내지 이상을 하나님에 대한 지식을 육성시키고 동시에 기독교적 생활원리와 기독교 세계관의 주입을 통해 모든 현실을 영적으로 깨닫게 하는 것으로 보았다. 마르탱은 진정한 의미에서 인문주의 교육이란 도덕과 종교를 모두 포함하는 교육이어야 한다고 주장하였다.

인문주의 교육전통의 마지막이자 네 번째 교육목표는 인간의 미적 감각(aesthetic sense)의 계발이다. 고대 철학자들도 자연과 예술에 내재하는 미에 대한 감상을 진리나 선, 거룩의 탐구에 포함시켰다. 왜냐하면 미(美)라는 것이 고전문학이나 훌륭한 예(藝)와 기(技)를 담고 있는 작품 속에서 발견되기 때문이었다. 반 도렌은 고전문학은 단지 멋있다는 수준을 넘어서서 필수적이라고 주장했다.

> 시, 소설, 사색 등은 우연히 마주치게 되면 즐거워지는 것 이상의 즐거움이다. 그것들은 우리가 인간으로서 우리 자신을 알고자 할 때 필수불가결한 요소들이 된다. 헤로도투스, 유리피데스, 아리스토텔레스, 루크리투스, 단테, 세익스피어, 세르반테스, 파스칼, 스위프트, 발자크, 디킨스, 톨스토이와 더불어 살아가면서 음악가나 화가 아니면 조각가의 이름을 몇 사람만 언급해 보면 우리는 경험을

통한 것보다 훨씬 더 현명해질 수 있다는 말이다. 그들과 더불어 살아간다는 것은 인생의 정수를 경험하는 것이나 마찬가지이다. 왜냐하면 그들과 더불어 살아갈 때 우리는 지엽적이고 우연적인 현상들을 뛰어넘을 수 있으며, 동시에 어떤 한 장소나 특정 시대가 얼마나 독특한 가치를 지닐 수 있는지를 알 수 있기 때문이다(Van Doren, 1943).

이처럼 교육을 받은 사람이라면 인문주의 교육의 네 가지 요소를 갖춘 자를 말한다. 즉, 지혜를 수반하는 합리적 또는 지적교육, 도덕적 가치가 있는 도덕교육, 종교적 차원의 종교교육 그리고 미적 감각을 지닌 자를 말한다.

### 3) 인문주의 교육과정

인문주의 교양인은 우선 읽고 쓸 줄 알아야 한다. 이 교육과정의 특징은 철학, 종교, 인문학이 과학보다 우세하다는 것이다. 이러한 교육은 엘리트 교육이라기보다는 오히려 민주주의 사회를 위해서 누구에게나 필요한 교양이라고 한다(Elias & Merriam, 1980).

인문주의 교육은 사실적 지식 또는 기술의 전달이 아니라 개념적, 이론적 이해 중심이다. 플라톤에게 있어서 이러한 이론적 이해의 습득을 위한 방법은 첫째, 대화에서 개념의 의미를 명료화하고 지식의 종합을 꾀하는 변증법이다. 이러한 변증법을 통한 접근법은 중세 스콜라 교육자들도 사용하였다. 둘째, 직관과 명상이나 내관(內觀)이다. 어거스틴도 내적 명상을 통해 자신과 타인에 대한 많은 지식을 얻을 수 있다고 했고 많은 종교인들은 이 내적 성찰 과정을 통해 하나님에 관한 지식에 이른다고 생각했다. 이 직관과 명상의 방법은 문예부흥 인간주의에서 보충되었고 16세기 모라비아파(Moravian) 교육자 코메니우스, 그리고 현대 낭만주의자들에 의해 계승되었다. 세 번째, 가장 중요한 방법은 고전서들을 비판적으로 읽고 토론하면서 평가해 가는 방법이다. 경험이 많은 지도자와 더불어 고전들을 읽고 토의함으로써 현재의 문제를 해결할 수 있는 보편적 이념이나 진리를 찾아낼 수 있다(Elias & Merriam, 1980).

인간은 정신을 훈련시키기만 하면 어떤 영역에든지 지식을 응용할 수 있다고 주장했다. 그리고 지적으로 형성된 사고는 특수한 상황에서 필요한 기술을 습득할 수 있다고 보았다. 그러므로 교사는 전달하는 것으로 끝나는 것이 아니라 진리를 가르치고 이를 활용할 창의성을 학습자가 습득하도록 하여야 한다.

### 4) 인문주의 성인교육 적용

인문주의 교육이 성인을 위해 독특한 기능을 한다는 사실은 에드가 프리덴버그(Edger Friedenberg, 1956)의 「인문주의 교육과 실패에 대한 두려움」이란 논문에서 서술하고 있다. 프리덴버그는 성인을 위한 인문주의 교육의 기능은 다음과 같다(Freidenberg, 1956).

첫째, 성인들에게 자유의 가치를 가르치며 자유를 유용하게 활용하여 쓸 수 있도록 돕는다. 사람들을 자유롭게 해 준다는 말은 인간으로 하여금 사실들을 소유하게 하고 동시에 그 사실들을 다룰 수 있는 능력을 갖게끔 보장해 준다는 데서 그 의의를 찾을 수 있다. 프리덴버그는 매카시 청문회(McCarthy hearings)가 한창 진행 중일 때 이 논문을 저술했다. 그렇기 때문에 그의 이 말은 특별한 목적성을 띠고 있다고 보아야 한다.

둘째, 성인들로 하여금 주관과 객관의 차이에 따라 타당하게 응답하도록 한다. 즉, 참여한 사건과 그것에 대한 느낌 사이에서 타당한 응답을 하도록 하는 것이다.

성인들이 주체와 객체 간의 차이, 즉 그들이 직접 참여한 사안과 그 사안에 대한 감정 간에 차이가 발생할 때 그 차이에 대해 적절하게 반응하도록 도와주는 것이다. 인문주의 교육을 받은 성인은 감정조차도 자신과 현실과의 관계의 중앙에 포함시킬 수 있어야 한다. 프리덴버그는 진리를 인식하는 과정에서 감정을 배제시킨 채 가치중립(a value neutrality)의 성취를 시도하는 과학적 접근을 신랄하게 비판했다.

셋째, 과거의 인간 경험을 제시하여 확장시켜 줌으로써 현재의 문제에 반응할 인간 경험의 영역을 넓힌다. 즉, 성인에게 과거에 관한 지식을 전해주게 되면 그의 경험 영역은 확장되고 그런 경험을 이용해서 성인은 다시 그들의 문제들을 다룰 수 있게 되는 것이다. 동시에 다른 사람들의 경험도 훨씬 쉽게 받아들일 수 있게 된다.

넷째, 시민으로서의 자질을 향상하고 여가를 선용하며 자아 개념을 개선하여 인간에 대한 존엄성을 가지게 한다. 그러한 사람은 우정, 협동심, 공정성, 실천성, 겸양, 양심 있는 사람이 되며 실패감을 극복하는 용기를 지닌 사람이 된다.

인간의 존엄성은 실패에 대한 두려움을 갖고 있던 개인들에게 처참히 짓밟혀졌다. 이러한 실패에 대한 두려움은 이제 교육을 통해서 제거될 수 있다는 것이다.

> 인문주의 교육은 사람들에게 확신을 갖게 해 줌으로써 실패에 대한 두려움을 뿌리째 제거하는 것은 아니지만, 인간들의 가장 중요한 경험에 관한 저서들을 연구하도록 도와줌으로써 실패에 대한 두려움을 제거하게 한다. 이런 식의 인문주의 교육은 인간이 간섭당하고 있는 이야기가 어떻게 끝나고 있느냐보다는 서로 뒤엉켜 있는 경험 그 자체에 더 많은 관심을 기울이게 한다. 인간은 운명의 신이 그에게 어떤 종류의 보상을 해줄지에 대해서 생각하는 것을 잊고 있다. 운명의 신이 그를 모차르트처럼 부자가 되게 할지도 모르며, 국가적인 일에 대하여 마키아벨리만큼 영향력 있는 인물이 되게 할지도 모른다. 또한 소크라테스처럼 뭇 사람들의 존경을 받을 수 있는데도 불구하고 인간은 이 사실들을 잊고 있다. 운명의 신이 주는 보상을 생각하면 너무도 많은 재미있는 질문들이 생기게 된다 (Friedenberg, 1956).

프리덴버그가 인문주의 성인교육에 대해 취했던 접근방법은 광범위한 것으로 비교적 추상적인 의미를 담고 있는 이상에 주된 관심을 갖고 있었다.

### 5) 인문주의 성인교육 프로그램

이상과 같은 기능에 따라 대학에서는 교양과목을 중심 교육과정(core courses)으로 넣었으며 가장 널리 알려진 인문주의 교육 프로그램으로서는 고전 읽기 프로그램이며, 1940년 이래 미국의 컬럼비아 대학(Columbia University), 시카고대학(University of Chicago), 세인트존스대학(St. Johns's College, Annapolis, Maryland) 등과 도서관에 이 프로그램들이 많이 실시되었다. 반 도렌(Van Doren)은 이 프로그램의 목적을 "고전과 친숙하여 탐구력, 비판력, 의사소통의 능력을 함양함이다"라고 말한다(Van Doren, 1943). 반 도렌에게 고전은 인문주의 전통을 구현하는 수단이다. 추천된 고전들을 살펴보면 다음과 같다. 시인으로는 호머(Homer), 로랜드(Roland), 버질(Virgil), 셰익스피어(Shakespeare, W.)의 작품들과 철학자로서는 플라톤(Plato), 아리스토텔레스(Aristoteles), 데카르트(Descartes), 스피노자(Spinoza), 흄(Hume), 칸트(Kant)의 철학 서적들, 신학자로는 어거스틴(Augustine), 도마스 아퀴나스(Aquinas Thomas) 등의 신학 서적들, 과학자로서 프톨레미(Ptolemy), 갈릴레오(Galileo), 보일(Boyle), 다윈(Darwin)의 과학 서적들, 그 외에도 톨스토이(Tolstoi), 디킨스(Dickens)의 소설들과 현대 서적 중에서도 가치가 인정되는 것들이 여기에 첨가되었다(Elias & Merriam, 1980).

아직도 인문주의 교양학습의 방법은 미국 대학 평생교육에서, 교회에서, 기업체들에서 채택되고 있으며 우리나라에서 최근 대학들이 수행하고 있는 평생교육원, 사회교육원, 연장교육원들도 이 인문주의 교육과정의 범주에 속한다고 보아야 할 것이다. 특히 종교교육은 전통을 중시하므로 인문주의를 선호하고 있으며 이 사상에 적합한 교육 모형으로는 설교, 교수를 통한 교육, 고전연구, 신학적 도덕교육 등이다. 엘리아스는 종교교육자 중 버쥐스(Burgess, 1975)를 이 전통에서 종교교육론을 펼친 이로 보며 성인 종교교육 프로그램 편성에 이 사상을 응용한 사람은 교육과정 범위를 프로그램 편성에 가장 중요한 근거로 보는 쉐퍼(Schaefer, 1972)라고 한다(김재은, 1992).

로버트 허친스가 표현한 용어대로 '계속학습의 삶(a life of continued learning)'이나 '학습사회(learning society)'를 가정하고 있다. 여가시간이 증가하고 사회변동이 빨라지면서 인문주의 교육자들은 이런 형태의 교육이 오늘날에는 긴박할 정도로 필요한 것이라고 보고 있다. 실제로 인문주의 교육의 전 영역은 우리의 문화유산 속에서 발견되는 지혜를 감상할 수 있는 인생 경험과 여가를 함께 갖고 있는 성인들에 의해서 파악될 때에만 가장 잘 파악될 수 있다고 주장한다. 인문주의 교육자들은 대부분의 관심을 교육의 내용에 두고 있다. 인문주의 교육자들이 제시하는 이상적인 대학은 고전에 정통함으로써 조사나 비평, 의사소통 등 여러 가지 기예들의 습득을 최고로 강조하는 곳이다. 인문주의 교육철학의 특징은 과학의 역할을 다루는 교과과정 속에서 두드러지게 나타난다(김성렬 외, 2001). 즉, 철학, 종교, 고전들이 모든 점에서 과학보다 우수하다고 보는 입장이다. 인간에게 지금까지 인간의 문제와 그 실존을 둘러싸고 일어났던 사유 가운데 가장 훌륭한 사유를 통해서 현재의 문제를 보다 지적으로 파악할 수 있게 해 줄 뿐이다. 고전들이 담고 있는 다양한 역사적 맥락과 광범위한 주제는 인간에게 광범위한 학습의 세계를 접하도록 한다. 그러나 인문주의 교육은 학습자의 요구와 관심을 인식하지 못하고 과거의 지혜와 전통에 집착이라는 비난을 받지만 독서의 바른 방법을 가르치고 읽은 내용을 가지고 토의하는 과정을 통하여 비판력과 의사표현의 능력을 함양함에 큰 공헌을 했다고 할 수 있다.

# 03 진보주의 성인교육

## 1) 진보주의 성인교육 역사

진보주의는 19세기 말에서 20세기 중반까지의 다른 어느 사상보다도 미국 성인교육에 중대한 영향을 주었다. 진보주의는 형식적 교수방법, 정신 도야, 서구 문명의 문학적 고전들을 강조한 전통적 교육(항손수의)에 대한 지항에서 비롯된다. 특히 요구와 흥미, 과학적 방법, 문제해결 방법, 경험의 강조, 실용적 목적, 공리적 목적, 사회책임 등의 원칙은 진보주의 사상을 바탕으로 급성장했다. 진보주의 사상 배경에는 루소, 프로이트, 듀이의 영향이 크게 미쳤다.

루소의 에밀(1762)은 성인에 의해 어린이를 위한 학습 목표와 교육과정이 수립되는 것을 반대하였다. 진보주의의 최초는 16세기 존 코메니우스(John Comenius)로서 아동교육을 위해 독서보다는 오히려 자연을 모방하도록 주장하였다. 루소는 코메니우스의 이런 사상을 극단적으로 실행하여 12세까지 아동의 학습은 경험으로부터 비롯되어야 한다고 하였으며, 루소가 옹호한 아동들의 자연적인 자유와 자발성은 페스탈로치(Pestalozzi)와 프뢰벨(Froebel)의 실제 교육실험에서도 강조되었다(김성렬 외, 2001). 그들은 자연물체의 접촉, 수공기술의 학습, 놀이에 대한 교육적 경험을 주장했다. 그리고 프로이트의 정신분석 이론은 어린이들 사이에서 자기 표현에 보다 많은 자유를 가지고 창의적 방법으로 충동적 욕구의 에너지를 방출하도록 함으로 진보주의자들은 이 이론을 근거로 개방학습 환경에 대한 보다 대담한 토론을 시도하게 되었다. 또한 듀이는 실용주의 철학을 근거로 미국에서 진보주의를 교육철학으로 꽃피운 사람으로 시카고대학교에 실험학교를 세웠고 1915년 첫 작품 「내일의 학교(Schools of Tomorrow)』를 썼으며 1919년에는 진보주의 교육협회(The Progressive Education Association)를 창설하였다(Knight, 1980). 듀이는 아동의 자연적 발달에 초점을 둔 학습자 중심교육을 주장하므로 전통적 인문주의의 주제 중심 학습을 공격하였고 교육 과정에서 학습자 경험의 역할을 강조하였다. 그러나 1930년대 경제 공황 이후 진보주의 초기의 개인주의적 성향은 사회개혁을 위한 교육이론으로 전환하게 되었다(Dewey, 1916). 실용주의 특성은 사회개혁을 강조하는 점이다. 이런 측면에서 몇몇 실용주의자들은 마르크스와 유사하다고 볼 수 있다. 마르크스 철학의 임무는 단지 우리가 사는 세상을 이해하는 것뿐만 아니라 세계를 변화시키는 데 있다고 보았다.

진보주의 운동의 최고 이상은 민주주의를 위한 교육이었다. 듀이는 민주주의를 위한 교육이란 여러 사람이 공동문제를 해결하기 위해 협동하는 행동에 가담하는 것이라고 정의했다. 그래서 초기 진보주의자들은 교육의 목적을 개인적이고 사회적인 것으로 보았다. 진보주의의 철학적 기초는 실용주의이다. 실용주의는 인간을 이해하고 인간문제를 해결하기 위한 과학적 방법으로 받아들여졌다. 듀이는 그의 저서 『어떻게 생각하는가(How We Think)』에서 귀납적 과학 방법을 기술했고(Dewey, 1910), 제임스는 이것을 종교적 신념과 가치에 응용했다(James, 1972). 실용주의는 상대주의와 다원주의 세계관을 모두 함께 유지하려는 것이었다. 인간의 경험을 중시하는 것은 실용주의는 진리와 선을 결정하는 데 있어서 결과를 강조하므로 절대적 진리나 선은 있을 수 없다.

진보주의 교육 발전에 기여한 학자는 노울즈(Knowles), 로저스(Rogers), 호울(Houle), 타일러(Tyler), 린드만(Lindeman), 벌거빈(Bergevin), 프레이리(Freire) 등이 있다. 성인직업교육(adult vocational education), 대학확장교육(extension education), 시민권교육(citizenship education), 가족교육과 부모교육(family and parent education), 사회운동을 위한 교육(education for social action) 등 여러 형태의 성인교육은 진보주의 사상을 바탕으로 시작된 것들이다.

## 2) 진보주의 교육원리

진보주의 교육원리는 진보주의가 무엇을 거부하고 있는가를 살펴보면 잘 알 수 있다. 진보주의 교육은 권위주의 교사, 교과서 의존적 교육, 정보 암기에 의한 수동적 학습, 사회 현실과 동떨어진 사면 벽 속(교실)에서의 교육, 정신도야의 증대를 위하여 교수-학습에서 위협과 체벌을 사용하는 것을 거부한다. 따라서 진보주의 교육이 주장하는 원리는 다음과 같다.

첫째, 진보주의 주요 공헌은 교육 개념에 대한 확장이다. 교육의 목적을 지성개발로 보며 학교형 학습을 주장하던 인문주의와 달리, 사회회를 목적으로 평생교육의 기초를 마련하였다. 교육은 미래 삶에의 준비가 아니고 삶 그 자체이다. 전통적 지식은 현재 경험의 해석과 개조를 위한 도구이다. 그러므로 아동은 그의 연령층에 맞는 그리고 필요한 학습을 해야 한다. 전통적 혹은 인문주의 교육철학은 몇몇 학문적 교과학습을 통한 지성의 발달로 교육목표를 제한했다. 그러나 진보주의자들에 의해 처음으로 사회화(socialization)와 문명화(inculturation) 등이 교육에 포함되었다. 따라서 교육은 학교교육의 제한된 범위에서 벗어나 가치, 태도, 지식, 기술습득을 위해 사회가 인정하는 모든 우연적, 의도적 행위를 포함하게 되었다. 이런 의미에서 교육이 확장되어 가정, 직장, 학교, 교회, 지역사회 등 많은 사회기관을 포함했다. 더불어 교육을 사회화로 보는 견해이다. 이로써 진보주의자들은 성인학습의 중요성에 대해 논리적인 시도를 하게 된 것이다. 듀이는 교육이 평생동안 이루어져야 한다는 것을 다음과 같이 주장했다.

> 교육을 단순히 성장의 준비과정으로 여길 것이 아니라 계속적인 성신의 싱징 삶의 계몽으로 재인식되어야 한다. 이런 의미에서 학교는 우리에게 단순히 정신적 성장의 도구가 될 뿐이고, 그 나머지는 경험의 흡수와 해석에 달려 있다. 진정한 교육은 우리가 학교를 떠난 후에 이루어지고 죽음 전에 그것이 중단될 이유가 없다는 것이다(Dewey, 1916)

또한, 교육과정에 현실주의, 실용주의, 공리주의를 도입하도록 옹호하는 것이었다. 이와 관련하여 성인교육은 실용적, 공리적, 직업적 차원을 모두 포함하여 경험에 중심에 가치를 두었다. 노울즈(1970)는 성인의 개인적 경험의 질과 양이 교육에 좀 더 성숙한 접근을 하도록 하는 풍부한 학습자원(resource)을 제공한다고 주장했다.

둘째, 학습은 학습자의 흥미와 요구에 직접적으로 관련되어야 한다. 이것은 학습자가 전인적인 응답 가능한 개체임을 수용하는 것이다. 따라서 학습자는 스스로 자신에게 필요한 것을 학습한다. 교육과정의 실용성을 강조하는 것으로 성인교육은 즉각적인 삶의 필요를 충족시키기 위한 것들이어야 한다는 것이다(예: 직업교육, 여가선용 등).

진보주의자들은 개인의 경험과 학생의 상호작용을 포함하도록 확대하면서, 교육에 대한 새로운 초점을 두기 시작했다. 그들은 이런 학습자의 관심이 학습과 교수에 힘을 제공한다는 것을 알고 교육적 경험을 하는 데 있어서 학습자의 흥미와 요구를 기본으로 삼았다. 따라서 교사의 의무는 촉진자로서 아동들이 필요한 것을 발견하고 그것을 학습하도록 안내하고 돕는 역할을 한다(Dewey, 1943).

성인교육자들은 성인교육에 이러한 새로운 관점을 적용하였다. 1961년 린드만(Lindeman)은 성인교육자의 의무를 규정하면서 다음과 같이 말했다.

> 대부분의 사람들은 어떤 분야에서 인생의 의미를 찾는다고 생각하는가? 우리는 한 가지 실용적 사실을 알고 있다. 즉, 사람이 노력하는 어떤 것과 설정한 목표에는 그의 바람, 희망, 요구가 내재해 있다(Lindeman, 1961).

셋째, 교수-학습의 방법은 교재를 통한 학습보다 문제 해결 학습이 더 바람직하다. 즉, 학습은 지식의 전달, 축적이 아니라 경험을 처리하기 위한 도구이다. 이 때문에 진보주의 교육이 도구주의(instrumentalism), 실험주의(experimentalism)라는 명칭으로 불리게 되었다(Dewey, 1916). 따라서 진보주의는 전통적 지식을 부정하자는 것이 아니라 그 지식을 활성화하자는 것이다.

성인교육자들은 진보주의자들이 주장한 이 방법론을 수용했다. 예를 들면 벌거빈(Bergevin, 1967)은 성인교육이 문제중심 혹은 상황중심의어야 한다고 주장했다. 그는 "학습 프로그램은 반드시 학습자에게, 그리고 그가 해결해야 할 문제와 그가 당면한 상황에 적합한 것이라야 하며, 바로 그 시점에서 성인교육이 시작된다"라고 강조했다. 그에 따르면 교과중심의 접근법은 '불필요한 절차'이다(Bergevin, 1967). 브라우디(Broudy, 1967)도 성인교육은 미래를 위한 준비가 아니라 우리가 필요로 하는 창조적인 문제해결식 교육과정이라고 언급하면서 벌서빈과 유사한 견해를 피력했다.

린드맨은 명백히 진보주의의 방법에 대한 아이디어를 그의 성인교육 개념에 다음과 같이 결합하였다.

> 나는 성인교육을 학습의 새로운 기법으로 인식하며 이 기법은 대학 졸업생뿐 아니라 배우지 못한 노동자들에게도 필수적인 것으로 생각한다. 이는 성인학습자들로 하여금 그들의 경험을 인식하고 평가하게 하는 하나의 과정이다. 이 과정은 미래에 유용하게 될 교과를 학습하는 것에서 시작되는 것이 아니라 반대로 그 자신이 처해있는 상황과 자기 일을 수행하는 데 장애가 되는 문제에 관심을 둠으로써 시작된다. 즉, 지식의 축적에 목표가 있는 것이 아니라 문제해결에 있기 때문에 달라진 형태의 지식으로부터 얻은 사실과 정보는 유용한 것이다(Lindeman, 1956).

넷째, 교사의 역할은 지시가 아니라 안내이다. 교사는 아동 자신이 문제를 발견하고 해결하려 함에 어려움이 있을 때 자신의 풍부한 지식과 경험을 토대로 아동을 도와주어야 한다. 그러나 이때 교사가 아동의 방향을 미리 결정해 줌은 아니며 아동의 목표에 맞도록 공동 협력하는 것이다. 즉, 교사가 안내자라 함은 협력자라는 의미로서 교사의 권위주의적 태도를 거부한다. 노울스

(Knowles)는 교사의 역할에 대해 성인교육자를 "단순한 전달자(transmitter), 훈련자(disciplinarian), 심판(judge)과 권위자(authority)가 아닌 조력자(helper), 안내자(guider), 격려자(encourager), 상담자(consultant) 혹은 자원제공자(resource)"라고 했다(Knowles, 1970). 이처럼 노울즈는 전통교육에서의 교사관과 진보주의자의 교사관을 대조시킨 것이었다(Elias, 1979).

듀이에 의하면 학습은 학생이 그 자신을 위해 뭔가 하는 것이라고 한다. 따라서 교사의 책임은 그 환경을 제공하는 것이다. 이 과정에서 교사와 학습자의 관계가 상호작용하기 때문에 교사가 학습자가 될 수도 있다. 즉, 교사와 학습자는 상호협력으로 계획하며 서로에게서 배우게 되는 것이다. 또한 듀이가 「경험과 교육」에서 서술한 교사의 또 다른 임무는 학습자의 자유를 침해하지 않는 범위에서 사회적 통제를 행사하는 것이다(Dewey, 1916). 교사에 의해 통제될 때 이것은 개인적 권력의 문제가 아니라 집단의 이익을 위해서 행하는 것이다. 그리고 사회통제의 일차적 근원은 행위 그 자체에서 발견될 수 있다. 그러므로 행위는 반드시 숙고하고 계획되어야 한다는 것을 다음과 같이 기술했다.

> 교사는 개인의 지식에 대한 책임이 있고 이런 개인이 사회조직에 속했을 때 선별된 행위를 하도록 하는 교과 지식에도 책임이 있다. 이때 사회조직은 모든 개인에게 기회를 얻도록 해야 하며, 또한 모든 사람이 참여하는 행위 자체가 주요 통제자가 되도록 해야 한다(Dewey, 1938).

다섯째, 학교는 경쟁을 통한 학습이 아니라 협력을 통한 학습을 강조한다. 학교는 민주시민 양성의 장으로 개인의 양육은 바람직한 환경에서 상호작용함으로 변화가 이루어진다.

진보주의자들은 교육의 기능이 단순히 현재 사회에 적합한 학습자를 준비하는 데 있지 않고 사회변화의 수단을 제공하는 데 있다고 보았다. 즉, 진보주의자들에게 교육은 창조성과 안정성, 개인성과 사회의식을 함양시키는 것이다.

뉴욕 사회사업대학(New York School of Social Work)의 사회철학 교수로 재직한 린드만의 특별한 관심사로 민주주의 사회에서 교육과 참여가 변화를 가져오기 위한 필수조건이라는 그의 신념은 다음과 같았다.

> 성인교육은 사회운동가들에게 가장 신뢰할 만한 도구로 인식된다. 만약 그들이 그 운동 지지자들을 교육시키는 방법을 배운다면, 그들은 민주적 행동 범위 내에서 집단의 강력한 권력을 계속 유지할 수 있을 것이다. 반면에 그들이 지성과 이성 외의 그 어떤 것으로 대체한다면, 사회운동은 비뚤어진 권력으로 퍼져나갈 것이고 이는 곧 반민주적 방향으로 퇴보할 것이다. 따라서 모든 사회운동 집단은 동시에 성인교육 집단이어야 하며, 개인적으로 모든 성공적 성인교육 집단은 조만간 사회운동 집단이 될 것이라고 믿는다(Kidd, 1973).

여섯째, 성인교육은 사회변화의 도구이다. 교육은 기존사회의 순응이 아니라 사회변화를 위한 수단을 준비하는 것이며, 민주주의 사회체제를 실현하는 데 있다. 민주주의가 표방하는 것이 개인의 자유, 참여, 상호협동이라면 학교 자체가 민주주의 교육을 실천하여야 한다. 민주주의 교육은 자치 활동, 자유로운 사상의 토론, 교사와 학습자가 함께 계획하는 학습, 학습경험에의 적극적 참여, 경직되지 않는 평등적 인간관계를 증진할 때 이룩된다.

벌거빈(Bergevin, 1967)은 성인교육을 '문명화 과정(the civilizing process)'에 이바지하는 근본적인 것으로 간주했다. 이때 문명화 과정은 개인적, 사회적 차원을 지니며 쌍방이 서로에 대한 책임을 갖고 있다고 보았다. 개인적 수준에서 문명화 과정이란 '단순한 생존(mere survival)'의 차원에서 '사회질서에 대해 책임있는 구성원'으로 개인의 '성숙'을 의미한다. 또한 사회적 관점에서 '문명화 과정'이란 행위와 기호, 사상에 있어서 야만적인 것을 세련화시키는 방향으로 이전하는 전체 사회를 포함한 협동적, 사회적 운동이다. 이러한 관점에서 성인교육은 다음과 같이 구성된다.

성인교육은 문명화 과정을 돕고 촉진하도록 의도적으로 성립된 프로그램으로 구성되며 성인교육자의 전반적 목표는 우리에게 문명화 과정과 더불어 건설적인 관계를 형성하는 것이다. 이 과정에서 우리의 삶과 기관의 성숙한 합리성 개발을 도울 수 있는 환경과 사회의 모든 긍정적 요소가 나타나야 한다(Bergevin, 1967).

### 3) 진보주의 성인교육 프로그램

진보주의 교육철학에 근거한 미국에서 행해진 대표적인 성인교육 프로그램은 세 가지를 들 수 있다(Elias & Merriam, 1980).

#### (1) 미국화 교육

미국화 교육(Americanization Education)은 20세기 초 많은 이민으로 이들의 복지에 대한 사회적 관심이 일어났으며 불안전한 정치적 상황을 초래하게 되었다. 따라서 '문명화 과정(civilizing process)'에서 성인교육의 역할은 일차적으로 성인 야간학교와 교회, 공장, 혹은 이민 수용소(Settlement House)와 YMCA 등에서 행해진 것으로 문명화의 큰 역할을 했다. 교육과정은 영어와 남자들에는 민주주의와 자본주의 등의 시민 정신교육, 여자들에게는 위생, 아동양육, 요리법, 가정경영 등이 있다.

#### (2) 지역사회교육운동

지역사회 교육운동(Community Education Movement)이 운동은 지역사회와 학교가 상호협력하여 지역사회 발전을 촉진하고자 하는 것으로 지역사회가 학교 프로그램을 돕고 학교의 시설을 지역사회가 이용하며 학교는 전 연령층에게 평생교육을 위한 교육 경험을 제공하고 지역사회의 자원을 이용하도록 하는 것이다. 여기에서부터 지역사회대학(community college)이 생기게 되었다. 즉, 평생교육과 성인계속교육에 연장선이다.

### (3) 인디아나 계획

인디아나 계획(The Indiana Plan)은 교육이 사회변화의 도구라는 철학을 기초하여 인디아나 대학 교수들에 의해 개발된 성인들의 참여교육이다. 이 프로그램에서는 특히 성인학습자의 성격과 학습의 장(場)에서 학습자 간의 상호관계성에 대해 모색을 하였다. 그리하여 참여교육의 기본 원리는 학습집단에서 개인 자유의 안전감 보장, 성인학습자의 정보와 경험을 나눔, 참여 격려를 위한 공유하는 목표 설정, 과정(過程) 중시, 다양한 방법 채택, 그리고 학습자와 교사의 협동적 평가이다(Bergevin & McKinley, 1965).

## 4) 진보주의 성인교육 평가

진보주의에 대한 평가는 진보주의 교육철학이 인문주의 교육철학이 주장하는 교양, 역사, 문학, 예술을 약화하고 과학 창조와 교육의 사회개혁 가능성을 강조하고 있다는 점과 삶의 부정적 요소들에 대한 간과와 더불어 교육과 인간에 대한 지나친 낙관성을 비난받는다. 결국 1955년 진보주의 교육협회(The Progressive Education Association)가 폐쇄됨으로 진보주의는 끝을 맺은 듯이 보이지만 사실상 앞으로 나올 행동주의 교육철학, 인간주의 교육철학, 급진주의 교육철학을 통해서 진보주의는 강조점을 달리하면서 부활하고 있다고 본다. 다시 말해서 진보주의의 실험주의는 행동주의에서 확장되었고, 학습자 중심 교육은 인간주의에서 확장되었으며 사회개혁론은 급진주의의 중심주제가 되었다. 또한 진보주의가 성인 직업교육에 미친 공헌에 대해서는 간과할 수 없을 것이다.

# 04 행동주의 성인교육

## 1) 행동주의의 역사

행동주의 학습이론은 20세기 초 왓슨(Watson)에 의해 발전되었다. 그는 두 권의 책, 『행동-비교심리학의 소개(Behavior-An Introduction to Comparative Psychology, 1914)』와 『행동주의자 관점에서의 심리학(Psychology from the Standpoint of Behaviorist, 1919)』을 출판한 이후 행동주의의 설립자로 알려졌다. 왓슨 이후로는 손다이크(Thorndike), 톨만(Tolman), 파블로프(Pavlov), 거스리(Guthrie), 헐(Hull), 스키너(Skinner) 등과 같은 학자들이 행동주의를 계속해서 발달시켰는데, 그중에서도 특히 손다이크와 스키너의 공헌이 크다고 할 수 있다. 1920~1950년 사이에 다른 행동주의자들은 왓슨과 파블로프의 연구를 확대하여 좀 더 복잡한 행동들을 설명·통제·예측하고자 했다. 거스리(Guthrie)는 유기체가 다음에 그러한 행동을 하게 만드는 중요한 것은 반응연상으로 하면서 이를 중시할 것을 주장했다. 톨만(Tolman)은 잠재적 학습과 자극과 반응 간의 중재변수를 연구했고, 헐(Hull)과 스펜스(Spence)는 행동반응의 유발(drive), 습관(habit), 강도(strength)와 동기(motivation)를 중요한 측면으로 간주했다. 이런 연구의 중요성은 행동주의가 왓슨의 계승자들로부터 스키너의 계승자들에 이르기까지 위대한 유산을 물려주었다는 것을 입증해 주는 것이다. 이들은 학습을 경험의 결과로 나타나는 행동의 비교적 영속적인 변화로 정의한다(전숙녀, 2012). 즉, 개인의 행동 변화에 초점을 맞추고 있다. 행동주의자들은 인간행동이란 선행조건(conditioning)형성의 결과물이며 외적 환경은 특정 습관을 강화함으로써 행동을 만들어 낸다고 주장한다.

행동주의 사상의 주요 강세는 심리학의 이론으로 발전하여 교육에 응용된 행동주의(behaviorism)였다. 왓슨은 심리학이 행위의 과학이지 정신적 활동에 대한 연구가 아니라고 주장했다. 그에 의하면 인간은 그들의 행위를 관찰함으로써 가능하다고 했다. 그는 감정(emotion)이란 '본능적이고 선천적인 반응이 지배적인 반응의 유전적 유형'이라고 정의하였으며, 본능(instinct)의 개념을 전적으로 부정했다. 그는 신생아의 버둥거림과 옹알이로부터 성인의 복잡한 기술과 언어 반응에 이르기까지 행위의 발생(genesis)을 파블로프의 조건 원칙(principle of conditioning)으로 설명했다(Keller, 1977). 비록 심리학인 행동주의가 과학적 연구를 통해 결론을 내고 있지만, 행동주의는 하나의 사상체계로서 다음과 같은 철학적 전통에 기반을 두고 있다.

첫째, 철학적 실재주의(realism)이다. 이는 과학적 현실주의(scientific realism)와 경험주의(empiricism) 철학이다. 여기에 근거하여 인문주의적인(himanities) 자료보다는 과학적 자료를 선호함으로써 자연의 법칙을 중시한다. 인간은 자연의 일부로 자연법칙에 따라 행동한다. 따라서 행동주의의 과업은 인간을 포함한 살아있는 유기체를 그 유기체의 행태 법칙을 발견하려는 시도에서 세밀히 관찰한다. 이 관찰을 통하여 발견된 법칙에 따라 행태 공학의 기초를 세운다(Knight, 1980). 프랜시스 베이컨(Francis Bacon)은 사상의 본질을 부인하고 인간의 감각(sense) 또는 경험적 과정을 통해 얻은 정보를 살펴봄으로써 진리에 이르는 귀납적 방법(inductive method)을 서구 사상에 소개했다.

둘째, 실증주의(positivism)이다. 이 철학은 프랑스 철학자 콩트(Auguste Comte, 1798~1857)에 이르러 절정에 달했다. 그는 인류의 역사를 사고방식의 발전에 따라 세 개의 시대로 나눈다. 가장 원시적 시대는 신과 영이 준거의 틀로 해석되는 신학시대이며, 중기는 사건이 본질, 원인, 내적 원리로 설명되는 형이상학 시대이다. 마지막 시대는 경험적 검증이 중심이 되는 실증주의 시대이다. 마지막 단계에서 인간은 과학적 관찰과 측정 가능한 사실 이상을 넘어가지 않는다(Knight, 1980). 영국 철학자 길버트 라일(Gilbert Ryle, 1943)은 언어분석을 통한 철학적 행동주의를 개발하였는데, 그의 사상에 의하면 행동의 원인(cause)은 행동 그 자체에 의해 설명될 수 있는 것이지, 어떤 자아나 정신의식 혹은 "기계 속에 있는 귀신(ghost in the machine)"에 의해서가 아니라는 것이다.

셋째, 유물론, 즉 물질주의(materialism)이다. 물질주의는 현실(reality)이란 정신적 현실(spiritual reality)에 호소하지 않고 사물(matter)과 행동(motion)의 법칙에 의해 설명된다는 이론이다. 이 견해에 의하면 인간도 복잡하기는 하지만 자연의 일부이기에 심리적인 차원이라도 과학적인 법칙에 따라 설명될 수 있다는 것이다. 그러므로 인간 형성에 있어서 외적 조건(환경)이 일차적인 요소이다(Elias & Merriam, 1980).

행동주의에서 인간은 조건화의 산물이지 환경을 변화시키는 행위자는 아니다. 따라서 인간의 문제를 잘못된 학습에서 비롯된 것으로 간주하며, 특정한 행동을 이끌어 내고 유지시키고 제거하는 환경적 반응이나 사건 사이의 상호작용과 관계를 강조한다. 이 같은 맥락에서 보면 인간의 다양한 문제행동이나 부정적인 정서는 학습의 결과라고 볼 수 있다. 대표적인 예로 왓슨은 파블로프의 방법을 사용해서 11개월 된 남자아이가 흰 쥐에 대해 공포감이 있도록 조건 짓는 유명한 실험을 했다. 그는 행동반사와 함께 감정반응의 반사를 일으키도록 조건형성에 의해 형성된다고 주장한다. 또 다른 예로, 스키너는 우리가 어떤 행동을 한 후 주어지는 강화에 의해 행동이 조건 형성된다는 조작적 조건형성의 원리를 제시하였다. 즉, 인간의 문제행동은 이후에 주어지는 강화경험에 형성된다는 것이다. 그리고 또 다른 예로 반두라(Bandura)는 행동주의적 상담으로 관찰이나 모방을 통해 행동이 학습된다는 사회학습이론을 제안하였다. 사회학습이론은 인간의 행동은 강화와 벌을 통해서만 형성되는 것이 아니라 타인의 행동을 관찰하고 모방함으로써 학습이 이루어진다고 보아 대리학습이라고 한다.

따라서 행동주의에서의 상담의 목표는 조건형성에 의해 학습된 부적응행동을 다시 새롭게 조건 형성시킴으로써 적응행동으로 수정시키는 것이다. 즉, 학습된 부적응적 행동을 제거하고 적응적 행동이 형성될 수 있는 학습경험을 제공하는 과정이다(조성연 외, 2017).

### 2) 손다이크의 시행착오 이론

손다이크의 이론은 시행착오 이론(trial and error theory)이라고 불리는데, 그것은 학습이 시행착오의 과정을 통해 일어난다고 주장했기 때문이다. 시행착오 이론은 결합설(connectionism) 또는 자극-반응 이론(S-R theory)이라 불리기도 한다.

손다이크는 굶주린 고양이를 문제상자 안에 넣고, 고양이가 페달을 밟거나 줄을 당겨 상자 문을 열고 상자 밖의 고기를 먹도록 하였다. 실험 초기 고양이는 창살 문을 할퀴는 등의 행동을 보이다가 우연히 페달을 밟고 먹이를 먹었으며, 실험의 횟수가 증가함에 따라 페달을 밟고 상자를 탈출하는 시간이 짧아져 결국에는 즉각적으로 상자를 빠져나오게 되었다(백영균 외, 2020). 손다이크는 동물실험에서 자극과 반응 사이의 결합이 반복되는 시행착오적 학습을 통하여 강해지거나 약해진다는 것을 발견했다.

그는 일련의 실험을 통하여 중요한 세 가지의 학습법칙을 발견했다. 그것은 효과의 법칙(law of effect), 연습의 법칙(law of exercise), 그리고 준비성의 법칙(law of readiness)이다. 주요 법칙은 다음과 같다(가영희 외, 2017; 권양이, 2020; 권두승 외, 2016).

첫째, 효과의 법칙이란 결과의 법칙이라고도 하는데, 효과의 법칙은 행동의 결과를 중시한다. 어떤 상황(사극)과 반응 간에 연결이 이루어지고 그 반응에 만족스러울 때는 결합은 견고해지나 불만족한 결과일 경우는 결합이 약해진다는 것이다.

둘째, 연습의 법칙은 꾸준한 반복연습을 통하여 일정한 목표에 도달하고 성공할 수 있다는 의미에서 빈도의 법칙이라고도 한다. 자극과 반응의 결합이 반복 연습되는 경우 그 결합이 강해진다는 것이다. 이 법칙은 자극에 대한 반응이 연합을 강화한다는 사용의 법칙과 반응이 자극과 결합하지 못한 경우 연합이 약해진다는 비사용의 법칙의 두 가지로 나뉜다.

셋째, 준비성의 법칙은 사람이 어떤 행동을 할 준비를 하여 보상을 받는 경우와 준비를 하지 않아 처벌을 받는 경우를 의미한다. 학습하는 태도나 준비와 관련되는 것으로, 새로운 사실과 지식을 습득하기 위해서 준비를 충분히 하고 있을수록 결합이 용이해진다는 것이다.

이러한 법칙이 성인학습에 시사하는 것은 성인학습자들이 학습에 대해 만족감을 느껴야 학습의 효과를 극대화할 수 있다는 것이다. 자신의 학습에 대해 불만족하더라도 배우기를 거부할 수 없는 아동과 달리 성인은 학습과정이나 결과에 만족하지 않는다면 도중에 학습을 포기하거나 흥미를 느끼지 못한다(나항진 외, 2017).

### 3) 파블로프의 고전적 조건화

러시아의 생리학자였던 파블로프는 개의 소화과정을 연구하던 중 우연히 조건화로 불리는 학습현상을 발견하였다(Pavlow, 1960). 그의 학습이론은 고전적 조건화(classical conditioning)라고 불린다. 고전적 조건화는 조건자극에 대한 조건반응의 결합이라고 할 수 있다. 즉, 무조건 반응을 일으키는 무조건 자극이 중성자극과 같이 제시되면 처음에는 무조건 자극에 대한 무조건 반응을 보이던 유기체가 나중에는 중성자극에 대해서도 무조건 자극에 대해서 보였던 것과 같은 반응을 보인다는 것이다. 그리고 이때 보이는 반응은 이전의 무조건 반응이 아니고 조건반응이고, 이전의 중성자극은 조건자극이 되는 것이다.

1920년 파블로프의 실험을 예로 들면, 처음에는 개에게 종소리라는 중성자극을 음식이라는 무조건 자극과 같이 제시하여 침분비라는 무조건 반응을 일으키게 한다. 이와 같이 종소리와 음식을 짝지어서 여러 번 제시하면 개는 종소리라는 중성자극에도 침을 흘리는 반응을 보이게 된다. 이 실험으로 파블로프는 침분비와 같은 생리적 행동이 학습될 수 있다는 가능성을 보여주었다.

이 실험에서 먹이는 무조건자극(unconditioned stimulus: UCS)이고, 타액 분비는 무조건반응(unconditioned response: UCR)이다. 다음에는 개에게 중성 자극(neutral stimulus: NS)인 종소리를 들려준 직후 무조건자극인 먹이를 주는 것을 반복하였더니 개는 종소리만 들려주어도 타액을 분비하게 되었다. 이때 종소리는 중성자극이지만 종소리가 먹이와 같이 제시되는 것을 반복해서 타액을 분비하게 되면 종소리는 조건자극(conditioned stimulus: CS)으로 작용하고, 타액은 조건반응(conditioned response: CR)이라고 한다. 즉, 먹이(UCS)와 타액(UCR) 사이에는 무조건적인 관계성이 형성되지만, 종소리(CS)와 타액(CR) 사이에는 조건화(Conditioning)가 형성된다(가영희 외, 2017).

조건자극과 무조건자극을 함께 주는 것을 강화라 한다. 조건자극이 무조건자극과 결합되지 않은 채 중성자극인 조건자극만 계속 단독으로 제시되면 학습된 조건반응은 희미해져 결국 사라져 버리는데 이를 소거라 한다. 한편 이를 새로운 학습으로 보기도 한다.

| 표 5-1 | **고전적 조건형성에 자극과 반응**

| 자극/반응 | 기술 |
|---|---|
| 무조건자극(UCS) | 자동적으로 반응을 유발하는 자극 |
| 중성(중립)자극(NS) | 조건화되기 이전에 어떤 결과도 일어나지 않은 자극 |
| 조건자극(CS) | 조건화 또는 무조건자극과의 연합을 통해 반응을 유발하게 된 자극 |
| 무조건반응(UCR) | 자연적으로 일어나는 중성 자극에 대한 조건반응 |
| 조건반응(CR) | 조건자극에 대한 학습되거나 획득된 반응 |

출처: 가영희 외(2017). 성인학습 및 상담. 서울: 학지사. 재구성.

파블로프의 고전적 조건화의 형성을 뒷받침해 주는 기본 원리는 다음과 같다(권양이, 2020).

- 일관성의 원리: 조건자극은 일관되게 제시되어야 한다.
- 시간성의 원리: 종소리(CS)는 음식물(UCS)보다 시간상으로 앞서거나 동시에 줄 때 효과적이다.
- 계속성의 원리: 반복된 횟수가 많을수록 조건화가 잘된다.
- 강도의 원리: 조건자극이나 무조건자극이 강해야 효과적이다.

## 4) 스키너의 조작적 조건화

행동주의 학습이론을 가장 많이 발전시킨 스키너의 학습이론은 조작적 조건화(operant conditioning)라고 불리는데, 인간행동이 대부분 조작행동이며 이 행동은 결과에 의해 통제된다고 설명하였다(이정림, 2009). 스키너의 중요한 기여는 고전적 조건화(classical conditioning)와 조작적 조건화(operant conditioning)를 구분한 점이다. 고전적 조건에서의 반응은 조건자극(CS)에 의해 좌우되지만 주어진 반사이거나 조건을 주지 않은 반사이며, 반응을 일으키는 자극에 있어 보상, 강화 혹은 피드백이 필연적인 것이 아니었다. 그러나 조작적 조건형성에서의 반응은 자극과 마찬가지로 중요하며 만약에 강화되면 자극에 대한 연계가 고착된다. 스키너에 의하면 행위는 '그 결과(consequences)'에 의해 강화되고 이런 이유로 결과 그 자체가 강화로 일컬어진다. 그는 계속해서 '조작적 그리고 반사적 행동 간의 기본적인 구분 하나는 자율적이고 또 하나는 비자율적이라 할 수 있다'고 지적했다(Skinner, 1974).

강화 원칙은 조작적 조건형성을 이해하는 데 필수적인 것이다. 강화는 반응 빈도가 증가하는 것을 의미한다. 즉, 어떤 행동이 강화되면 유사한 환경 아래에서 그 반응은 더 자주 일어나게 될 것이다. 그러나 강화되지 않거나 보상받지 못한 행동은 더 적게 일어나다가 나중에는 사라질 것이다. 강화는 긍정적일 수도 부정적일 수도 있다. 그리고 강화에는 강화제 혹은 강화물(reinforcer)이 있는데 이는 강화의 수단으로 사용하는 물건이나 자극을 말한다.

강화의 종류에는 정적(적극적) 강화와 부적(소극적) 강화가 있다. 정적(적극적) 강화는 어떤 자극에 대하여 쾌감을 주어서 그 반응을 촉발하는 것이다. 예를 들어, 먹이, 사탕, 칭찬, 돈 등과 같이 정적 강화물이 제시되어 행동이나 반응의 빈도를 증가시키는 것이다. 부적(소극적) 강화는 어떤 자극에 대하여 불쾌감을 세서하여 그 반응을 촉발하는 것이다. 즉, 전기 쇼크, 큰 소음, 심한 열 같은 부적 강화물이 제거됨으로써 행동이나 반응의 빈도를 증가시키는 것이다. 학습자가 어떤 바람직한 행동을 할 때 학습자가 싫어하는 것을 제거해 주는 것이다. 비행을 저질러 화장실 청소를 하는 학생에게 다음부터 그러지 않겠다고 하면 화장실 청소를 면제해 주는 것을 예로 들 수 있다(곽내영, 2007).

벌에 대한 개념으로는 일차적 벌과 이차적 벌이 있는데, 일차적 벌은 싫어하는 것(불쾌, 고통, 처벌과 매)을 주어서 문제행동을 감소시키는 방법이다. 그러나 벌은 행동을 촉진하기보다 소멸의 역할을 한다. 이차적 벌은 좋아하는 것을 빼앗음으로써(성적이 나쁘면 장학금 지급 정지) 문제행동을 감소시키는 방법이다(권양이, 2020). 일반적으로 강화가 벌보다는 바람직한 학습자 행동의 개발에 더 효과적이다.

**| 표 5-2 | 강화와 벌의 유형**

| 구분 | 긍정적 자극 | 부정적 자극 |
|---|---|---|
| 반응 후에 무엇이 제공되는 경우 | 적극적 강화<br>(정적 강화) | 제1차적 벌<br>(수여성 벌) |
| 반응 후에 무엇이 박탈되는 경우 | 제2차적 벌<br>(제거성 또는 박탈성 벌) | 소극적 강화<br>(부적 강화) |

출처: 권양이(2020). 스마트 시대의 원격평생교육방법론. 경기: 공동체. 재구성.

행동주의적 학습이론이 성인학습 및 상담에 주는 시사점은 다음과 같다(권두승 외, 2016).

첫째, 바람직한 행동이 재현될 수 있도록 즉각적이고 정규적인 강화를 제공한다.

둘째, 강화하지 않으면 바람직하지 못한 행동은 소거될 것이다.

셋째, 경쟁적인 반응은 학습과제를 방해할 것이기 때문에 제거되어야 한다.

넷째, 학습과제에 적절한 배경을 제공하는 것은 과업을 성공적으로 수행하기 위한 선결과제이다.

다섯째, 학습과제의 모든 구성요소를 구체적으로 확인해야 하며, 이들 각 과업요소가 학습될 때까지 다양한 실습 기회가 제공되어야 한다.

여섯째, 학습자의 과업수행을 유도하기 위하여 바람직한 행동모형이 활용될 수 있다.

일곱째, 과업수행을 위한 자극은 학습자의 외부는 물론 내부에서도 일어날 수 있다.

제 6 장

# 성인교육의 철학적 기초(Ⅱ)

01 인간주의 성인교육
02 급진주의 성인교육
03 분석철학과 성인교육

# 01 인간주의 성인교육

## 1) 인간주의의 성인교육 역사

인간주의라는 용어는 종래의 인본주의(humanism) 변용이다. 인간주의는 인간의 존엄성과 자율성을 주장하는 광범위한 철학적 견해이다. 따라서 철학으로서 인본주의는 인간의 문명만큼이나 오래되었다고 할 수 있다. 인본주의라는 말을 본격적으로 시작한 때는 15세기 이탈리아어 휴매니스타(humanista)로 '인문교육 교사'라는 뜻에서 비롯된다(Elias & Merriam, 1980). 인본주의자들(에라스무스, 토미스 모어 경 등)의 저술에서 인본주의는 다분히 오히려 인간의 존엄성과 자유를 박탈하는 종교의 독단성을 표현하는 신본주의에 대항하는 말로 쓰였다. 이렇게 '새로운 학습(New Learning)' 운동은 16세기에 시작되어 18세기 계몽주의 시대에 가장 번창했다고 볼 수 있으나 인본주의 사상은 사람됨의 자유와 존엄성이 어떤 체제나 정치적, 도덕적, 지적 등의 권위에 침해당한다고 느낄 때마다 출현한 까닭에 그 역사적 배경은 인간 역사만큼이나 길다. 인본주의는 고대 희랍, 히브리, 동양에서부터 현재에 이르기까지 비인간화의 역사가 생길 때마다 전개되었던 인간화 운동이기에 오히려 그 명칭은 신본주의에 대등하는 인본주의보다 인간주의가 더 의미가 있다.

기독교 인본주의자로 가장 널리 알려진 에라스무스(Erasmus)는 이성에 대한 절대적 신념을 주장하고 인본주의자 진통의 세로운 학습을 일반화시켰으며 교회 내의 개혁을 추진했다. 지식을 통제하려는 교회 등의 세력에 반항, 지적 능력 강조, 신사 또는 학자의 이상, 모든 인류애를 위한 선한 삶의 강조 등이다. 교회로부터의 억압에도 불구하고 이탈리아 인문주의는 라틴어로 된 플라톤의 저서를 번역해 그리스 학문을 소개하고 역사편찬(historiography)에 대한 연구를 했다. 궁극적으로 유럽인의 세계관을 형성하고 교회의 권력을 사라지게 했다.

고대 인문주의로부터 인간주의는 개인의 자유와 인간 존엄성을 강조하는 사상을 이어받았고 의미 없는 종교의 권위에 대한 저항으로 나타났던 이탈리아 르네상스 운동으로부터 인간의 자율성과 책임성 개발의 사상을 받았다. 이 르네상스 정신은 18세기 계몽주의로 이어지게 되는 데 인간 이성과 지성에 대에 신뢰함으로써 인간의 무한한 진보의 가능성을 갖게 되었다. 그리하여 로크(Locke)나 볼테르(Voltair) 등 계몽주의자들은 인간의 진보를 최대한으로 확장하기 위하여 과학적 방법과 환경 조성론의 신념을 펼쳤다(Crain, 2004). 계몽주의의 지나친 합리주의의 반작용으로 나타난 18세기의 낭만주의는 인간주의 사상 형성에 지대한 영향을 끼쳤다. 인본주의자들은 코메니우스(Comenius), 루소(Rousseau)와 페스탈로치(Pestalozzi) 등의 중요한 사상가의 교육사상을 강조했다. 코메니우스는 그의 저서 『위대한 설교(The Great Didactic, 1957)』에서 학습자가 최대한의 지식, 도덕, 충성심을 획득하도록 유도하는 수업방법을 설명했다. 다재다능한 시민에 대한 르네상스 이상을 유지하면서 사회적, 감정적, 정신적, 지적 발전을 향상시키는 교육체제를 제안했다.

낭만주의의 대표자라고 할 수 있는 프랑스의 철학자이며 교육자인 루소(1712~1778)는 그의 유명한 교육서 『에밀(Emile, 1762)』을 통해서 낭만주의 교육론을 펼친다. 루소는 인간 본성의 자연적 선을 믿고 사회와 기관의 타락을 한탄하면서 교육이 인간의 자연적 본성을 유지하기 위한 교육을 강조했다. 이러한 교육과정의 결과로 감정적으로 안정적이고 지적으로 살아 있고 사회적으로 적극적인 사람이 되는 것이라 했다(Rousseau, 2012).

20세기에 들어와서 인간주의는 진보주의에서 학습자 중심사상, 학습자의 참여와 경험중심 사상, 그리고 교사의 비권위적 역할에 대한 이론을 이어받으며 실존주의의 개인의 독특성, 인간 존재의 의미에 대한 자각, 그리고 결단과 책임성의 사상을 받아들인다. 또한 인간주의는 로저스(Rogers, C.), 매슬로(Maslow, A.), 컴스(Combs, A.) 등의 인간주의 심리학자들로부터 크게 영향을 받는다. 이들은 행동주의의 인간 본질에 대한 일방적 해석을 논박하고 정신 분석학자들이 인간의 선택과 성장에 대한 역량을 너무 비관적으로 봄에 대한 반발로부터 시작하였다(Crain, 2004). 인간주의 심리학자들은 인간은 지금까지 인식되어 온 것보다 훨씬 더 자유롭고 창조적인 존재이며 인간에게는 성장과 자아실현의 역량이 있다고 믿는다(Maslow, 1962).

### 2) 인간주의 철학의 전제

인간주의는 다양한 개인의 변화를 포괄할 수 있는 광범위한 철학이다. 세대를 이어오며 인간주의의 기본 가치와 신념 그리고 그것이 실행하고자 하는 바를 정의하려고 노력해 왔다. 인간주의 철학의 기본 전제를 정리해 본다면 다음과 같다.

첫째, 인간 본성은 태어날 때부터 본래 선하다. 많은 인간주의자가 인간은 선하다고 믿었다. 인간은 발전할 수 있는 환경과 자유가 주어져 있으며 자신과 사회에 이익이 되는 방식으로 성장한다는 것이다. 즉, 좋은 환경에서 발달하도록 자유가 주어지면 사회의 복리를 도모하는 방향으로 성장할 것이다(김성렬 외, 2001). 이 인간론은 행태가 학습으로 형성된다는 행동주의와는 반대되는 입장이다.

둘째, 인간 행태는 인간 자유와 자율성에 근거한 선택의 결과이다. 자유와 자율성에 대한 이런 생각은 행동이 전적으로 무의식적이고 통제되지 않으며 유전이나 환경에 의해 영향을 받지 않음을 의미하는 것이 아니다. 오히려 인간은 유전 그리고 개인의 역사나 환경에 의해 주어진 구속 내에서 중요한 개인적 선택을 할 수 있다. 또한 모든 것이 미리 정해진 것이 아니기에 인간은 반동적(reactive)이라기보다 전진적(proactive)이며 그렇게 함으로써 그의 환경에 영향력을 행사한다. 인간은 유전, 환경에 의해 영향을 받으나 그 제약 안에서도 자극에 대한 반사가 아니라 의미깊은 선택으로 주체적인 응답을 한다. 그러므로 인간은 자기 선택에 대한 책임을 져야 하고 이 책임성이 인류 복리 증진에 기여한다. 그리고 자유롭게 행동하는 사람은 일반적으로 삶과 인간성 향상을 위한 변화를 일으킬 수 있다.

셋째, 인간은 내재적 성장력을 지닌다. 인간은 자신의 문제를 해결하고 최선의 사람이 되려고 하는 힘과 가능성을 지니고 있다. 인간주의 철학은 각 개인의 개인성이나 유일성을 인식하고 이에 의미를 강조한다. 따라서 행위는 누군가가 원하는 대로 예측할 수 없는 것이다. 그러므로 특별한 재능이나 기술을 육성함으로써 개인의 능력을 향상하는 것이 중요하다. 그것은 성장과 발전에 대한 각 개인의 잠재력이 무제한적이라고 보기 때문이다. 인간주의는 인간 속에 끝없는 신념이 있고, 착한 삶(good life)을 살고 그 자신의 문제를 해결하며, 가능한 최선의 인간으로 발전하려는 잠재력이나 능력을 갖추고 있다고 믿는다. 이 과정에서 이성과 지성은 인간이 가진 가장 효과적인 도구이지만 전적으로 이것에만 의존하지는 않는다고 한다. 직관과 감정 또한 전인격자(the whole person)의 중요한 구성요소이다. '인간보호(human caring)'의 의미에서 강조하는 중요한 점은 인간애(humanity)가 문제해결을 위한 최적의 방법이라는 것이다. 이성은 동정과 허무와 전인격자가 실행해야 할 것들과 균형을 이루어야 한다.

넷째, 인간주의는 자아개념과 자아실현을 중시한다. 그러나 자아개념은 타인을 배격하고 자기중심성을 의미하는 것은 아니라 다른 사람과 구별되는 태도, 신체, 가치, 느낌 지성의 총합이며 정체성 형성과 행태 선택의 주요 요소가 된다. 사실상 인간주의 철학의 중요한 가정은 바로 인류의 선을 추구하는 일과 타인에 대한 책임이다. 이 때문에 인간주의는 개성을 존중함과 동시 다른 사람을 이해하려면 자신의 선입관이나 관습의 범주(현상)들을 중지시키고(Crain, 2004) 그 사람의 지각 세계로 들어가야 한다고 말한다. 그러나 이 자아의 마지막 실현 단계는 자기달성(self fulfillment)의 바람처럼 자아실현 혹은 자아초월(self transcendence)을 하고 남을 위한 헌신의 성장(growth) 과정을 하는 것이다(Maslow, 1954).

### 3) 인간주의 교육원리

#### (1) 교육원리

인간주의 교육의 목표는 자아실현 된 개인의 발전이다. 즉, 변화와 계속학습에 대해 개방적인 인간, 자아실현을 위해 노력하는 인간, 그리고 전기능적(fully functioning) 인간으로 타인과 함께 생활할 수 있는 자이다(Maslow, 1976). 이것은 인본주의 교육의 실체(substance)가 없다는 것을 의미하는 것이 아니다. 이것은 교육과정에서 강조되는 것과 인간에 대한 접근방법을 말한다. 이상과 같은 전제들을 근거한 인간주의의 교육원리들은 다음과 같다(김재은, 1992).

첫째, 인간주의 교육의 목표는 지, 정, 의의 전인적 존재를 양성함이다. 인간주의가 말하는 전인적인 사람은 사랑하며 느끼며, 내면적인 자아를 창조하며 부지런히 배워 책임적 자아성을 형성한다(Leonard, 1968; Silberman, 1970). 이 목표는 개인의 목표일 뿐 아니라 사회의 목표이기도 하다. 왜냐하면 전인적인 사람들이 모인 사회이어야 통합적이고 책임적 사회가 되기 때문이다. 로저스는 전인적인 사람을 완전 기능인(fully functioning person)이라고 하여 충분히 자신의 기능을 발휘하는 사람으로 다른 사람들과 어울러 살아갈 수 있는 사람을 말하며(Rogers, 1961), 매슬로는 이런 사람을 자아실현인이라고 한다. 매슬로는 자아실현을 다음과 같이 특징짓는다(Moustakas, 1972).

- 자아, 타인, 및 자연에 대한 수용적 태도
- 자발성
- 자아 중심이 아닌 문제 중심성
- 문화와 환경으로부터 독립성과 자율성
- 참신한 감수성
- 삶의 희열과 경이로움을 경험
- 공동체적 공감과 연민
- 친밀한 인간관계
- 인간 존중성과 평등성
- 수단과 목적의 구분
- 해학적 감각
- 창의성

둘째, 인간주의 학습은 학습자 중심이 된다. 교사 중심의 독단적인 교육과정과 방법론의 결정은 학습자의 학습욕구를 파악하는 능력을 침해하게 된다. 인간주의 성인교육은 학생도 학습에 책임이 있다. 즉, 학생은 그가 무엇을 어떤 방식으로 배우기 원하는지를 알고 교사는 그 과정을 인도하고 격려할 수 있으나 교사보다 학생에게, 수업보다는 학습에 초점을 맞추어야 한다. 그러므로 각 학습자의 개인적 특성은 존중되어야 하고 스스로의 욕구를 성취하기 위한 자율학습, 발견학습, 참여학습이 되도록 해야 한다. 인간주의 교육은 학습에 대한 책임성뿐 아니라 각 학습자의 자아발전 차원에서 볼 때 학생 중심적이라고 할 수 있다. 그리고 학생은 그 모든 면이 교육과정 속에서 성장해야 하는 개인으로 간주한다.

자아실현된 인간이 되는 것을 목표로 하는 것은 성인교육에 대한 인본주의의 필수적인 접근법으로 보았다. 비범한 인간에 대한 매슬로 연구에서 자아실현된 인간은 다음의 몇 가지 특성이 있었다(Maslow, 1954).

- 그들은 현실 지향적이다.
- 그들은 자신과 타인 그리고 자연 세계를 수용한다.
- 그들은 사고와 감정과 행동이 자발적이다.
- 그들은 그들에게 적합한 과업, 의무, 임무에 관심을 집중할 수 있는 존재라는 의미에서 자아 중심적이기보다는 문제 중심적이다.
- 그들은 사생활에 대한 욕구가 있고 때로 그들의 관심 과목에 강렬하게 집중할 기간을 요구한다.
- 그들은 자율적, 독립적이며, 반대나 나쁜 평판에 직면해서도 진실하게 남아 있을 수 있다.
- 그들은 삶 속의 좋은 것이라든가, 일몰, 꽃, 아기, 멜로디와 사람에 대해서 반복해서 탄복할 감상능력을 갖추고 있다.
- 그들은 종교적 속성은 아니지만 자주 '신비적(mystic)'이며 '광대한(oceanic)' 경험을 가졌다.
- 그들은 그들 가족뿐 아니라 전 세계의 복지에도 관심을 가짐으로써 전체 인류와 동일시하였다.
- 그들은 극소수 사랑하는 사람과 심오하고 깊이 있는 관계를 맺었다.
- 그들은 사람을 판단하는 데 있어서 인종, 직위, 종교가 아닌 개인으로서 그들이 어떤 사람인 가를 바탕으로 판단하는 민주적 성격구조를 가졌다.
- 그들은 매우 발달한 윤리의식을 가졌다.
- 그들은 문화에 전적으로 복종하는 것을 거부했다.

로저스의 전인격적 인간은 교육과성의 목표이며 이는 매슬로의 자아실현된 인간과 유사하다. 로저스의 학생에 대한 강조는 매우 핵심적이다.

셋째, 학습의 장은 협동적이고 후원적이며 정의적인 환경이어야 한다. 자아 발전과 성장은 다른 사람들과 고립된 개개인에게 일어나지 않는다. 경쟁적이고 위협적인 환경에서는 인간 소외만 일어날 뿐 성장하지 않는다(Combs et al., 1971). 그러므로 학습의 장에서는 자신이나 타인의 말이 경청되고 이견이 용납하는 느낌이 느껴져야 한다. 학습자들 간의 협동과 성장을 촉진하는 최선의 방법은 집단을 통해서 이루어진다(권진하 외, 2010). 인간주의자들은 교육에서 동기 유발력으로 경쟁을 사용하는 것을 반대한다. 왜냐하면, 동기가 학습자의 내재적이라는 인본주의 가정을 수용한다면 경쟁과 같은 인위적 동기유발은 불필요하다. 또한, 경쟁은 위협이다. 위협하는 학습은 저항을 받는 경향이 있다(Rogers, 1969).

넷째, 인간주의 교육에서 교사의 역할은 촉진자이다. 교사는 단순한 정보 제공자가 아니라 학습자들의 경험과 가능성을 존중하고 그들의 경험이 학습자료화 되도록 돕고 함께 배우는 사람이다. 또한 촉진자의 역할은 자유스럽고 개방적인 학습 분위기를 조성하고 학습의 목표를 명료화하며 학습자의 욕구를 조사하고 학습자료를 조직하며 학습집단에서 학습자들 간의 상호관계를 증진하는 일이다(Rogers, 1969). 로저스는 성인학습자에게 상담과 교육 부분에서 격려자의 방법과 그 질을 특성화하는 지침을 제시하였다(Rogers, 1969).

- 촉진자는 집단 혹은 학급의 경험을 위한 첫 분위기를 준비한다.
- 그는 학급 내에서 개인의 목표뿐 아니라 집단의 일반적 목표를 도출해 내고 명료화하는 것을 돕는다. 그리고 목적의 다양성을 인정한다.
- 촉진자는 각 학생에게 의미 있는 목적을 실행하려는 그들의 바람을 바탕으로 하고 이것이 중요한 학습의 동기가 되도록 한다.
- 그는 가능한 많은 학습자료를 쉽게 이용할 수 있도록 조직화하기 위해 노력한다.
- 그는 스스로 집단이 이용할 수 있는 유용한 자원으로 간주한다.
- 학급 내 집단의 의사에 대한 반응 속에서 그는 지적 내용과 감정적 태도까지 수용하여 개인과 집단을 적당하게 강조하기 위해 노력한다.

- 수용적 학습 분위기를 형성하기 위해 그는 동반자적 학습자가 되기도 하고 집단의 성원이 되기도 하여 한 개인으로서 그의 견해를 표현한다.
- 그는 느낌이나 생각을 그 자신과 집단 간에 공유하는 데 솔선한다.
- 학습경험을 통해 그는 강한 느낌이나 직설적 표현을 삼간다.
- 학습의 촉진자 역할을 함에 있어 그의 한계를 인식하고 수용하기 위해 노력한다.

다섯째, 인간주의 교육의 교육과정(Curriculum) 선정은 학습자의 욕구와 관심에서 시작한다. 인간주의에서 중요한 교육과정은 내용보다 과정(process)이다. 그러므로 집단내의 상호작용이 중요한 교육과정이 된다. 이때 교육과정은 인간주의 교육자들의 목표가 아니다. 교육과정은 자아실현된 개인의 개발이라는 인간주의 교육의 참목표를 달성하는 수단으로 작용한다.

여섯째, 평가는 학습과정의 중심부이다. 평가가 끝이 아니라 형성평가는 매우 중요하며 교사의 판단이 아니라 학습자가 개인별 또는 집단이 함께 자가평가하도록 돕는다.

일곱째, 인간주의 교육에서는 무엇보다 자아개념과 인간의 정의적 차원을 중시한다. 그러나 이 자아개념은 집단안내서 상호작용하는 가운데 형성되므로 집단학습을 강조한다. 협동에 의한 인간 상호작용 관계증진을 통해, 때로는 집단학습 경험을 통해 가장 잘 성취되기 때문이다. 단, 개인들이 충분히 참여할 수 있는 소집단이 바람직하다.

### (2) 로저스 학습이론

학습과정에 포함된 역동성보다는 인간 전체적인 기능으로서의 학습이라는 점에 유의한다. 진실한 학습이라는 것은 학습자의 지적·정서적 측면에서의 변화보다는 그의 내면으로부터의 학습을 위한 동기유발이 더욱 중요한 것이라고 강조한다. 즉, 인간은 자기의 행동을 환경의 통제에 의하여서가 아니라, 자신이 스스로 의지에 의하여 결정하고 그 주체가 되어야 한다는 것이다.

로저스(Rogers, 1902~1987)는 인간은 선천적으로 선하고 성장지향적이며, 자신의 자유로운 선택에 따라 행복하고 가치 있는 삶을 살 수 있는 가능성을 지니고 있다는 긍정적인 입장을 취하고 있다. 따라서 인간은 자기 지시에 따라 행동할 수 있으며, 효율적이고 생산적인 삶을 살 수 있다는 확고한 신념을 갖고 있었고, 나아가서는 자기실현을 할 수 있다고 보았다(가영희 외, 2017). 로저스의는 『Freedom to Learn(1969)』에서 인간은 학습하려는 타고난 욕구와 호기심, 또 이 세계와 새로운 경험을 탐색하고 거기에 동화하려는 열망이 있다는 것이어서 학습과제가 학습자에게 관련된 것이어야 훨씬 빨리 학습되고 흥미 있는 것이 된다고 한다. 큰 소리로 혼자서 읽게 할 때 독서능력이 신장하는 것과 같이, 외부의 간섭이 감소할 때 학습이 강화되는 것이다. 수치심, 조소, 모욕감, 경멸 등도 자신에 대하여 정확히 지각하고 학습할 때 자신이 자기치료를 할 수 있듯이, 자신에 대한 치료(문제)가 최소화되어야 학습할 기회가 마련되는 것이다. 학생의 학습도 자기지도적(self-directed)이 될 때 보다 효과적으로 이루어진다. 독립심, 창의력 혹은 자존감 모두가 일차적으로는 스스로의 평가에 의하여 강화되는 것이며, 이차적으로는 타인의 평가에 의하는 것이기 때문에 자신의 학습에 대하여 스스로 책임을 져야 하는 것으로 본다. 또한 로저스는 이 책에서 무의미학습과 유의미학습의 두 가지의 학습형태가 있다고 하였다.

### 가. 무의미한 학습(meaningless leaning)

학습자 개인에 대하여 아무런 인간적인 의미가 없으며 또 관련성도 없는 학습이다. 심리학자들이 학습이나 기억에 관련된 연구에서 흔히 사용하는 무의미한 철자의 학습이다. 오늘날의 학교학습이 전형적인 무의미한 형태의 학습이다. 무의미하기 때문에 어렵기도 하거니와 곧 망각하게 되는 것이다.

### 나. 유의미한 학습(significant learning)

학습자가 직접적으로 경험하고 사고하는, 그로 인하여 어떤 감정을 찾게 되는 학습이며, 자기 스스로가 수행한 것이며, 특히 그러한 것은 여러 방면에 나타나며 행동 면에서 진정한 차이를 나타내게 하는 것이다. 유의미한 경험적 학습(significant experiential learning)이 내포하는 요인은 다음과 같다.

첫째, 경험적 학습은 개인 전체가 포함되는 학습이어야 한다. 학습과정에 그의 인지만이 아니라 감정까지 포함되는 전인학습이어야 한다.

둘째, 자발적이어야 한다. 계속 외부로부터 주어지는 자극이라도 그것을 학습자가 스스로 우러나와 발견하고 파악하여야 한다.

셋째, 학습자의 행동, 태도, 성격까지 모두를 변화시키는 것이어야 한다.

넷째, 학습자에 의하여 평가되는 것이어야 한다.

다섯째, 경험적 학습의 본질은 의미(meaning)이어야 하므로 의미 있는 요소로 경험 속에 누적되어야 한다.

오늘의 학교학습이 전형적으로 무의미한 형태로 계속되는 것에 비판을 가하고, 학교학습은 유의미한 경험적 학습이 되어야 한다고 본다. 인간의 전체성을 강조하면서 새로운 시각으로 학습을 설명하려는 주장이다.

## (3) 매슬로 학습이론

매슬로(Maslow, 1908~1970)는 자신의 심리학적 입장을 1940년대 당시 지배적이던 두 세력인 정신분석학(Freud 학파인 제1세력)과 행동주의(제2세력) 학파에 대한 비판에서 출발한 것이기 때문에 종종 제3세력 심리학(third-force psychology)이라 불린다.

대표적인 이론은 매슬로의 욕구위계 이론(hierarchy of need theory)이다. 이 이론의 중심 개념은 자아개념(self-concept)이다. 자아개념은 개인의 자신에 대한 지각으로, 개인이 타인과의 상호작용을 통하여 얻은 자신에 대한 경험의 통합이며 핵심이다. 학습자가 학습장에서 어떻게 행동하느냐는 다른 사람들이 자신을 어떻게 인식한다고 지각하는가에 달려 있다. 인간은 내적 욕구를 가지고 태어나고 이 욕구를 만족시키기 위해 노력하는데 노력의 궁극적인 방향은 자아실현의 추구이다. 매슬로는의 욕구위계는 인간 행동의 명확한 방향성을 보여준다. 그 우선 하위의 욕구들이 충족됨으로써 상위의 욕구를 단계적으로 추구하게 되고 궁극적으로 자아실현에까지 이르게 된다. 즉, 하위계층의 욕구가 부분이나마 충족되어야만 상위계층의 욕구가 강력한 동기의 원천이 될 수 있다(Maslow, 1954).

매슬로는 모든 인간은 선천적으로 자아실현을 이루고자 하는 노력, 혹은 경향이 있다고 보았고, 인간의 행동을 활성화하는 인간의 기본욕구를 다섯 단계로 구분하였다. 피라미드 형태의 계급구조로 이루어진 다섯 단계의 욕구위계는 생리적 욕구, 안전에 대한 욕구, 소속감과 사랑 욕구, 존중 욕구, 자아실현 욕구를 말한다. 이 다섯 단계의 욕구 중, 생존에 가장 긴요한 생리적 욕구와 안전에 대한 욕구는 하단부에 있으며, 심미적 특성이나 창의적 개성을 추구하는 자아실현 욕구는 가장 높은 곳에 있다. 자아실현 욕구는 자기 자신의 충만, 즉 한 개인이 가지고 있는 잠재 가능성을 실현화하려는 경향의 욕구이다(가영희 외, 2017). 매슬로는 5단계 제시 이후 인간의 모든 욕구를 설명하기엔 부족하다고 여겨졌다. 시대는 점점 빠르게 변하고 있고 사람들이 가지고 있는 욕구도 시대에 맞춰가고 있었기 때문이다. 따라서 매슬로는 현대 시대에 맞는 발전된 욕구이론 8단계로 재정립하였다(장재인, 2021).

### 가. 생리적 욕구

생리적 욕구(physiological need)는 인간의 욕구 중에서 가장 기본적이고 강하며 분명한 것으로 음식, 물, 공기, 수면, 성, 추위나 더위로부터 보호, 감각적 자극에 대한 욕구들이 포함된다. 이 욕구는 강하며, 더 높은 단계의 욕구를 충족시키기 위하여 충분히 충족되어야 한다.

## 나. 안전의 욕구

안전(safety)의 욕구는 생리적 욕구가 충족되면 환경 내에서의 확실성, 안전 질서, 고통 회피, 보호 등에 대한 욕구로 위험, 위협, 박탈에서 자신을 보호하고, 불안을 회피하고자 하는 욕구이다.

## 다. 소속과 사랑의 욕구

생리적 욕구 및 안전 욕구가 보장되면 가족, 친구, 친척 등과 친교를 맺고, 원하는 집단에 소속되어 귀속감을 느끼고 싶어 하는 욕구이다. 건전한 사회를 유지하려면 소속과 애정의 욕구(need for belonging and love)를 충족시켜야 한다.

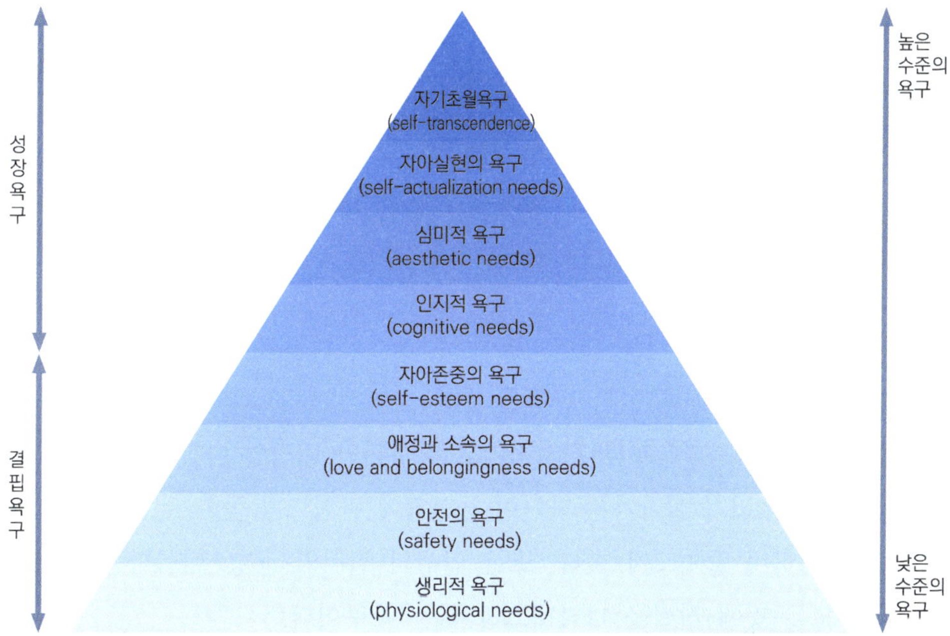


출처: 최인수 외(2016). 2017 대한민국 트렌드: 신 개인의 탄생 · 리얼리티 · 탈권위에 주목하라. 서울: 한국경제신문. 재구성.

| 그림 6-1 | 매슬로 인간욕구 위계

### 라. 자기존중감의 욕구

자기존중감의 욕구(self-esteem need)는 자기 자신과 다른 사람들로부터 존경받고 싶어 하는 욕구를 말한다. 이러한 자존감에 대한 욕구는 자기존중과 다른 사람들로부터의 존경을 모두 포함하는 것이다. 자기존중은 능력, 신뢰감, 개인적인 힘, 적합성, 성취, 독립, 자유 등을 포함하는 것으로, 자기 자신을 가치 있다고 생각하는 것이다. 타인으로부터의 존경은 명성, 인식, 수용, 지위, 평판 등을 포함하는 것으로 타인으로부터의 좋은 평가를 받기 때문에 자기 자신을 가치 있는 사람으로 간주하게 된다.

### 마. 인지적 욕구

교육, 문화, 지식적으로 알고자 하는 인지적 욕구(cognitive needs)는 정보와 학문에 접근하고 방법을 알며 지식적으로 모든 것의 의미를 알고자 하는 욕구이다. 광범위한 정보와 이론 속에서 과정, 표현, 체계 등에 관한 지식을 통합하려는 욕구이다. 문화나 교육을 통한 지적 욕구이기에 연구하고자 하는 특정한 대상이나 경험에 대한 재구축과 재발견을 통한 인지적 이해와 배움을 추구하게 된다.

### 바. 심미적 욕구

문화예술을 추구하며 자연, 환경을 통한 심미적 욕구(aesthetic needs)는 눈에 보이는 외적인 아름다움보다 정서적이고 감성적인 내적인 아름다움을 추구하는 욕구이다. 우리가 살아가는 자연이나 환경에 관심도가 높고, 문화예술을 감상하고 체험하며 즐기고자 한다. 또한 인생의 질서와 균형, 아름다움과 미적 감각 등 모든 것에 사랑을 나타내고자 하는 욕구이다.

### 사. 자아실현의 욕구

자아실현 욕구(self-actualization need)는 계속된 자기 발전을 위하여 자신의 잠재력을 최대한으로 발휘하는 데 초점을 둔 욕구이다. 자신이 원하는 종류의 사람이 되고, 자기가 성취할 수 있는 모든 것을 성취하려는 욕구로 다른 욕구와는 달리 욕구가 충족될수록 더욱 증대되는 경향을 보이 '성장 욕구'라고 하기도 한다.

### 아. 자기초월의 욕구

매슬로는 자아실현의 단계를 넘어서는 단계를 주장하였다. 자기초월의 욕구란 자기 자신의 완벽한 완성을 넘어서 타인과 사회에 기여하고자 하는 욕구를 뜻한다. 자기초월의 욕구는 그 밑에 있는 낮은 욕구의 계층들이 상위 계층으로 전환되기 위해 최하위계층에서 시작하여 각 상위 계층을 뛰어넘으려고 노력하는 '작은 자기초월'을 이룬다. 그리고 발현하는 '큰 자기초월'이 최종적으로 나타나는 욕구라고 볼 수 있다. 결핍 욕구 이후에 나타나는 자아실현과 자기초월의 욕구를 인간의 일반적이며 통상적인 욕구를 넘어섰다고 하는 뜻에서 '메타욕구(Meta-needs)'라고 명칭 하였으며, 이 욕구는 결핍 욕구의 연속 선상에서 충족되기 때문에 '메타병리(Metapathology: 삶의 가치, 의미, 성취감의 결여를 의미한다)'를 가져오게 된다고 보았다. 이처럼 매슬로의 이론의 발전을 통해 볼 때, 인간 성장의 최상위 개념으로 자기초월의 욕구가 소개되었음을 알게 되었다.

| 표 6-1 | 매슬로 인간욕구 위계 특성

| 단계 | 단계 | 특성 |
|---|---|---|
| • 결핍욕구 (동물적 욕구)<br><br>• 학교교육 외적 동기 | 생리적 욕구 (physiological needs) | 인간의 생존과 유지에 관련한 욕구(배고픔, 목마름 등) |
| | 안전의 욕구 (safety needs) | 편안하고 안전하며 위험이 없음(신체적 안전추구) |
| | 애정과 소속의 욕구(lovc and belongingness needs) | 사회적 욕구라고도 함. 다른 사람과 친하고, 애용하고, 소속되기를 바람(타인의 친애, 수용, 소속) |
| | 자아존중의 욕구 (self-esteem needs) | 성취하고, 유능하고, 인정받고, 존중받음(능력, 승인, 지위 추구) |

<table>
<tr><th>단계</th><th>단계</th><th>특성</th></tr>
<tr><td rowspan="4">• 성장욕구<br>(인간적 욕구)<br><br>• 평생교육<br>내적 동기</td><td>인지적 욕구<br>(cognitive needs)</td><td>지식, 이해, 탐구</td></tr>
<tr><td>심미적 욕구<br>(aesthetic needs)</td><td>균형, 질서, 진선미 추구</td></tr>
<tr><td>자아실현 욕구<br>(self-actualization needs)</td><td>자기충족의 발견과 잠재력의 실현</td></tr>
<tr><td>자기초월의 욕구<br>(self-transcendence)</td><td>타인을 돕고 자기 외부의 무엇과 연결되고자 하는 욕구</td></tr>
</table>

한편, 다른 학자들은 사람의 욕구가 반드시 위계에 따라 행동하는 것은 아니라고 비판하기도 한다. 1969년 알더퍼(Alderfer, C.)가 매슬로의 욕구단계 이론이 갖는 한계점과 그간의 실증적 연구결과에 근거하여 발표한 이론으로 인간의 핵심적 욕구를 존재욕구(E: existence needs), 관계욕구(R: relatedness needs), 성장욕구(G: growth needs)의 세 가지로 분류한 동기부여의 욕구이론를 제시하였는데, 알더퍼는 ERG(Existence Relatedness Growth Theory) 이론에서 사람들이 성장욕구나 관계욕구 충족에 관심을 두기 이전에 하위욕구인 생존욕구가 충족되어야 할 필요가 없다고 주장한다(곽내영, 2007).

**| 표 6-2 | 알더퍼의 생존 관계 성장이론**

| 단계 | 특성 |
|---|---|
| 생존 욕구 | • 생존을 위하여 필요로 하는 욕구이다.<br>• 모든 형태의 생리적 욕구와 음식, 의복, 은신처와 같은 물질적 욕망이 포함된다.<br>• 조직의 면에서 보면 보수, 부가급부, 직업안정, 근무조건 등에 관련된 욕구이다.<br>• 매슬로의 생리적 욕구와 안전욕구에 해당한다. |
| 관계 욕구 | • 사회적 존재로서 타인과 인간관계를 맺으려고 하는 욕구이다.<br>• 감독자, 동료, 부하, 가족, 친구 등과의 대인관계를 모두 포함한다.<br>• 분노와 혐오를 표현하고, 타인과 친근하고 따뜻한 개인적 관계를 발전시킴으로써 충족될 수 있다.<br>• 매슬로의 안정욕구, 사회적 욕구와 다른 사람으로부터 존경받고 싶어하는 욕구에 상응한다. |

| 단계 | 특성 |
|---|---|
| 성장 욕구 | • 성장하고 발전하며 자신의 잠재력을 최대한으로 발휘하고자 하는 내적 욕구이다.<br>• 직장에서 개인이 자신의 기술과 능력을 최대한 활용할 수 있는 과업에 종사함은 물론 새로운 기술과 능력을 창조적으로 개발할 것을 요구하는 과업에 종사할 때 충족된다.<br>• 매슬로의 자아실현 욕구와 자기 존경 욕구에 해당한다. |

출처: 곽내영(2007). 곽내영 교육학(상). 서울: 도서출판 들풀.

욕구를 세 단계로 나누었다는 것 외에도 다음과 같은 점에서 매슬로의 욕구단계이론과 다르다(곽내영, 2007).

| 표 6-3 | 매슬로의 욕구단계론과 알더퍼의 생존 관계 성장이론 비교

| 매슬로의 욕구단계론 | 알더퍼의 생존 관계 성장이론 |
|---|---|
| 하위단계의 욕구가 만족하여야 다음 단계의 욕구가 발생한다(어느 한 가지 우세한 욕구가 지배적으로 활성화된다)고 한다. | 사람들은 여러 가지 욕구를 동시에 경험할 수 있다고 한다. 즉, 하위단계의 욕구가 먼저 충족될 필요가 없다고 한다. |
| 충족된 욕구는 더 이상 동기요인이 될 수 없다고 한다. | 상위욕구의 계속된 좌절은 낮은 수준의 욕구로 귀환토록 한다고 한다(상위욕구를 충족시킬 수 없는 대신 하위욕구를 집중적으로 충족시킨다고 한다). |
| 비교적 인간의 다양성을 고려하지 못함으로써, ERG 이론보다 융통성이 적다. | 인간의 다양성을 고려함으로써, 매슬로의 욕구단계론보다 융통성이 더 많다. |

출처: 곽내영(2007). 곽내영 교육학(상). 서울: 도서출판 들풀.

### 4) 인간주의 시사점

이들 인본주의적 경향이 성인학습지도에 주는 주요 시사점을 언급하면 다음과 같다(Simpson, 1980).

첫째, 인간은 본성적으로 학습에 대한 잠재력을 지니고 있다.

둘째, 의미 있는 학습은 학습자에 의해서 특정 주제가 그 자신에게 의미가 있는 것으로 지각될 때 일어난다.

셋째, 자아를 위협하는 학습이 보다 용이하게 지각될 수 있고, 외부의 위협이 최소한에 그칠 때 동화작용이 일어난다.

넷째, 학습자가 학습의 과정에 책임이 있다고 여길 때 학습이 보다 잘 촉진된다.

다섯째, 학습자가 학습과정에 주도적으로 참여한 학습의 결과가 가장 오래도록 지속한다.

여섯째, 학습자가 지속적이고 개방적인 경험을 통해, 그리고 변화과정에 적극적으로 참여할 때 가장 유용한 학습이 일어난다.



## 02 급진주의 성인교육

### 1) 급진주의의 성인교육 역사

1930년대의 급진주의 교육자들로 카운츠(George Counts)와 브라멜드(Theodore Brameld) 등을 들 수 있다. 이와 같은 급진주의 철학적 입장은 1960년에 이르러 코졸(Jonathan Kozol), 홀트(John Holt), 굿맨(Paul Goodman), 일리치(Illich) 등의 노력으로 다시 주목받게 되었다. 급진주의 철학적 입장을 견지했던 성인교육자 중 가장 유명한 사람은 프레이리이다. 1970년대 초 라틴아메리카의 성인교육자인 프레이리(Paulo Freire)가 그의 교육철학을 『억압받는 자의 교육학(Pedagogy of the Oppressed, 1970)』이라는 책에 서술함으로써 의식화(conscientization)의 급진적 이론이 토의되기 시작했다. 프레이리의 성인교육 철학을 급진주의(radical)라고 명칭함은 교육이 역사 속에서 사회적, 정치적, 경제적 변화를 가져오도록 활용되어야 한다는 정치적 의미 때문이다. 이러한 급진주의 교육철학이 교육사에 일반화되지는 않았지만 그래도 프레이리의 철학은 18~20세기 사상가들 속에서 역사적 근원을 두고 있다. 급진주의 사상의 근원은 세 가지로 볼 수 있다(Elias & Merriam, 1980). 즉, 18세기부터 20세기까지 지속한 무정부주의(anarchist) 전통과 마르크스주의, 그리고 프로이트 좌파(Freudian Left)에 기초하고 있다. 급진주의 사상의 뿌리에 대한 설명은 다음과 같다.

### (1) 무정부주의 전통

무정부주의는 국가 주도형 교육이 체제 보존을 위하여 학생을 길들이는 조선을 형성함으로써 개인의 자율성을 파괴한다는 이유로 공립학교 제도를 반대해 왔다.

교육의 본질은 개인이 자신의 목표를 선택하고 편견에서 해방될 수 있도록 함이다. 이런 사상을 가진 사람들로는 문화와 교육을 구분하고 개인의 성격을 형성하기 위해 의도적이고, 강제적인 교육을 반대한 문호 톨스토이(1967), 특히 1960~1970년대의 탈학교화를 주장한 일리치(Ivan Illich, 1970), 성인의무교육(compulsory adult education)의 제도화를 반대한 올리거(John Ohliger, 1974) 등이 있다.

1960년대 말과 1970년대 초에 무정부주의자들의 원칙에 바탕을 둔 급진주의적 교육개혁운동에 영향을 미쳤다. 학습자의 자유와 자율에 대한 강조, 의무교육과 반대되는 자유학교(free school) 개발과 학교폐지운동(deschooling movement) 등은 무정부주의자들의 자유와 정부의 학교통제 반대에 영향을 받은 것이었다. 러시아 기독교 무정부주의자인 레오 톨스토이(Leo Tolstoi)는 급진주의적 교육철학자로 교육과 문화를 구분하였다. 문화란 개인의 특성을 형성하는 지식과 가치의 무의식적이고 비의도적인 전이(transmission)이며 교육은 의식적이고 의도적으로 개인의 성격을 형성하는 객관적인 강요의 형태를 지닌다고 했다. 톨스토이는 또한 비의무적인 교육(noncompulsory education)이란 계획된 프로그램 없이 교사가 원하는 대로 가르치고 학생의 요구에 따라 교육과정이 통제받는 것을 의미한다고 했다(Tolstoy, 1967).

쿠에나바에 있는 CIDOC(The Center for Intercultural Documentation)의 설립자인 이반 일리치는 그이 논문과 저서를 통해 인간이 조작적이고 억압적인 기관에 중독되는 것으로부터 자유로워지기 위해 이 사회에서 학교폐지를 제안했다. 일리치의 비판과 탈학교화에 대한 의견은 학교의 실패 때문이라기보다 오히려 고도의 산업화, 소비화 사회를 유지하는 데 있어 교육이 중심적 위치를 차지한다는 데 기초를 두었다. 일리치에게 학습의 근본적인 측면은 사물이나 인간. 즉, 생활로부터 자유롭게 선택된 것이다. 따라서 강제적인 학습은 개인과 사회에 해로운 것이고 이것은 학습의 자유라는 타인의 주장을 더욱 확대한 것이었다. 그의 교육연구에 따르면 아동들은 교사에 의한 가르침보다 대부분을 친구나 관찰기회, 그리고 코미디 등을 통해 배운다고 역설했다(Illich, 1970). 인간들에게 학습에 대한 자유는 사회적으로 중요한 이슈를 공유함으로써 측정할 수 없는 재창조를 빚어내고, 자유학습은 사람들이 자율적이고 독립적이며 상호 연관되게 한다(Deschooling, 1970)고 했다. 따라서 이런 형태의 학습은 개인의 지적 능력과 그의 의미를 세계에 투사할 힘과 창조적 에너지를 증가시킨다(Illich, 1973). 학교교육을 반대하는 그는 대안으로 그의 저서 『탈학교론(Deschooling Society)』에서 네 종류의 학습망(learning networks)을 제시하였다.

첫째, 책이나 라디오, 현미경과 TV 등의 교육적 자료를 제공하는 것이다(자료센터).

둘째, 어떤 기술을 배우고자 원하는 학습자에게 이것을 설명하는 전문가(master)와 접촉하여 기술을 교환하는 것이다(기술교환).

셋째, 공동 관심사를 가진 동료들 간의 결속을 공고히 하는 것이고 이는 컴퓨터에 의해 실행된다(동료학습자 모임).

넷째, 어렵긴 하나 결정된 과업을 추구하는 독립적 교육자 체제이다(전문교육자).

이런 망을 제안한 일리치의 목적은 우리가 알고 있는 학교에 대한 대안을 제시하여, 학습가치를 제도화시키는 것을 피하게 하고 자유와 우연에 의해 학습이 이루어지도록 하는 것이다.

이런 일리치의 사상을 성인교육에 확대한 사람은 위스콘신대학교(University Of Wisconsin) 교수인 존 올리거이다. 그는 성인의무교육의 제도화가 주 비판내용이었다. 성인의무교육은 건강과 관련된 전문직종에 널리 퍼졌고 성인교육은 더욱 학교교육 형태의 구조를 취하고 있었다. 성인을 위한 성인학위(adult degrees), 학외 학위(external degrees: 학습자가 학외에서 학습하고 학위는 학교에서 수여)와 개방학습(open learning) 등의 교육제도가 교육을 성인들에게 상품화시키는 결과를 가져왔다. 올리거는 유네스코의 책 『인간화 교육(Learning to be)』에서 생활 속 우연히 얻게 되는 개인적, 경험적 학습보다 제도적 지식이나 학습을 선호하는 것의 위험성을 지적했다.

### (2) 마르크스주의

마르크스주의적 사회주의 전통은 자본주의 정치, 경제 체제를 사회주의 정부로 바꿈으로 인간의 자유와 자율성을 창출하려고 했다. 마르크스 자신은 교육이 사회주의 혁명을 위해 큰 역할을 하리라고 기대하지 않았다. 왜냐하면, 교육 자체가 지배 계급의 이익과 결탁되어 있다고 보았기 때문이다(Elias & Merriam, 1980). 그러나 조지 카운츠(George Counts), 테오도르 브라멜드(Theodore Brameld), 파울러 프레이리(Paulo Freire)는 마르크스주의 허위의식, 소외, 계급 투쟁, 정치 투쟁 등을 교육에 적용하였다. 마르크스의 원리에 따라 급진주의적 교육을 미국에 처음 도입한 교육자는 컬럼비아대학교의 카운츠 교수였다.

1932년 경제공황 중에 그는 미국의 교육자들에게 국가의 사회적 병폐를 사회주의 철학으로 분석하고 이 병폐를 치유하는 도구로 이용할 것을 제안하였다. 그리고 학교에서는 자본주의의 악에 대해서와 사회주의의 가치에 대해서 가르쳐야 한다는 것이다. 이러한 도전이 교육자들 사이에서 논란이 되었고 상황 분석에 그 이론이 수락되기도 하였으나 그들이 카운츠의 사회주의에 대한 낙관론에 동조하지는 않았다고 한다(Elias & Merriam, 1980).

### (3) 프로이트 좌파

이들은 사람들이 악한 사회 구조를 인식하고 나면 필연적으로 변화를 위해 일한다는 마르크스주의 가설에 대해서 문제를 삼는다. 다시 말해서 악한 사회 구조를 자각한다 해도 어려서부터 자기 이익 추구로 길든 사람들은 개혁을 위하여 행동하지 않는다는 것이다. 이렇게 길든 이유는 권위주의적 구조에서 자랐기 때문이라고 생각한다. 그러므로 개인의 의식에서부터 출발점으로 삼는 이들은 가족제도의 변화, 자유로운 자녀 양육, 해방적 교육방법들이 있다고 주장한다.

프로이트 좌파 대표 학자인 빌헬름 라이히(Wilhelm Reich)는 프로이트의 정신분석 방법에 있어서 비록 사회가 억압적이라고 할지라도 기존 사회 구조를 그대로 수락한 채 작업한다는 사실에 대해서 반기를 들었다. 그리하여 그는 심리학이 정치, 사회 구조 개혁에 관여되어야 한다는 것이다. 즉, 변화는 개인의 의식 속에서 만들어지는 것이지 사회구조나 가치에 의한 것이 아니라고 했다. 따라서 유아교육의 형태와 교육방법을 통해 인격 구조가 변화되어야 한다(Elias & Merriam, 1980). 라이히는 이런 원리에 의해 유럽 노동자들의 파시즘(fascism) 수용을 분석했다.

라이히와 유사한 교육철학을 가진 사람은 유명한 영국의 자유학교 서머힐(Summerhill School)의 창설자 닐(Neill, A. S.)이다. 1921년 닐이 실험학교로 설립한 '아이들을 학교에 맞추는 대신 학교를 아이들에게 맞추는 학교'이다. 그는 세상의 문제들이 아동들의 본능적 욕구를 억압하는 데 있다고 보고 그의 학교에서는 아무런 종교, 도덕교육을 실시하지 않았다. 또한 수업의 참여와 불참도 자유이고 학교는 학생들에 의해 운영되었다. 자유가 기본방침이기는 하지만 무제한적이고 무조건적인 것은 아니다. 학생과 교직원으로 구성된 학교총회에서 자치적으로 몇 가지 규칙들을 정한다. 위험방지를 위한 것과 남의 자유를 방해하지 않기 위한 최소한의 제약이다. 교육사적 의의로는 공교육 병폐에 대한 아동의 자유를 최대한 존중하는 교육으로 치유코자 하였다. 그리고 20세기 가장 급진적인 교육개혁가로 평가되고 있다.

급진주의는 경제공황과 1960년대 후반 등 사회적, 정치적으로 불안한 시대에 더욱 강하게 나타났다. 이런 위기시대를 설명하기 위해 새로운 시각이 필요했기 때문이다. 급진주의자들은 비판과 비전에 강했고 이를 제시하는 데 있어 사회의 기본가치와 구조, 실천에 대해 의문을 제기했다. 따라서 급진주의 이론가들은 가족, 학교, 직업, 종교, 정치, 경제체제 등 모든 사회 영역을 다루었다(유평수, 2002). 어떤 교육자도 급진주의 전통을 신봉하지는 않았지만, 그것이 현대사회와 교육에 대해 제기한 문제들을 무시할 수는 없었다(유평수, 2002).

## 2) 파울로 프레이리

### (1) 프레이리의 생애

성인교육자로서 마르크스주의의 급진적 비판주의를 바탕으로 그 외 교육철학을 수립한 사람은 프레이리이다. 그는 이념적으로 기독교 사회 민주주의자로 시작했고 후기의 글들에서 그는 마르크스주의 사회철학의 근본적 원리들을 수용했다.

프레이리는 1921년 동북부 브라질 항구 도시 레시페(Recife)의 중산층 가정에서 태어났으나 경제 공황기에 심한 가난을 겪었다. 대학에서 철학과 법률학을 공부하고 브라질 동북부 빈민가의 노동조합 법률가로 일하면서 문맹퇴치 교육에 관심을 가졌다. 거기서 그는 전통적 가부장적, 전제군주적 교육방법에 불만을 품게 되었다. 1959년 프레이리는 레시페, 퍼남부코대학교(Universidade Federal de Pernambuco)의 역사 및 교육철학 교수로 임명받았고 가난한 자들을 위한 문자교육은 계속되었으며 그의 학생들도 이 프로젝트에 많이 참가하였다. 1960년대 초기 대중문화운동(popular culture movement)을 중심으로 하는 민주화의 개혁이 브라질 동북부에 일기 시작했다. 프레이리는 이 운동에 참여하여 대중들과 수 없는 토의를 했고 다양한 사회문제를 극화시키기 위해 시각자료를 사용하였다. 이에 만족스러운 결과를 얻어 냈다.

몇 년 동안에 문자교육은 성공적으로 이어서 1964년에는 2천만 명의 비문해자들을 가르치기 위해 2만 개의 토의 집단을 형성하였다. 그러나 브라질 보수세력에서는 프레이리의 문자교육이 체제 전복과 혁명의 확산하는 통로라 하여 반대의 소리가 높아져 돌연, 1964년 4월에 문자교육사업은 중단당했다. 그 후 군사 쿠데타로 정부는 전도되었고 좌경 인사들과 함께 프레이리는 투옥되었다. 투옥된 지 70일 만에 그는 시민권을 박탈당하고 부인과 다섯 자녀와 함께 국외로 강제 추방되어 칠레 산티아고(Santiago)로 왔다. 거기서 그는 유네스코 자문 및 '농업개혁훈련연구소(Agrarian Reform Training and Research Institute)'에서 일했다. 1960년 말에 그는 라티아메리카를 떠나 미국 하버드대학교 교육연구원에 방문교수로 재직했으며, 1971년 스위스 제네바에 살면서 세계교회협의회(World Council of Churches) 특별교육자문(Special Educational Consultant) 및 '행동문화연구소(Institut d' Action Culterella)' 회장으로 일하면서 그의 의식화 이론을 확산하고 다른 문화권에서도 적용할 수 있도록 그의 사상을 문헌으로 출판했다.

투옥 당시 그는 문해교육방법을 설명하는 책을 저술하고 교육철학을 발전시켰다. 그의 첫 저서, 『자유의 실천으로서의 교육(Educacao Como Patricia da Liberdade)』이 1967년 칠레에서 출판되었고 그 책의 마지막 장에 '교육과 의식화'를 다루었다. 그는 많은 글을 썼으며 그의 교육철학은 특히 『억압받는 자의 교육학』(1970)과 『자유를 위한 문화 행동(Cultural Action for Freedom, 1970)』이라는 두 권의 저서를 출판하였다(Collins, 1977).

그의 저술을 분석해 보면 초기 저서에는 성장하는 과학과 기술 문명에 직면하여 개인의 존엄성을 강조하는 기독교 인격주의(Christian personalism)의 강한 영향을 받았음을 알 수 있으며, 많은 실존주의 주제인 자유, 상호주관성(intersubjectivity), 진실성(authenticity), 대화(dialogue) 등 나타난다. 그러나 『억압받는 자의 교육학』에서 그의 사상적 전환점이 나타난다. 즉, 그의 이전의 사상을 의식과 의식의 다양한 상태를 검증하는 현상학과 마르크스주의를 융합시키려고 했다. 그러나 그 이후 그의 저서들은 더 비판적이고 변증법적으로 전환되었다(Collins, 1977). 프레이리의 최근의 글들에서 마르크스주의 사상을 급진적 기독교 신학에 융합하려고 하였다. 그는 그러한 급진주의 신학이 라틴아메리카와 제3세계에서 실천되기를 촉구한다(Elias & Merriam, 1980).

### (2) 프레이리 교육철학의 기본원리

교육은 인간과 세계에 대한 비전이 없이는 행해질 수 없다. 교육은 과학적, 인간주의적 개념을 형성하는 일인데 그 개념에서 우리는 교사와 학생이 함께 비인간화의 현실을 분석하고 인간 해방이라는 이름으로 비인간화적 현실의 변혁을 알림으로 그것을 고발하는 대화적 실천(praxis)의 표현을 발견하게 된다(Freire, 1970). 프레이리의 교육철학은 인간과 세계에 대한 비전, 대화적 프락시스, 교사와 학습자의 관계, 분석, 인간의 해방과 세계관과 의식에 대한 마르크스주의적 개념들로 구성되어 있다. 여기에서는 인간, 세계관, 앎과 의식, 지식론, 가치론에 대한 프레이리의 사상을 살펴보고자 한다.

첫째, 인간에 대해 그의 철학은 인간 의식과 행동을 동물의 의식과 행동을 대조함에서 시작된다. 인간은 인간이 안다는 사실과 인간의 상황과 환경을 바꿀 수 있음을 안다. 그래서 인간은 객체가 아닌 주체이다.

둘째, 그의 세계관은 사회적 실재에 대한 마르크스주의의 견해를 따른다. 사회적 실재는 변증적 역사의 과정이다. 인간들은 이 과정의 부분이며 행동, 성찰, 성찰된 행동의 프락시스를 행사함으로써 세계의 변화를 가져오게 할 수 있다. 그러나 세계는 문제와 모순, 억압으로 꽉 차 있다. 이러한 상황을 프레이리는 한계상황이라고 한다(Freire, 1970). 특히 그는 제3세계를 사회적, 정치적, 경제적 억압으로 결론지었다. 그런 억압의 상태에서는 비인간화가 창출될 뿐이다. 억압은 지배문화를 낳고 반면 억압받는 자들은 침묵의 문화(Culture of Silence)를 낳기 때문이다. 다양한 형태의 억압은 구체적인 문제나 모순을 만들고 그것이 해방적 교육학의 과제가 된다.

셋째, 프레이리는 인간이 실재를 어떻게 인식하느냐의 문제인 인간의 앎과 의식에 대한 입장에 있어서 현상학적 마르크스주의로부터 크게 영향을 받고 있다. 생각함과 앎은 역사와 문화에 의존한다. 즉, 우리가 살고 있는 사회적 실재가 우리의 사상과 사고를 형성한다는 것이다. 실재에 대한 참지식(의식화)은 그것이 지니고 있는 프락시스의 기능을 통해서 무엇이 진실된 실재인가를 꿰뚫어 알게 해 준다. 그의 앎에 대한 비판적 의식화는 지적인 노력을 통해서가 아니라 행동과 반성의 진정한 연합에 의해서 생겨나는 것이다.

넷째, 프레이리의 지식론은 단순한 인식론의 훈련이기보다는 정치적, 교육적 적용성을 함축한다. 그럼으로써 프레이리는 인간을 객체로 취급하려는 객관주의나 유물론자들의 오류와 개인들의 의식을 바꿈으로써 미래가 바뀔 것이라는 관념론자들의 오류를 다 넘어서는 지식의 프락시스 기능을 주장한다.

다섯째, 프레이리에게 있어서 인간의 목표는 해방의 과정을 통한 인간화이다. 이 목표는 사회적 목표이므로 다른 사람들과의 협력으로 달성되어야 한다.

개인적, 사회적 해방을 달성하는 수단은 대화와 실천(praxis)이다. 대화는 신뢰, 신앙, 겸손, 모험에의 용기, 그리고 사랑의 태도를 요구한다.

### (3) 프레이리 교육원리

프레이리의 철학을 기초로 한 그의 교육원리에 대해서 살펴보자.

첫째, 교육은 문제제기식 교육(problem posing education)이어야 한다. 전통적 교육의 문제점을 프레이리는 은행저축식 교육(bank concept of education)이라고 지적한다. 교사는 지식을 하사하고 학습자는 수납한다. 이러한 교육은 노동자가 자신의 생산품으로부터 소외되듯이 학습자가 교육과정에서 객체가 된다. 교사는 지식의 소유자, 학생은 지식이 없는 자로 여겨 기존 지식을 비판 없이 전수하도록 하여 길들이고자 하는 방식은 인간의 자율성을 망각하는 비인간화라는 것이다. 이러한 은행저축식 교육의 대안으로 프레이리는 해방적, 문제제기식 교육(대화적 문제 노출식 교육)을 제안한다. 이것은 그가 말하는 자유를 위한 문화적 행동이다. 이 문화적 행동은 우리의 삶을 담고 있는 구체적 상황과 그 상황의 이유를 알고 가능한 해결책을 강조하는 일련의 노력이다. 그러므로 문제제기식 교육에서는 인간 존중, 의사소통, 그리고 연대감을 기초로 한다. 문제제기식 교육의 과정은 학습자의 문화적 상황을 탐색(investigation)하는 것으로 시작한다. 그리고 학습자의 문화탐색은 그들의 사상, 신앙, 예술, 과학, 생활방식, 취향과 정치적 선호에 의해 조성된 그들의 역사와 문화를 논의하는 것이다. 여기서 가장 중요한 것은 자신들의 의식 수준의 발견이다. 이 탐색과정에서 토의될 주제들, 즉 교육과정이 나온다. 다음에 이 주제들 중에서 상황을 여러 각도에서 볼 수 있고 문제의 연결성을 찾을 수 있는 발생적 주제를 발견하는 일이다. 이 단계를 주제화(thematization)의 과정이라 한다. 주제를 가지고 토의하면서 학습자들은 그들의 한계상황 즉 문제가 무엇인가 발견하게 된다. 이것이 문제화의 단계이다(problematization). 여기서 그들은 그들의 문화와 역사가 그들 자신을 어떻게 조건 짓고 있는가를 발견한다. 이렇게 탐색과 주제와 문제화의 단계를 거치는 동안 의식화되고 문제의 해결을 의미한 구체적 행동에 참여하고자 하는 결단에 도달한다(Collins, 1977).

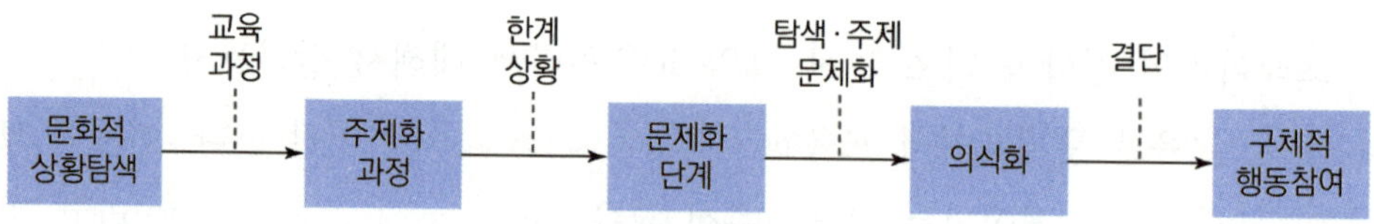


**| 그림 6-2 | 문제제기식 교육과정**

둘째, 그의 교사론이다. 프레이리는 교사와 학습자 간의 대화와 평등의 중요성을 강조한다. 교사와 학습자의 기본적인 관계는 종속성이 아니다. 이 말은 교사와 전문 지식을 대화적 교육에서 배제한다는 뜻은 아니다. 다만 교육의 상호의도성을 주장하는 프레이리는 "전문가의 역할이 반드시 학습자의 역할과 반대된다는 관념을 비신화화하여야 한다"(Collins, 1977)는 것이다. 이런 의미에서 하면서 교사는 학생이 되고 학생은 교사가 될 수 있어야 한다고 주장했다. 교사는 자신이 미리 결정짓고 지시하고 조종하지 않으나 학습자들 스스로 문제를 찾도록 돕고 학습자들과 함께 자료를 명료화하고 자료를 제공하고 자기의 견해를 제공한다.

셋째, 문제제기식 교육에서의 방법은 대화와 프락시스(praxis)이다. 대화는 단순한 담화가 아니다. 이것은 비판적이고 해방적이어야 한다. 그러므로 평등성을 기본 철학으로 하는 대화방법은 프락시스의 기초가 되는 것이다. 프락시스는 행동하고 그 행동을 성찰하고 성찰된 행동으로 다시 순환되는 변증적 과정으로 끊임없는 프락시스가 아니고서는 인간 해방이 불가능하다는 것이다.

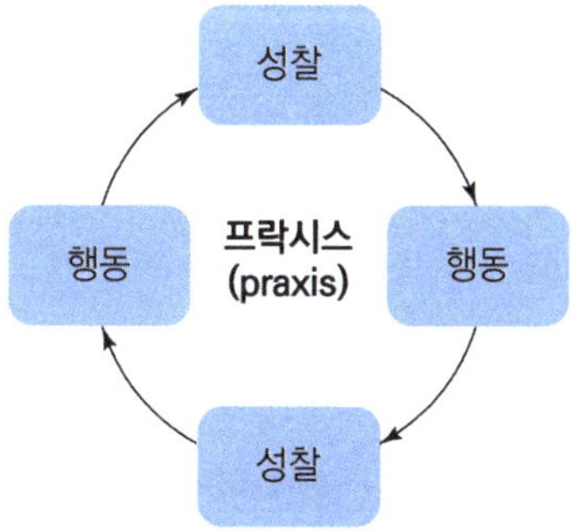


| 그림 6-3 | 프락시스의 순환적 실천과정

넷째, 프레이리에게 교육의 본질은 정치적 행동(political action)이라는 것이다. 그에게 있어서 교육은 중용일 수 없다. 교육은 길들임(지배)이거나 해방을 위한 것이다. 교육은 곧 의식화이기에 교육을 통한 세뇌작용이 아니라 인간이 자신의 현실을 알고 그 현실에서 결정됨이 아니라 바꿀 수 있음으로써 인간이 되는 것이다. 그러므로 프레이리는 교육과 비인간화된 기존 질서와의 충돌의 불가피성을 주장한다.

다섯째, 교육의 궁극적 목표는 인간화이다. 인간에 대한 지나친 낙관론, 역사 이해의 이분법적 사고, 방법의 과격성 등이 또 하나의 교육의 근본주의를 창출한다는 비난을 받지만, 자신들이 억압받는 줄도 모르고 동물의식에서 사는 라틴아메리카의 정치환경 속에서의 억압받는 자들을 인간 되게 함으로써 결국 지배 의식 속에서 역시 비인간화된 사람들까지 해방해야 한다는 그의 근본 목표는 간과되어서는 안 된다.

### 3) 급진주의 성인교육 평가

급진주의는 다른 교육 사상과는 달리 성장하는 세대를 위한 교육철학으로는 보편화되지 못했다. 그러나 성인교육을 위해서는 많은 시사점을 제시한다.

프레이리는 성인교육을 실행하면서 발전시킨 철학이기에 그의 교육철학은 성인교육 철학으로 시작되었다. 그의 성인교육 철학과 방법은 억압받는 자들의 문자교육과 정치의식 함양에 직접 적용되었다. 그러나 프레이리의 교육철학이 역사적 특수 상황에서 나온 것이기에 다른 제1세계나 제2세계에 적용이 어렵다고 할 수는 없다.

또한 일리치의 교육론은 다음과 같은 세 가지 목적을 가지고 좋은 교육체제를 가져야 한다(Ilich, 1970).

첫째, 누구든지 배우기를 원하는 사람에게 나이를 불문하고 타당한 자료가 제공되어야 한다.

둘째, 앎을 나누고자 하는 사람들에게 기회를 제공하고 나눔의 능력을 함양시킨다.

셋째, 공공의 복리(정의, 평화)를 위한 문제를 제기하고자 하는 사람들에게 토론의 장을 마련해 준다.

그래서 일리치는 제도화된 학교 대신 네 가지 학습망을 대안으로 교육목적에 따른 적합한 학습 자료와 정보를 제공하는 자료 센터, 필요한 기술을 서로 교환하여 배우는 기술교환, 공동 관심사에 동료 학습자를 모으는 일, 학습자를 조작하는 방법에 있어서 독립된 전문교육자들이 학습망을 안내하고 방향을 제시해 주는 것이다.

올리거는 성인교육의 제도화를 비판하면서 성인교육 실행을 위하여 세 가지의 유형을 제안한다. 제도 안에서 행하되 그 제도가 교육자를 관료적으로 조종하지 않을 것, 개인이나 집단이 제도 밖에서 억압적 상황을 자각하도록 하는 대화, 개인이나 소집단 또는 새 공동체가 삶과 학습을 함께하는 유형이다(Ohliger, 1974; Elias & Merriam, 1980 재인용).

급진주의 성인교육이 실제에 큰 영향을 주지 못했지만, 교육철학에 대해 고찰은 몇 가지 영향을 주고 있다(Elias & Merriam, 1980).

첫째, 급진주의 사상은 만족스러운 교정수단이 될 수 있고, 더 비판적이고 반성적이 되어 강력한 사회적 비판을 가하고 미래의 가능성과 대안을 제시했다.

둘째, 인간의 자유를 말살하고 존엄성을 억압하는 문화와 사회구조의 변화를 선호하였다. 그래서 교육이 사회질서의 창조물이라기보다는 사회질서를 창조해 가도록 지속적인 비판을 하는 것이 교육의 주요 목적과 과정임을 주장하였다(유평수, 2002).

## 03 분석철학과 성인교육

Adult Learning and Counseling

### 1) 분석철학의 역사적 배경

영어권 나라에서는 20세기의 분석철학(analytic philosophy)의 연구가 지배적이었다. 이 철학은 전통적 철학의 목적과 방법론에 대해서 반기를 들고 전통적 철학사상처럼 체계 수립을 하려 하지 않는다. 즉, 분석철학은 형이상학, 인식론, 가치론적 진술에 관심하지 않는다. 오히려 분석철학자들의 공통 관심은 언어의 논리적 비판과 언어의 부정확한 요소를 벗기는 명료화(clarification)이다. 분석철학 운동의 대표자라고 할 수 있는 비트겐슈타인(Ludwig Wittgenstein)은 그의 책 『논리 철학 논고(Tractatus Logico-Philosophicus, 1921)』에서 분석철학의 목적을 다음과 같이 간결하게 서술하고 있다. 철학은 사상들의 논리적 명료화를 목적으로 한다. 철학은 학설들의 집체가 아니라 오히려 활동이다. 철학이라는 일은 본질적으로 설명으로 구성된다. 철학은 '철학적 명제'로 끝나는 것이 아니라 '명제의 명료화'로 끝맺는다. 철학이 없이는 사상들이 불명한 채로 남는다. 그러므로 철학의 과제는 사상들을 분명하게 하고 사상들의 정하는 일이다(Wittgenstein, 1921).

플라톤의 철학은 덕, 정의, 좋은(선한) 사람 등의 개념을 분석하고 있으며, 아리스토텔레스는 진, 선, 미, 행복, 중용 등의 개념을 분석했다. 그리고 중세 스콜라 철학자들인 토마스 아퀴나스(Thomas Aquinas), 던스 스코튜스(Duns Scotus), 피터 아베라드(Peter Abelard), 오컴의 윌리엄(William of Ockham) 등도 철학적・종교적 견해들을 제시하는데 분석과 논증을 사용했다(Elias & Merriam, 1980). 그러나 나이트(George Knight)는 모든 철학에 분석적 기능은 있으나 20세기 이전의 분석 모형과 20세기 분석 모형의 근본적 차이점은 수단과 목적의 차이라고 말함으로써 구분한다. 즉, 20세 이전은 철학자들에게 있어서의 분석은 그들의 철학적 명제(세계, 하나님, 사실, 인간)들의 의미를 이해시키기 위한 도구로 사용되어 졌고 20세기 분석철학자들은 언어의 정확한 사용이 목적이기 때문에 언어분석에 관심을 두고 있다(Knight, 1980).

## 2) 분석철학의 특징과 과제

분석철학의 과제는 지식이란 무엇인가?, 덕이란 무엇인가? 등의 소크라테스 질문과 같은 방식을 사용해서 일상적이고 과학적인 언어의 의미와 논리를 밝히는 것이다. 또한 과학이 객관적 세계에 존재하는 실체에 관한 일차적 탐구라고 한다면, 철학은 그것의 언어를 다루는 이차적 탐구이다. 그래서 분석적 교육철학은 개념의 의미를 밝힘으로써 교육현상에 대한 참다운 이해를 도우려 한다. 그리고 교육에 대한 구체적 실천원리를 제시하는 것이 아니라 실천원리들의 타당성 검증을 위한 비판적 안목을 갖게 하는 특징을 갖는다.

분석철학의 입장에서 본 지적・도덕적 교육의 이상은 다음과 같다(곽내영, 2007).

첫째, 사고의 명확성이다. 용어의 의의 있는 사용과 조리와 부조리를 분별하여, 대답할 수 없는 문제에 대한 불필요한 혼미를 제거하는 능력이다.

둘째, 추리의 일관성과 결정성이다. 자가당착의 배제, 전제와 연역적 논증 결과 사이의 분석적으로 필연적인 내의(內意)이다.

셋째, 지식의 사실적 타당성과 확실성이다. 진리란 진술과 사실의 합치를 뜻하는 것인데, 진술과 사실의 완전한 대질이 불가능할 경우 귀납적 · 개연적 원리를 수락할 수밖에 없다. 즉, 증거가 불충분할 경우에는 그 이상의 증거가 나타날 때까지 확신을 보류할 수밖에 없다.

넷째, 지식의 객관성이다. 개인적 · 문화적 편견의 배제와 충분한 지성과 필요한 요구에 의한 실증이다.

다섯째, 의도적 행위의 합리성이다. 수단을 적절히 선택하여 목적하는 바를 성취하는 행동이다.

여섯째, 정의 · 공의 · 공평무사의 원칙을 지킬 것과 이해관계를 조정하는 데 있어서 강요와 폭력을 배제할 것이다.

### 3) 분석철학의 의의와 한계

#### (1) 의의

언어와 교육은 불가분의 관계에 있으므로, 언어를 명료화함으로써 교육을 명료화하였다고 할 수 있다. 따라서 교육학을 학문적으로 체계화 · 전문화하는 데 기여하였다. 즉, 교육학의 연구대상, 즉 교육학의 성격을 밝히는 데 도움이 되었다. 또한 교육학의 용어 · 개념 · 원리 · 이론 등을 논증하고 명확히 하는 데 공헌하였다. 이는 교육 용어나 개념의 명료화 함으로 현명한 교육적 판단을 가능하게 한다. 그리고 교육 · 학교교육 · 교수 · 학습 · 지식 · 지성 · 평등 등과 같은 개념들의 명료화에도 크게 도움이 되어 분석적 방법이라는 새로운 차원의 학문적 방법론을 제공해 주었다. 이처럼 분석철학은 교사들에게 생각과 말의 중요성을 각성시켰다.

### (2) 한계점

분석철학의 한계점은 다음과 같다.

첫째, 순수한 분석철학적 방법은 가치를 추구하는 인간 활동으로서의 교육에 있어서 판단의 기준과 활동의 방향을 적극적으로 제시하지 못하는 약점이 있다.

둘째, 바람직한 세계관·윤리관의 확립에 별 도움을 주지 못한다.

셋째, 체험적·가치 판단적·사회 역사적 요소를 배제한다.

넷째, 정의적 차원의 실재와 그 의의를 긍정적으로 수용하지 못한다.

다섯째, 교육의 종합적 기능이 결여되어 있다.

위에서 지적한 한계점은 분석철학의 '분석' 개념에 대한 이해의 부족에서 비롯된 것으로 보이며 '분석철학의 한계'라기보다는 '잘못 이해된 분석철학의 한계'라고 보는 것이 좋을 듯하다(곽내영, 2007).

## 4) 분석철학의 성인교육

분석철학적 성인교육은 성인교육철학 영역에서 가장 최근에 시도된 접근방법이다. 그 역사적 기원은 논리실증주의나 과학적 실증주의 그리고 영국의 분석철학에서 찾을 수 있다. 분석철학적 접근방법은 성인교육 분야에서 사용되고 있는 개념이나 주장, 정책 또는 설명 등을 명확히 해야 할 필요성을 강조한다. 이러한 전통을 따르는 교육철학자들로는 쉐플러(Israel Scheffler), 피터스(R. S. Peters), 그린(Thomas Green) 등이 있다. 로우슨(Lawson)과 패터슨(Paterson)은 둘 다

영국의 성인교육철학자들로 분석철학적 입장에서 성인교육철학에 접근해 간 선구자들이다. 이러한 분석철학적 접근방법의 실제적인 적용사례는 어떤 특수한 교육 실천이나 프로그램에서 발견되기보다는 성인교육의 건전한 철학적 기조를 확립하려는 시도 그 자체 속에 내재되어 있다.

제 7 장

# 성인학습이론

01 안드라고지
02 자기주도학습이론
03 전환학습이론
04 의식화이론
05 경험학습이론

전통적 학습방법론은 주로 교사 주도적 학습이지만 성인학습방법론은 학습자 주도적 학습을 보인다. 성인은 인본주의 이론 입장에서 인생의 목표를 설정하고 스스로 학습하고자 하는 것을 이루는 자유와 책임이 있다. 구성주의 이론 또한 학습자가 스스로 자신의 경험으로부터 지식과 의미를 구성하는 것을 학습으로 보면서 성인의 주도성과 경험의 가치를 강조하는 성인학습방법론에 영향을 미쳤다(최윤정, 2018). 성인학습방법론은 실제로 연령, 공부양식, 인종적 · 경제적 · 교육적 배경 등에서 다양한 학습자가 많이 증가함에 따라 등장한 이론이다(Fry et al., 2006). 성인학습방법론 중에 가장 널리 알려진 것은 노울즈의 안드라고지이다. 이 교재에서는 안드라고지를 비롯하여, 자기주도학습이론, 전환학습이론, 의식화이론, 경험학습이론 등에 대해 살펴보고자 한다.



## 01 안드라고지

### 1) 안드라고지의 개념

교육에서 교사가 무엇을, 어떻게 가르칠 것인가가 아니라 이제는 학습자가 무엇을, 어떻게 배우기를 원하는가로 바뀌게 되었다. 교수의 개념이 학습자의 학습 능률 극대화를 위한 노력으로 해석된다는 것이다. 즉, 학습자 이해는 학습 능률의 극대화에 중요한 요소이다. 매켄지(McKenzie, 1982)는 성인학습자가 교육의 장에서 그들을 대우하는 참여학습 이론을 적용하여 종래의 의존자로서의 학습자 개념을 쇄신하도록 돕는 노력이 시급히 요구된다고 하였다. 학습의 장에서 신경질적 불안을 안고 있는 성인들의 학습을 위하여 무엇보다도 필요한 요소는 위협당하지 않는 학습의 상황이다. 인간주의 교육철학의 입장에서 성인학습방법론을 전개한 노울즈의 안드라고지의 이론적 근거를 살펴보고자 한다.

안드라고지는 아동을 대상으로 하는 페다고지(pedagogy)와는 대조적으로 그리스어의 '성인(andros)'이라는 말과 '지도하는(agogus)'이라는 말의 합성어이다. 안드라고지의 좁은 의미는 '성인들의 학습 활동을 돕는 예술과 과학을 의미하는 것(art and science of helping adults to learn)'으로 정의되고 있다. 그러므로 페다고지(pedagogy)가 아동 및 청소년을 대상으로 하는 학교에 있어서 교수-학습과정에 중점을 두었다면 안드라고지는 성인학습자들의 주된 대상으로 하는 성인학습에 중점을 둔 것이라고 할 수 있다. 광의의 의미로는 '성인교육의 정책, 제도 및 실시과정 전체를 체계적으로 연구하는 학문'을 의미한다. 이는 성인교육이론의 연구 또는 성인학습의 과학과 동의어로 취급되기도 한다(권두승 외, 2016).

이와 관련하여 한준상(1999)은 협의적 입장에서 성인의 자아실현이나 사회정의 실천 지향적인 사회운동을 위한 성인학습론 혹은 성인의 자기주도학습과 같은 활동으로 정의하고, 광의의 입장에서는 인간의 교육과학 혹은 성인이라는 말이 지나치게 드러나지 않은 상태에서 학습의 과학으로서 하나의 독립된 학습론으로 인정해 보려는 입장으로 정의하고 있다(한준상, 1999).

하지만 페다고지와 안드라고지의 접근과 비교·검토하여 볼 때 안드라고지라는 용어사용을 거부하는 사람 중에는 성인을 대상으로 하는 교육과 아동을 대상으로 하는 교육이 근본적으로 차이가 없다는 견해를 지닌 사람들도 있다. 그리고 교육과정에서의 일관성을 강조하는 사람들은 안드라고지라는 특별한 영역을 거부한다. 그러나 성인이 지닌 학습자로서 고유한 특질을 중요시하는 사람들은 이 용어사용을 지지한다. 근래에 안드라고지는 성인학습자를 돕는 과정의 하나인 일련의 가정과 방법이라는 제한된 의미로 사용되고 있다(Darkenwald & Merriam, 1987).

노울즈는 안드라고지를 페다고지와 반대되는 개념의 연결 선상에 있다고 보고, 1970년에 출판한 그의 저서 『성인의 실제: 안드라고지와 페다고지(The Modern Practice of Adult Education: Andragogy versus Pedagogy)』라는 부제목을 붙였다. 이는 안드라고지는 페다고지의 반대되는 개념이 아니라 대체 개념이라고 봐야 할 것이다(가영희 외, 2017). 이 저서를 통해 노울즈는 성인교육 분야에 대한 결실을 맺었으며 이후 저서는 성인교육분야에 영향력 있는 존재가 되었다. 저서는 성인교육가를 위한 완전한 실용적인 가이드북을 지향하고 있었으며, 성인교육가에 의해 다루어져야 한다고 생각하는 모든 내용을 포괄하고 있다(Jarvis et al., 2018).

## 2) 안드라고지의 배경

안드라고지의 칭시자로 널리 알려진 말콤 노울즈(M. Knowles)는 이론과 실천적 업적을 많이 남겼지만 사실 노울즈가 주창하기 전부터 성인교육현장에서 존재해 왔다. 노울즈는 안드라고지를 고대의 성현들, 예를 들면 고대 중국의 노자(老子), 히브리어 예언자들과 예수(Jesus Christ, BC4?~AD30), 소크라테스(Socrates, BC470~399), 플라톤(Plato, BC427~347), 아리스토텔레스(Aristoteles, BC384~BC322), 로마의 철인(哲人)들인 퀸틸리아누스(Marcus Fabricius Quintilianus, AD35~96년), 키케로(Marcus Tullius Cicero, B.C.106~43) 등이 사용한 성인학습 과정의 르네상스라고 설명한다(김재은, 1992). 고대 성현들은 학습을 학습자가 능동적인 역할을 하는 질의의 과정이라 보았다. 그리고 교사의 기본 역할은 학습자의 질의를 안내하고 촉진하는 것이다(이효주, 2002). 그리하여 공자와 노자는 사례 방법(정종, 1980)을 썼고 소크라테스는 질의의 과정인 대화에 학습자가 활발히 참여하게 하여 비판력을 함양시켰다(Plato, 1941).

안드라고지라는 용어는 플라톤(Plato)의 교육이론을 기술하기 위해 1833년 독일 성인교육자인 알렉산더 카프(A. Kapp)에 의해 만들어졌으나 당시의 여러 사회적 배경 등으로 인하여 제대로 정착되지 못하였다. 그러다가 1927년 린드만(Lindeman) 등에 의해 다시 나타나게 되었다. 1960년대가 되어 성인교육의 연구가 본격화되면서 발달심리학, 발전단계론, 재교육에 관한 심리요법, 성인학습론의 연구를 통하여 성인은 스스로 배울(learning) 수 있어야 하며 가르칠(teaching) 수 있는 것이 아님을 알았다(이효주, 2002). 유럽의 성인교육자는 유기체의 성장이론에 따라 성인학습은 종전의 어린이 교육의 이론과는 달라야 한다는 근거로 성인학습의 필요성을 자각하였고 그들은 안드라고지라는 말을 사용하게 되었다. 그리고 1962년 유고슬라비아 벨그라드대학에서 어린이 교사와 분리하여 성인학습 교수단을 효시로 여러 대학에서 이 말을 채택하게 되었다. 1960년대에는 이 언어가 프랑스, 유고슬라비아, 폴란드 등에서 광범위하게 사용되었다(Savicevic, 1999).

노울즈는 많은 사람이 페다고지가 교육의 대명사로 색인되어 있다고 지적한다. 페다고지의 문제는 그것이 '지식의 전수'라고 하는 진부한 교육목표에 근거하여 있다. 노울즈는 안드라고지가 성인의 학습을 돕는 것만 아니라 전 인간 학습을 돕는 것이라고 주장한다(김재은, 1992).

노울즈는 1935년 대학을 졸업한 뒤 미국 외국인지원국(United States Foreign Service)에 입사하려고 했지만 공석이 없는 관계로 매사추세츠 주에 위치한 국가청소년위원회(National Youth Administration)에 임시직으로 취업하였다. 하지만 노울즈는 미국 외국인지원국에서 일하기를 희망하였지만 들어가려는 상황이 어렵게 되어, 1940년 보스턴에 있는 YMCA의 성인교육 국장으로 일하게 되었다. 그리고 군 복무 후 시카고에 있는 중앙YMCA의 성인교육 국장으로 임명되었고 그 시기에 대학원도 등록하여 성인교육을 전공하게 되었다. 1951년 노울즈는 미국성인계속교육협회(Adult Education Association of the United States of American; AEA)의 이사가 되었으며 1959년까지 재직하였다(Jarvis et al., 2018). 그는 협회를 나온 후 1962년 『미국의 성인교육운동(The Adult Education Movement in the United States)』

이라는 책을 발간하기도 하였다. 이 책은 노울즈가 미국성인교육협회(AEA)의 자료와 기존에 출판된 자료를 광범위하게 분석하고 설문조사를 기반으로 폭넓은 관점에서 수집된 자료들이다(Knowles, 1977). 또한 노울즈는 이 책에서 성인교육이 독립된 연구영역이라고 주장하면서 확장적이고 융통성이 있으며, 다차원적 사회체제 형성에 기여하고, 제도적이며, 고유한 학문영역이고, 지역적 특성을 반영하며, 특정 대상(지도자와 학습수요자 모두)을 지향하고, 사회체제와 고도로 상호작용하며, 성인에만 적용될 수 있는 교육과정과 방법론을 개발하고 학문과 실천의 통합을 지향해야 한다고 제언했다(Knowles, 1977).

어떤 면에서 성인교육은 여전히 사회에서 지배적인 제도화된 것들에 비해 피상적이다. 하지만 성인교육 제공에 대한 그의 의견은 자유시장 요구 모델(free-market needs model)로 묘사되기도 한다(Jarvis, 1985). 그가 말한 교육요구란 '원하는 것(want)'과 '기대(expectation)' 또는 '수요(demand)'와 성과(performance)' 사이의 차이라고 논하고 있다. 즉, 사람들의 선(good)과 조직의 선, 사회의 선을 위해 학습해야 하는 것을 말한다. 그러나 선(good)의 개념은 명백한 것은 아니다(Jarvis et al., 2018). 안드라고지가 본격적으로 거론되기 시작한 배경을 살펴보면 다음과 같다(권두승 외, 2016).

첫째, 사회변화가 가속화되어감에 따라 기존의 교육개념으로는 성인의 다양한 학습요구를 충족시킬 수 없다는 인식에서 안드라고지가 대두되었다고 볼 수 있다. 현대사회에서 점차 가속화되고 있는 변화의 신속성, 다양성, 복잡성 등으로 인하여 성인들은 사회변화에 적절하게 대응하기 위해서뿐만 아니라 생존 그 자체를 위해서 지속적인 학습이 필요하게 되었다. 화이트헤드(Whitehead)는 '오늘날 이러한 사회문화의 변화 주기는 인간의 삶의 생애주기보다 상당히 짧고 따라서 우리는 개인이 새로운 환경에 직면하도록 준비시킬 수 있는 훈련을 해야만 한다'라고 강조한 바 있다(Whitehead, 1931). 20세기 초반까지는 주요 문화적 변화(예를 들면, 새로운 지식의 유입, 기술의 혁신, 직장에서의 전직, 인구이동, 정치·경제적 변화 등)의 주기가 몇 세대를 지나야만 했지만, 20세기에는 몇몇 문화혁명이 이미 일어났고 그 속도는 점점 가속화되고 있다. 그가 20대 때에 가지고 있던 생산적인 기술은 그가 30대가 되면 구식이 되어 버린다. 그러므로 알려진 것을 전수하는 과정으로써 교육을 정의하는 것은 더 이상 실용적인 것이 아니다(안효찬, 2012). 교육은 이제 알려지지 않은 것을 발견해 가는 평생에 걸친 과정으로 정의되어야 한다(Knowles, 1996). 그러므로 성인학습을 촉진하기 위해서는 전통적인 아동을 대상으로 하는 교육에서 사용하였던 방법과는 다른 전략과 방법을 구사하여야 할 필요가 있다. 이 점에서 성인교육에 있어서의 안드라고지적 접근이 필요하다.

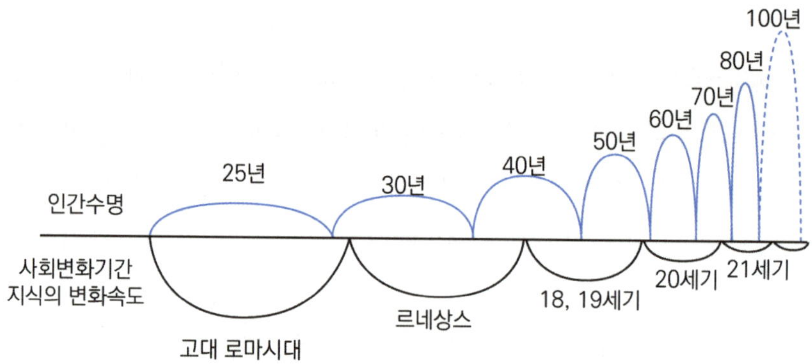


| 그림 7-1 | **사회변화의 시간 간격과 인간 생애주기의 관계**

둘째, 안드라고지는 1960년대와 1970년대 초에 전 세계적으로 나타났던 추세는 낭만주의적이고 인본주의적인 경향에 영향을 받아서 형성되었다(Jarvis, 1985). 성인교육의 사회학자로 종종 불리고 있는 자비스(Jarvis)는 기존의 전통적이고 페다고지적인 교육을 '위로부터의 교육'이라고 칭하고 안드라고지와 같이 개인이 마음껏 자신의 잠재력을 성취할 수 있도록 북돋워 주는 교육을 강조하는 개념으로서 '동등한 교육'이라고 말한 바 있다(Jarvis, 1985). 그리하여 그는 기

존의 페다고지적 교육모형이 고전주의적인 데 비하여 안드라고지적 모형은 낭만주의적 경향을 띠고 있다고 보고 있다. 그리하여 1960년대에 낭만주의 교육이론이 성행하였던 것과 때를 같이하여 안드라고지도 1960년대 이후 성공을 거둘 수 있었다고 파악하고 있다.

셋째, 학문으로서나 실천의 영역으로서 성인교육이 사회에서 더 활성화되어 감에 따라 성인교육을 타교육영역과 구분하고 이와 관련된 일들에 대한 성인교육의 전문직화(professionalization)의 과정으로부터 안드라고지가 대두되었다는 것이다. 흔히 하나의 전문직(profession)은 다른 직업과 여러 면에서 구분되는 속성을 지니고 있다. 이를테면, 전문직은 그들의 직무수행상에 필요한 자질이라든가 특정한 지식이나 기술들을 일정 수준 이상으로 소유하고 있는 자들을 중심으로 내적으로 조직화되어 있으며, 이는 곧 타전문직이라든가 다른 직업으로부터 자신들을 보호하는 체계를 지니고 있는 특성이 보인다(안효찬, 2012). 또한 전문직의 활동은 근본적으로 지적이며, 책임(혹은 고도의 윤리성)을 수반하고 있으며, 단순한 일상적이지 않은 지식에 근본을 두고 학습되는 까닭에 장기간의 교육이 필요하다는 점 등을 지적할 수 있다. 따라서 하나의 직업이 전문직화되기 위해서는 그 분야에 관한 과학적인 지식의 체계나 그러한 연구결과들을 토대로 사회에 봉사할 수 있는 윤리적 지침이 있어야 할 필요가 있다. 하나의 직업이 전문직화되기 위해서는 기본적으로 그 사회 내에서 정치적, 문화적, 사회적, 경제적 맥락에서 그와 같은 직업이 전문직으로 인정받을 수 있는 체제를 확보해야 할 필요가 있다. 그러므로 앤드라고지는 성인교육의 이론가나 실천가들로부터 그들의 직무가 기존의 교육활동과 구분되는 특성을 지니고 있다는 것을 강조하기 위해서 어떤 형태의 지식체계가 필요하였고, 이에 대해 안드라고지가 이들의 요구에 적절한 형태로 기여하였기 때문에 안드라고지가 성인의 학습활동을 돕는 과학으로서의 의미로 받아들여지게 되었다는 것이다.

넷째, 안드라고지가 대두된 배경에는 2차 세계대전 이후부터 급속하게 전개된 산업화 · 공업화 · 도시화의 물결 속에서 성인교육의 필요성이 부각됨에 따라 실천의 영역으로서 성인교육이 활성화된 것이며, 이에 따라 성인교육에 있어서 그를 체계적으로 뒷받침할 수 있는 이론을 형성하는 것이 필요하게 되었다는 점을 지적할 수 있다.

이러한 문제를 해결하기 위하여 교육이론에 인간교육의 전 단계를 포함시키는 것을 전제로 하여 종래의 교육이론을 아동중심의 교육이론, 즉 페다고지로 한정시키고, 아동중심의 교육이론과는 구분되는 성인들에 대한 독자적인 기술과 과학을 개발할 필요성이 대두되었던 것이다.

### 3) 안드라고지와 페다고지 비교

페다고지와 안드라고지의 원리상 차이는 기본적으로 교육대상이다. 즉, 아동학습자와 성인학습자의 특징으로 구분할 수 있다. 아동과 성인학습자 간에 차이는 생물학적 연령, 사회문화적 생활단계(life stage) 그리고 심리학적 발달단계의 차이가 있을 뿐 아니라 이들 양자 간에 환경의 상황도 차이가 있다. 제반 특성의 차이점은 이들이 대응하는 데 학습지도 원리의 전제조건이 될 수 있다. 이처럼 페다고지와 안드라고지는 대립적으로 보일 수 있지만 실제로는 인간 교육의 전체적인 관점 내지 평생교육적 관점에서 보면 이 두 학습이론은 연속 선상의 상호보완적 관계이다. 예를 들면, 아동 및 청소년 학습자도 학교 이외의 학습에서는 자기주도적일 수 있는데, 이와 같은 상황에서는 안드라고지가 유용하다. 학교학습 상황에서도 아동의 경험을 학습자원으로 활용하기도 하고, 주체적으로 학습을 계획하고 실시하는 데 필요한 장면을 구성하는 것이 적절할 수 있다. 안드라고지는 전통적인 페다고지에서 전제하는 아동학습자에 관한 가정과 다른 성인학습자의 특성을 가지고 있다. 노울즈는 그의 저서에서 안드라고지와 페다고지를 다음과 같이 비교하고 있다(Knowles, 1980).

### (1) 페다고지의 기본 전제

첫째, 학습자의 역할은 의존적인 것으로 정의된다. 사회는 학습자가 학습해야 할 내용, 시기, 방법을 교사가 전적으로 책임지고 결정할 것을 기대한다.

둘째, 학습현장에서 학습자의 경험들은 거의 이용가치가 없다. 그것은 출발점의 역할을 할 수도 있다. 학습자가 가장 많이 얻게 되는 경험의 원천은 교사, 교재의 저자, 시청각자료 제작자, 여타 전문가이다. 교육방법은 강의, 읽기 과제의 부과, 미리 준비된 시청각자료의 제시와 같은 전달식 방법에 의존한다.

셋째, 사람들은 사회(특히 학교)가 학습해야 한다고 요구하는 어떤 것이든 강요를 받으면 학습하게 되어 있다. 같은 연령이면 대부분의 경우 동일한 내용을 학습할 수 있다. 그러므로 같은 연령의 학습자들이 단계적으로 학습해 나갈 수 있도록 교육과정이 표준화되어야 한다.

넷째, 학습자가 교과 내용을 습득하는 과정을 교육이라고 할 때 학습자가 습득한 지식의 대부분은 장래의 생활을 대비한 것이다. 따라서 교육과정은 과목(고대에서 현대까지의 역사, 단순한 곳에서 복잡한 수학이나 과학)의 논리를 따르는 교과 내용 단위(코스) 속에 조직화되어야 한다. 사람들은 학습에 대해 과목(주제) 중심의 지향성을 가진다.

### (2) 안드라고지의 기본 전제

안드라고지와 페다고지의 가장 중요한 차이는 학습자 특성에 대한 가정, 즉 학습자를 어떤 존재로 볼 것인가이다. 처음에는 네 가지 원리를 제시하였다가(Knowles, 1980), 1984년에 학습동기를, 1989년에는 알고자 하는 욕구를 추가하였다(Knowles, 1984, 1989, 1990). 따라서 오늘날에는 학습자의 자아개념(자기주도적), 경험의 역할(삶의 경험 영향), 학습준비도(사회적 역할수행), 학습지향(문제 중심적 지향성), 학습동기(내적 동기), 알고자 하는 욕구 등 여섯 가지 핵심적 안드라고지 원리가 존재한다(Knowles, Holton & Swanson, 1998).

첫째, 인간이 처음에는 의존적이었다가 점차 자기주도적으로 변해가는 것이 성숙의 일반적인 과정이다(학습자의 자아개념: 자기주도적). 즉, 노울즈는 인간의 자아 개념을 자기주도적 성향을 지니는 것으로 간주한다. 성인은 자신에 대해 스스로 의사결정을 할 수 있고 그 결과를 직시할 수 있으며 자신의 인생을 스스로 다룰 수 있다고 여긴다. 인간이 심리적으로 성인이 되는 시기는 자신을 자기주도적으로 보는 시점이다. 그리고 그 시점에서 그는 사람에게도 자기주도적으로 지각되기를 원하는 요구를 경험하게 된다(권두승 외, 2016). 그러나 사람마다 그 속도와 시기는 다르다. 교육자는 이러한 변화를 자극시키고 지도할 책임이 있다. 성인들은 특정 상황에서 의존적일 수도 있지만 일반적으로 자기주도적이고자 하는 강한 심리적 욕구를 가지고 있다(Knowles, 1980). 성인학습자는 학습에 대한 욕구가 생길 때 교사를 바라보는 것이 아니라 그 요구의 상황에 돌입하여 스스로 해결을 추구하고 문제화하며 자기의 방향을 찾아 나간다. 따라서 성인은 자율적인 개인으로서 자아개념이 인정되지 않은 상황에서의 거부하거나 저항하는 경향이 있다(권두승, 2000). 결국 안드라고지에 있어서 교사의 역할은 학습자의 자율성을 증가시키고 자극하는 것이 되어야 한다.

둘째, 인간은 성장함에 따라서 자신뿐 아니라 타인을 위한 학습자원으로 활용될 수 있는 경험을 축적한다(경험의 역할: 삶의 경험 영향). 더구나 피동적으로 얻는 것보다는 경험을 통해서 얻는 지식 및 기술에 더 큰 의미를 부여한다. 이와 같은 경험을 비롯하여 아동보다 많은 경험을 했고 질적으로 다른 경험의 배경을 가지고 있다. 성인은 자신들의 경험에서 자신이 누구인가를 규정하게 된다(강선보 외, 2006; 남윤석, 1988). 그러나 성인들은 나름대로 자신의 삶에서 배우고 깨달은 바를 적용하여 성공하였던 경험이 있어 자신들의 지식과 경험들 때문에 오히려 독선적이고 폐쇄적으로 되어 열린 마음으로 다른 것을 배워야 할 필요성을 느끼지 못할 수도 있다. 즉, 경험의 양이 반드시 경험의 질을 의미하는 것은 아닐 수 있다. 성인학습자의 경험이 이들의 학습에 긍정적인 역할을 할 수 있지만, 오히려 삶에서 경험한 부정적 사건의 경우는 학습을 방해하는 장벽의 역할(Merriam, Mott, & Lee, 1996)을 할 수 있다. 성인에게는 그의 경험이 곧 자신이다. 그는 자신이 누구인가를 자신만의 독특한 경험 축적 측면에서 정의한다. 그만큼 경험이 풍부하면 그가 행했던 것으로 의미가 부여된다. 성인들은 그의 경험에 의해서 자신을 규정하기 때문에 그는 이러한 가치에 투자한다. 그리고 그가 경험했던 것들이 사용되지 않거나 그것의 가치가 감소된 상황에서는 거부된 것이 그의 경험이 아니라 자신이라는 느낌을 가진다. 아동과 성인의 경험에 대한 이러한 차이는 학습에 대해서 최소한 다음과 같은 세 가지의 결과를 초래하게 된다(Knowles, 1996).

① 성인은 다른 사람의 학습에 공헌한다. 대부분의 학습에 있어서 그들은 스스로가 중요하고도 풍부한 자원이 된다.

② 성인은 새로운 경험과 이전의 경험을 관련지을 수 있는 충분한 기반을 가지고 있다. 그리고 새로운 학습은 우리의 과거의 경험과 관련지을 때 의미를 가지는 경향이 있다.

③ 성인은 많은 고정된 습관과 사고방식을 가지고 있고 그렇기 때문에 덜 개방적인 경향이 있다.

따라서 성인의 학습에 있어서 경험은 매우 필수불가결한 요소이며, 교수자로부터 전달되는 학습 내용의 전달보다는 경험으로부터 배우는 것이 곧 자기실현의 열쇠라고 여긴다(Knowles, 1980). 이처럼 성인학습자를 위한 교육방법은 주입식이나 교과 중심의 피동적인 방법보다는 상호 경험을 나눌 수 있는 토의, 사례연구, 팀 문제해결, 시뮬레이션 연습(모의실험), 현장학습 등에 의한 방법이 활용된다(남윤석, 1988; Knowles, 1980).

셋째, 사람들은 실제 생활과 관련된 문제에 잘 대처해 나가기 위해 학습의 필요성을 느끼게 될 때 기꺼이 학습한다(학습준비도: 사회적 역할 수행). 그리고 교육자는 '알기 위한 요구'를 발견하도록 여건을 조성해주며 학습자를 지원하기 위한 도구와 절차를 제공할 책임이 있다. 학습프로그램은 실제 생활의 적용을 중심으로 조직되어야 하고 학습자의 학습준비도에 따라 계열화되어야 한다(Knowles, 1980).

인간은 여러 발달단계를 거쳐 성장하고 성숙해 간다. 한 발달단계에서 다음 단계로 넘어가기 위해서 개인이 알 필요가 있는 것을 학습할 때 가장 잘 배운다는 것은 우리 문화에서 널리 수용되고 있는 사실이다. 이것은 발달심리학자들이 발달과업이라고 부르는 것이다. 발달과업은 일생의 특정 시기에 나타나는 과업으로 그것을 성공적으로 완수하면 다음 과업을 성공적으로 이끌 수 있고 개인을 행복하게 한다. 그러나 실패하면 개인을 불행하게 하고 사회에서 거부당하게 되며 나중의 과업을 수행하는 데도 장애가 된다(Havighurst, 1972). 각각의 발달과업은 그 단계에 맞는 학습준비도가 필요하다. 아동이나 청소년의 발달과업은 주로 생리적이고 정신적인 성숙의 산물이지만 성인의 발달과업은 사회적 역할을 수행하는 데 필요한 것이다. 즉, 성인은 생물학적·학업적 발달을 위해서가 아니라 직업인, 배우자, 부모의 일원으로서의 역할에 따른 필요 때문에 배우게 된다는 것이다. 그러므로 학습경험의 타이밍은 발달과제와 관련되어 중요한데, 성인은 삶의 과제에 따라 달라지는 것이다(장용성, 1991). 따라서 성인은 주어진 삶의 과제를 해결하기 위해 필요한 것을 배우고자 하고 이런 이유로 성인학습자의 발달과업과 동시성을 띤 학습경험이 중요하다(조성연 외, 2017).

하비거스트(Robert, J. Havighurst)는 성인을 연령층 별로 성인 초기(청년), 중년, 성숙된 노년기로 삼등분하고 그 성인기를 열 가지 사회적 역할로 구분한다. 즉, 직업인, 남편, 주부, 부모, 노부모의 자녀, 시민, 친구, 단체의 회원, 종교인, 여가 사용자이다(Knowles, 1980). 하비거스트에 의하면 성인은 연령층에 따라 사회적 역할이 달라지고 그에 따른 발달적 과제도 바뀌고 학습에 대한 준비도 변한다는 것이다. 즉, 성인의 학습에의 준비는 생의 과제에 따름을 시사한다. 예를 들면 직업인의 역할을 할 시기의 사람에게 주어지는 발달적 과제는 일자리를 구하는 것이다. 이 점에서 볼 때 그는 직업을 얻기 위하여 필요하다면 무엇이라도 배울 준비가 되어있다. 그러나 그에게 있어서 감독관이나 지휘관이 되기 위한 공부는 아직 이른 것이다. 일단 직업을 구하고 나면 그 일에 능숙해짐이(해직을 당하지 않으려면) 급선무일 것이고, 동료 간에 관계를 잘 맺어야 할 것이다. 일단 자리가 잡히고 나면 그에게 주어지는 발달적 과제는 승진이다. 그때는 승진에 필요한 지식과 기술을 배울 준비가 된 것이다(김재은, 1992). 이렇게 연령에 따라 주어지는 성인의 발전적 과제를 하비거스트는 다음과 같이 제시하였다(Knowles, 1980).

| 표 7-1 | 성인의 발달 과업

| 성인 초기(천년기)<br>(18~30세) | 중년기<br>(30~55세) | 노년기<br>(55세 이상) |
|---|---|---|
| • 배우자 선택<br>• 부부가 되어 사는 법 배우기<br>• 가족의 시작<br>• 자녀 키우기<br>• 가정 경영<br>• 직업 찾기<br>• 시민으로서의 책임<br>• 뜻맞는 사람끼리 친교 집단 만들기 | • 사회적 책임 성취<br>• 경제적 기반 수립<br>• 10대 자녀 양육<br>• 배우자와의 인격적 관계 수립<br>• 중년기 이후에 오는 육체적 변화 현상 용납과 조절<br>• 노부모 봉양 | • 육체적 노쇠현상 조절<br>• 은퇴와 수입감퇴 조절<br>• 배우자와의 사별에 대한 대비<br>• 노년 친구 집단에 소속<br>• 사회와 가정에서의 자문적(상담자로서) 위치<br>• 노년에 맞는 생활환경 조성 |

출처: Knowles, M. (1980). The modern practice of adult education. Chiago: Association Press.

여기서 지적할 사항은 성인의 발달은 어린이와 청소년처럼 연령이 더함에 따라 자연 발생적인 것이 아니라 역할의 변화와 연령에 따라 변화의 위기를 넘어야 한다는 것이고 역할에 따른 과업이나 당면하는 위기가 남성과 여성에 따라 상이함도 인지해야 한다(안요한, 2015).

넷째, 학습자가 자신의 잠재력을 완전히 발휘하기 위해 역량을 개발하는 과정을 교육으로 본다(학습지향: 문제 중심적 지향성). 학습자는 오늘 학습한 지식 및 기술은 내일의 생활에 더 효과적으로 적용하고 싶어 하므로 학습경험은 능력개발 중심으로 조직되어야 한다. 따라서 학습경험은 역량개발 중심으로 조직화되어야 한다. 사람들은 학습에 대해 성과중심의 지향성을 지닌다(Knowles, 1980).

아동에게 있어서 교육은 나중에 필요한 여러 과목들(지식과 기술)을 쌓아놓는 과정이다. 그러므로 아동은 어떤 교육활동이라도 교과중심적(subject-centered)으로 생각하는 경향이 있다. 한편 성인은 그들이 배운 대부분을 즉시 적용한다는 생각을 하고 있다. 교육은 그들이 지금 직면하고 있는 생활문제를 다루는 능력을 향상하는 과정이다. 그러므로 그들은 교육활동이 문제중심(problem-contered)이라고 생각한다(권두승 외, 2016). 그러나 어떤 성인학습자들은 즉각적인 문제의 해결보다는 배움 자체의 즐거움을 위해 학습을 추구하는 경우도 있고, 어린 시절의 모든 학습이 주제 중심적이고 미래의 적용만을 위한 것은 아니라는 점을 성인교육자들은 함께 고려할 필요가 있다(최윤정, 2018).

다섯째, 성인들은 외적 동기요인이 유발되기보다는 높은 직무만족, 자존감, 삶의 질과 같은 내적 동기요인에 의하여 잠재적으로 압박을 받는다(학습동기: 내적 동기). 내적 동기는 외적 목적에 의존하지 않고 내적 강화에 의해서 충족되는 동기를 일컫는다. 외부의 어떤 보상을 얻기 위해서가 아니라 어떤 활동 자체가 재미있고, 신나며, 만족스럽기 때문에 행동하는 것은 내적 동기에 의한 것이라고 할 수 있다. 성인학습자의 자기주도적 학습, 자발적 학습, 계속적 학습이 가능한 것은 그들의 내적 동기 때문이며, 학습에 대한 내적 욕구가 충족되지 않으면 자발적 학습은 멈출 수도 있다. 반면에 외적 동기는 외적 강화 또는 보상에 의해서 충족되는 동기를 일컫는다. 이러한 외적 동기는 처음부터 동기가 없거나 낮은 사람에게 동기를 유발하는 데에 효과가 있다. 외적 동기와 내적 동기는 상호배타적 관계에 있는 것이 아니며, 외적 동기유발을 통해 궁극적으로 학습과제 자체에 대한 관심과 흥미(내적 동기)를 갖게 하는 것이 가능하다고 할 수 있다. 성인은 외적 요인보다는 내적인 요인에 의해 동기화된다는 것은 성인학습자의 자발성과 능동성을 강조하기 위함이지, 성인학습자에게 외적 동기는 불필요하다거나 외적 동기에 의한 학습이 일어나지 않는다는 의미는 아니다(최윤정, 2018). 그래서 교사의 역할은 학습자의 학습을 촉진시키고 학습 욕구와 동기가 지속성을 갖고 수행될 수 있는 조건들을 제공하는 것이다(장용성, 1991). 이는 인간의 자발적인 동기와 학습에 대한 욕구를 강조하여 인본주의적이고 실존적인 성향을 지니고 있다고 볼 수 있는 근거가 된다(조성연 외, 2017).

여섯째, 성인학습자들은 어떤 것을 배우기 시작하기 전에 왜 그것을 배워야 하는지 알고 싶어 한다(알고자 하는 욕구). 만약 학습자들이 학습활동을 시작하기 전에 무엇인가를 배우는 것의 중요성을 깨닫는다면 그들의 동기는 그만큼 강력해질 것이다(Merriam & Bierema, 2014). 터프(Tough, 1979)는 성인학습자들이 어떤 것을 스스로 배우기 시작했을 때는 배움을 통해서 얻게 될 좋은 것들과 배우지 않았을 때 얻게 될 부정적인 것들을 계산하고 상당한 양의 에너지를 투자하는 것을 발견하였다. 즉, 성인학습자들은 그들의 학습이 실질적으로 가지고 오는 득실에 대해 알고자 하는 욕구가 강하다. 따라서 성인학습자의 촉진자는 개개인의 학습 욕구가 무엇인지 아는 것이 중요하다(조성연 외, 2017). 또한 교수자는 성인학습자들의 삶의 질이나 수행효과를 향상하기 위한 학습의 가치를 지적으로 알려줘야 하는 것이다(가영희 외, 2017).

| 표 7-2 | 페다고지와 안드라고지의 기본 전제

| 구분 | 페다고지 | 안드라고지 |
|---|---|---|
| 학습자 개념 | 의존적, 타율적, 수동적 존재 | 자율적, 능동적, 자기주도적 존재 |
| 경험역할 | • 학습자의 경험은 학습의 출발점에 불과하며, 학습자원으로서 그다지 가치가 없음<br>• 학습자원에 포함하는 경험은 교사, 교재 집필자, 시청각 보조물 제작자의 경험임 | 질적으로나 양적으로 훨씬 풍부한 경험을 가지고 교육활동에 참여함 |

| 구분 | 페다고지 | 안드라고지 |
|---|---|---|
| 학습 준비도 | 생물학적 발달단계 및 사회적 압력에 따라 학습 | 새로운 사회적 역할 수행에서 요구되는 발달과업에 따라 학습 |
| 학습 지향성 | 미래를 위한 준비, 교과 중심적 학습 | 즉시적인 활용, 생활·과제·문제 중심적 학습 |
| 학습동기 | 외재적 동기에 의한 학습동기 | 외재적 동기에 반응하기도 하지만 보다 강력한 동기는 내적인 동기(직무 만족, 자아존중감 증진, 삶의 질 향상 등) |
| 알고자 하는 욕구 | 학습자는 교사가 가르치는 것을 학습해야만 한다고 인식함 | • 성인들은 그들이 학습하기 전에 왜 그것을 학습할 필요가 있는지를 알고자 함<br>• 왜, 무엇을, 어떻게에 대한 답을 알고자 함 |

출처: 최윤정(2018). 성인학습 및 상담론. 서울: 학지사.

페다고지와 안드라고지의 구조적인 차이점을 노울즈의 기본 가정으로부터 추출하여 이를 보다 구체화시킨 메이어의 견해에 따라 살펴보면 다음과 같다 (Meyer, 1977).

**| 표 7-3 | 페다고지와 안드라고지의 원리 비교**

| | 페다고지 | 안드라고지 |
|---|---|---|
| 1 | 교수-학습과정의 운영에 있어서 학습자의 관심 및 이해와 관계없이, 그리고 적극적인 참여 없이 강제적인 출석을 전제한다. | 학습은 학습자의 자발적인 참여를 전제로 이루어진다. 학습자는 이를 통해 자기의 의해 혹은 욕구를 충족시킬 수 있을 것으로 기대한다. |
| 2 | 아동의 자기개념은 성인의 지도를 필요로 하는 의존적이고, 미성숙한 존재로 파악된다. | 성인의 자기개념은 자기 지도가 가능한 성숙하고 독립적인 인간 그 자체이다. |
| 3 | 교사는 보다 많은 지식을 지니고 있으며, 그 지식을 학습자들에게 전달하는 것을 주된 임무로 한다. | 학습자는 교사 및 타학습자와 상호적인 관계를 지니고 있다. |

| | 페다고지 | 안드라고지 |
|---|---|---|
| 4 | 아동의 인생 경험은 학습과정에서는 가치가 있는 것으로 여겨지지 않는다. | 성인의 인생 경험은 매우 다양하기 때문에 학습과정에 있어서 풍부한 공헌을 할 수 있을 것이라고 기대되고 있다. |
| 5 | 교사가 축적한 지식 및 경험은 무엇보다 중요하며, 학습에 있어서 제1의 자원이기도 한다. | 학습자들이 축적한 지식과 인생 경험은 교사의 그것과 마찬가지로 학습에 있어서 가치 있는 자원이라고 판단된다. |
| 6 | 교사는 내용(무엇을 학습하는)과 학습과정(언제 학습을 행하는가)을 결정하는 존재이다. | 학습자는 학습내용과 학습과정을 선택할 수 있으며, 학습내용과 학습과정을 개개인의 관심과 요구에 기초하여 결정된다. |
| 7 | 교육은 장래의 준비과정이며, 학습자는 장래 무엇을 행하고 성취할 수 있도록 준비하는 존재이다 | 교육은 현재의 문제해결을 위하는 과정, 즉 학습자의 현재 상황과 관계있는 무엇인가를 행하는 과정이라고 파악된다. |
| 8 | 교사가 지닌 제1의 임무는 내용(무엇을 학습해야 하는가)을 통제하는 데 있다. | 교사(혹은 지도자)가 지닌 제1의 기능은 학습과정을 지도하는 데 있다. |
| 9 | 학습자가 학습교재에 대하여 어떻게 느끼고 있는가는 거의 고려되지 않고 있으며, 다만 그것이 어떻게 잘 학습될 수 있는가에만 관심을 집중시키고 있다. | 학습자가 학습내용과 학습과정을 어떻게 여기고 있는가에 대하여 커다란 관심을 지니고 있으며, 학습자들의 적극적인 감정은 학습을 지속시키는 데 있어서 중요한 요소이다. |
| 10 | 학습자는 과거의 학습이 언제, 어떻게 도움이 되며, 앞으로 자기 자신에게 어떠한 학습이 필요한가에 대해서는 거의 평가하지 못한다. | 학습자는 학습과정이 지니고 있는 가치를 부단히 평가하고, 나아가서 앞으로의 학습에 자기 자신의 요구가 어느 정도 충족될 수 있을 것인가를 판단한다. |

출처: Meyer. S. L. (1977). Andragogy and the aging adult leaner. Educational Gerontology: An International, Quarterly, 2, 115-122. 재구성.

위에서 보여준 교수의 원리들은 안드라고지의 관점에서 교사의 역할이 무엇인가를 설명하고 있다. 인간주의적 학습의 장에서의 교사의 역할은 학습과정의 촉진자, 조력자, 동반자 그리고 학습의 관리자이다. 교사는 단순히 정보를 제공하지 않는다. 교사의 역할은 학습이 수행될 수 있도록 조건들을 창조하는 것이다(Elias & Merriam, 1980).

1979년 노울즈는 안드라고지와 페다고지에 대한 논쟁에 대해, 이 두 개념은 나이에 의한 이분법적 과정이 아니라는 입장을 채택했다. 페다고지의 가정들은 성인들에게 현실적이기도 하고 어떤 안드라고지의 가정들은 아동들에게 적합하다고 밝혔다. 1984년 출판된 『안드라고지의 실천(Andragogy in Action)』에서 프로그램 설계의 과정모델에 관심을 두고 있다. 페다고지는 교육프로그램 설계와 운영에 있어 콘텐츠모델(content model)이고 안드라고지는 과정모델(process model)이라고 입장을 밝히기도 하였다. 노울즈는 다음과 같은 안드라고지 모형 실천의 일곱 가지 요소를 제안하고 있다(Knowles et al., 1984).

- 학습 분위기 형성(물리적, 심리적, 인간적)
- 학습자와 상호 계획 수립
- 학습자의 학습요구 진단
- 학습자 의견을 반영한 학습목표 수립
- 학습자와 상호협의를 통한 학습설계
- 학습자의 학습활동 지원
- 평가에 학습자 참여

이러한 요소들은 듀이를 비롯하여 일부 학자들은 수년간 안드라고지를 주창해 왔다(Jarvis, 1985).

# 02 자기주도학습이론

## 1) 자기주도학습의 개념

성인학습의 가장 큰 특징은 자기주도성(self-directedness)을 들 수 있다. 자기주도학습은 1960년대부터 1970년대에 걸쳐 미국, 캐나다, 영국 등지에서 개발되고 그 이후 평생교육 및 성인계속교육 관계자들로부터 집중적으로 관심을 받아 왔으며, 오늘날 일반적으로 평생학습 추진의 중심개념으로 인정되고 있다(권두승 외, 2016). 더욱이 21세기에는 급격한 속도로 생산해내는 엄청난 양의 지식과 너무 빠른 변화로 인해 이에 적응하는 것조차 힘든 상황이 되었다. 이처럼 새로운 지식, 기술, 정보에 빠르게 적응하기 위해 끊임없는 재교육과 자기주도학습을 진행해야 한다(김동일, 2021).

자기주도학습이란 '스스로 자신의 학습욕구를 진단하고, 목표를 설정하며, 학습을 위한 각종 인적 · 물적 자원을 통해 학습전략의 선택과 실행 및 결과를 평가하는 과정'으로 정의할 수 있다(차갑부, 1995).

노울즈(Knowles, 1975)는 자기주도학습을 '학습자가 스스로 학습요구를 진단하고, 학습목표를 설정하고, 관련 학습자원을 선택하고, 학습전략을 수립하고, 학습을 실행한 후 평가하는 과정에서 타인의 도움을 받거나, 혹은 자신이 전적으로 학습을 진행시켜 나가는 것'으로 정의하였다(가영희 외, 2017). 펜랜드(Penland, 1979)는 자기주도학습을 학습자, 계획자, 관계집단, 학습평가의 요소를 고려하면서 학습자가 학습요구 결정, 학습정보 수집, 학습자원 활용, 학습방법 구안 등에 대한 책임을 지고, 계획자는 학습자가 기대하는 수준에 도달하도록 도와주는 역할을 수행하며, 관계집단은 학습자가 무엇을 학습하고 어떻게 행동해야 하는 가에 대한 방향을 제시하고, 학습평가는 학습자와 계획자가 협력적으로 실시하게 되는 학습을 의미한다고 보았다(가영희 외, 2017). 롱(Long, 1996)은 자기주도학습에 대하여 넓은 의미에서는 교육내용, 교사, 학생 사이의 관계에 형성되는 교수과정, 교수방법, 심리적 과정을 포괄하는 것이며, 좁은 의미에서는 그중 하나에 초점을 맞추는 것으로 구분하면서 타인주도학습과 자기주도학습에 대한 차이를 다음과 같이 설명하였다.

**| 표 7-4 | 자기주도학습과 타인주도학습의 개념**

| 자기주도학습 | 타인주도학습 |
|---|---|
| 상대적으로 독립적임 | 상대적으로 의존적임 |
| 솔선수범에 가치를 둠 | 지시에 따르는 것에 가치를 둠 |
| 긍정적인 자아 효능감 | 제한된 자아 효능감 |
| 초인지적 인식 | 초인지적 인식이 제한됨 |
| 내적으로 동기화됨 | 외적으로 동기화됨 |
| 깊이 있는 참여 | 표면적인 참여 |
| 정신적 초점에 우선권을 둠 | 정신적 초점이 산만함 |

출처: Long, H. B. (1996). Adult and continuing education. New York: Teachers College, Columbia University.

자기주도적 학습의 개념과 그 이론의 발전에 결정적인 공헌을 한 자로서는 터프(Tough)와 노울즈가 있다(권두승 외, 2016). 자기주도적 학습의 반대 개념은 노울즈의 표현에 따르면 교사주도적 학습(teacher-directed learning)이다. 또한 자기주도학습의 유사한 개념으로 자학자습(독립학습; independent learning), 자기교육(self-education), 자기공부(self-study), 자기교수(self-teaching), 자기수업(self-instruction), 자기계획적 학습(self-planned learning), 개별연구(individual study), 자율학습(autonomous learning) 등과 유사하다(Knowles, 1975; 권두승 외, 2016; 조성연 외, 2017). 그런데 이 용어들의 공통점은 적어도 용어 그 자체의 의미로서는 타인의 지원 없이 혼자 고립화된 상태에서 학습하는 것을 의미하고 있다. 이에 비하여 자기주도적 학습은 학습을 고립화하지 않고 교사 · 지도자 · 교재 · 교육기관 등 다양한 교육자원을 이용하여 학습자 자신이 자기의 학습 전체의 계획(planning), 통제(controlling), 그리고 감독(supervising)에 있어 제1차적인 책임을 지는 학습형태를 말한다(이희영, 1999). 즉, 학습의 주체는 학생이며 교육내용도 이들이 설정하고 실행하는 창의적 주체라고 보는 프레이리(Freire, 1973)의 교육론에서 자기주도적 학습의 특성을 말하고 있다.

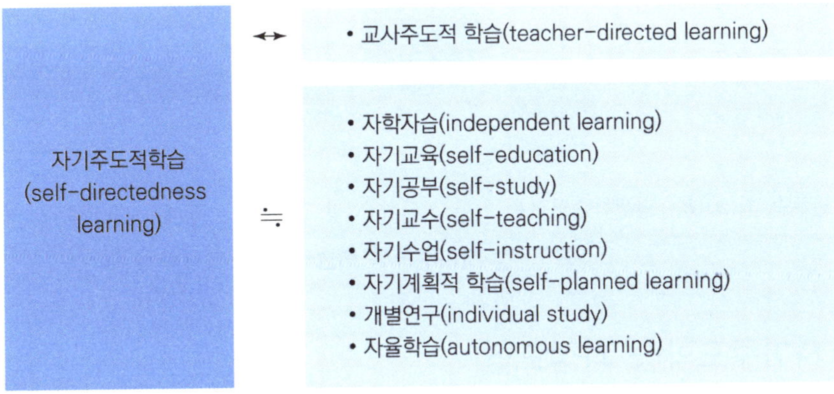


출처: 권두승 외(2016). 평생학습실현을 위한 성인학습 및 상담(3판). 경기: 교육과학사. 재구성.

| 그림 7-2 | **자기주도적 학습의 반대 개념과 유사 개념**

자기주도적 학습의 주요 개념은 학습의 자기주도성(self-directedness)과 학습자의 자기주도(self-direction)이다. 이 용어는 다음의 3가지를 내포하고 있다(Brockett & Hiemstra, 1991).

첫째, 자기의 학습목적 및 수단에 대한 타자의 통제로부터의 독립성이다.

둘째, 타자의 원조 여부에 상관없이 자신이 주도권을 쥐고 자기의 학습요구를 진단하고, 학습목표를 공식화하고, 학습자원을 동일시하고, 학습전략을 선택 · 실시하고, 학습성과를 평가한다고 하는 학습과정 전체에 있어서 주도성이다.

셋째, 학습의 의미 및 학습을 통해서 실현하고자 하는 가치에 관한 학습의 선택범위에 대한 이해와 자각의 중심인 자율성을 내포한다. 이것은 학습계획 및 방법기술에 있어서 자기주도성과 자기결정성을 초월하는 것이다(Brockett & Hiemstra, 1991). 이 개념의 번역어로 우리나라에서는 자기주도적 학습, 자기관리적 학습, 자기결정적 학습 등과 같은 용어가 사용되고 있다(권두승 외, 2016).

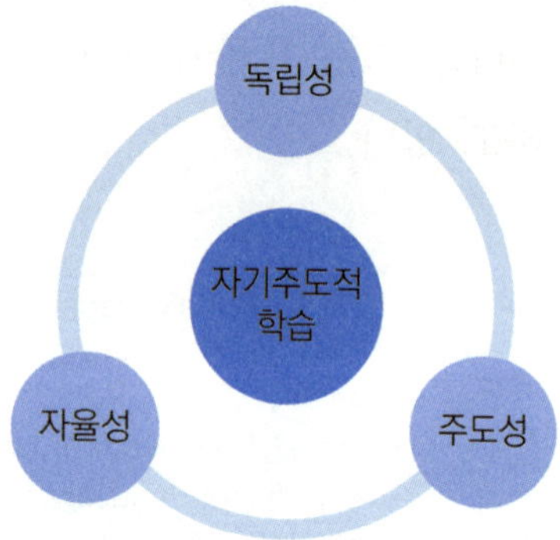


출처: 권두승 외(2016). 평생학습실현을 위한 성인학습 및 상담(3판). 경기: 교육과학사. 재구성.

**| 그림 7-3 | 자기주도적 학습의 의미**

## 2) 자기주도학습 과정모형

### (1) 선형모형

자기주도학습의 목표를 달성하기 위해 일련의 직선적 단계를 거쳐 학습하는 과정을 설명하는 모형이다. 해당하는 학자는 터프(Tough)와 노울즈이다.

#### 가. 터프(Tough) 모형

터프는 성인들이 '왜' 학습하는가 보다는 '어떻게' 학습을 하며, 학습을 통해 어떤 도움을 얻는지를 밝히고자 하였다. 연구결과에 의하면, 성인들이 수행하는 학습프로젝트의 대부분을 학습자 스스로 계획적 학습을 하면 학습성과가 높으며, 혼자서 고립되어 학습하지 않고 다른 사람들과 함께 학습하는 것으로 나타났다(Tough, 1979). 터프는 성인학습자가 자기 계획적인 학습프로젝트를 수행할 때, 학습내용, 학습장소, 학습방법, 학습 시기, 학습에 필요한 자원, 그리고 방해요인 등에 대한 의사결정의 핵심을 나타내는 13단계를 제시하였다(Merriam et al., 2007).

| 표 7-5 | 터프의 자기주도학습 과정

| 단계 | 내용 |
|---|---|
| 1단계 | 학습할 구체적 지식과 기술을 결정함 |
| 2단계 | 학습을 위한 구체적 활동, 방법, 자원, 장비 결정함 |
| 3단계 | 학습할 장소를 결정함 |
| 4단계 | 구체적인 학습 종료 시점이나 중간 목표 달성 시점을 결정함 |
| 5단계 | 학습을 시작할 시점 결정함 |
| 6단계 | 학습 진행 속도를 결정함 |
| 7단계 | 현재 자신의 지식, 기술 수준과 바람직한 지식, 기술 수준 및 진척도 평가함 |
| 8단계 | 학습 저해요인과 현재 학습절차의 비효율적 측면을 탐색함 |
| 9단계 | 바람직한 학습장소, 사원, 장비를 획득함 |
| 10단계 | 학습을 위한 강의실 준비, 기타 필요한 물리적 조건을 구축함 |
| 11단계 | 인적 및 물적 자원 활용에 필요한 자금 확보, 비축함 |
| 12단계 | 학습 시간 모색함 |
| 13단계 | 학습동기 증진을 위해 조치함 |

출처: Tough, A. (1979). The adult's learning projects: A fresh approach to theory and practice in adult learning. Toronto: Ontario Institute for Studies in Education.

### 나. 노울즈 모형

노울즈(1975)는 자기주도학습 과정을 6단계로 기술했는데 구체적으로 살펴보면 다음과 같다(Merriam & Bierema, 2014).

첫째, 1단계는 학습 분위기 형성을 위해 상호 간 존중하고 지지하는 분위기를 조성하는 단계이다. 성인학습자가 적극적으로 참여할 수 있는 교육적인 환경을 제공하고 편안함을 느낄 수 있도록 강의실, 음향 및 조명시설 등의 물리적 환경을 조성한다.

둘째, 2단계는 학습요구를 진단하는 단계이다. 학습요구를 진단할 때 교수자가 일방적으로 무엇을 배울 필요가 있다고 진단하기보다는 학습자 스스로에 의해 어떤 것을 배워야 할 것인지 파악할 수 있도록 도와주는 것이 바람직하다.

셋째, 3단계는 학습 목표를 설정하는 단계로 진단된 학습요구를 충족하기 위해 학습자 스스로 자율적으로 학습 목표를 설정할 수 있도록 도와주어야 한다.

넷째, 4단계에서는 학습에 필요한 인적, 물적 자원을 파악한다. 학습 목표를 달성하기 위해 요구되는 학습활동과 학습경험에 필요한 학습자원을 스스로 확보하고 조직·계획할 수 있도록 조언해 주고 도와주는 것이 중요하다.

다섯째, 5단계에서는 적절한 학습전략을 선정하고 실행한다. 학습자가 계획한 학습을 실행할 수 있도록 다양한 학습전략에 대해 안내를 하는 것이 필요하다.

여섯째, 6단계에서는 학습자가 스스로 학습한 결과가 어떠한지 평가하는 단계이다. 자기주도학습에서 성공하기 위해서는 학습에 대한 자기평가를 효과적으로 하는 것이 중요하다. 학습자가 설정한 학습 목표에 따른 성취 결과에 대해 학습자 자신 및 다른 사람에게도 타당하다 할 수 있는 평가를 할 수 있도록 도와주어야 한다. 자기 감독을 통한 평가의 활동은 다른 사람들에게 피드백을 구하거나, 성과에 대해 성찰하고, 그것을 기준으로 자기주도학습의 과정을 조정할 필요가 있다.

**| 표 7-6 | 노울즈의 자기주도학습 과정**

| 단계 | 내용 |
|---|---|
| 1단계 | 학습 분위기 조성 |
| 2단계 | 학습요구 진단 |
| 3단계 | 학습 목표 설정 |
| 4단계 | 학습을 위한 인적, 물적 자원 파악 |
| 5단계 | 적절한 학습전략 선택 및 실행 |
| 6단계 | 학습결과 평가 |

출처: Knowles, M. S. (1975). Self-Directed learning. New York: Association Press.

노울즈는 이러한 6단계 자기주도학습 과정에서 교수자와 학습자들이 활용할 수 있는 학습자 자기평가와 학습계약서와 같은 다양한 교육방법과 자료를 제공하였다. 자기주도학습을 하는 성인학습자의 역할을 전통적인 교수자의 역할과 구분하기 위한 '학습촉진자'라는 개념을 창안하기도 하였다(가영희 외, 2017).

### (2) 상호작용모형

자기주도학습의 상호작용모형은 학습과정에 영향을 미치는 여러 요소 간의 상호 관련 속에서 자기 주도학습 과정을 설명하는 모형으로 스피어(Spear)와 개리슨(Garrison) 모형이 있다.

#### 가. 스피어(Spear) 모형

스피어는 자기주도학습이 선형적으로 이루어지는 것이 아니라고 의문을 제기하였다. 스피어와 머커(Spear & Mocker, 1984)은 학습자들 자신이 속한 환경과 사전 지식 또는 새로운 지식 그리고 우연한 사건을 통해 발견한 기회들의 영향을 받게 되며, 성공적인 자기주도학습에 대해 학습자가 학습프로젝트에 충분히 경험하고 그러한 학습활동을 일괄성 있게 통합할 수 있을 때 이루어질 수 있다고 보았다(Spear, 1988). 즉, 자기주도학습 과정은 선형적인 순서대로 이루어지는 것이 아니라 나선형의 연속선상에서 다양한 종류의 활동이나 조합이 유기적으로 상호작용하면서 일관성을 지닌 통합되는 학습과정이다(Merriam & Bierema, 2014).

| 표 7-7 | 스피어의 자기주도학습 과정 요소

| 요소 | 특징 | |
|---|---|---|
| 지식 | 사전 지식 | 학습자가 학습활동에 가져오는 사전 지식 |
| | 획득 지식 | 학습자가 학습활동으로 획득하는 지식 |
| 행동 | 지향적 행동 | 의도하거나 특정한 목표를 지향하는 행동 |
| | 탐색적 행동 | 결과를 모르거나 이익이 되는 것을 모르고 선택하는 행동 |
| | 우연적 행동 | 학습활동과 관련 없이 하게 되는 행동 |
| 환경 | 일관적 환경 | 규칙적으로 존재하고 일반적으로 접근가능한 인적 물적 요소가 갖추어진 환경 |
| | 우연적 환경 | 기대나 예견이 되지 않지만 학습자와 학습활동에 영향을 미치게 되는 우연한 만남을 제공하는 환경 |

출처: Spear, G. E. (1988). Beyond the organizing circumstance: A search for methodology for the study of self-directed learning. In H. B. Long & others, Self-directed learning: Application and theory. Athens: Department of Adult Education, University of Georgia.

### 나. 개리슨(Garrison) 모형

개리슨(1977)은 자기주도학습의 다차원적인 상호작용 모형을 제안하였는데 사회 구성주의 관점에서 근거한다. 자기주도학습에 대한 의미 있는 접근을 반영하기 위해 자기-관리, 동기, 자기-모니터링의 세 가지 차원을 통합하여 다음과 같이 설명하고 있다(Garrison, 1997).

첫째, 자기-관리란 학습자가 처한 형식적 비형식적 학습 환경을 스스로 관리하는 것을 말하며, 자신의 목표를 성취하기 위해 맥락적 조건들을 통제하고 조성하는 행동을 포함한다.

둘째, 자기-모니터링은 자기주도적인 학습의 인지적 차원을 말한다. 학습자가 메타 인지적인 학습과정을 감독할 수 있는 능력으로 다양한 학습 전략과 사고 전략을 활용할 수 있는 능력이다. 학습자가 학습하는 과정에서 의미를 구성하는 책임과 성찰적이고 비판적으로 사고할 수 있는 능력과 관련된다.

셋째, 동기는 사람들이 자기주도적인 학습활동에 참여하거나 시작할 때와 그 활동을 지속하는 데 영향을 미친다.

### (3) 상황적 리더십 모형

그로우(Grow)는 교수자가 학습들이 학습에 있어서 자기주도적이 되도록 도울 수 있는가를 묘사하고 있다. 교수자는 학생과 만나기 전에 학습자 자원을 확인하고 학습과정에서 학습자가 교육적 욕구를 분명히 하고, 적절한 학습활동을 선택히고, 유용한 평가전략을 확인하게 함으로써 촉진자의 역할을 계속한다. 그뿐만 아니라 교수자는 지식전달과 활동을 모니터하는 전통적인 교수자의 역할도 담당한다(Hiemstra & Sisco, 1990). 그로우가 제시한 모형 4단계에서 교수자의 역할은 학습자의 자발성과 자기주도적 능력에 따라 다양할 수 있다(Grow, 1991). 그로우가 제시한 사기주도학습 4단계는 다음과 같다.

**| 표 7-8 | 그로우의 자기주도학습 4단계**

| 단계 | 학습자 | 교수자 역할 | 교수전략 |
|---|---|---|---|
| 1단계<br><br>의존적 학습자 | • 자기주도성이 낮은 학습자<br>• 권위 있는 존재가 무엇을 할지를 말해 주기를 원하는 학습자<br>• 의존적이고 자기주도성 결여 | • 권위자<br>• 코치<br>• 교사중심 | • 강의 소개자료 제공<br>• 선택권을 거의 주지 않음<br>• 주제 중심 강의<br>• 훈련, 연습<br>• 학습자가 개념과 적용의 직접적 관계를 볼 수 있도록 도움<br>• 즉각적인 피드백 제공<br>• 튜터링 |
| 2단계<br><br>관심 있는 학습자 | • 자기수도성이 적은 학습자<br>• 동기화되어 있고 자신감도 있으나 학습 주제에 안내자에 대하여 잘 알지 못하는 학습자<br>• 흥미를 갖고 자신감 있음 | • 안내자<br>• 동기부여 | • 학습의 격려<br>• 학습자의 목표설정을 도움<br>• 학습 전략 개발 조력<br>• 토론에 대한 안내자로 영감을 주는 강의 진행 |

| 단계 | 학습자 | 교수자 역할 | 교수전략 |
|---|---|---|---|
| 3단계<br><br>참여자 학습자 | • 자기주도성이 중간 수준인 학습자<br>• 기본 지식과 기술을 갖춘 학습자로서 좋은 안내자와 함께 학습 주체 영역을 탐구할 준비가 되어 있고 능력도 있다고 스스로 간주하는 학습자 | • 촉진자<br>• 파트너 | • 자료 적용<br>• 토의 촉진<br>• 실제 문제를 학습에 적용<br>• 그룹 프로젝트 혹은 발표<br>• 비판적 사고 촉진<br>• 학습 전략 제공<br>• 협동학습 |
| 4단계<br><br>자기 주도적 학습자 | • 자기주도성이 높은 학습자<br>• 전문가 도움 없이도 자신의 학습을 계획, 실행, 평가할 수 있다고 보는 학습자 | • 상담자<br>• 컨설턴트<br>• 멘토<br>• 권한위임자 | • 독립적 프로젝트와 학습자가 주도하는 토의 권장<br>• 발견을 통한 학습<br>• 전문지식, 상담, 모니터링 제공<br>• 자율성 부여<br>• 학습자들이 서로 자신의 학습을 공유할 기회 제공<br>• 학습의 과정과 결과 양쪽에 모두 초점<br>• 코칭 |

출처: Grow, G. (1991). Teaching learners to be self-directed: A stage approach. Adalt Edacation Quarterb, 41(3), 125-149.

그로우(Grow, 1994)는 학습자의 자기주도성 수준에 따른 교수자나 촉진자의 역할을 제시하면서 교수자의 역할이나 스타일이 학습자의 수준과 일치하지 않을 때 발생할 수 있는 문제들에 대처할 방안을 제시하였다. 교수자는 교육적 상황에서 학습자의 행동이나 학습자의 과제물 검토를 통해 학습자의 수준을 평가해야 한다. 이때 양적 측정도구보다는 교수자가 직접 관찰을 통하여 수준을 평가하도록 해야 한다. 그리고 학습자의 자기주도성을 상황적 특성으로 보아야 한다(가영희 외, 2017 재인용).

# 03 전환학습이론

## 1) 전환학습의 개념

전환학습이론은 독일의 사회학자 하버머스(Habermas)의 비판이론을 토대로 하며, 학습의 중심에 '관점의 전환'이라고도 한다. 전환학습은 개인이 이미 가지고 있는 지식을 새로운 관점으로 전환하고, 전환을 통해 학습자의 의식을 사회적 왜곡과 권력의 영향력에서 해방시키는 학습을 의미한다. 아동 및 청소년기에 무비판적으로 받아들인 내면화된 가정, 신념, 가치를 학습자의 비평적 의식 속으로 끌어들여야 한다는 것이 전환학습의 핵심이다(Brookfield, 1985).

전환학습(transformative learning)은 학습의 인지적 과정에 보다 초점을 두고 관심이나 인식에 의해 무비판적으로 받아들여졌던 사실에 대해 다른 방향이나 다른 상태로 바뀌는 것을 의미한다(권두승 외, 2016). 즉, 내가 아는 것에 대한 '근본적인 변화'를 뜻한다(가영희 외, 2017).

전환학습이론은 1978년 메지로우(Mezirow)에 의해 기존의 객관적이고 실증적인 접근을 비판하면서 처음으로 제시하였다. 전환학습론은 우리가 살고 있는 세계와 우리 자신들에 관한 극적이고, 근본적인 변화와 관련하여 학습을 설명하고자 하는 데 그 특징이 있다(Mezirow, 1978). 전환학습은 학습활동에 의해 학습자 자신은 물론 타인들이 인식할 방법으로 학습 이전과는 확연히 구분되도록 인간을 새롭게 만든다는 의식변화를 밀한다(Merriam & Caffrella, 1999).

## 2) 전환학습의 핵심

전환학습에서는 경험의 정신적 구성(mental construction of experience), 반성적

성찰(reflection), 그리고 내적 의미(inner meaning)와 같은 개념들이다. 즉, 경험, 비판적 반성(성찰 또는 반추), 개인발달 등이 핵심 구성요소이다. 이들의 주요개념을 살펴보면 다음과 같다(Merriam & Caffrella, 1999).

### (1) 경험

안드라고지의 가정 중의 하나는 성인들이 자신과 타인들의 학습 자원으로서 그들의 넓고 깊은 경험을 활용한다는 것이다. 이와 마찬가지로 메지로우도 성인들의 전환학습 주제는 학습자의 경험이라고 하였다. 그러나 성인들의 모든 경험이 학습과 연관될 수 없으며, 특정 경험이 학습과 연관되는 여부는 사람에 따라서 다르다. 자비스는 학습이 경험을 토대로 한다지만, 이미 해답이나 반응을 가지고 있는 경험은 제외해야 하며, 이전의 경험에 대한 기억과 지식은 있지만 새로운 경험에 대응할 수 없는 불일치의 상태에서 개인들은 왜 이러한 문제가 발생했으며, 그것이 무엇을 의미하는지를 반성하게 된다고 하였다. 이렇게 던져진 의문들이야말로 학습의 시작이자 핵심이 되는 것이다(Jarvis, 2006). 한편, 테넌트(Tennant, 1993)는 경험을 학습에 활용하는 방식을 4단계로 제시하였다.

| 표 7-9 | **테넌트 경험 활용의 4단계**

| 단계 | 경험 활용 방식 |
|---|---|
| 1단계 | 교수자는 가장 초보적이고 피상적인 수준으로 학습자의 이전 경험과 연결하여 설명이나 예시를 한다. |
| 2단계 | 교수자가 학습 활동을 학습자의 현재 직장, 가정 및 지역사회에서의 경험에 연계시키는 시도를 한다. |
| 3단계 | 교수자가 학습이 순환되도록 경험을 만들어 낼 수 있다. 시뮬레이션이나 게임, 역할극 등 학습자의 적극적 참여를 필요로 하는 활동을 고안한다. |
| 4단계 | 학습자가 인식하는 경험의 의미들에 대해 비판적 검증을 하는 단계다. 교수자는 학습자의 세계관을 의식적으로 혼란스럽게 하면서, 학습자가 이미 당연한 것으로 인식하는 경험에 대해 의심을 품도록 자극한다. |

출처: Merriam, S. B. & Caffrella, R. S.(1999). Learming in adultbood: A comprebensive guide. San Francisco: Jossey-Bass.

### (2) 비판적 성찰(반성)

경험은 전환학습의 시작이다. 그러나 그 자체로는 전환학습은 불가능하다. 크리티코스(Criticos)는 경험의 반성과정으로 지적 성장의 이루어질 때 경험은 가치 있는 것이 된다고 하였다(권두승 외, 2016). 즉, 효율적인 학습이란 긍정적인 경험으로부터가 아니라 효율적인 반성으로부터 이루어지는 것이다. 듀이(Dewey)는 반추를 어떠한 신념, 혹은 가정된 지식의 형태를 그것을 뒷받침하는 배경과 지향하는 결론에 바탕을 두고 꾸준히 깊게 생각하는 것이라고 정의하였다. 따라서 효율적인 학습을 위하여 긍정적인 경험과 함께 비판적 반성이 이루어져야 한다(가영희 외, 2017).

성인학습에서 비판적 반성과 전환학습을 연계한 사람은 브룩필드(Brookfield)이다. 그는 비판적 반성과 관점전환을 연결하는 것이 자신의 비판적 사고의 모형이라고 하였고, 사람들이 공통으로 경험하는 5가지 상황을 나열하였다(Brookfield, 1987).

첫째, 내적으로 불편함이나 당황감을 주었던 기대되지 않은 사건을 당한다.

둘째, 상황에 대한 자기 검증, 느꼈던 불편함에 대하여 곰곰이 생각해 본다. 자신과 유사한 문제를 경험했던 사람들을 수소문해 본다.

셋째, 자신에게 불편함을 주었던 경험을 해석하고 이에, 적응하는 새롭고 다른 방법을 모색한다.

넷째, 대안적 관점을 개발한다.

다섯째, 새로운 사고와 삶의 방법을 우리의 삶의 구조에 통합시킨다.

**| 표 7-10 | 브룩필드의 비판적 사고 단계 모형**

| 단계 | 내용 |
|---|---|
| 계기적 사건 단계 | 학습자가 심리적 불편함과 당혹감을 불러일으키는 기대하지 않았던 사건을 경험하는 단계(예: 이혼, 실직, 장애, 강요된 이직 등) |

| 단계 | 내용 |
|---|---|
| 평가 단계 | 경험에 대한 자기 검토를 하면서 자신의 불편함이나 당혹감에 익숙해지고 유사한 경험을 한 사람을 찾는 단계 |
| 탐색 단계 | 불편함으로 이끄는 경험을 설명해 주거나 수용하는 방법을 찾아보는 단계 |
| 대안적 관점 개발 단계 | 새로운 역할, 행동, 사고방식을 시도함으로써 자신의 정체성과 역할 모델에 관한 새로운 관점을 갖게 되고 새로운 관점에 대한 자신감을 구축하는 단계 |
| 통합 단계 | 새로운 관점의 가치, 정확성, 타당성을 확인한 다음에 새로운 사고방식과 새로운 행동 방식을 자신의 삶의 구조 내에 통합시키는 단계 |

출처: Bookfield, S. D. (1987). Developing critical thinkers: Challenging adult to explore alternative way of thinking and acting. San Francisco: Jossey-Bass.

메지로우(Meczriow, 1995)는 성인학습자가 11단계의 학습과정을 통해서 그들의 가치관, 신념, 이해에 대해 비판적으로 반성을 하고 기존의 인식에서 해방으로 나아간다고 보았다. 메지로우(Mezriow)의 11단계 학습과정을 요약하면 다음과 같다(Meczriow, 1995; 서명환 외, 2016 재인용).

**| 표 7-11 | 메지로우의 전환학습의 단계**

| 단계 | 단계별 특징 |
|---|---|
| 1단계 | 시각을 전환할 만큼 큰 사건이나 혼란한 상황에 직면 |
| 2단계 | 수치감, 죄책감, 불안감 등의 감정에 대한 자기 검증 |
| 3단계 | 자신의 삶의 전제나 가정에 대한 비판적 반성 |
| 4단계 | 남들도 불안 및 전환 과정에 공유된다는 점을 인식 |
| 5단계 | 새로운 역할, 관계, 그리고 활동을 위한 대안을 탐구 |
| 6단계 | 구체적 행동 계획 |
| 7단계 | 계획 실행을 위한 지식과 기술을 습득 |
| 8단계 | 새로운 역할 수행을 위한 시험적 노력 |
| 9단계 | 기존의 관계 재조정 |
| 10단계 | 새로운 역할과 관계에 대해 경쟁력과 자신감 구축 |
| 11단계 | 새롭게 형성된 관점으로 새로운 삶의 창출 |

출처: Mezirow, J. (1995). Transformation theory of adult learning. In M. R. Welton(ed.), In defense of the life world. NY: State University of New York Press. 39-70.

### (3) 개인의 발달

메지로우는 경험을 통해 개개인이 차별화되고, 비판적이고, 반성적이고, 통합적인 틀을 통해 학습할 수 있다는 점을 들어 관점이 전환되어 학습의 결과가 개인의 발달을 성취할 수 있다고 하였다. 그는 전환학습의 과정이 성인의 발달과정 중심이라고 하였으며, 전환학습을 통해 과거보다 폭넓은 경험을 하게 되고, 더 차별화되고, 다른 관점에 대하여 더 개방적이고, 자신의 경험을 더욱 잘 통합할 수 있는 한 차원 높은 의미관점(meaning perspective)을 획득할 수 있다고 하였다(주명희, 2012).

Adult Learning and Counseling

## 04 의식화이론

메지로우(Mezirow)가 개인의 전환(변화)에 초점이 맞추어져 있다면 프레이리(Freire)는 개인적 임파워먼트와 사회적 전환을 함께하는 과정으로, 더욱 광범위한 민중에게 초점이 맞추어져 있다(신용주, 2013). 그래서 해방교육 또는 민중교육이라고도 한다. 프레이리의 의식화 교육론은 브라질의 시대적 특성상 빈곤, 비문해와 억압에서부터 출발한다. 그러므로 프레이리의 교육이념은 중립적일 수 없었으며, 권력과 사회적 전환이 분리될 수 없는 '해방'과 관련되어 있다. 그의 해방철학의 핵심은 의문제기와 대화를 통한 비판적인 반성이지만, 그가 생각하는 비판적 반성의 목적이 세상을 변화시키기 위하여 우리를 억압하는 사회의 구조와 우리의 행동을 지도하는 내적인 구조와 미신(myth)을 모두 알게 하는 것이므로 일종의 의식화(conscientization)라고 할 수 있다(Freire, 1970). 즉, 전통적인 교육은 학습자에게 사회 지배집단의 가치를 주입하고 그에 적응하게 되므로 학습자는 현재 모순과 억압의 세계를 그대로 옳다고 믿게 된다. 때문에 자신의 세계를 비판적으로 반성하여 평등하고 정의로운 사회를 만들기 위한 행동을 실천하는 해방학습이 필요하다는 것이다(임형택 외, 2015).

프레이리는 전통식 교육방법인 교수자가 학습자에게 저축하듯 보관하는 '은행저축식 교육(banking education)'으로 보았고, 해방학습을 위한 새로운 방식의 교육은 '문제제기식 교육(problem posing education)'이라고 보았다. 은행저축식 교육에서는 학습할 지식이 보편적으로 타당하고 합법적이므로 학습자들의 머릿속에 단순히 저장되어야 할 객관적 실재로 간주되며 교사와 학생은 주종의 관계이자 주체와 객체의 관계에 있게 된다. 은행저축식 교육이 사회적 모순과 억압을 은폐하고 학습자의 의식화를 가로막는 장애물로 보는 반면, 새로운 방식의 교육인 문제제기식 교육에서는 교수자와 학습자가 대화를 통해 서로 협력하며 인간화와 해방을 모색한다(신용주, 2013).

프레이리는 학습자들이 사회문화적 실재를 인식하고 모순적인 실재를 변화시킬 수 있는 적극적인 사람으로 자각하고 있다. 이는 의식화를 통하여 이루어지며, 의식화를 고양하기 위해 대화법을 사용하였다(Freire, 1970). 이러한 방법은 교사와 학습자 간의 관계가 일방적인 가르침이 아니라 상호협조하는 참여교육을 지향하는 것이다. 즉, 교사와 학습자는 그들이 살고 있는 사회문화적 상황, 즉 공유하고 있는 실재를 함께 탐구하는 동반자적 관계에 있으며 서로 협력적 대화를 할 수 있는 관계이다.

대화(dialogue)는 프레이리의 의식화가 이루어지는 중요한 방법이다. 학습의 내용은 학습자들로부터 제기되는 주제와 쟁점들이다. 쟁점들에 대한 토론은 그들이 처해 있는 삶에 대한 의식화를 가져오며, 대화와 토론의 궁극적인 목표는 해방 또는 프락시스(praxis)다. 그가 말하는 프락시스란 학습자가 자신의 세계를 전환시키기 위하여 자신의 세계에 대한 성찰과 행동을 하는 것이다(Freire, 1970). 이처럼 프락시스는 이론과 실천이 상호보완적이며 상호 유기적인 관계로 인한 변화이며(김동일, 2019), 자신의 새로운 이해에 대한 성찰과 행동, 그리고 이러한 행동에 대한 비판적 성찰로 이어지는 계속적인 순환을 말한다(신용주, 2006).

Adult Learning and Counseling

## 05 경험학습이론

경험학습은 경험에 의한 학습이라고 할 수 있다. 성인학습자의 가치는 경험이라고 하였으며, 오래 살수록 경험의 양이 축적될 뿐 아니라 경험의 질도 다르다(권두승 외, 2016). 경험이란 객관적 실재에 대한 개인의 지각으로 인해 획득되는 산물로서 경험학습은 일반적으로 학습자가 전달되는 지식을 수동적으로 수용·축적하는 전통적 교육방법과 대조적으로 진보주의 교육철학에서 강조하는 소위 '행위에 의한 학습'으로 요약할 수 있는 학습자의 능동적인 참여와 실행을 기반으로 하는 교육활동으로 강조되어 왔다(김한별, 2019). 구체적인 경험을 의미 부여하여 학습의 자원이 된다. 즉, 체험학습이나 실천학습의 현상을 포괄하는 개념으로 객관적 실재에 대한 개인의 지각으로 인해서 획득하게 되는 산물로 경험을 바탕으로 이루어지는 인간의 변화 및 성장과정으로 이해될 수 있다(김지자 외, 2001).

듀이(Dewey, 1938)는 진정한 교육실현에 도움이 되는 경험학습의 핵심적인 단서를 '계속성(continuity)'과 '상호작용성(interaction)'이라는 두 원리에 의해서 이루어진다고 했다. 계속성(continuity)은 하나의 경험은 결코 고립적으로 발생하는 것이 아니라 과거의 경험과 연관되어 발생하며, 이후의 인식 주체로서 그 의미가 생성된다. 그리고 상호작용성이란 경험이 개인을 둘러싸고 있는 환경을 구성하고 있는 요소들과 그러한 환경을 지각하고 교차하는 지점에서 발생하는 것을 말한다(Merriam et al., 2007).

경험학습론의 대표적인 것은 콜브(Kolb, 1984)의 이론이다. 듀이가 주장한 경험학습의 두 가지 원리를 계승하면서, 콜브는 경험학습의 과정을 순환적 모형으로 제시하였다. 콜브의 경험학습이론은 순환적인 학습모형이다. 경험학습은 4단계 주기를 통해서 발생하게 되며, 반성적 사고가 이루어지지 않은 경험은 학습으로 연결되지 않고, 학습은 네 가지 과정이 연계 및 순환되면서 쉬운 단계에서부터 어려운 단계로 진행된다고 하였다(김한별, 2019). 첫째 단계는 새롭고 구체적인 경험을 겪는 구체적 경험(concrete experience) 단계이다. 둘째 단계는 서로 다른 다양한 관점에서 자신의 경험을 해석하고 반성하는 반성적 관찰(reflective observation)이다. 세 번째 단계는 반성적 관찰을 논리적으로 통합시키기 위하여 아이디어와 개념을 재구성하고 창출하는 추상적 개념화(abstract conceptualization) 단계이다. 마지막으로, 능동적 실행(active experiment- ation) 단계로서 새로운 도전을 받고, 문제를 해결하고, 의사결정을 위해 새롭게 파생되는 이론이나 학습을 활용하는 것을 말한다(한우섭 외, 2019). 그리고 이 과정에서 생성된 자료는 다시 구체적 경험으로 이루어진다(Fry et al., 2006).

따라서 콜브의 경험학습이론에서 경험은 성인학습자에게 있어서 중요한 요소이며, 최고의 가치를 지닌 삶의 가이드이다.

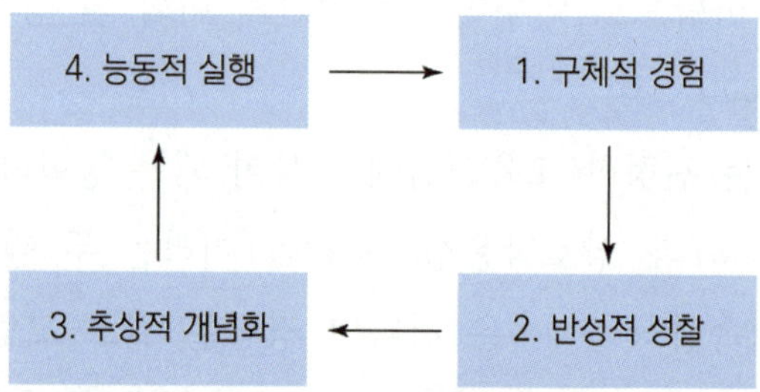


출처: Kolb, D. A.(1984). Experiential Learning: Experience as the source of learning and development. Englewood Cliff, NJ: Prentice Hall.

| 그림 7-4 | **콜브의 경험학습 모형**

# 제 8 장

# 성인학습상담과 진로상담의 이해

01 성인학습상담의 개념
02 성인학습상담 방법
03 성인학습상담자
04 성인진로상담
05 진로상담 이론

# 01 성인학습상담의 개념

일반적으로 학습 상담은 학습자 자신이 학습 목표를 계획하고 결정하며 그 목표를 통해 자신의 학습 과정을 반성하고 조절하는 것을 배우도록 지도하는 활동이다(민춘기, 2008). 학습 상담은 주로 아동·청소년의 학업성취에 필요한 학습계획이나 학습 내용 등을 보완하기 위해 전반적으로 이루어진다. 반면 성인학습상담은 성인학습자가 자기주도적으로 발전하도록 도와주고 학습조직을 통해 타인과 함께 성장하도록 지원해 주는 교육적 행위로, 평생교육사, 교수자, 평생교육기관에서 광범위하게 제공하고 있다(권두승 외, 2017). 즉, '성인학습자가 학습 또는 일상생활의 어려움을 극복하고 학습활동을 지속할 수 있도록 안내, 지원, 촉진하여 자신의 잠재력을 개발하도록 전문적으로 도와주는 과정'이라 할 수 있다(조성연 외, 2010).

이처럼 평생교육의 활성화로 개인의 전 생애에 걸친 학습과 연계되면서 성인학습상담의 중요성은 더욱 주목받고 있다(조외현, 2012). 성인학습상담은 성인학습자의 학습 과정 컨설팅뿐 아니라 학습자의 생애 설계를 지원하는 특성이 있다. 학습자에게 적합한 학습 기회를 제공해 주고 학습 방법을 안내하여 학습자 스스로 학습에 참여할 수 있도록 도와주며, 학습 과정에서의 어려움과 두려움을 지원하고 조력한다(조은산, 2016). 성인이 독립적으로 행동하고, 변화를 경험하는 과정에서의 다양한 학습은 개인의 경쟁력을 높이고 자아실현을 가능하게 한다.

성인학습상담의 대상은 당면한 문제를 해결하기 원하는 사람이지만, 자아성장을 원하는 사람이라면 누구나 성인학습을 통해 개인의 지식과 능력을 개발하도록 상담의 대상이 될 수 있다. 이처럼 성인학습상담은 평생학습에 참여하는 성인학습자를 이해하고 현안 과제와 고민 등의 학습 상황을 고려하여 소통과 학습 지원으로 학습 목표를 달성하도록 조력하는 상호작용의 과정이라 볼 수 있다(김윤아, 2019).

성인학습상담은 성인학습자의 개인적 특성과 상황에 따라 다양한 형태로 나타난다. 학습자의 상담이 진행되는 상황이나 대상, 문제의 유형이나 성질 등에 따라 전문적/기관 중심적 관점, 개방적 상담 기능의 관점, 상황 중심적 관점의 세 가지 개념적 측면으로 설명할 수 있다(권두승 외, 2017).

첫째, 전문적/기관 중심의 관점에서 성인학습 상담은 성인학습을 제공하는 다양한 기관에 고용된 전문적인 지식을 갖춘 상담자가 수행하는 활동이다. Langdon은 성인학습 상담자의 전문적인 자질을 중요시하여, 성인학습상담자가 상담과 지도에 관한 석사학위를 받아야 하며 성인교육에 관한 학문적 배경을 가져야 한다고 강조했다. 또한 성인학습상담에 대한 관심이 개방된 상담 기능으로 변화됨에 따라 정보제공과 비공식적인 형태의 상담에 대한 중요성을 강조했다.

둘째, 개방적 상담 기능의 입장에서 성인학습 상담은 성인에게 현재와 미래의 학습을 제공하는 상담 서비스나 기능이다. 이와 같은 기능과 서비스는 전문적으로 훈련되고 성인학습기관에 소속된 상담자들에 의해서 이루어지지 않을 수도 있다. 즉, 성인학습 상담은 전문적으로 훈련된 상담자뿐 아니라 프로그램 전문가, 교사, 행정가, 자원봉사자 등과 같은 사람들에 의해서도 효율적으로 이루어질 수 있다.

셋째, 상황 중심적 접근 측면에서 성인학습 상담은 성인이 자아를 찾고자 하거나 환경에 적응하는 것을 돕는 것으로 볼 수도 있다. 전문적으로 훈련받은 사람과 그렇지 못한 사람 모두 성인학습자들이 자신을 발견하고 상황에 적응할 수 있도록 도울 수 있다.

### 1) 성인학습상담의 역할과 직무

성인학습상담의 역할과 직무는 성인의 학습활동을 안내, 촉진, 지원하기 위해서는 상담이 필수적인데, 성인학습자의 상담은 학습자의 학력 수준, 경험 수준, 요구수준, 사회적 배경 등에 대한 이해와 공감에 기초하여 학습활동을 도와주어야 한다(가영희 외, 2013). 성인학습의 상담은 일상생활에서의 문제뿐만 아니라 학습문제들을 해결해 나갈 수 있도록 지원이 필요하다. 최근 평생교육의 활성화로 평생교육 현장에서 학습자들이 스스로 생각하고 판단하여 활동할 수 있도록 도와주는 교육적 행위 측면에서 상담의 중요성이 대두되고 있다(박용희, 2011). 따라서 성인학습상담은 학습자들이 효율적인 학습을 진행할 수 있도록 돕기 위해 교육 정보, 진로-직업 정보, 개인-사회적 정보 등 적절한 정보를 제공해 주는 역할을 해야 한다. 또한 학습을 촉진할 수 있도록 프로그램을 개발하여 제공하고 학습자 개개인의 특성과 개인차를 인정하는 범위 내에서 상담을 전개해야 한다(조성연 외, 2010). 그러나 평생교육현장에서 성인학습상담은 평생교육 담당자 역할의 한 부분이거나 직무를 구성하고 있는 영역 중 한 부분으로 인식되고 있다(조은산 외, 2016). 대부분의 평생교육 담당자인 평생교육사는 평생교육의 기획 · 진행 · 분석 · 평가 및 교수 업무 등 평생학습 관련 업무의 전반을 담당하는 현장 전문가이다(한숭희, 2009). 국가평생교육진흥원에서 제시하는 평생교육 담당자인 평생교육사의 직무는 학습 자원 간 네트워킹, 프로그램 및 기관 운영지원, 평가보고 및 성과분석, 계획 수립 및 기획, 프로그램 개발, 교수학습, 상담 및 컨설팅, 행정경영, 학습 참여 활성화 및 변화 촉진 등이다. 평생교육사의 표준직무 중에도 학습 상담과 관련된 평생학습설계가 포함되어 있지만, 그 세부 내용은 평생교육 현장에서 평생교육 담당자가 실제로 실천하는 평생학습상담과는 차이가 있다(조은산 외, 2016).

성인학습자의 효율적인 학습 상담을 위한 평생학습상담의 직무 체계를 살펴보면 관계 형성 직무, 학습자 분석 직무, 학습 촉진 직무, 사후관리 직무이다.

첫째, 관계 형성 직무는 평생교육 담당자와 학습자 간 소통과 지원을 통해 원활한 상호관계를 형성하는 직무로 학습자 면담과 학습 정보제공에 해당한다. 관계 형성은 학습자와 처음 대면할 때 이루어지며, 상담을 통해 학습에 대한 의욕을 고취하고 신뢰를 형성함으로써 원활하게 상담을 진행할 수 있도록 하는 역할을 한다. 또한 관계 형성은 학습자의 말에 공감과 이해, 수용, 일치성과 신뢰성은 중요한 요인이 된다. 성인학습상담에서 상담자가 학습자의 문제를 해결하는 데 도움을 줄 수 있다는 믿음을 가지도록 하는 것이 중요하기 때문이다(권두승 외, 2017). 이는 학습자 면담을 통해 학습자의 상황을 파악하고 적절한 의사소통으로 상호 신뢰감을 형성하고, 성인학습에 필요한 다양한 자료와 정보를 제공하는 것이다.

둘째, 학습자 분석 직무는 학습자의 특성 및 요구를 분석하고 학습수준 및 저해요인을 진단하는 직무로, 학습자 특성 및 요구분석, 학습수준 진단, 학습 저해요인 진단으로 이루어져 있다. 학습자 분석은 개인차와 개별적 특성을 파악하기 위해 이루어지며, 학습자 개개인이 각자의 경험과 지식, 태도, 학습 선호도를 갖고 있으므로 상황에 적합한 학습을 제공하기 위해 학습자의 특성을 파악하는 것은 중요하다. 성인학습자들은 대부분 여러 가지 사정으로 오랜만에 교육에 참여하므로 어려움을 호소하게 된다. 이때, 성인학습자들에게 필요한 학습방법, 내용, 수준에 대한 상담은 학습자들의 학업의 지속률을 높이고 학습의 성과도 향상시킨다(조성연 외, 2010). 또한 학습 과정에서 발생하는 학습 저해요인으로 인해 학습 참여를 지속하는 것이 어려워질 수 있다. 따라서 학습자의 상황적 요인, 제도적 요인, 학습자의 개인적 성향에 의한 요인으로 다양하게 발생하는 학습 저해요인을 진단하여 학습자 스스로 극복할 수 있도록 조력해야 한다.

셋째, 학습 촉진 직무는 학습자의 평생학습 참여 기간에 학습과 관련된 목표 달성에 기여하는 직무로, 학습 동기 촉진, 학습 과정 및 학습 방법 조언, 학습동아리 활동 지원, 생애 커리어 설계 상담이 있다. 학습 촉진은 학습활동에 적극적으로 임하고자 하는 동기가 유발되도록 하고 학습자가 목표에 달성하는 상담 과정 동안 동기 수준이 저하되지 않도록 하는 것이 중요하다(권두승 외, 2017). 성인학습자가 학습에 참여하는 시간을 통해 지식과 기술의 습득뿐만 아니라 사회적 관계망을 확장하고 전인적 자아실현을 함으로써 바람직한 삶의 모습을 실현할 수 있도록 촉진·지원해야 한다(김현규, 2020). 이러한 동기유발은 학습자 스스로 이끌어내는 내적 동기뿐만 아니라 동료 학습자와의 상호작용 및 협력 등 외직 동기도 포함한나. 또한 학습자의 학습 과정을 정확히 파악하여 계획된 학습으로 안내하고 적절한 학습방법을 조언하며 학습자들이 동아리 활동을 지속해서 유지할 수 있도록 지원하여 각자의 상황에 맞는 커리어를 설계할 수 있도록 조력할 필요가 있다.

넷째, 사후관리 직무는 추수 상담 및 상담 평가를 통해 학습자의 지속적인 학습활동을 지원하는 직무로, 추수 상담, 상담 평가로 분류된다. 평생학습의 활성화와 더불어 사후관리의 중요성도 주목된다. 평생학습 활동이 종료된 후에도 학습자와의 네트워크를 형성하며 학습 성과로 학습자의 변화와 촉진을 유지한다는 점에서 중요한 과정이다.

### 2) 성인학습상담의 역량

성인학습상담은 학습자에게 적합한 학습 기회를 제공하고, 학습방법을 안내하며 학습자의 생애주기와 상황을 고려한 적절한 학습이 가능하도록 돕고 스스로 생애 설계를 할 수 있도록 조력하는 것이다(조은산, 2016). 성인학습상담의 직무에서 살펴본 것과 같이, 성인학습자와의 상호협력적인 신뢰감을 형성하고 학습에 필요한 역량과 정보를 제공하고 학습자의 특성을 고려한 학습수준을 진단하고, 학습에 대해 동기부여 하며, 학습자의 상황에 맞는 커리어를 설계하고 실천할 수 있도록 조력하는 것이 필요하다. 이러한 성인학습상담을 수행하기 위한 역량은 교육현장에서 우수한 직무 성과를 예측하게 하는 내재적 특성으로 성공의 중요한 예측 요인이다. 역량의 핵심 요소인 지식, 기술, 태도 등은 현재가 아닌 미래 상황에서 업무의 성격과 수행 활동의 유형을 분명하게 할 어떤 지식을 확보하고 어떠한 기술을 지녀야 하며 어떠한 태도로 추진해야 하는가를 구체화하기 때문에 중요한 의미를 지닌다(David McClelland, 1973; 조외현, 2012). 또한 성인학습자의 학습 상담을 위해 교육담당자가 지녀야 할 구체적인 역량을 살펴보면 다음과 같다(조외현, 2012).

첫째, 성인학습자와의 관계 형성 역량이다. 이는 평생교육 담당자와 성인학습자 간 소통과 지원을 통해 원활한 관계를 형성하는 역량으로, 학습자 의견 경청 역량, 학습자와 의사소통 역량, 평생학습 관련 정보제공 역량, 학습자 평생학습활동 참여 지원 역량 등의 하위 역량을 포함한다.

둘째, 성인학습자 학습 촉진 역량이다. 이는 학습자가 평생학습 기간에 학습과 관련된 목표달성을 할 수 있도록 지원하고 안내하는 역량으로, 학습동아리 활동 지원 역량, 학습 동기 촉진 역량, 생애주기별 커리어 설계 상담역량, 학습 목표 지원 역량, 학습 과정 안내 역량 등의 하위 역량을 포함한다.

셋째, 성인학습자 분석 역량이다. 이는 학습자의 수준과 요구, 학습 저해요인과 학습자의 특성을 이해하고 파악하는 역량으로, 학습자의 수준 진단 역량, 학습자의 교육 필요 분석 역량, 학습자의 학습 저해요인 진단 역량, 학습자 특성 파악 역량 등의 하위 역량을 포함한다.

## 02 성인학습상담 방법

상담은 일반적으로 내담자의 문제를 해결해 주는 것이 아니라 자신의 문제를 스스로 해결할 수 있도록 조력하는 것이다. 그러나 내담자가 정보가 부족하여 어려움을 겪고 있는 경우에는 직접 정보를 제공하고 안내하는 것이 유용하다(나항진 외, 2016). 대부분의 상담은 상담자와 내담자의 직접적인 만남에서 시작되나 최근에는 상담의 방법이 확장되어 전화나 이메일, 문서 등 나양한 미디어를 통해 활용되고 있다. 그러나 성인학습자는 미성년자와 비교하면 자신의 내면이나 학습 과정에서 어려움을 해결하기 위해 상담에 참여하므로 대면상담이 더 효과적일 수 있다. 이러한 성인학습자의 특성을 고려한 직접적 상담 방법은 상담자가 제안하는 것, 지시를 주는 것, 학습자가 해야 한다고 상담자가 생각하는 것에 대하여 충고를 제공하는 것이다(권두승 외, 2017). 성인학습상담의 방법을 분류하면 다음과 같이 조언(advice), 지시(directives), 전략개방(strategy disclosure)의 세 가지 유형으로 분류할 수 있다(권두승 외, 2017).

### 1) 조언(advice)

성인학습자는 자신의 문제를 해결할 수 있는 잠재력을 가지고 있어 스스로 문제를 해결할 수 있도록 안내해 주는 것이 보편적이나 상담자의 직접적인 지도가 더 도움 될 수 있다. 성인학습자는 시간적 여유가 넉넉하지 않은 사람들이 대부분이므로 조언과 같은 직접적인 상담이 필요하다. 그러나 상담에서 조언은 조심스럽게 접근해야 한다. 성인학습자가 조언을 받아들여 행동에 옮길 수 있도록 조언은 학습자에게 도움이 되어야 하는데, 상담자는 적절한 시기와 절차, 상담기술로 조언이 효과를 발휘할 수 있게 해야 한다. 조언은 내용도 중요하지만, 조언의 방식이 학습자의 상담에 더 영향을 미친다. 이러한 조언의 방식을 몇 가지로 제안하면 다음과 같다(Baldwin & Caldwell, 2003. 재인용).

첫째, 성인학습자의 문제가 구체적이어서 조언이 가능하다 하더라도 바로 조언을 하기보다는 예비 절차를 거치는 것이 좋다. 이러한 예비 절차는 성인학습 상담의 효과가 반감되거나 조언이 중복되는 것을 피하는 역할을 한다.

둘째, 성인학습자가 조언을 받아들일 준비가 되어있는지 파악하는 것이 중요하다. 학습자가 문제해결을 위해 어떠한 노력을 했는지 질문을 통해 인지한 후 어떠한 조언이 도움이 되는지 판단해야 한다.

셋째, 상담자가 적절한 조언을 했다 하더라도 조언의 내용과 방식이 학습자의 기대에 부응하지 않는다면 효과를 기대하기는 어렵다. 그래서 상담자는 학습자에게 조언한 후 학습자가 그 조언에 어떻게 생각하는지 피드백을 받고 조언을 이해했는지 확인하는 것이 좋다.

넷째, 상담자는 학습자에게 추상적이고 일반적인 조언보다 구체적인 조언을 해주어야 한다. 상담자의 조언이 분명하면 학습자가 무엇을 해야 하는지도 분명해진다.

다섯째, 조언도 상담의 일반적인 맥락에서 이루어지므로 조언을 하고 학습자가 실천을 잘하고 있는지 확인하는 것이 필요하다. 학습자가 실천하도록 지속적인 안내가 필요하다. 조언한 대로 잘 실행하고 있다면 지속해서 실행하도록 격려하고 효과가 없다면 문제점을 파악하여 해결책을 모색해야 한다.

### 2) 지시(directives)

성인학습에서 상담자는 학습자에게 간혹 무엇을 하라고 지시할 필요가 있다. 상담자가 학습자에게 지시하는 것을 꺼리기도 하지만 이는 때로는 유용한 성인학습 상담 방법이 되기도 한다. 이때 직접적 지시는 상담자가 성인학습자에게 지시할 권위가 있을 때 사용하는 것이 좋으나, 충고나 조언처럼 성인학습 상담자가 지시한 내용을 수행하도록 할 때 사용된다. 그러나 상담자의 권위가 약해서 학습자가 지시 내용을 따를 가능성이 없을 때 원하는 변화를 얻기 위해서는 간접적 지시를 한다.

### 3) 전략개방(strategy disclosure)

전략개방은 상담자가 과거에 통찰한 경험을 학습자에게 소개해 주는 자기개방화(self-disclosure)의 한 유형이다. 자기개방화는 상담자의 경력이나 자격 등에 대하여 간접적으로 정보를 드러내기 위해 사용될 수 있다. 이러한 자기개방화는 통찰을 촉진하며, 학습자가 상담자의 개인적 경험을 통해 더 많은 자각을 얻는 것을 목표로 한다. 상담자가 학습자에게 새로운 방향 제시를 하고, 고정관념을 타파하도록 도우며 저항과 도전을 할 수 있도록 사용되는 상담 방법이다. 한편 전략개방은 상담자가 과거에 시도했던 전략을 개방함으로써 학습자에게 적절한 방법을 제안할 수 있다. 그러나 상담자의 감정을 드러내는 것을 목적으로 개방하지 않도록 주의해야 한다.

# 03 성인학습상담자

성인학습상담자는 성인학습자들을 대상으로 교육 욕구를 충족시키기 위해 학습을 안내하고 격려하며 학습자와 교사, 학습자와 학습자가 상호 협력하여 학습 목표를 달성할 수 있도록 조력하는 역할을 한다. 따라서 이들이 상담에 임함에 있어 가져야 하는 자질과 역할을 정의하는 것은 중요하다. 또한 앞으로 상담에 대한 욕구가 더 높아질 것으로 예상하는 상황에서, 이와 관련된 분명한 기준과 체계를 마련하는 것은 정책적 차원에서도 필요하다. 여기서는 성인학습상담자의 자질과 역할을 중점적으로 살펴보고자 한다.

## 1) 성인학습상담자의 자질

성인학습상담자는 성인학습자들을 대상으로 교육 욕구를 충족시키기 위해 학습을 안내하고 격려하며 학습자와 교사, 학습자와 상담자가 상호 협력하여 학습 목표를 달성할 수 있도록 조력한다. 이에 따라 성인학습상담자의 전문적인 자질과 윤리적 책임은 학습자와 밀접하게 관련되어 상담 서비스를 이용하는 학습자의 학습 욕구와 학습 참여에 직접적인 영향을 주기 때문에 중요하게 다루어진다(곽미용, 이용순, 2010). 성인학습상담자는 학습 내용이나 교육과정에 대한 전문적인 지식이 있어야 하며, 학습자의 과제나 요구를 신속하게 파악하고 학습 내용을 계획하고 촉진할 수 있는 원만한 인간관계를 가진 자여야 한다(가영희 외, 2013). 여러 학자는 유능한 상담자가 되기 위해서는 인간적인 자질과 전문적인 자질을 갖추어야 한다고 제안한다. 성인학습상담자의 인간적인 자질과 전문적인 자질을 나누어 살펴보면 다음과 같다(나항진 외, 2016).

첫째, 성인학습상담자의 인간적인 자질이다. 상담자는 문제를 해결하기 위해 다양한 방법과 기법을 사용한다. 그러나 학습자가 겪고 있는 문제의 의미와 상황을 이해하고 판단하지 못한다면 문제해결 자체가 어렵게 된다. 상담자는 자신을 이해하는 만큼 학습자를 이해할 수 있고, 자신의 문제를 해결할 수 있는 만큼 학습자의 문제를 해결하고 성장시킬 수 있다. 또한 상담자는 성숙한 개인으로 인간적 자질을 갖추고 학습자에게 본보기가 되도록 노력을 해야 한다. 상담을 담당하는 성인학습상담자가 갖추어야 할 인간적 자질은 인간에 대한 깊은 이해와 신뢰, 자기성찰과 자기수용, 개방적 태도, 정직과 성실, 심리적 안정감, 민감성이다.

둘째, 성인학습상담자의 전문적인 자질이다. 상담이라는 전문적인 활동을 하는 데 요구되는 지식과 기술을 말한다. 상담 활동은 상담 기법에 관한 지식을 토대로 하지만 단순히 아는 수준의 지식과 기술이 아닌 이론과 기법을 상담 과정에서 적절하게 개입하고 적절한 판단을 할 수 있는 능력을 필요로 한다. 학습 상담은 학습자의 심리적 문제를 경감시켜 주고 성장과 발달을 촉진하는 목표를 갖는다. 이 목표를 달성하기 위해서는 상담에 필요한 지식과 경험 또는 이해를 제대로 갖추는 전문적 자질이 필요하다. 성인학습상담자 갖춰야 할 전문적인 자질은 상담이론에 대한 이해, 상담의 방법과 절차이해, 상담 실습 경험, 정보 분석 능력, 상담자의 권위와 전문성, 책임과 윤리의 이해다.

### 2) 성인학습상담자의 역할

사회적으로 성인학습자가 급증하면서, 심리 · 사회적 학업 장벽으로 학습 적응에 어려움을 겪고 있는 성인학습자에게 학습활동 적응과 지속적인 학습을 소력하기 위해서는 성인학습상담자의 개입이 필요하다(박지현, 2015). 다양한 성인학습자들을 만나는 성인학습상담자는 성인들의 학습 과정에 있어서 교사 중심이 아닌 학습자 중심의 교육 활동이 이루어지도록 학습 환경 및 분위기를 조성해야 한다. 또한 성인학습자가 문제해결 과정에서 유익한 정보 및 자료들을 제공해 주고 학습자의 욕구나 필요를 충족시켜 지속적인 학습 참여 및 동기유발을 위해 상황에 맞는 경험을 제공해 주는 역할을 수행해야 한다(가영희 외, 2013). 성인학습상담자의 핵심적인 역할을 정리해 보면 다음과 같다(조성연 외, 2010; 송재홍, 2016).

첫째, 자원 제공자로 학습자가 자기주도적인 학습 역량을 개발하도록 지원하는 것이다. 자원 제공자란 학습 과정에서 학습자가 활용할 수 있는 정보와 자원을 제공하는 역할을 뜻한다. 학습자의 요구를 파악하고 목표달성에 필요한 정보를 제공하여 학습을 도와 학습 과정에서 효율적으로 계획하고 관리하며, 자신의 학습을 조절할 수 있는 능력을 개발하도록 지원해야 한다.

둘째, 성인학습자들의 학습 촉진을 위한 프로그램 개발자와 연구자의 역할은 정보 분석 능력으로 제공되는 정보는 신뢰할 수 있는 최신의 것이어야 하며 필요한 적절한 정보를 선택하여 제공할 수 있어야 한다. 전문가로서 소임을 다하고 자신의 전문성을 신뢰하며 책임감 있고 당당하도록 노력해야 한다. 학습자의 이익과 안전에 위배되는 행동을 해서는 안 되며, 비밀을 보장해주고 상담자의 권위와 지위를 이용해 학습자를 이용하지 않으며, 학습자의 진로발달을 촉진하고 생애 설계 과정을 지원하며 안내하는 일이다. 학습자가 급변하는 직업 세계의 변화에 적응하고 성인학습자들의 새로운 경력 개발을 위한 평생학습 프로그램을 개발해야 한다. 대부분의 성인학습자들은 현재의 직업을 유지하면서 삶의 또 다른 의미를 추구하고 인생을 성찰하기 위한 프로그램을 찾는다. 그러므로 성인학습자가 진로전환에 따른 심리적 부담과 진로장벽을 탐색하고 극복하도록 조력해야 한다. 성인학습자들을 위한 학습전략 프로그램이나 진로개발 프로그램 등을 개발하고 학문적·실험적 연구를 통해 학습자의 효율적인 문제해결 방안들을 찾아내야 한다.

셋째, 학습자가 내적·외적 발달자산을 증식하고 확충하도록 지원하는 역할이다. 발달자산은 학습자가 심리적 안정감을 느끼고 학습에 전념할 수 있게 하여 긍정적이고 타인을 배려하며 책임감 있는 사람으로 성장하도록 도와주는 것을 의미한다. 학습자가 계속된 발달을 성취하는 데 필요한 긍정적인 자산을 축적하고 성장할 수 있도록 지원하고, 역량을 강화하여 문제행동은 줄이고 긍정적인 행동은 증가하도록 실용적이며 확실한 지원을 제공해야 한다.

넷째, 학습자의 학습과 수행 과정에서 발생하는 스트레스를 관리하고 회복탄력성을 증진하도록 지원하는 일이다. 성인학습에 있어서 학습자는 다중의 역할 갈등으로 부정적 정서조절의 어려움과 스트레스를 받고 있으므로 성장과 변화를 지탱해 주는 역할을 해야 한다. 상담자는 성인학습자가 어려움과 문제를 해결하는 과정에서, 자신의 경험을 바탕으로 주도적으로 해결책을 찾아서 학습을 지속하고 성장할 수 있도록 도와주는 역할을 해야 한다.

다섯째, 인간발달과 심리교육 전문가로서의 역할을 수행하는 일이다. 성인학습상담자는 다양한 생애발달이론에 기초하여 단계별 심리교육 프로그램을 개발하여 보급할 필요가 있다. 아동기, 청소년기의 발달단계와 달리 성인기의 성인학습자는 공동체적 감성 리더십을 개발하여 직장 동료나 가족 간의 관계 증진을 위한 노력이 요구된다. 또한 노년기에는 은퇴 적응과 인생 회고 및 정리를 위해 적절한 교육과 지도가 필요하다. 따라서 상담자는 성인학습자가 각자의 발달단계에 따른 과업을 성공적으로 학습하고 완수할 수 있도록 지원해야 한다.

여섯째, 성인학습자의 학습을 관리하고 협력적인 학습공동체의 육성을 지원하는 일이다. 대부분의 성인학습자들은 자신의 학습을 구조화하여 주도적으로 진행하는 데 어려움이 있다. 이때 상담지는 학습관리자로서 사회적 네트워크의 협력적 힘을 통해 효율적으로 학습 목표를 달성할 수 있도록 도와줄 필요가 있다. 그러나 개인주의적인 경쟁 학습 구조는 협력적인 학습공동체를 육성하는 데 방해가 될 수 있다. 따라서 상담자는 경쟁적인 학습을 지양하고 협력적인 학습공동체를 육성하는 일에 참여하도록 지원해야 한다.

## 04 성인진로상담



현재 우리나라는 '진로상담'과 '직업상담'이라는 용어는 상이하게 쓰이고 있어 '진로상담'은 주로 중, 고, 대학의 학교현장에서 실시하고, '직업상담'은 개인의 입직시점과 관련되어 직업안정기관이나 훈련기관 등에서 행해지는 것으로 되어있다. 그러나 진로상담이 직업상담의 영역을 포함함을 알 수 있으며, 미국진로개발협회(NCDA)에서 제시한 진로상담자의 역할에도 직무와 그 적응에 이르는 부분까지를 아우르고 있어(직업상담연구소, 2018). 따라서 직업상담과 구분된 진로상담의 의미로 쓰기보다 직업상담을 포함한 개념의 '진로상담'으로 설정하며 일생 동안 이루어지는 진로 발달과 선택, 진로 적응과 전환까지를 포함하는 의미로 정의하고자 한다.

진로상담의 영역을 설명함에 있어 김병숙(2010)은 진로계획과 의사결정, 진로준비를 위한 일반상담, 진로전환을 위한 진로수정 상담, 진로발달에 대한 진로문제치료로 보았고, 직업상담의 영역은 직업선택의 의사결정과 직업준비를 위한 직업일반상담, 취업을 위한 취업상담, 취업 후 적응을 위한 직업적응상담, 직업전환을 위한 직업전환상담, 건강한 직업생활을 유지하기 위한 직업건강상담, 진로발달과 직업문제를 치료하는 직업문제치료와 퇴직 후 은퇴상담 등으로 분류하여 제시하였다. 또한 피츠제럴드와 라운즈(Fizgerald & Rounds, 1989)는 내담자의 상황에 중점을 둔 구분으로 입직 전과 입직 후로 나누었으며 의사결정, 분석(analysis), 중개(intervention) 등은 입직 전에 두고, 잡서치(job search), 관계네트워크, 스트레스대처(coping), 조정개발, 직장공정성, 측정, 개인 연습 등의 개념을 입직 후에 두며 경력개발과 리더십 등은 입직 전과 후의 경계에 두었다.

아울러 직업의 정의를 살펴보면, 직업(Occupation)은 '유사한 직무의 집합'으로 정의되며 유사한 직무란 '주어진 업무와 과업이 매우 높은 유사성을 갖는 것'이고, 직무(Job)는 '자영업을 포함하여 특정한 고용주를 위해 개별 종사자들이 수행하거나 또는 수행해야 할 일련의 업무와 과업'을 칭한다(한국표준직업분류, 2017). 한국표준직업분류에서는 '포괄적인 업무', 즉 서로 상관성이 있는 여러 직무를 함께 하고 있는 직업에 대해 '포괄적인 업무의 분류 원칙'을 두고 있는데 '주된 업무 우선의 원칙'은 2개 이상의 직무를 수행하는 경우, 수행되는 직무내용들을 수적으로 비교하여 상관성이 가장 많은 항목에 분류하도록 하고 있다.

## 05 진로상담 이론

Adult Learning and Counseling

진로상담과 관련한 이론들로는 진로발달을 설명하는 슈퍼(Super)의 진로발달이론, 진로선택과 준비행동을 설명하는 사회인지진로이론, 사비카스(Savickas)의 구성주의 진로발달이론, 개인의 특성과 직업의 매칭을 주장하는 특성요인이론, 개인의 흥미를 구분하여 직업과 연결하는 홀랜드(Halland) 흥미이론, 직업적응을 경험적으로 연구한 데이비스와 롭퀴스트(Davis & Lopquist)의 직업적응이론 등이 있으며, 성인기를 이해하기 위해 몇 가지 이론을 살펴보았다.

Super의 진로발달이론에서 Super는 진로발달의 과정을 자아개념의 발달과정이라고 하면서 연령에 따라 진로성숙의 단계를 성장기, 탐색기, 확립기, 유지기, 쇠퇴기로 나누어 설명하였다(황매향 외, 2013).

성장기는 출생에서 14세까지이며 진로에 대해 욕구와 환상이 지배적인 단계이며, 탐색기는 15세에서 24세까지로 학교생활과 여가활동에 따라 잠정적 진로를 선택하고 시도해 보는 나이이다. 확립기는 25세에서 44세로 자신에게 적합한 분야를 발견하고 종사하는 시기이며, 유지기는 45세에서 65세로 안정적 직업 위치가 확보되면서 이를 유지해나가는 단계이다. 쇠퇴기는 65세 이후의 은퇴기를 말하며 다른 새로운 역할과 활동을 찾으려는 시기이다. 확립기 이후가 진로발달면에서 직업적 안정이 추구되는 시기이고 탐색기까지는 진로교육의 일환으로 주로 학교에서 다루어지는 대상이므로 '성인기'는 확립기 이후로 보고 이 시기에 주목한 진로상담연구를 다루려 하며 이는 대학생 대상 연구를 연구에서 제외하고 성인기 대상연구에 집중하려는 시도이나 학생이 아닌 '성인 초기'의 청년구직자나 '군인' 등 대상연구는 포함하였다. 또한 Super는 이러한 진로발달 과정을 다른 생애역할들 속에서 함께 이해하려 하였는데, 자녀, 학생, 배우자, 직업인, 시민, 여가인 등이 그것으로 생애진로무지개는 6개의 주요한 역할과 진로성숙의 과정이 함께하는 개념으로 만들어져 있다. '생애공간이론'에서는 시간과 공간을 엮어 진로를 설명하고 있으며 개인이 동시에 여러 가지 생애역할을 수행하기도 하고, 어떤 역할들이 한 시점에 특별히 더 강조되기도 한다고 하였으며 같은 맥락에서 분류 범주의 하나인 일과 일 외적 상관 주제와도 연관된다. 이러한 전 생애적, 공간적 접근을 포괄적으로 나타낸 것이 '생애진로무지개'인데 진로성숙을 시간적 배경으로, 각각의 역할이 두드러지는 시기를 표현하고 있으며, 성인기라 할 수 있는 확립기 이후를 보면 자녀, 학생, 여가인, 시민, 직업인, 배우자 등 주요역할이 모두 수행되고 있어 진로발달의 관점에서 많은 것이 고려되어야 하는 시기임을 알 수 있다.

이후 후기진로발달이론에서 일부의 내용을 수정하게 되는데 성장기, 탐색기, 확립기, 유지기, 쇠퇴기는 인간의 일생을 따라 대주기로 흘러가지만, 모두 가 같지 않으며, 여건과 필요에 따라 전 단계로 다시 돌아가 재순환하는 소주기가 존재함을 설명한다. 이는 현대 산업사회의 발전으로 한 가지 일을 평생 계속하기보다 적절한 시기에 다른 일을 찾거나 찾을 수밖에 없는 상황을 연구에 포함한 것이며 노동여건의 변화와 4차산업혁명의 도래로 야기되는 성인기의 직업전환, 다양한 경력계발의 시도를 설명하는 이론이기도 하다.

데이비스와 로프퀴스트(Dawis & Lofquist)의 직업적응이론은 성인기의 직업생활과 관련하여 개인과 환경 간의 상호적인 욕구충족을 강조하는 이론이며 '개인 · 환경 조화상담'이라고도 한다. 직업을 가지려는 개인은 다양한 욕구를 가지는 데 환경이 이를 충족시켜 줄 보상, 즉 강화인을 가지고 있으면서, 개인이 가진 능력이 환경에서의 요구와도 맞을 때 조화상태라고 할 수 있으며 재직으로 이어진다는 내용이다.

또한 개인과 환경은 끊임없이 변화하는 상황 속에서 각각의 욕구와 요구조건이 변화하기도 하는데 이때 개인과 환경은 이를 맞추어 보려는 노력을 하여 재직을 이어가기도 하고 떠나기도 한다는 이론이며, 개인의 욕구를 알아보기 위해 MIQ(Minnesota Importance Questionnaire)가 활용된다(정옥경, 2012). 개인의 욕구충족과 관련하여 직무만족과 불만족의 개념과도 연관되며 직업적응과 관련하여 성인기 진로상담 대상에게 충분히 중요한 주제로 볼 수 있다.

사회인지진로이론은 진로선택과 준비 행동의 과정을 폭넓게 보여주는 진로발달 모형이며, 개인이 타고난 능력과 함께 환경적 사건과 학습경험 등의 요소들에 대한 개인의 인지적 해석을 중요하게 본다. 이 이론은 여성이 왜 보다 다양하고 넓은 범위의 진로를 선택하지 못하는가에 대한 관심에서 시작되었으며 진로에 대한 신념이 만들어지는 학습의 과정과 신념이 진로의사결정과 진로준비 행동에 미치는 영향을 설명하려 한다. 렌트, 브라운, 해켓 등(Lent, Brown, Hackett et al.)이 1993년에 수립한 진로발달 모형은 개인적 배경, 환경적 배경, 학습경험, 자기효능감, 결과기대가 흥미 발달과 목표 수립, 행동에 영향을 준다는 것인데 개인적 배경 즉 개인적 변인은 성별과 인종/민족, 신체적 건강, 등이며 환경적 변인 즉 맥락적 변인은 사회경제적 지위, 가족 역동 등을 포함하고 있다(황매향 외, 2013).

사비카스(Savickas)의 구성주의 진로발달이론은 슈퍼(Super)의 진로발달 이론의 주요개념들을 재개념화한 이론이며, 개인이 자신의 진로 관련한 행동과 직업적 경험에 의미를 부여하면서 스스로의 진로를 구성한다고 보았다. 그러므로 기존의 실재하는 사실을 탐색하여 진로를 결정하는 것이 아닌 개인의 경험에 대한 의미를 만들어 가면서 진로가 결정된다고 하였다(황매향 외, 2013).

진로발달은 환경에 적응하는 과정을 통해 이루어지는 것이지 개인 내적인 요인이 성숙하면서 이루어지는 것이 아니며, 저절로 발달하는 것이 아닌 개인의 구성에 의해서 발달하는 것이다. 구성주의 발달이론의 특성을 보여주는 개념 주제는 다음과 같다.

첫째, 사회는 사회적 역할을 통해 개인의 삶의 과정을 구성한다.

둘째, 직업은 핵심적인 역할을 부여하고 성격 조직의 중심이 된다.

셋째, 개인의 진로유형은 부모의 사회경제적 지위와 교육 수준, 능력, 성격, 자아개념, 기회에 대한 적응능력에 달려 있다.

넷째, 진로구성과정이란 직업적 자아개념의 발달 및 실현의 과정이다.

또한 직업적 성격을 이해하는 데에도 그 직업을 경험한 개인의 관점을 중요시하며 자신과 직업 세계에 대해 내담자가 가지고 있는 주관적 해석을 탐색하여 내담자의 직업적 성격을 이해하려 한다. 개인의 진로 주제는 그것을 담고 있는 개인의 '진로이야기'라고 설정하며 내담자의 여러 가지 진로이야기를 모아 생애 주제를 찾아 나가는 과정이 상담의 과정이 된다(Savickas, 2016). '진로적응도'는 현대산업사회가 겪고 있는 많은 변화, 즉 고용의 변화, 직종과 직무구조의 변화와 직업능력의 변화 등에 잘 적응할 수 있는 능력을 말하며, 개인의 입장에서 당면한 진로발달과업, 직업의 전환, 마음속 상처의 극복 등을 위해 개인의 준비와 자원을 의미한다. 청소년기는 일에 관한 경험이 미흡하여 개인의 특성을 발견하여 이를 진로와 연결하는 것이 주효할 수 있겠으나, 성인기는 일의 경험, 일 외의 다양한 상황이 유기적으로 진로에 영향을 주고 있어 이 시기의 진로발달을 설명하는 데 참고할 수 있을 것이다.

제 9 장

# 성인상담의 이해

01 정신분석적 접근
02 인간중심적 접근
03 분석심리적 접근
04 개인심리적 접근
05 게슈탈트적 접근
06 해결중심적 접근
07 긍정심리학적 접근

# 01 정신분석적 접근

프로이트는 인간의 성격 형성 과정과 정신구조를 체계화하였다. 그는 인간 행동의 동기와 무의식을 규명하였고, 생애 초기의 경험이 인간의 성격형성에 미치는 영향을 밝힘으로써 심리학의 새로운 지평을 열었다.

인간행동은 기본적인 생물학적 충동과 본능을 만족시키려는 욕동(drive)에 의해 동기화된다. 이것은 인간행동의 비합리적인 힘, 무의식적인 동기, 생물학적 그리고 생애 초기의 심리성적 발달에 의해 전개되는 본능적 충동에 의해 결정된다.

## 1) 주요 개념

생후 6년 동안은 의식과 무의식의 사이에서 갈등을 겪게 되는데 의식세계에서의 갈등, 불안, 개인이 수용하기 어려운 경험에 의해 원초아, 자아, 초자아의 상호작용으로 성격이 형성된다. 즉, 정신분석적 상담 과정을 통해 무의식을 의식화하여 자신의 행동과 욕구를 통찰하고 갈등을 해결하고 현실에서 적용 가능한 방식으로 행동을 변화시킨다.

### (1) 리비도(libido)

리비도는 정신에너지로 전 생애에 걸쳐서 다양한 쾌락을 추구하며 리비도가 어디에 고착되는가에 따라 발달단계가 달라진다. 즉, 리비도는 에너지가 신체의 한 부분에 점유되는 형태로 나타나는데 예를 들어, 구강에 집중되는 경우에는 구강의 욕구 충족과 만족이 인간행동의 동기가 된다.

### (2) 원초아(id)

원초아는 본능적인 충동에 의해 생기는 정신에너지(psychic energy)를 즉각적으로 방출하기 때문에 충동적이고 자기중심적인 특성을 지닌다. 원초아는 대부분 인식되지 않으며 무의식적 과정에 의해 행동으로 표출된다.

### (3) 자아(ego)

자아는 현실 원리에 의해 움직이며 원초아의 욕구를 현실세계와 연결지어 판단하고 외부와 자기 자신의 관계를 중재한다. 또한 현실적 상황과 조건을 초자아의 제약에 맞추어서 현실 원리에 따라 본능의 욕구를 표현하고 만족시킨다.

### (4) 초자아(superego)

초자아는 개인의 사회화 과정을 통해서 발달하는 것으로 사회적 규범, 행동기준이 내면화된 것을 말한다. 초자아는 부모에게서 계승되는 전통적인 가치나 도덕적 판단, 사회의 이상 등을 나타내게 되고 어린 시절 부모, 교사 그리고 주변의 인물들과 상호작용하는 과정에서 형성된다.

### (5) 의식(consciousness)

의식은 현재 직접 경험하고 있는 심적 현상이다. 의식은 인간의 지식, 감정, 의지라는 일체의 활동을 포함하고, 물질세계의 반영으로서 생긴 산물이다. 의식은 한 개인이 현재 각성하고 있는 모든 행위와 감정을 포함한다.

### (6) 전의식(preconsciousness)

전의식은 이용 가능한 기억으로 불리는데 이것은 조금만 노력을 기울이면 의식으로 떠올릴 수 있는 생각이나 감정을 말한다.

### (7) 무의식(unconsciousness)

무의식은 인간행동의 동기가 되며 무의식의 내용은 개인이나 사회에서 허용하기 어려운 생각이나 감정, 충동이 억압된 것이다.

## 2) 성격발달 5단계

### (1) 구강기(oral stage: 출생부터 약 18개월까지)

리비도가 구강에 집중되는 시기로 빠는 행동(구강 전기)과 씹거나 깨무는 행동(구강 후기)으로 쾌감을 얻는다. 이 시기는 유아가 빨기 행동을 통해서 성적 만족을 충족시키고 이것이 충족되지 못하면 구강기에 고착(oral fixation)이 되며 성격 형성에 영향을 미친다.

### (2) 항문기(anal stage: 2~3세)

항문기는 배변훈련을 통해 독립성, 개인의 힘, 자율감을 획득하고 부정적 감정을 수용하고 처리하는 방법을 배운다. 항문기는 대변을 참거나 배설하는 행위를 통해 쾌락을 충족시키기 때문에 주 양육자의 배변훈련 양상이 자녀의 성격을 특징짓는 요인이 된다.

### (3) 남근기(phallic stage: 3~5세)

남근기는 초자아를 형성하게 되는 시기이다. 남근기는 성적 에너지가 더 강해지고 적극적인 모습을 보인다. 남근기는 이성 부모에게 무의식적인 근친상간 욕구(오이디푸스 콤플렉스, 엘렉트라 콤플렉스)를 느끼는 시기이다.

### (4) 잠재기(latency state: 7, 8세~청소년기)

잠재기는 성격 구조(원초아, 자아, 초자아)가 공고해지면서 학동기에 접어들어 다른 사람과의 관계를 중요하게 여기는 관계 형성에 집중하는 에너지를 사용한다.

#### (5) 생식기(genital state: 청소년기 이후)

생식기관의 성숙과 이차성징이 나타나면서 이성에 대한 관심과 성적 충동이 다시 증가한다. 사춘기의 생리적 변화의 결과라 할 수 있다. 정액 분비와 월경의 시작으로 아이를 낳을 수 있는 신체적 기능을 갖추게 된다.

### 3) 방어기제

#### (1) 합리화(rationalization)

합리화는 자기 행동과 생각의 진정한 이유나 동기를 감추고 그럴듯한 이유로 합리화하는 것이다.

#### (2) 억압(repression)

억압은 불안을 회피하는 가장 기본적이고 직접적인 방식이다. 용납할 수 없는 충동을 자아가 완전히 차단하여 의식할 수 없게 억압한다.

#### (3) 동일시(identification)

동일시는 자아가 약하여 의식의 기능을 강화하고자 할 때, 다른 사람의 태도, 신념, 가치 등을 자기 것으로 택하여 다른 사람의 특성을 자신의 성격에 흡수하는 것이다.

#### (4) 투사(projection)

투사는 자신이 받아들일 수 없는 충동이나 태도, 행동 등을 다른 사람이나 환경 탓으로 돌리는 것이다.

### (5) 부정(denial)

부정은 현실을 왜곡하는 다른 방어기제와 달리 현실 자체를 부정하는 것이다. 억압이 자신의 충동에 초점을 맞춘 것과는 반대로 부정은 외부 세계의 현실에 초점을 맞추어 부정한다.

### (6) 반동형성(reaction formation)

반동형성은 사회적으로 용인될 수 없는 충동의 표출을 막기 위해 그 충동을 의식수준에서 억압하여 완전히 정반대로 나타내는 것이다.

### (7) 전이(displacement)

전이는 높은 수준의 불안을 해소하기 위해 위협적인 대상보다 약한 대상에게 자신의 충동이나 감정을 해소하는 것이다.

### (8) 고착(fixation)

고착은 성격발달의 단계를 거치는 과정에서 어느 일정한 단계의 좌절이나 불안이 지나치면 해결하기 더 힘든 다음 단계로 이동하기보다는 현재의 발달수준에 머무는 것이다.

### (9) 퇴행(regression)

퇴행은 현재의 과제에 대한 불안이 지나치거나 좌절이 두려워 이전 발달단계로 다시 돌아가 미성숙하고 부적절한 행동을 통해 불안을 극복하려는 태도를 말한다.

### (10) 감정의 고립(isolation of affect)

감정의 고립은 충격적인 기억이나 사건에서 오는 극도의 불안을 감소시키기 위해 그것에 대한 사실 인지에서 감정을 분리시키는 것이다.

#### (11) 취소(undoing)

취소는 수용할 수 없는 생각이 떠오를 때 이를 해소하기 위해 상징적 행동을 수반한 마술적 생각을 하는 것을 말한다.

#### (12) 신체화(somatization)

신체화는 불안이나 내적 충동이 올라올 때 신체적인 반응 감정을 은폐하는 행위이다. 신체화는 고통스러운 감정을 신체적 고통으로 변형시키는 것으로 받아들일 수 없는 감정이나 걱정, 염려 등을 항상 신체적 고통으로 호소하면서 주변의 동정이나 관심을 집중시킬 수 있다.

#### (13) 승화(sublimation)

승화는 본능이 신경증적인 행동으로 전이되지 않고, 오히려 사회적으로 바람직한 행동으로 나타나는 것을 말한다.



## 02 인간중심적 접근

### 1) 주요 개념

인간중심상담이론은 1940년대에 로저스에 의해 시작된 후 계속 발전하여 적용되고 있다. 로저스는 인간중심상담을 허용적, 수용적인 분위기를 강조하는 비지시적(non-directive) 상담이라고 하였다. 내담자의 자기감정 인식을 상담의 목표로 하고 언어적·비언어적 표현을 반영하고 명료화하는 데 초점을 두었다. 인간중심 상담에서의 유기체는 자기실현을 하려는 욕구를 가진 인간을 뜻한다. 유기체는 자기실현의 동기를 지니고 사고와 감정을 가지고 행동할 뿐만 아니라 자기 자신에 대해 지각할 수 있다.

### (1) 현상학적인 장

유기체가 내적, 외적으로 경험하는 주관적 실제를 말한다. 유기체가 중요하다고 여기는 것은 객관적인 외적 현실이 아니라 그가 지각한 내용으로서의 주관적인 현실이다.

### (2) 자아

타인과의 상호작용을 통해 개인의 전체 현상학적 장 또는 지각적 장으로부터 분화된 부분이다. 이것은 타인이 대상의 행동을 어떻게 지각하고 그것에 어떻게 반응하는가의 결과로서 '나'라는 개념이 형성된다.

### (3) 심리적 문제

타인으로부터 인정받고자 하는 긍정적인 자기존중의 욕구와 자신이 경험하는 타인의 평가 간에 불일치가 커지면 불안을 경험하게 되는데 이것이 심리적 문제를 일으키게 된다.

### (4) 관계

인간의 자기실현은 유기체의 현상학적 장에 자신을 있는 그대로 수용해주며 존중해 주는 관계 속에서 이루어진다.

### (5) 완전하게 기능하는 사람

인간중심상담이론에서 성격은 살아가는 동안 계속 변화될 수 있다고 본다. 성격이 잘 형성되면 자아 기능이 향상되고, 신체적 측면과 정신적 측면의 기능이 일치되어 현상학적인 장에서 완전하게 기능할 수 있게 된다.

인간중심 상담에서는 내담자가 현재 봉착하고 있는 문제의 해결에 초점을 두기보다는 그가 완전히 기능하는 인간이 되도록 돕는다. 즉, 스스로를 신뢰하고 내적인 준거에 의해 자신을 평가하며 자기실현을 하려는 사람이 되도록 하는 것을 상담의 목표로 삼는다.

#### 가. 진실성

진실성은 상담 관계에서 경험하는 자신의 감정이나 태도를 있는 그대로 인정하거나 솔직하게 표현하는 상담자의 태도를 말한다.

#### 나. 무조건적인 긍정적 관심

내담자가 어떤 감정이나 태도를 가지고 있든 간에 무조건적이고 긍정적이며 수용적인 태도로 대한다.

#### 다. 공감적 이해

상담자가 내담자의 내면을 마치 자신의 내면세계인 것처럼 느끼게 되는 것을 말한다. 정확한 공감적 이해는 내담자가 있는 그대로의 자신에게 접근할 수 있도록 격려하고 자신의 존재와 경험 간의 불일치성을 인지할 수 있도록 한다.

### (6) 단순한 수용

내담자와의 대화에서 내담자를 격려하는 언어적 혹은 비언어적 반응이다. 내담자의 정서나 신념 등을 아무 비판 없이 수용한다.

### (7) 반영

반영은 내담자의 메시지에 담겨 있는 정서를 해석하여 되돌려 주어 내담자의 자기 인식을 돕는다. 내담자의 메시지 가운데 내용과 정서가 명확히 구분되는 것은 아니지만 정서에 초점을 맞추어 되돌려 준다.

### (8) 명료화

내담자가 전달하려는 바를 잘 이해하지 못했을 때나 표현하는 내용을 더 정교하게 정확히 점검하고 싶을 때 명료화를 사용한다.

### (9) 개방 질문

내담자의 감정, 사건, 경험을 더 깊이 공감하고 파악하기 위해 사용한다.

개방적 질문은 내담자에게 함께 나누는 이야기와 상황이 중요하다는 것을 나타내 주며, 구체적으로 내담자 스스로 자기탐색을 할 수 있게 한다.

### (10) 직면하기

직면은 내담자가 대화 속에서 모순, 불일치, 왜곡, 변명, 회피 등 각종 방어기제 등을 사용하여 자신을 은폐하려 할 때 사용한다.

### (11) 자기노출

상담자가 자신에 대한 어떤 것을 내담자에게 공개하여 내담자가 그것을 공유하게 하는 것이다. 자기노출을 통해 상담자는 자신의 경험, 생각, 가치, 느낌, 태도 그리고 여러 가지 정보를 내담자에게 드러내 보인다.

### (12) 지금-여기(here and now)

흔히 내담자는 현재 자신이 대인관계에서 겪는 문제에 직접 부딪치기보다는 과거에 집착하는 경향이 있다. 상담과정에서 지금-여기를 충분히 경험하는 것은 긍정적 효과를 가져올 수 있다.

### (13) 침묵과 침묵 벗어나기

내담자가 열심히 자신을 표현하고 있거나, 특별히 응대할 내용이 떠오르지 않을 때, 몸짓으로 대화하는 것이 바람직하다고 생각될 때 침묵을 지키며 내담자의 이야기 속으로 몰입해 들어갈 수 있다.



## 03 분석심리적 접근

분석심리학은 인간 정신의 구조를 의식과 무의식으로 구분하고 나아가 무의식을 개인무의식과 집단무의식으로 세분화한다. 먼저 의식은 자아(ego)에 의해 지배되는 부분으로 인간이 자신을 외부에 표현하고 외부 현실을 인식하는 기능을 한다.

개성화란 생애 전체에 걸친 과정으로서 개인이 심리적으로 분할할 수 없는 개별적인 존재 또는 전체(whole)가 되는 것을 말한다(Jung, 1961). 개성화는 원래의 구조 안에 잠재된 가능성을 의식에서 사용할 수 있게 하고 긴장 안에 내재된 상반된 요소들을 서로 화해시키거나 조절할 수 있게 하는 과정이다. 즉, 개성화는 보편적인 인간 과정이며 인류는 상징, 종교 제도와 의례 등을 통해서 이 개성화 과정에서 발생하는 심리적 문제를 다루어 왔다.

## 1) 집단무의식

무의식은 개인무의식과 집단무의식이라는 두 측면으로 나누어진다. 개인무의식은 좀 더 표면적이며 억압된 경험으로 구성되는데 여기에는 아주 희미한 의식 경험이거나 의식으로 수용하기에는 너무나 고통스러운 경험이 포함된다. 개인무의식에는 콤플렉스가 포함되는데 이것은 정동으로 충전된 원형적 핵들을 둘러싸고 형성된 생각, 감정, 행동, 경험들이 포함된다.

집단무의식에는 꿈, 환상 그리고 다른 창조적 경험들이 있으며 그 형태는 모든 사람에게 있어서 유사하고 인간이 언제나 겪어온 선과 악, 권력, 성(性), 출생과 죽음과 같은 중심 주제들과 연관되어 있다.

## 2) 원형

원형은 타고난 심리적 행동 유형으로서 본능과 연결되어 있으며, 활성화될 경우 행동과 정서로 나타난다. 원형은 출생, 재생, 죽음, 권력, 마법, 영웅, 어린이, 고아, 사기꾼, 현자, 신, 악마, 어머니, 대지, 거인, 해와 달 등 문화를 막론하고 나타나는 보편적이며 선험적인 심상들로 상징을 통해 표현된다. 대표적인 원형으로 페르소나, 남성 속의 여성성(아니마), 여성 속의 남성성(아니무스), 그림자, 자기 등이 있다. 원형으로는 페르소나, 아니마/아니무스, 그림자, 자기 등으로 구성되어 있다.

## 3) 페르소나

'가면'을 뜻하는 그리스 언이로 '외적 인격' 또는 '가면을 쓴 인격'을 의미한다. 스위스의 정신과 의사인 칼 구스타프 융은 사람의 마음은 의식과 무의식으로 이루어지며 여기서 그림자와 같은 페르소나는 무의식의 열등한 인격이며 자아의 어두운 면이라고 하였다.

### 4) 그림자

그림자는 자아(ego)나 자기상(self-image)과 반대되는 개념으로 우리 자신이 용납하기 어려운 특질과 감정으로 구성되어 있다. 억압된 약점, 부족한 점, 본능으로 구성된 무의식적 마음의 한 부분인 그림자는 아니마와 아니무스, 페르소나와 함께 원형에 포함된다.

### 5) 아니마

아니마는 '심혼'이라는 뜻으로 의식을 자극하는 무의식의 심리적 실체를 의미한다. 아니마는 아니무스와 더불어 의식과 무의식의 중재자로 언급된다. 융은 모든 사람이 자신의 생물학적 성과 반대되는 성의 특성을 내적 인격으로 지니게 된다고 하였다.

### 6) 아니무스

아니무스는 전반적으로 여성이 무의식적으로 나타내는 남성적 행동에서 확인할 수 있다. 아니무스의 발달단계를 4단계로 구분하였다.

첫째, 단순한 신체적 힘의 구현으로 운동선수, 근육적인 남성을 예로 들 수 있다.

둘째, 주도적이고 계획된 행동을 하는 능력을 지닌 남성 및 낭만적인 남성이다.

셋째, 아니무스의 언어화 단계로 교수나 성직자와 같은 세상의 안내자, 예의 바른 연설가 등을 예로 들 수 있다.

넷째, 의미의 실현으로서 영적 심연의 중재자다.

### 7) 콤플렉스

분석심리학자인 융은 콤플렉스를 무의식에서의 중심점으로 설명하였는데 처음에는 '콤플렉스 심리학'이라고 불렀을 만큼 콤플렉스는 융의 이론에서 중심점이 되었다. 콤플렉스는 사고, 정서, 기억, 감정, 열등감, 승리감, 괴로움을 가지고 자신의 삶에서 한 측면을 중심으로 결정해야 할지도 모른다.

### 8) 꿈 분석

융은 무의식과 직면하여 의식화하는 데 주로 꿈 분석 기법을 사용하였는데 특수적인 방법으로는 그림분석이나 적극적 명상 등이 있다. 융은 성격과 심리학적 기질을 분석을 통해 완전히 객관화시키는 것이 불가능하다고 언급하였다.

### 9) 자기(Self)

자기(self)는 모든 의식과 무의식의 주인으로 전인격적이고 통합적인 정신의 개념이다. 이는 합일된 전체로서 인간 성격의 조화와 통일, 일체성을 위해 노력하는 원형이며 따라서 의식과 무의식의 양극성 사이의 평형점에 위치한다.

### 10) 개성화

개성화를 통해 '있는 그대로의 사람'이 되면 개인의 고유성을 회피하거나 억압하지 않고, 인간의 집단적 사명을 보다 바람직한 방향으로 충족시킬 수 있다. 이러한 의미에서 개성화는 하나의 치유 과정이며, 건강한 사람을 만들어 가는 자기인식의 과정이다. 개성화를 자기화(selfhood) 혹은 자기실현(self-realization)이라고 말할 수도 있다. 인간이 개성화될 때 한 차원 높은 성숙한 관계를 형성할 수 있을 것이다.

# 04 개인심리적 접근

인간은 각자 자신만의 고유한 삶의 목표와 가치를 소유하며 목표에 도달하기 위한 독특한 방식을 가지고 있다. 각 개인에게서 정신과 육체는 분리되어 인식될 수 없고 증상을 포함한 그의 모든 표현은 그의 삶의 총체성 안에서 이해되어야 한다. 즉, '개인'은 단순히 부분과 기능으로 환원될 수 없는 총체이다.

인간은 삶의 완전성을 추구하는 데서 이러한 열등감을 보상하는 방향으로 행동하게 되고 보상은 사회적 관심 정도에 따라 건강한 보상과 병리적인 보상으로 나뉠 수 있다. 무엇보다 개인적 목표를 사회 내 공동체의식 속에서 정립하고 노력할 때 병리적이지 않은 보상이 실현될 수 있다.

## 1) 주요 개념

개인심리학의 주요 개념은 열등감과 보상성, 우월성 추구, 생활양식, 허구적 목적, 공동체성과 사회적 관심, 가족구조와 출생에서의 순위, 삶의 과제 등 변화를 위한 핵심의 요인으로 격려를 강조하였다.

## 2) 상담 과정

개인심리학의 상담 과정은 4단계로 진행된다. 1단계는 내담자가 상담자에게 이해받고 받아들여진다고 느끼도록 내담자와 공감적 관계를 형성하는 관계 형성 단계이다. 2단계는 내담자가 생활양식을 결정하는 동기나 목표, 신념과 정서를 이해할 수 있도록 해 주는 생활양식 탐색 단계이다. 3단계는 내담자의 잘못된 목표와 자기패배적 행동을 자각하도록 도와주는 통찰 단계다. 4단계는 내담자가 문제행동이나 문제상황에 대해서 대안을 고려해 변화를 실행하도록 도와주는 재정향 단계다.

개인심리학의 주요 상담기법으로는 초기 기억 회상, 꿈 분석, 단추 누르기, 수프에 침 뱉기, '마치 ~인 것처럼' 행동하기, 자기포착 하기, 과제 설정하기, 역설 기법, 격려 등이 있다.

### 3) 우월성 추구(Striving for Superiortiy)

아들러의 이론에서 인간의 행동을 동기화하는 힘은 완전성을 추구(stiriving for perfection) 하는 것과 보상성(compensation)이다. 열등감 콤플렉스는 보상 충동을 자극하고 이는 우월성 추구로 나타나며 이는 다시 인생과 인생 과업 해결의 토대가 된다.

### 4) 사회적 관심(Social Interest)

아들러는 인간의 자기완성과 자아실현, 궁극적 행복은 사회적 유대와 결속 안에서 비로소 가능하다고 주장하였다. 사회적 관심은 개인의 완전함에 대한 욕구가 사회의 완전함에 대한 욕구로 대치되며 공공의 이익을 위해 타인과 함께 참여하고 집단에 소속된다는 느낌으로 사람들과 협동하는 것이라 할 수 있다.

### 5) 생활양식(Life Style)

아들러는 한 개인의 성격보다는 생활양식에 대해 주로 이야기하였다. 생활양식이란 삶에 대한 개인의 기본적이고 독특한 지향성을 의미하는 것으로 인생에 대한 시각, 가치, 자기의식, 태도 등으로 구성된다. 이는 사람들의 행동과 사고, 가치관과 태도 등 그 개인의 개별적 주체성과 정체성을 설명하는 기본 도식이다.

### 6) 출생순위

출생순위 자체보다는 출생순위에 수반되는 상황들, 가령 부모의 양육 태도와 자녀에 대한 기대수준, 출생순위에 따라 다르게 경험하는 심리사회적 환경, 그리고 이러한 것들에 대한 개인의 지각이 중요하기 때문에 출생순위에 관한 설명은 절대적이지 않다. 무엇보다도 생물학적 출생순위뿐 아니라 심리적 출생순위가 더 큰 영향을 행사하기 쉽다는 점을 유의해야 한다.



## 05 게슈탈트적 접근

인간은 특정 자극이나 대상을 일부분으로 바라보지 않고 전체성과 완결성에 입각해 유의미한 전체인 '게슈탈트'로 지각한다. 게슈탈트란 통일된 전체로서 부분들과 그것들의 관계를 단순히 합하는 것으로부터는 도출될 수 없는 속성을 가지고 있는 하나의 형태, 윤곽 또는 전체성을 의미한다. 그것은 물리적 구조를 말할 수도 있고, 생리적 및 심리적 기능을 말하거나 상징적인 단위를 말할 수도 있다. 건강한 인간은 자신의 욕구나 감정을 잘 자각해서 하나의 일체된 전체와 행동으로 실행하고 완성한다.

펄스는 다른 인본주의자들처럼 인간을 긍정적이고 능력이 있는 존재로 본다. 정신적으로 건강한 사람은 끊임없이 우리의 관심을 끌고 있는 다양한 환경자극에 의해 혼란에 빠지지 않고 자신의 자각 상태를 유지할 수 있다. 이러한 사람은 자기 자신의 욕구와 그것을 충족시키기 위한 환경적 대안들을 충분하고 분명하게 경험할 수 있다.

### 1) 주요 개념

상호 연관된 부분으로 구성된 견해에 따르면 인간의 신체, 정서, 사고, 감각, 지각 등은 전체로서의 인간을 구성하는 부분들이다. 인간은 각 부분들로 나뉘어 해석될 수 없다. 이는 "전체는 부분의 합보다 크다"는 게슈탈트 이론의 기본 명제를 반영한다.

#### (1) 지각(awareness)

지각 혹은 인식은 지금 현재 나의 몸 안에서 나의 존재와 욕구를 알아차리고 의식하는 것이다. 지금 현재 자신이 무엇을 느끼고 생각하는지, 어떻게 행동하고 있는지, 신체에 무슨 일이 일어나는지 지각한다.

#### (2) 접촉(contact)

사람들은 자각을 얻기 위해 많은 노력을 하는데, 특히 환경과의 접촉이 매우 중요하다. 접촉은 보기, 듣기, 만지기, 이야기하기, 움직이기, 냄새 맡기, 맛보기와 같은 유기체적 기능을 통해 이루어지는 것으로 전경화한 게슈탈트를 해소하기 위해 환경과 만나고 상호작용하는 것이다.

#### (3) 자각과 접촉을 방해하는 요소

인식과 환경과의 접촉이 건강한 성장에 필요한 조건임에도 불구하고 이러한 과정을 방해하는 심리적 역동이 존재한다. 내면세계에서 일어나는 다음과 같은 여러 심리적 역동으로 인해 개인은 자신의 감정과 감각을 제대로 자각하지 못하며 외부 세계와의 적절한 접촉도 하기 어렵다.

### (4) 전경과 배경

인간의 삶과 세상은 유동적이며 항상 변화한다. 사람들은 계속해서 불균형을 경험하고 그때마다 균형을 회복하기 위해 노력한다. 펄스는 이를 명료화하기 위해 전경과 배경이라는 개념을 사용한다. 우리를 둘러싸고 있는 세상은 우리 삶에서 배경이다. 따라서 우리가 경험하는 모든 측면에 전부 주의를 기울이는 것은 불가능하다. 대신에 어떤 특정 상황과 순간에서 우리의 욕구에 따라 특정 요소가 전경으로 나오게 된다.

### (5) 성격층

게슈탈트 상담에서 상담 과정은 종종 내담자가 이 성격층들을 통과해 나가도록 돕는 것이 되는데 성격의 더 건강한 층들을 드러내기 위해 양파 껍질 같은 각각의 층을 벗겨 나가게 된다.

### (6) 지금-여기

게슈탈트 상담의 주요 공헌점 중 하나는 '지금-여기(here-now)'에 대한 강조로서 현재 이 순간을 감지해 완전히 경험하는 것을 중요시하는 것이다.

상담자는 내담자가 현재와 접촉하는 것을 돕기 위해 '왜'라고 묻는 대신에 '무엇을', '어떻게'라는 질문을 해야 한다. '지금-여기'에 대한 자각을 증진시키기 위해 상담자는 내담자에게 "지금 일어나고 있는 일은 무엇입니까?", "지금 진행되고 있는 일은 무엇입니까?", "지금 순간 어떤 생각을 하고 있습니까?", "지금 어떤 감정을 느끼고 있습니까?" 등과 같은 질문을 함으로써 현재의 대화에 참여하도록 해야 한다(Corey, 2001).

### (7) 미해결 과제(unfinished business)

인간은 어떤 욕구가 해결되지 못해 게슈탈트를 완성하지 못하면 미해결 과제를 가지게 된다. 이러한 미해결 과제 혹은 미해결 게슈탈트는 분노, 증오, 고통, 불안, 슬픔, 죄책감, 비통함 등과 같이 부정적인 감정으로 나타난다.

#### (8) 양극성(polarity)

타인의 기대와 사고에 부응하려는 과정에서 개인의 성격이나 본성은 분열되고 소외되며 억압되기 쉽다. 인간의 내면과 양상은 대립한 측면들로 존재한다.



## 06 해결중심적 접근

### 1) 개요

해결중심상담에서는 상담자가 내담자를 이미 자기 문제에 대한 해결책을 가지고 있는 존재로 간주하여 내담자가 상담과정을 거치면서 문제상황이나 부정적인 생각을 스스로 소거하거나 재해석할 수 있도록 한다. 즉, 해결중심상담기법으로는 예외상황의 발견, 장점을 기초로 한 문제상황의 재구성, 척도화 등이 있다. 예외상황의 발견은 문제에 대한 예외를 발견함으로써 문제가 고착된 것이 아님을 깨닫게 하는 것이다.

### 2) 해결중심 상담과정

상담과정은 내담자가 자신이 가진 문제를 해결하려는 의지와 능력을 가지고 스스로 해결책을 찾아 나가도록 도움을 주는 데 주력하도록 한다. 따라서 전통적인 심리상담 치료가 내담자의 문제의 근원이나 원인을 탐색하는 데 중점을 두었던 것과 비교하여 해결중심상담은 문제의 해결과 미래의 모습에 집중하는 데 차이를 나타낸다.

내담자가 자신의 삶에서 변화되었으면 하는 것을 명확하게 인식하도록 하고 그 변화를 이루기 위해 해야 할 일들을 기초로 다양한 계획을 세워 보도록 한다. 해결중심적 접근의 이 같은 치료적 전략은 근본적으로 인간은 건강하고 능력이 있으며 누구나 자신의 문제를 해결할 수 있는 능력이 있다는 믿음을 기초로 하기 때문에 가능한 것이다.



## 07 긍정심리학적 접근

행복은 삶에서 오는 평온함과 안락이다. 경제적 풍요, 지식, 권위, 좋은 날씨가 행복을 보장하지는 않지만 행복은 사랑과 결혼, 가족 유대, 우정, 자존심, 희망 등과 관련이 있는 것을 알 수 있었다. 즉, 행복을 느끼는 정도는 유전적으로 결정되기도 하지만 후천적으로 계발시킬 수 있다고 하였다. 우선 행복해지려면 주변 환경이 안정적이고 자신을 위협하는 조건이 없어야 한다. 심리적 안정감을 위해 명상이나 이완요법 등의 만족스러운 상태로 바꾸려는 노력이 필요하다.

### 1) 몰입의 즐거움(Finding Flow)

칙센트미하이(Csikszentmihalyi)는 인간이 행복감을 느끼는 조건을 제시하였다. 인간은 고대부터 행복해지는 방법과 조건을 연구하였고 현재와 같이 고도로 발달된 문명의 조건에서 물질적인 풍요를 누리고 있지만 행복을 찾기가 쉽지 않다고 하였다. 행복이란 우연하게 찾아오는 것이 아니며 또한 의식적으로 얻기 위해서 노력한다고 해서 얻어지는 것도 아니라고 하였다. 그는 사람의 의식이 작동하고 통제되는 방법의 이해를 통해 자신의 의식을 스스로 조절할 수 있다고 주장한다.

### 2) 행복감

인간은 상황에 쉽게 적응하기 때문에 즐거움을 계속 느끼려면 즐거움을 초래하는 자극이 더욱 커져야 한다. 어제보다 맛있는 음식을 매일 계속 먹을 수 없고 더 좋은 상황을 더 유발할 수 없기 때문에 결국 행복은 주관적 안녕감이라 할 수 있다. 이는 일상생활 직장, 건강, 가족 등에서 삶에 대한 개인의 만족도가 중요하다는 것을 알려준다.

### 3) 낙관주의(Optimism)

낙관은 미래에 대한 긍정적인 생각과 감정으로서 만족감과 즐거움을 높이는데 효과가 있다. 낙관주의는 유전적인 영향을 받으며 인생 전반에 중요한 영향을 미친다. 낙관주의를 지닌 사람은 인생의 긍정적인 면에 초점을 두고 살기 때문에 난관에 부딪혀도 용기와 희망을 잃지 않으며 목표를 이루고자 적극적으로 노력한다.

### 4) 회복탄력성(Resilience)

회복탄력성은 개인이 역경, 트라우마, 위협 등의 스트레스 원인을 만나게 되었을 때 적극적인 행동적응양식을 보여주는 과정이다. 다시 되돌아오는 경향, 회복력, 탄성 등의 특성으로 적응 유연성이라고도 하는 회복탄력성은 스트레스나 역경에 적극적으로 대처하고 시련을 견뎌낼 수 있는 능력이며, 역경이나 어려움 속에서 그 기능수행을 회복한다는 뜻을 가지고 있다.

# 제 10 장

# 성인상담의 기법 및 요소

01 비언어적 소통과 경청
02 반영
03 명료화
04 재진술
05 질문
06 직면
07 해석
08 자기개방
09 즉시성
10 정보제공

상담은 내담자와 상담사의 치료적 관계를 통해 현재의 당면 과제를 해결하고 현실에 적응하도록 도움으로서 합의된 상담목표를 성취해 가는 일련의 과정이다. 이를 위해 이론적 접근을 토대로 주의 깊게 경청하며 내담자의 성장과 발달을 이룬다. 상담에서는 내담자의 자유의지를 존중하며 그의 역량과 잠재력을 계발시키는 것이 최상의 목적이 되므로 내담자를 잘 이해하고 알아주는 것은 매우 중요하다. 실제로 상담장면에서 종결 시기에 상담에서 가장 도움이 된 요소가 무엇인지에 관한 질문에 많은 내담자들은 상담사의 진솔한 태도와 공감, 수용을 이야기하며 자신이 충분히 이해받고 있다. 라는 생각이 들어 지금의 결과를 갖게 되었다고 이야기한다.

상담사는 내담자의 호소문제에 따른 목표를 해결하기 위해 '어떻게 해야 내담자를 도울 수 있을까?'에 집중하며 상담과정에서 가장 적절한 방법으로 내담자로 하여금 자신의 경험을 보다 적극적으로 탐색하도록 돕고자 한다. 이를 통해 내담자는 자신의 삶에 대한 통찰을 얻게 되므로 새로운 행동을 습득하는 데 도움을 얻는다.

Adult Learning and Counseling

## 01 비언어적 소통과 경청

### 1) 비언어적 행동의 정의

비언어적 행동은 소통을 하는 데 사용되는 언어적 표현을 제외한 모든 신호와 단서 등을 말하며 이는 언어적 신호에 의해 해석된다. 비언어적 행동은 의식적으로든 무의식적으로든 언어행동과 상호작용하므로 민감하게 알아차릴 수 있도록 노력해야 한다. 비언어적 행동은 때로 정신장애 증상의 여러 단서가 제공되기도 하며 이후 내담자의 행동을 예측할 수 있는 신호로 반영되기도 한다.

비언어적 행동은 다양한 요소를 동시다발적으로 사용하며 의식의 통제를 덜 받는 자발성을 띈다. 언어행동에 비해 의미가 불명확하고 모호할 수 있어 맥락을 잘 읽어야 할 필요성이 있으며 언어행동과의 불일치로 모순될 가능성에 염두 해야 한다. 또한 비언어적 행동은 성별, 문화적 배경 등에 따라 개인차가 있음을 알고 해석에 유의해야 한다.

## 2) 비언어적 행동의 분류

비언어적 행동은 얼굴표정, 동작, 시선, 태도 등의 신체언어와 사회적 공간에서 소통을 위한 조작된 거리 그리고 언어적 표현에 버금가는 억양 또는 어조와 발성의 요소 등을 다루는 준언어 등이 있다.

### (1) 얼굴 표정

얼굴 표정은 신체언어 중 가장 많은 메시지가 표현되며 감정 상태의 지표로써 비교적 문화적 배경의 영향을 덜 받는 보편적인 비언어적 행동이다.

- 상기된 표정: 경직됨, 불안감, 당혹감
- 부드러운 표정: 안정감, 편안함, 사려 깊음
- 미소: 수줍음, 소극적인, 기분 좋은, 부끄러움
- 동공 확대, 벌린 입: 놀람, 당황스러움, 알아차림, 집중함
- 주름진 이마, 다문 입: 깊은 생각, 저항감
- 꽉 다문 입술: 분노, 적개심, 단호함, 스트레스
- 떨리는 입술: 슬픔, 불안, 염려, 두려움, 공포

- 입술을 깨묾: 분노, 적개심, 좌절감
- 벌어진 입: 놀람, 피로감, 무관심

### (2) 시선접촉

시선접촉은 상담사와 내담자가 대면하여 직접적인 상호 응시를 통해 반영되며 심리적 상태와 함께 정신장애 근거를 확인하는 중요한 비언어적 행동이다.

- 접촉 유지: 편안함, 관심 있음, 신뢰감
- 접촉 결여: 걱정, 불안, 불신감, 위압감
- 고정: 집중과 몰입, 긴장, 경직됨, 정신증 증상
- 회피: 기억 회상, 불안, 두려움
- 곁눈질: 불신, 불안정, 곤혹스러움
- 동공 확대: 놀람, 관심, 알아차림
- 눈 깜박임: 불안감, 흥분감, 편집 증상
- 눈물: 슬픔, 좌절감, 염려, 분노, 두려움/기쁨, 감사

### (3) 머리 움직임

머리를 움직인다는 것은 상담사와의 대화에서 관심사에 대한 동의나 반대 등 자신의 의사를 표현하는 매우 적극적인 비언어적 행동이다.

- 상하로 끄덕임: 동의, 긍정, 집중
- 좌우로 움직임: 반대, 부정, 저항
- 고개 숙임: 우울, 슬픔, 회피, 패배감
- 한쪽으로 기울임: 심사숙고, 회의적, 의심

### (4) 신체동작

신체동작은 몸의 전반적 움직임으로 마음 태도의 지표가 된다. 때에 따라

문화적 배경과 맥락에 따라 해석되어야 하는 비언어적 행동이다.

- 잦은 움직임: 지루함, 정신증 증상, 혼란, 짜증
- 팔짱 낌: 거부, 자기방어, 차단
- 손 떨림: 긴장감, 불안감, 초조함
- 주먹 쥠: 분노감, 협박감, 긴장감
- 다리 꼬기와 풀기의 반복: 불안, 자기방어, 긴장
- 어깨가 처짐: 슬픔, 의기소침, 좌절감

### (5) 자세

자세는 상대에 대한 관심의 정도를 나타내며 몸의 자세는 비교적 잘 보이는 비언어적 행동이다.

- 앞으로 약간 구부림: 관심과 흥미 있음, 집중함
- 뒤로 젖힘: 거부감, 무관심, 철수, 무시
- 옆으로 돌림: 거부감, 자기방어, 두려움, 회피
- 반복적 움직임: 불안감, 정신증 및 발달장애 증상

### (6) 용모

용모에는 인상, 키, 몸무게, 안색, 두발 상태와 옷차림, 건강, 위생, 흉터, 문신, 신체장애 여부 등을 포함한다. 내담자의 용모를 평가할 때 상담사의 선입관이나 고정관념의 틀이 반영되지 않도록 주의해야 하며 내담자의 성별, 연령, 사회경제적 지위 등을 고려해야 한다.

### (7) 눈물

내담자가 상담장면에서 흘리는 눈물은 개인적, 사회적 통념에서 벗어나 보다 자유로운 자신을 경험하도록 돕고 통찰을 계기를 치유를 돕는 강한 정서지표이다. 따라서 상담사는 내담자 눈물의 의미와 원인을 확인하여 상담의 목적을 달성하도록 한다.

#### (8) 근접성

근접성은 내담자가 상담사와 갖는 물리적 거리를 이야기하며 상담실의 크기와 의자 배열 등이 고려된다.

#### (9) 준언어

준언어의 구성요소로는 음성의 높낮이를 말하는 억양과 말의 속도 및 패턴이 있으며 특정 주제나 화제에 관한 이야기 흐름의 정도인 유창성이 있다.

### 3) 경청의 방법

경청은 언어적으로 표현되는 것을 잘 듣는 것을 포함하여 비언어적인 것을 잘 관찰하는 것을 포함한다. 신체적으로 내담자에게 주의집중하는 자세와 행동과 함께 경청하지 않으면 내담자를 이해할 수 없기 때문이다. 상담사는 주의집중을 통해 내담자의 말과 생각, 사고, 정서, 느낌, 감정 등 심리적인 요인을 읽을 수 있다. 경청을 잘하면 내담자와 관련된 핵심 자료를 통해 문제해결을 위한 키를 얻게 되므로 상담사는 내담자의 이야기를 통해 언어적 메시지를 이해하고 비언어적 메시지를 관찰하여 해석하여야 한다. 내담자의 삶의 문제를 함께 공유하고 이해하기 위해 다음에 주목하여 경청해야 한다.

#### (1) 내담자의 언어적 메시지에 주목한다.

내담자의 언어적 메시지를 통해 내담자의 경험과 행동, 정서를 알아차린다. 내담자의 이야기를 통해 핵심 메시지를 확인하며 주제가 무엇이고 내담자의 입장에서 무엇이 중요한 것인지 그의 관점에서 이해하려고 노력해야 한다. 또한 내담자가 이해해주기를 바라는 것이 무엇인지를 질문하고 경청하는 것이 필요하다(Egan, 1997).

#### (2) 내담자의 비언어적 메시지에 주목한다.

내담자는 비언어적 메시지를 통해 말보다 더 많은 메시지를 전달한다. 표정, 몸의 움직임, 목소리 톤, 신체적 반응 등은 대화를 조절하고 정서를 전달하며 언어적 메시지를 수정하고 상담사와 관계에 대한 중요한 메시지를 제공한다. 이는 언어적 메시지와 동시에 무의식적으로 나타나 언어 정보를 보충, 강조 또는 대치한다.



## 02 반영

### 1) 반영의 정의

반영(reflection)은 내담자가 자신이 경험한 사건, 상황, 대상에 대한 느낌이나 가정, 신념을 표현했을 때 이것을 정리하여 보다 참신한 말로 표현해 주는 것이다. 대부분의 내담자는 자신이 어떻게 느끼지는 모르거나 자신의 감정에 대해 부정적이므로 스스로 그 감정을 파악하거나 수용하는 것을 어려워한다. 더욱이 이와 같은 대부분의 감정은 객관적으로 인식되지 않기 때문에 자신이 느끼는 감정을 표현하기란 매우 어렵다. 따라서 상담사는 내담자가 느끼는 것을 공감하고 이해할 수 있도록 충분히 노력을 기울여 내담자가 자신의 감정을 자유롭게 표현하도록 해야 한다.

### 2) 반영의 목적

상담에서 내담자의 감정에 초점을 맞추는 반영하기의 목적은 내담자가 자신의 경험에 진정한 정서를 인식하고 경험하며 안전하게 표출할 수 있도록 돕기 위함이다. 자기이해를 위한 이와 같은 작업은 개인의 내적 경험을 언어를 통해 외부 세계로 들어내는 것이므로 해결되지 않고 남아 있는 다양한 문제를 적극적으로 탐색하도록 하는 것이 필요하다.

- 상담사의 공감적 이해를 통해 자신이 이해받고 있다는 느낌을 갖도록 한다.
- 특정 상황과 사람, 대상, 생각 등에 대한 감정표현을 독려한다.
- 감정 인식과 표출에 대한 정서 관리 방법을 알 수 있도록 한다.
- 내담자의 부정 감정을 이해하고 진정시킨다.
- 정확한 감정표현을 도움으로 다양한 감정을 구분할 수 있도록 한다.

### 3) 반영의 방법

감정 상태에 대해 표현된 내담자의 언어는 중요한 내면 감정을 드러내는 것이며 그 메시지 저변에 있는 의미를 발견하여 반영하는 것은 매우 중요하다. 효과적인 감정 반영은 내담자가 자신의 생각 및 느낌을 표현한 방식과 유사한 방식으로 숨어져 있는 메시지를 요약하여 전달하는 것이다. 즉, 내담자의 복잡하게 얽혀져 있는 현재의 감정들을 명확하고 간결하게 요약하여 내담자가 사용하는 표현 방식으로 되돌려주는 것이다. 따라서 상담사는 내담자가 선택한 감정단어를 잘 구분하고 실제 감정 상태와 일치하도록 반영해 주어야 한다. 이를 위한 구체적인 방법은 다음과 같다.

- 내담자의 감정에 주의를 기울여 잘 파악하도록 한다.
- 내담자의 감정 중 가장 중요한 감정을 확인하도록 한다.
- 내담자의 현재 감정에 초점을 맞추고 몰입하도록 돕는다.
- 내담자의 실제 감정에 맞는 감정단어를 선택하여 표현한다.
- 내담자가 보다 깊게 내면 감정을 탐색하도록 촉진시킨다.

■ **반영의 형식**: ~(**사건, 상황, 사람, 생각**) **때문에 ~한 느낌**(**감정, 정서, 기분**)**이 드는군요.**
- 당신은 ~을 느끼는 것처럼 보이네요.
- 당신은 ~ 때문에 ~ 을 느끼는군요.
- 당신은 ~을 표현하는 것 같네요.
- 당신은 ~한 기분을 느끼는군요.

## 4) 반영의 효과

감정은 누군가에게 표현될 때 더욱 강하게 경험된다. 내담자의 경우 자신의 속상한 감정을 표정과 목소리로 드러내기 때문에 이를 무비판적으로 수용해 주는 것이 필요하다. 이를 통해 내담자는 자신의 감정을 추스를 수 있을 뿐 아니라 문제 상황을 새로운 관점에서 조망하고 자신의 내면 정서를 직시하게 된다.

- 상담사로부터 충분히 이해받고 있다는 생각을 갖게 된다.
- 자신의 정서를 인식하고 그에 따른 경험을 표출할 수 있다.
- 억압된 감정을 확인하여 공감을 돕는다.
- 다양한 감정을 변별할 수 있도록 돕는다.
- 정서조절 및 관리 능력을 향상시킨다.

# 03 명료화

## 1) 명료화의 정의

명료화(Clarification)는 질문 형태의 기술이기는 하나 내담자가 표현한 모호한 진술의 진정한 의미를 명확하게 확인하기 위해 구체적인 진술을 하도록 고안된 도구이다. 따라서 명료화는 내담자의 진정한 사고, 감정, 행동 혹은 경험의 명확한 탐색을 위해 사용되는 것이다. 종종 내담자의 말이 모호해서 잘 이해되지 않는 경우가 있는데, 이때는 마치 이해한 것처럼 그냥 넘어가지 말고 명료화를 통해 내담자가 보다 적극적으로 자신을 탐색하며 구체적으로 명확하게 진술하도록 도와야 한다. 자신의 욕구나 감정을 간접적으로 모호하게 표출함으로써 자신의 행동에 책임지지 않고 회피 또는 왜곡하려는 의도가 습관적으로 반영될 때 자신을 포함하여 주변 모두를 혼란스럽게 할 수 있기 때문이다.

## 2) 명료화의 목적

명료화는 내담자의 진술 내용이 누락되거나 왜곡되는 경우 적용되는데 이는 내담자가 상담사에게 의도적, 비의도적으로 자신을 속이거나 보호, 방어하기 위함이다. 따라서 상담사는 명료화를 통해 내담자의 경험을 잘 인식하고 그의 행동과 감정 등 생략되거나 왜곡된 부분을 잘 탐색하여 통찰을 유도할 수 있어야 한다. 또한 명료화는 상담사가 이해한 의미를 내담자에게 투사하지 못하도록 하고자 사용되기도 한다.

- 내담자가 자신의 경험에 따른 사고나 감정 등을 보다 명확하게 진술하도록 한다.

- 치료적 의사소통을 유지시킴으로써 대화가 끊기지 않고 지속적으로 유지되도록 한다.

### 3) 명료화의 방법

명료화는 내담자의 모호하고 불분명한 진술을 보다 명확하고 상세하게 말하도록 요청하는 것으로 내담자가 말한 진술 내용의 일부 또는 전체 내용을 반복하면서 질문 형태로 반응한다. 명료화는 내담자로 하여금 전달하려는 메시지의 핵심 부분에 초점을 맞추며 혼란스럽고 갈등되는 감정들을 분류하도록 돕는다. 그러나 명료화 과정 중 상담사가 내담자에게 도전하는 것 같은 인상을 주어 곤경에 빠뜨리는 것으로 인식된다면 효과적인 명료화에 실패할 것이다. 따라서 명료화에 앞서 내담자에 대한 충분한 공감적 이해가 선행되어야 할 것이다.

■ **명료화의 형식: ~ (사건, 상황, 사람, 생각)이 ~ 하다는 뜻인가요?**
- ~ 이라는 것은 ~ 라는 뜻인가요?
- ~ 에 대해서 ~ 느낌이 든다는 말인가요?
- ~ 이 ~ 행동하는 것에 대해 마음이 ~ 하다는 뜻인가요?
- ~ 마음은 ~ 때문이라는 것인가요?

### 4) 명료화의 효과

내담자는 자신이 경험한 삶의 이야기를 수동적으로 드러내며 문제의 원인을 외부로 돌려 책임을 전가하는 태도를 흔히 보인다. 이와 같은 내담자의 회피적 태도는 문제해결에 장애물이 되며 제한된 상담을 전개시킨다. 따라서 내담자가 자신의 경험에서 발견하지 못했던 자신의 강점 및 잠재력을 찾아 변화의 단서를 찾을 수 있도록 하여야 한다. 이에 따른 명료화의 효과는 다음과 같다.

- 내담자가 자신의 말을 구체적으로 하도록 돕는다.
- 내담자의 진술 내용을 정확히 들었는지 확인할 수 있다.
- 모호하거나 혼동되는 진술 내용을 명확히 할 수 있다.
- 상담사의 이해를 내담자에게 투사하지 않도록 돕는다.



## 04 재진술

### 1) 재진술의 정의

재진술(restatement)은 내담자의 진술 중 상황, 사건, 대상, 생각에 대한 핵심 내용을 상담사의 말로 바꾸어 다시 진술해 주는 것으로 이는 자기개방을 격려하며 자기이해를 돕는다. 재진술에서 상담사는 내담자가 했던 말을 보다 참신한 말로 되풀이해 주면서 간결하고 구체적으로 표현해야 한다. 재진술과 반영은 상당히 유사해 보이지만 차이가 있다. 재진술이 내담자가 이야기 한 내용적, 인지적 측면이 강조되는 것에 비해 반영은 내담자의 주관적 감정의 측면이 강조된다는 것이다. 재진술은 이처럼 대화의 '내용'적 측면에 중점을 두기 때문에 혼돈스러운 내용을 명료화하여 내담자 자신의 가장 중요한 문제에 집중하도록 돕는다.

### 2) 재진술의 목적

재진술의 근본적인 목적은 내담자의 직접적 소통을 돕는 데 있으며 내담자 스스로 자신을 인식하도록 하는 것이다. 따라서 자신의 이야기 안에서 스스로의 인식을 정리하도록 하며 자신의 말에 대한 책임을 회피하는 내담자의 경우 자신의 감정을 확인하고 표현하도록 돕는다.

- 내담자의 말을 잘 듣고 있음을 확인시켜 준다.
- 내담자가 하는 말을 상담사의 말로 전달해 준다.
- 내담자의 장황한 말에서 핵심을 찾아 초점을 맞추게 한다.
- 내담자의 생각, 의견, 경험 등을 구체화시키도록 한다.
- 상담사 자신이 내담자의 말을 정확히 이해하고 있는지 확인시켜 준다.

### 3) 재진술의 방법

재진술은 내담자의 말을 그대로 단순 반복하는 것이 아니라 내용과 의미를 보다 구체적이고 명확한 단어로 다시 진술하는 것이므로 상담사는 내담자가 호소하는 문제의 핵심적인 부분을 정확히 인식하고 전달하는 능력을 갖추어야 한다. 효과적인 재진술을 위해 상담사는 내담자의 이야기 중 가장 두드러진 내용을 찾고 탐색되지 않은 중심 주제에 주의를 집중해야 한다. 또한 핵심을 파악하고 내담자가 하는 말의 주된 의미에 대해 부연설명 할 수 있어야 하며 짧고 간결하게 재진술하여야 한다.

- **재진술의 형식: ~ (사건, 상황, 사람, 생각)이 ~ 이라고 생각하시는군요.**
  - 제가 이해한 바로는 ~ 인 듯하네요.
  - 그것은 ~ 이 아닌지 궁금합니다.
  - 당신은 ~ 라고 생각하고 계시는군요.
  - 그것에 대한 저의 생각은 ~입니다.

### 4) 재진술의 효과

재진술은 내담자가 자신의 감정을 이야기하는 것을 두려워하거나 혼란스러워할 때 잘 이해하고 있다는 것을 알려주기 위해 내담자의 이야기를 요약하여 전달하게 된다. 이때 상담사는 내담자의 말에 자신의 생각을 덧붙이거나 의미를 훼손하지 않아야 하며 내담자의 이야기를 반복하며 되풀이하지 않는다. 내담자가 하는 말의 중요한 의미를 이해하고 체계적으로 요약하여 반영함으로써 재진술은 다음과 같은 효과를 갖는다.

- 내담자의 이야기를 경청하며 이해하고 있다는 인상을 준다.
- 상담사와 내담자 간의 신뢰관계 형성에 도움을 준다.
- 내담자의 이야기를 잘 이해했는지 점검해 볼 수 있다.
- 내담자의 생각을 구체화시켜 통찰의 기회를 제공한다.



## 05 질문

### 1) 질문의 정의

질문(probe)은 내담자에게 알고자 하는 바를 묻는 것으로 이를 통해 내담자에 대한 정보를 수집하고 그의 사고, 감정, 행동, 경험 등을 탐색하기 위해 활용된다. 질문은 내담자에게 자신의 문제에 대한 이해를 촉진시키고 상담사에게는 내담자의 문제를 분석하고 평가할 수 있는 자료수집을 돕는다. 질문은 폐쇄형 질문과 개방형 질문으로 나뉘며 폐쇄형 질문은 내담자로 하여금 '예', '아니요' 혹은 단답형의 답변을 유도하며 개방형 질문은 내담자가 반응할 수 있는 여러 가능성을 제시한다.

### 2) 질문의 목적

질문은 내담자의 상황과 심리에 대해 구체적인 탐색을 돕고 특정 내용에 대해 초점을 맞출 수 있도록 돕는다. 또한 상담 내용의 명료화나 사실 확인을 위한 질문의 경우 내담자의 생각을 자각시켜 직면시켜 줄 수 있도록 돕는다. 질문은 사고를 자극하고 스스로 답을 찾도록 촉구하는 중요한 역할을 하므로 목적에 맞게 잘 사용해야 한다.

- 접수면접의 시작과 진행을 돕는다.
- 상담회기를 시작하며 소통을 촉진시킨다.
- 자기개방을 위한 동기를 부여한다.
- 주제 영역을 구체화하며 정교화를 돕는다.
- 정보수집 및 주제전환을 용이하게 한다.
- 평가 및 진단의 중요 정보를 제공한다.
- 자기인식을 증진시키며 통찰을 촉진시킨다.

### 3) 질문의 유형

효과적인 질문을 하기 위해 질문의 의도와 목적을 분명히 하고 개방형 질문이나 폐쇄형 질문 중 선택하여 실시한다. 개방형 질문은 대화를 열게 하는 질문으로 '열린 질문'이라 불리며 폐쇄형 질문은 '예, 아니요'로 답하는 대화를 닫게 하는 질문으로 '닫힌 질문'이라 한다. 폐쇄형 질문은 구체적 사실에 대한 답을 얻기에 용이하지만 다그치듯 심문당한다는 느낌을 줄 수 있어 조심히 사용해야 한다. 개방형 질문과 폐쇄형 질문의 기능은 다음과 같다.

• 개방형 질문 vs 폐쇄형 질문의 기능 비교

| 개방형 질문 | 폐쇄형 질문 |
|---|---|
| • 폭넓은 정보수집<br>• 다양한 탐색 독려<br>• 소통의 활성화<br>• 자유로운 논의 유도<br>• 행동, 느낌, 생각 탐색 | • 구체적인 정보수집<br>• 초점으로 환원된 주제<br>• 문제유형, 경향성 탐색<br>• 논의 주제의 범위 축소<br>• 내담자의 장광설 차단 |

개방형 질문의 경우 내담자에게 제안하는 형태나 추측이 들어 있는 질문은 삼가도록 하며 상담사 개인의 호기심에 따른 질문을 하지 않도록 주의해야 한다. 특히 '왜' 질문에 유의함으로 내담자가 비난받는 것으로 느끼지 않도록 해야 한다. 반면 폐쇄형 질문의 경우 상담사가 원하는 정보나 자료를 얻거나 구체적인 상황에 초점을 맞추기에 매우 유용하다. 그러나 자칫 자기탐색을 자극하지 못하기 때문에 상담사는 상황과 목적에 따라 개방형과 폐쇄형의 질문을 구분하여 사용하여야 할 것이다.

■ **개방형 질문 vs 폐쇄형 질문의 예**

- 폐쇄형 질문: 아빠에게 혼이 나서 기분 상했지?
- 개방형 질문: 아빠에게 혼이 나서 기분이 어땠니?

- 폐쇄형 질문: 하루 종일 집에서 게임만 했니?
- 개방형 질문: 하루 종일 집에서 무얼 했니?

## 4) 질문의 효과

질문은 인정, 탐색, 도전을 위해 사용되거나 특정 정보를 통해 문제해결을 돕기 위해 사용한다. 그러나 상담과정에서 지나친 질문을 통해 답변 형태의 대화가 되지 않도록 주의해야 하며 적절한 타이밍을 통해 공감적 반응을 해주는 것이 필요하다.

- 내담자의 이야기 중 어떤 내용을 중심으로 상담을 진행할지를 알 수 있다.
- 내담자가 더 많은 이야기를 할 수 있도록 탐색의 기회를 제공한다.
- 내담자의 자각을 돕고 직면을 촉구하기 위해 내담자의 표현을 독려한다.



## 06 직면

### 1) 직면의 정의

직면(confrontation)은 내담자의 삶에서 의미 있는 영향력을 행사하고 있지만 내담자가 의식적, 무의식적으로 피하고 있는 사실에 대한 모순이나 불일치를 지적하는 것이다. 대부분의 내담자는 자신의 문제가 해결되고 변화하기를 갈망하지만 자신의 문제를 개방하고 직시하는 것을 두려워한다. 직면은 내담자의 내적 소망과 회피로 인한 불일치, 부조화, 모순 행동을 다룸으로써 자신의 모습에 주목하고 새로운 조망을 갖도록 돕는다. 직면은 내담자가 자신의 감정이나 욕구를 자각하도록 하여 자신의 문제를 다른 관점에서 볼 수 있도록 하므로 부적절한 방어를 극복하게 하며 책임감을 갖도록 고무시킨다.

### 2) 직면의 목적

직면의 목적은 내담자가 갖는 모순되는 부분을 찾아 불일치를 명료화함으로써 내담자의 자기이해와 변화 동기를 높이는 데 있다. 그러나 내담자 입장에서 비난 또는 공격으로 받아들일 수 있으므로 내담자의 지적 능력과 자율성을 존중하면서 시의적절하게 사용해야 한다.

- 내담자에게서 불일치되거나 일관성 없어 보이는 언어 및 비언어적 메시지를 드러낸다.
- 내담자가 표현한 불일치를 책임지도록 하며 지각의 확대 및 탐색을 도모한다.
- 내담자의 통찰 이후 긍정적 변화를 위한 내담자의 행동 실천을 독려한다.

### 3) 직면의 방법

직면을 효과적으로 적용하기 위하여 내담자의 모순 및 불일치의 양면을 가설적으로 제시하여 양면을 비교하기 쉽게 확인시켜 줌으로써 내담자 스스로 자신의 비일관성을 알아차리도록 함으로써 자기이해와 문제해결의 의지를 높힌다. 또한 직면을 시킬 때는 '~일까요?', '~일 것 같아요'와 같이 단정적이지 않고 가설적인 표현을 쓰도록 해야 한다.

- **직면의 형식: ~ (사건, 상황, 사람, 생각)이 ~ 라고 하지만, 또 ~ 라고 말하기도 하는군요.**
  - 한편으로는 ~ 하지만, 다른 한편으로는 ~ 하군요.
  - 당신은 ~ 라고 말했지만 ~ 처럼 들리는군요.
  - 당신은 ~ 라고 말했는데, ~ 게 행동하고 있군요.
  - 당신은 ~ 행동을 하면서 또 ~ 행동도 하는군요.

직면은 내담자 스스로 자신의 말과 행동의 모순적 측면에 주의를 기울일 수 있도록 하기 때문에 회피하려는 어떤 부분에 대해 상담사의 접근이 지적이나 공격당하는 것으로 여겨질 수 있다. 따라서 상담사는 내담자에 대한 공감과 관심을 가지고 온화하고 양육적으로 직면을 실시해야 한다. 직면을 사용할 때의 유의점은 다음과 같다.

- 변화를 위한 필요시에만 실시한다.
- 내담자의 특성에 따라 유연하게 적용한다.

- 상담과정 내 시의적절하게 지시한다.
- 추측이 아니라 정확히 한 말과 행동에 근거해야 한다.
- 예의 바르고 신중하며 가설적 직면을 사용한다.
- 문제해결책을 일방적으로 제시해서는 안 된다.
- 직면 후 내담자의 감정에 질문하며 불안감을 해소시킨다.

### 4) 직면의 효과

내담자는 자신의 모순되거나 불일치한 점을 지적하는 직면에 강한 저항을 보일 수 있다. 내담자가 보이는 이와 같은 저항은 내담자의 삶에서 특정한 목적과 기능에 적응적이었으므로 불일치를 인정하는 것 자체가 큰 상처일 수 있다. 따라서 상담사는 이를 고려하여 단계적으로 직면을 실시하여야 한다. 이에 따른 직면의 효과는 다음과 같다.

- 내담자가 깨닫지 못하던 부분을 드러냄으로써 자신의 모습을 자각한다.
- 내담자는 자신의 모순과 불일치에 대해 듣고 이를 새롭게 이해하게 된다.
- 상담과정에서 초점을 바꾸어 환기의 시점을 제공할 수 있다.
- 감정적 동요를 발생시켜 숨겨졌던 감정이 정화되도록 돕는다.

# 07 해석

## 1) 해석의 정의

해석(interpretation)은 내담자가 명확하게 의식하지 못하는 것을 일깨워 주는 것으로 내담자의 말 속에 담긴 새로운 의미를 상담사가 잠정적인 가설의 형태로 내담자에게 설명해 주는 것이다. 이를 통해 내담자는 자신의 행동들 사이의 관계, 의미, 동기에 대해 통찰을 얻고 정신적 외상으로부터 회복을 촉진한다. 그러나 행동이나 감정에 대한 새로운 의미나 이유를 제시하는 것이지 모순이나 불합리한 측면을 지적하지 않는다는 점에서 '직면'과는 다르다(김영혜, 2001). 해석은 자칫 치료적 관계를 손상시킬 수 있을 만큼 상담사의 전문성이 많이 요구되는 기법으로 상담사와 내담자 간의 끈끈한 신뢰 관계가 요구된다.

## 2) 해석의 목적

해석은 내담자가 현재 직면하고 있는 문제행동의 원인을 추적하여 파악하고 그것을 설명하는 것에 초점을 맞춘다. 내담자는 상담사의 해석을 통해 단순히 반응만 하는 수동적인 위치에서 벗어나 능동적으로 활동을 전개하여 적극적으로 변화를 추구하게 된다. 이에 따른 해석의 목적은 다음과 같다.

- 문제해결에 장애가 되는 행동과 사고 또는 감정을 탐색하도록 하여 통찰을 증진시킨다.
- 메시지와 행동 사이의 인과관계를 찾아 대인관계 패턴을 확인하고 동기를 이해시킨다.
- 자신의 행동, 사고, 감정의 원인을 다른 조회체계에서 점검해 보도록 한다.

- 자기 패배적이며 비효과적인 행동을 보다 기능적인 것으로 대체하도록 동기화한다.
- 치료적 태도로 소통함으로 내담자의 자기개방을 강화하고 상담사에 대한 신뢰성을 높인다.

### 3) 해석의 방법

해석은 내담자가 보이는 핵심 사항에 대한 상담사의 일종의 설명으로 내담자의 문제에 대한 이해를 기본으로 진행된다. 따라서 상담사는 내담자가 이야기한 사건과 경험, 태도, 사고, 감정, 행동 등에 대한 이해가 충분해야 하며 연관성을 종합적으로 분석 및 해석할 수 있게 된다.

- 상담사는 자신의 개인적 선입견을 배제하고 내담자를 통해 드러난 자료를 분석함에 있어 이론적 지식과 문제 분석력을 가지고 접근해야 한다.
- 상담사는 내담자와의 신뢰로운 관계 형성 후 새로운 시각으로 자신의 문제를 반영할 수 있는 적절한 시기를 선택하여 도전적 과제를 제시해야 한다.
- 해석은 일종의 가설이기 때문에 단정적 표현보다 ~ 한 것 같다. 라는 임시적 표현을 통해 언제든 수정 가능성이 있음을 반영해야 한다.

■ **해석의 형식**: ~ **(사건, 상황, 사람, 생각) 때문에 ~ 행동(생각)을 하는 것 같네요.**
- 당신은 ~ 때문에 ~ 게 행동하는 것 같네요.
- 당신은 ~ 으로 인해 ~ 생각을 하는 것 같아요.
- 당신의 ~ 태도는 ~ 으로 인한 것 같군요.
- 당신은 ~ 하기 위해 ~ 시도를 한 것이군요.

### 4) 해석의 효과

해석은 내담자와의 상담과정에서 드러난 문제의 내용과 미처 드러나지 않은 쟁점을 서로 연관 짓고 통찰을 일으킴으로써 현재 문제를 다른 시각으로 볼 수 있도록 함으로써 변화를 촉진시킨다. 이에 따른 해석의 효과는 다음과 같다.

- 내담자는 자신의 경험과 상황에 대한 의미를 부여하고 자신의 모습과 문제에 대해 새로운 통찰을 갖게 된다.
- 상담 전반에 대한 이해를 통해 목표가 잘 진행되고 있는지를 점검하며 자신의 문제를 해결하기 위한 방법을 찾는다.
- 해석에 대한 내담자의 수용 여부와 태도를 통해 내담자 자신의 문제에 대해 어떻게 생각하는지에 대한 내적 준거를 확인한다.
- 내담자가 어떤 이유 또는 어떤 방식으로 저항이나 방어를 하고 있는지를 보여주고 이에 따른 불안을 완화시킨다.



## 08 자기개방

### 1) 자기개방의 정의

자기개방(self-disclosure)은 내담자에게 도움이 되는 차원에서 주제와 관련하여 상담사의 개인적인 경험을 드러내는 것이다. 자기개방은 내담자의 경험, 생각, 감정 및 행동에 대한 내담자의 이해를 촉진시켜 내담자의 현재 문제를 새로운 시각으로 바라볼 수 있도록 한다. 이는 내담자의 자기개방을 촉진시키며 상담사와의 신뢰 관계를 단단히 하고 자신이 혼자가 아니라는 희망을 갖도록 하므로 적절한 자기개방은 상담관계를 돕고 모델링의 효과를 줄 수 있다. 자기개방은 단순히 언어 행동에 국한되지 않으며 비언어적 채널과 행위를 통해 수시로 전달된다.

## 2) 자기개방의 목적

자기개방은 상담장면에서 치료적 효과를 주기 위한 전제로 사용된다는 점에서 모델링으로써의 목적을 가진다. 자기개방을 효과적으로 사용하기 위해 상담사는 자신의 이론적 배경을 확인하고 자기개방의 사용이 내담자를 돕기 위한 목적인지를 충분히 고려해야 한다. 또한 상담의 진행 과정에 따라 시의적절한 자기개방을 사용함으로써 내담자의 통찰을 도모해야 한다.

- 혼돈스러운 내담자에게 길을 알려주는 역할을 통해 모델링의 효과를 준다.
- 내담자의 문제 상황에 대해 새로운 조망을 갖도록 하여 현실적 목표를 세우도록 돕는다.
- 내담자에게 변화의 가능성과 도전을 위한 용기를 불어넣어 준다.

## 3) 자기개방의 방법

자기개방을 할 때에는 너무 자주 하지 않도록 하며 내담자의 공감이 함께 하도록 신중을 기해야 한다. 따라서 정보제공을 위한 개방인지, 정서적 공감을 위한 개방인지를 명확히 하며 내담자가 상담사를 시험하기 위해 유도된 자기개방인지를 판단할 수 있어야 한다. 이를 위한 자기개방의 방법은 다음과 같다.

- 시기적으로 적절한 순간을 찾아 내담자에게 부담을 주지 않도록 한다.
- 상담목표와 일치하는 주제를 내용으로 자연스럽게 실행하도록 한다.
- 내담자에게 유익하며 혼돈감이 없도록 그에 맞는 수준의 자기개방을 실시한다.

■ **자기개방의 형식: 내 경험으로는(정보로는) 당신의 ~ (사건, 상황, 사람, 생각) ~ 한 것 같아요.**

- 당신의 ~ 은 내 경험에 비추어 볼 때 ~ 으로 느껴졌던 것 같아요.
- 내 경험에 의하면 당신의 ~ 이 앞으로 ~ 으로 반영될 가능성이 있군요.
- 나도 ~ 때에 그와 같은 상황에서 ~ 적이 있었어요.
- 내가 그 상황이라면 ~ 한 생각을 했을 것 같은데. 당신은 어떤가요?

### 4) 자기개방의 효과

상담장면에서 상담사의 자기개방은 충분한 공감을 통해서 적절히 실시할 수 있어야 하며 압박감을 주거나 심적 부담으로 인해 상담관계가 악화되지 않도록 조심해야 한다. 이에 따른 자기개방의 효과는 다음과 같다.

- 내담자에 대한 친밀감의 표출로 작용하여 상담을 개방적이고 촉진적인 분위기로 만든다.
- 내담자로 하여금 목표 설정과 실행에 필요한 새로운 조망 발달을 촉진시킨다.
- 특정 경험을 한 사람이 내담자 혼자가 아님을 전달할 수 있다.
- 상담사의 진솔함을 통해 행동 변화를 위한 동기를 부여할 수 있다.

# 09 즉시성

## 1) 즉시성의 정의

즉시성(immediacy)은 내담자 행동에 대한 반응으로 내담자의 경험, 행동, 사고에 대한 상담사의 인식을 내담자에게 드러내는 것이다. 이와 같은 상담사의 개인적 감정과 반응은 내담자의 통찰을 도와 갈등 해결에 도움을 준다. 그러나 즉시성은 상담사의 인생 경험에 대한 개인적 사실이나 정보를 드러내는 자기개방과 달리 내담자에게서 영향받은 상담사의 경험에 관한 것이다. 즉시성은 상담사와 내담자 사이에서 일어나는 즉각적인 상호작용에 관해 언급하고 다루는 지금-여기 즉시성과 내담자 또는 상담관계에 대한 상담사의 느낌을 다루는 자기 관여적 진술로 분류된다. 즉시성은 내담자의 강점 및 기회 등의 자원을 발굴해 주어 이를 통해 문제해결을 위한 내면 탐색에 도움을 준다.

## 2) 즉시성의 목적

즉시성은 지금-여기에 초점을 맞추면서 문제가 되는 내담자의 대인관계 패턴을 인식하고 새로운 패턴을 학습시키도록 깊은 탐색과 통찰에 도움을 준다. 즉시성을 활용하기 위해 상담사는 전문가적 입장에서 보다는 인간적으로 진솔한 반응을 보여줌으로써 신뢰 관계를 맺는다. 이에 따른 즉시성의 목적은 다음과 같다.

- 내담자의 왜곡이나 불필요한 오해를 줄이는 등, 직접적인 의사소통을 명확하게 함으로써 치료 관계의 질을 증진시킨다.
- 내담자의 즉각적 감정을 확인하고 상담사와의 의사소통을 통해 관계적

갈등이 해결될 수 있는 기회를 제공한다.

- 내담자로 하여금 자신의 역기능적 대인관계 방식이 어떠한 상황에서 발생하고 표현되는지를 자각하고 이해하도록 돕는다.
- 내담자의 저항으로 인해 상담이 방향성을 잃고 핵심 주제를 파악할 수 없는 경우 저항 자체에 초점을 맞추고 핵심문제를 파악한다.

### 3) 즉시성의 방법

즉시성은 내담자의 통찰을 돕기 위해 내담자로부터 유발된 상담사의 경험과 반응을 드러내는 개방화의 한 유형으로 내담자의 행동문제에 직면하도록 돕고 행동패턴에 대한 정보를 제공한다. 이를 위한 즉시성의 방법은 다음과 같다.

- 내담자의 말에 경청하고 반응에 주의를 기울여 의식적, 무의식적 요구에 반응한다.
- 내담자의 행동에 대한 충분한 정보에 근거하여 촉발된 감정의 의도를 파악한다.
- 즉시성 이후 내담자의 반응과 피드백을 확인하여 왜곡이 없는지 살핀다.

> ■ **즉시성의 형식: 당신이 ~ (행동, 사고, 감정)하는 것을 볼 때 나는 ~ (사고, 감정) 하군요.**
> - 당신이 ~ 라고 하니 ~ 하네요. 당신의 의도가 ~ 인가요?
> - 당신이 ~ 라고 하니 ~ 기분이 드는군요. 내 말이 당신은 어떤가요?
> - 당신은 ~ 하는 것 같네요. ~에 대해 ~ 한 것처럼 보이는군요.

### 4) 즉시성의 효과

상호작용하는 관계에 있어 즉시성을 통해 영향력을 발휘하는 것은 익숙하지 않기 때문에 초보 상담사의 경우 즉시성의 사용으로 내담자를 기분 상하게 하거나 상담관계에 부정적 영향을 미칠 수 있다. 따라서 즉시성의 활용이 내담자에 대한 자신의 반응인지 내담자와의 상호작용에 대한 역전이 반응인지 등을 확인하고 상담사의 불안이나 방어가 아님을 확신했을 때 사용되어야 할 것이다. 효과적인 즉시성의 활용을 위해 다음을 주의하도록 한다.

- 즉시성은 내담자에게 도전적이기는 하나 변화의 동기가 됨을 믿어야 한다.
- 즉시성에서 반영된 상담사의 감정에 대해 믿음을 가지고 있어야 한다.
- 상담사의 부적절한 의도 및 자신의 문제해결을 위해 즉시성이 사용되어서는 안 된다.



# 10 정보제공

## 1) 정보제공의 정의

정보제공(information-giving)은 상담사가 내담자에게 경험, 사건, 의견, 대안 등의 사실들을 전달해 주는 것으로 내담자의 잘못된 지각과 잘못된 정보를 수정하도록 하는 것이다. 정보제공을 통해 내담자는 자신의 문제에 대해 새로운 조망을 경험하고 의사결정을 위해 대안을 찾음으로 자신의 왜곡된 사고와 행동을 변화시킬 수 있다. 따라서 정보가 부족하거나 잘못된 정보로 인해 문제상황이 발생 된 내담자에게 매우 유용하다. 그러나 상담이 진행되는 동안 내담자에게 제공되는 사실적 정보는 충고를 하거나 해결책을 제시하는 것과 달리 문제해결과 의사결정에 필요한 정보를 제공한다.

### 2) 정보제공의 목적

정보제공은 내담자의 현재 욕구에 맞으며 가장 적절한 시점에 제공되어야 하며 반드시 고려해야 하는 해결책이 아니라 스스로 문제를 해결할 수 있는 정보의 제공이 적당하다. 따라서 정보제공을 통해 습득된 문제해결 능력은 다른 상황에서도 효능감을 높일 수 있게 된다. 이에 따른 정보제공의 목적은 다음과 같다.

- 내담자로 하여금 문제해결을 위한 유익한 대안을 탐색하도록 한다.
- 내담자의 특정 선택과 실행계획에 대한 결과를 알려준다.
- 내담자의 잘못된 정보를 수정하거나 반박한다.
- 내담자가 회피해 온 사안이나 문제를 검토하도록 한다.

### 3) 정보제공의 방법

정보제공은 상담사가 내담자와 함께 다룰 수 있는 주제에 관한 탐색 절차로써 지시나 강요가 아니어야 하며 효과적인 정보제공을 위해 적절하게 눈을 맞추고 신체언어 및 언어적 반응을 지속하며 사용한다. 또한 내담자를 위한 정보제공 시 상담사는 내담자의 능력을 정확히 평가한 상태에서 그가 소화해 낼 수 있는 만큼의 적절한 양으로 나누어 활용한다.

- 내담자에게 필요한 정보가 무엇인지 확인한다.
- 내담자의 다양한 배경에 맞는 정보를 결정한다.
- 선택된 정보의 양과 순서를 정한다.
- 내담자에게 맞는 전달방법을 확인한다.
- 정보전달에 따라 미칠 수 있는 영향을 고려한다.
- 정보전달 후 그에 따른 효과를 평가한다.

- **정보제공의 형식: : 당신이 ~ (행동, 사고, 감정)하는 것은 누군가 ~ (사고, 감정) 하는 것입니다.**
  - 당신이 ~하는 것은 대부분의 ~도 하고 있다는 것을 아나요?
  - 당신이 ~에 대해 알고 싶어 하는 것은 ~을 통해 알아 볼 수 있겠군요.
  - 당신이 ~을 선택해야 할지 걱정하는 것은 ~을 생각해 보면 알 수 있을 듯하군요.
  - 당신의 ~한 판단에 대해서는 ~을 확인해 보는 것이 좋겠네요.

### 4) 정보제공의 효과

정보제공은 상담사가 하는 것이지만 그 정보를 사용하고 실행에 옮기는 것은 내담자의 몫이다. 따라서 제공된 정보가 내담자의 변화를 촉구하도록 돕기 위해 내담자 스스로 자진하여 정보를 경청하고 이용할 수 있도록 하여야 하며 방어를 줄이고 문제를 새로운 관점에서 직시하도록 하여야 한다.

- 문제 상황과 관련된 핵심 정보를 제공한다.
- 내담자의 욕구와 적절한 자료, 사실을 알려준다.
- 정보제공 후 반응을 살펴 통찰 여부를 확인할 수 있다.
- 내담자가 새로운 인식 전환을 하도록 돕는다.

제 11 장

# 성인상담의 심리평가


01 심리평가의 이해
02 지능 및 인지 평가
03 성격 및 정서 평가
04 신경심리평가

1879년 분트(Wundt)가 라이프치히에 실험실을 개설한 1879년을 그 시작으로 보고 있으며 심리검사의 역사 역시 때를 같이 한다. 이처럼 심리검사의 역사는 오래되지 않았으나 인간의 심리적 부적응과 장애를 치유하며 개인을 총체적으로 이해하기 위한 노력이 지속됨에 따라 심리학의 중요한 일부로 발전하였다.

심리검사에 따른 정보는 임상적 치료를 포함하여 전인적 발달과 문제예방에 큰 도움을 주며 결과로 드러난 인지적 수준과 성격 및 정서 상태는 개인의 자기이해를 포함하여 건전한 적응을 도움으로써 자아실현을 위한 긍정적 수단이 된다. 따라서 성인을 대상으로 심리검사를 한 후 적절한 평가를 하기 위해 현재 발달이 진행 중인 특성을 충분히 이해하고 그에 따른 발달심리학과 발달정신병리에 대한 지식을 통합적으로 반영할 수 있어야 한다.



## 01 심리평가의 이해

### 1) 심리평가의 의미

심리평가(psychological evaluation)는 개인의 지능과 성격, 적성, 태도, 가치관 등의 심리적 속성을 이해하고자 하는 목적을 가지고 다양한 도구를 사용하여 양적·질적으로 측정(measurement) 및 평가(evaluation)하는 일련의 절차를 말한다. 이와 같은 과정에는 개인의 특성을 측정할 수 있도록 개발된 검사도구 및 내담자의 주 호소 문제와 증상, 개인 및 사회적 영역 내에서의 발달사 등 정신상태에 대한 평가를 포함한 면담과 함께 면밀히 관찰된 행동적 특성이 포함된다. 또한 수집된 정보를 통합적으로 이해하기 위해 성격이론과 정신병리 등의 전문적 지식이 필요하다.

심리평가를 하는 검사자는 주로 정신건강 관련 영역에서 전문성이 요구되며 건강한 태도와 철학을 갖고 있어야 한다. 심리평가의 전 과정이 이를 지키지 않고 오남용된다면 내담자에 대한 잘못된 정보를 왜곡되게 제공할 것이며 이는 심리평가의 목적을 크게 훼손하게 되는 것이다. 따라서 객관적 측면에서 피검자에 대한 정확한 정보를 제공할 수 있도록 검사의 실시, 채점 및 해석 과정이 전문가에 의해 전문적으로 이루어져야 한다.

심리평가는 피검자의 현재 상태를 매우 잘 보여주기 때문에 다각적인 측면에서 심층적으로 피검자를 이해하고 분석할 수 있는 지식은 물론 검사자의 편견이나 주관적 견해가 편파로 작용하지 않도록 스스로를 내성할 수 있어야 한다. 따라서 검사자는 자신의 가설을 스스로 검증하고 전문적인 수련을 꾸준히 받도록 하여 최신 지견과 연구 동향을 살피는 것에도 게을리하면 안 될 것이다.

### 2) 심리평가의 목적

심리평가는 다양한 목적으로 시행되며 일반적으로 개인행동을 예측하고 분류하며 진단을 통해 개인의 자기이해를 증진시킴으로 건강한 일상의 적응을 돕는 데 있다고 할 수 있다. 따라서 심리평가는 심리적 장애의 해결을 위한 치료개입과 전략을 계획하고 수행하는 기초과정으로 그에 따른 목적을 구체적으로 설명하면 다음과 같다.

- 피검자의 증상과 문제의 심각성을 확인 후 분류한다.
- 피검자의 실행 기능에 따른 수준을 측정하여 평가한다.
- 피검자의 주의력, 기억력 등의 인지능력 및 지적능력을 평가한다.
- 피검자의 성격 구조 및 패턴, 대인관계 양상에 대해 평가한다.

- 피검자의 심리적 증상과 문제에 따른 적절한 치료적 개입유형을 확인한다.
- 피검자의 현재 상태를 고려하여 행동 및 치료결과를 예측한다.
- 피검자를 치료적 관계로 유도하며 자기인식 및 이해를 증진시킨다.
- 교육, 임상, 상담, 의학 등 다양한 분야에서 유용한 자료로 활용된다.

### 3) 심리평가의 과정

심리평가는 진단을 통해 원인을 찾고 그에 따른 예후를 예측하며 일상적 삶에서 개인의 강점 및 적응적 패턴이 어떻게 사용될 수 있는지를 알 수 있게 하는 것이다. 따라서 검사결과를 통해 개인 경험에 대한 상황과 특성이 얼마나 많이 확산되어 있는지를 확인할 수 있다. 이를 위한 심리평가의 네 단계로 설명된다.

#### (1) 문제설정

임상 장면에서 심리평가를 위한 문제설정은 증상과 행동 간의 관계를 통해 원인을 찾고 치료적 개입을 어떻게 할 것인지? 그와 같은 상태는 일상에서 어떠한 영향을 주는지? 에 대한 답을 줄 수 있을 것이다. 이를 위해 다음의 여섯 가지 항목을 확인하는 단계이다.

- 현재 행동패턴에 대한 개념화
- 관찰된 행동의 원인 분석
- 현재 행동으로 예측되는 결과
- 현재 행동에 대한 치료기법
- 개인의 자산 및 강점
- 개인의 패턴과 약점

### (2) 심리검사 도구 선택 및 실시

심리평가는 피검자가 현재 보이는 행동의 표본을 추출하기 위해 표준화된 심리검사 도구를 활용하여 실제 경험하는 환경을 구조화한다. 따라서 외부 세계의 관련 환경을 일반화하기 위해 검사환경의 요구특성에 존재하는 검사는 피검자 일상의 주요 측면과 유사하며 반응 특성은 일상에서 나타날 가능성이 높은 행동의 축소판이 될 것이다.

검사자는 검사환경 안에서 구조화된 검사와 비구조화된 검사를 통해 피검자의 추상적이며 논리적인 인지 자원을 활용해 개인의 경험을 통합하여 그에 따른 정보를 추론하며 피검자의 내·외적인 경험 탐색을 통해 대처양식 및 정서적 특성을 파악할 수 있다. 이를 통해 진단을 위한 정보와 함께 치료에 대한 적합성을 확인한다. 또한 피검자에게 의도적으로 스트레스를 부과하여 적절한 방어기제의 사용이 가능, 스트레스에 대한 인내 및 저항 가능성, 충동 통제에 관한 정보 등을 추론할 수 있다.

### (3) 정보 통합

심리검사를 통해 확인된 피검자의 정보는 모이검사환경이라는 조작된 장면 안에서 상황적 속성을 통제하고 개인의 특성에 가장 적절한 평가도구를 활용하여 변화를 관찰한 결과이다. 이와 같은 객관적 정보는 피검자의 행동 관찰 및 면담을 통해 수집된 정보와 함께 검사자의 전문지식을 통해 개인의 총체적·심리적 특성이 고려된 진단으로 드러난다.

이러한 심리검사 및 평가에서의 해석은 기존의 지식을 토대로 둔 하나의 가설일 뿐이므로 그와 관련된 타당성은 임상 현장에서 끊임없이 확인되고 다루어져야 할 것이나 심리평가가 피검자의 치료개입에 도움을 주며 변화 양상 및 성과 유지의 확인에 매우 유용하다 할 것이다.

### (4) 심리평가 결과 및 소견 보고

심리평가를 위한 여러 자료를 통합하여 결과 및 소견을 보고서로 작성하게 되는데 심리학적 보고서는 피검자에게 유의미한 영향을 주기 때문에 매우 신중히 작성되어야 하며 가독성을 높일 수 있어야 한다. 그러나 실제 임상장면에서 심리평가 보고서는 부정적으로 인식되기 쉬운 것이 현실이다. 그 이유는 첫째로 보고서에 전문용어의 사용이 많거나 알아들을 수 없는 말로 기술되어 피검자와 보호자가 읽기 어렵다는 것이며 이는 때때로 전문가들 사이에도 공유되지 않는다는 것이다. 둘째는 보고서를 읽고 나서 그래서 어쩌라는 거지? 라는 의문점만 갖게 된다는 점이다. 상태에 대한 기술은 장황하지만, 그래서 내가 뭘 어찌해야 하는지를 알 수 없다는 것이다. 셋째는 보고서상에 기술된 판단의 근거가 때로 빈약하여 추론에 대한 신뢰감이 낮아진다는 것이다.

따라서 심리평가 결과를 작성하는 보고서의 경우 목적을 분명하게 진술하여야 하며 피검자 및 읽는 의뢰자가 충분히 이해할 수 있는 어휘를 사용하는 것이 필요하다. 또한 가독성 높은 글쓰기 반영과 함께 추론과 판단의 근거가 되는 행동의 예나 데이터를 제공하여야 한다.

## 4) 심리평가를 위한 자료

### (1) 평가면담

심리평가를 위한 면담(interview)은 피검자의 의식적 관심과 느낌을 포함하여 심리 사회적 문제를 직접 탐색하는 중요한 임상수단으로 정신장애를 진단하는데 매우 중요하다. 면담을 통해 수집된 정보는 심리검사 결과의 타당성을 뒷받침하며 피검자의 행동특성 및 현재 상황에 대한 기능 수준과 심리적 반응의 내용을 확인해 준다.

면담을 통해 수집된 중요한 정보는 때에 따라 신뢰할 수 없는 경우가 있으므로 그 정보는 제한적일 수 있다. 예를 들어 품행장애 등이 개인의 유익을 위해 자신의 정보를 있는 그대로 보고하지 못하는 경우, 정신증 환자의 경우 환청 경험을 그대로 표현하지 못하는 경우, 인지적 기능의 손상으로 자신의 상태를 명확히 보고하지 못하는 경우 등이 그러하다. 따라서 보고된 내용 이면의 감추어진 진실을 찾도록 다양한 검사자료와 통합 해석함으로써 전체 모습을 확인할 수 있어야 한다. 일반적으로 면담은 구조화의 정도에 따라 비구조화된 면담과 구조화된 면담으로 구분된다.

### 가. 비구조화된 면담

비구조화된 면담은 개방적 면담으로 미리 정해진 질문이나 순서 없이 피검자의 반응에 따라 검사자가 유연하게 진행하는 면담절차로 일정한 구조와 틀이 없기 때문에 융통성이 있으며 특정 부분에 초점을 맞추어 중요 정보를 집중탐색할 수 있는 장점을 갖는다. 그러나 관찰과 진단에 있어 검사자의 주관적 추론의 개입 여지가 높을 수 있어 검사자의 전문성이 요구된다. 또한 체계화된 방식이 아니므로 신뢰도가 낮고 수집된 자료를 객관적으로 수량화할 수 없다는 단점이 있기 때문에 구조적 면담과 함께 사용하는 것이 바람직하다.

### 나. 구조화된 면담

구조화된 면담은 체계적인 정보수집에 유리하며 검사자의 개입을 최소화시킴으로 검사자 간의 개인차를 좁혀 일치도를 높임으로 신뢰할 만한 해석적 정보를 제공한다. 1970년대 정신장애 진단을 두고 진단의 신뢰도를 높이기 위한 필요로 구조적 면담 도구가 활발히 제작되었다. 이러한 표준화된 실시는 신뢰도를 높이며 면담자 간 일치도를 높여 해석에 도움이 되는 규준 값을 제공한다. 구조적 면담은 진단적 정보를 제공하기 위한 것과 증상의 심각도를 평가하는 것으로 구분되며 비구조화된 면담에 비해 비교적 덜 숙련된 면담자의 경우에도 훈련을 거쳐 실시할 수 있다는 장점이 있다.

### 다. 반구조화된 면담

현재 임상장면에서는 높은 수준의 전문성을 요구하면서도 면담 과정에서 유연성이 발휘할 수 있도록 반구조화된 면담을 이용하여 각 면담의 장점을 살린 반구조화된 면담을 이용한다. 반구조화된 면담은 면담가의 판단에 따라 내용과 절차가 수정될 수 있으며 상황에 따라 취약한 부분을 구조적 면담으로 보완할 수 있다.

## (2) 행동평가

행동은 개인이 내·외부 환경을 어떻게 경험하고 있는지를 확인시켜 주기 때문에 각 환경이 피검자에게 주는 영향을 이해할 수 있으며 일상에서의 태도를 가장 근접하게 보여주기 때문에 실제 면담자료와 검사자료에 의존하게 되는 검사자 입상에서 매우 중요한 사료가 된다. 또한 행동평가는 객관적으로 관찰할 수 있는 행동과 더불어 피검자의 감각, 인지, 관계양상, 심리상태, 생리적 기능 등의 다양한 측면을 확인할 수 있다.

행동평가는 피검자가 면담 과정에서 진술하는 내용의 의미를 확인하게 하며 치료를 위해 어떠한 기법을 선택할 것인지를 알게 하고 검사장면에서 드러난 행동을 통해 지각의 형태 및 인지수준 등을 판단하여 사후 전략을 세우도록 돕는다. 검사자는 가능한 피검자의 행동을 있는 그대로 간단, 명료하게 기술하여야 한다. 행동의 특정 영역을 측정하기 위한 구체적 전략으로 이야기식 기록, 시간 간격별 기록, 사건 기록, 평정기록의 방법이 있다.

## (3) 정신상태 평가

정신상태 검사(mental status examination)는 피검자의 심리사회적, 인지적, 정서적 기능을 포함하여 시·공간 정보에 대한 적응 기능을 진단하기 위해 면접 과정에서 검사자에 의해 실행되는 매우 유용한 평가방법이다. 이는 피검자 평가를 위해 매우 기초적이며 중요한 부분을 다루는 구조적 접근방법으로 임상현장에서는 간이 정신상태 검사(mini mental status examination: MMSE)를 사용하기도 한다.

정신상태를 확인하기 위한 11개 항목으로는 외모, 태도, 행동, 기분 및 정서, 말하기, 사고진행, 사고내용, 지각, 인지, 병식, 종합평가 등이 있다. 치매를 선별하는 검사로 많이 알려져 있는 간이정신상태 검사는 지남력, 기억등록, 주의집중 및 계산, 기억회상, 시공간 구성능력, 언어관련 능력 등과 관련된 문항으로 구성되어 있다.

### 5) 심리검사의 분류

#### (1) 객관적 검사

객관적 검사(Objective test)는 과제가 구조화되어 있고 채점과정이 표준화되어 있으며 해석의 규준이 제시되어 있는 검사를 말한다. 즉, 검사에서 평가하고자 하는 내용이 목적에 따라 준비되어 있으며 일정한 형식에 따라 반응하도록 되어 있어 각 각의 특성을 측정하기에 매우 적합하다. 그로 인해 객관적 검사는 개인 고유의 특성이 아닌 개인마다 공통적으로 지니고 있는 특성과 차원을 기준으로 개인들 간의 상대적 위치를 비교하거나 평가하는 검사이다.

객관적 검사는 검사 실시와 해석이 간단하며 검사의 신뢰도와 타당도가 검증되어 있어 검사자 변인이나 검사 상황 변인에 영향을 덜 받음으로 개인 간 비교가 객관적으로 제시되며 많은 대상을 한꺼번에 실시할 수 있는 장점으로 인해 시간적 경제성이 높고 결과에 따른 프로파일이 제공되어 해석이 용이하다. 반면 피검자는 사회적 바람직성을 갖게 되어 개인의 질적 독특성이 무시된다는 한계점을 갖는다.

대표적인 객관적 검사로는 지능검사인 WISC, WAIS, WPPSI와 성격검사인 MMPI, MBTI가 있으며 기타로 직업흥미검사, 학습흥미검사, 적성검사 등이 있다.

### (2) 투사적 검사

투사적 검사(Projective test)는 모호한 검사자극을 통해 개인 고유의 욕구, 갈등, 성격과 같은 심리적 특성을 끌어내도록 하기 위해 비구조적 검사 과제를 제시하여 다양한 반응을 허용하는 것을 말한다. 즉, 투사의 과정을 통해 비의도적, 자기노출적 반응을 유도하여 피검자의 방어를 어느 정도 차단하므로 내면을 외부로 자연스럽게 드러나도록 돕는다.

투사적 검사는 평소 의식화되지 않던 사고나 감정을 자극함으로써 전의식, 무의식적인 심리적 특성이 반응될 수 있다는 장점을 가지며 객관적 검사에 비해 허위반응의 가능성을 적게 한다. 그러나 투사적 검사는 신뢰도와 타당도가 부족하다는 많은 연구결과를 통해 객관성이 검증되기 어렵다는 비판이 있다.

대표적인 투사적 검사로는 로르샤흐 검사(Rorschach Test), TAT, CAT, DAP, HTP, KFD, BGT, SCT 등이 있다.

# 02 지능 및 인지 평가

## 1) 지능검사

### (1) 지능의 이해

지능은 성격, 정서, 가치, 동기와 같은 여러 특성들과 함께 한 개인의 총체적인 모습을 구성하는 중요한 요소이다. 지능의 측정은 다른 심리학적 구성개념들의 측정과 마찬가지로 지능이 무엇이며 어떤 요소들로 구성되어 있는가에 대한 정의에서부터 시작할 수 있다.

지능(intelligence)이라는 용어는 라틴어 'intelligentia'에서 유래된 것으로 'inter'란 '내부에서'를 뜻하며, 'leger'란 '모이고, 선택하고, 분별하다'는 뜻을 지닌 용어이다. 지능이란 어떤 것인지에 대하여 우리는 막연하게 알고 있지만 합의된 하나의 정의를 내린다는 것은 매우 어렵기에 학자들은 저마다의 정의를 내놓음으로써 많은 이견들이 있었다. 많은 학자들의 지능에 대한 조작적 정의는 임상적 입장과 이론적 입장으로 구분하여 설명되며 이에 따라 지능이라는 구성개념을 규명하고자 하는 시도가 이루어졌다.

임상적 입장의 대표학자인 비네(Binet), 터먼(Terman), 웩슬러(Wechsler) 등은 지능에 대한 이론적 배경이나 경험적 증거가 충분치 않더라도 지능이라는 구성개념에 대한 가설을 토대로 지능검사를 제작하고 검사를 통해 개인의 총체적 능력을 측정하고자 하였다. 비네와 시몬(Simon)은 지능이란 분별력과 독창성을 의미하며 환경과의 상호작용에서 적응하는 능력으로 개인이 접하게 되는 자극 환경에 대한 판단력과 이해력 및 추진력이라고 정의하였다. 웩슬러의 경우 지능의 개념을 결단력 있게 행동하고 합리적으로 생각하며 환경에 대해 효율적으로 대처하는 전체적인 능력이라고 말하였다. 이는 지능검사가 개인의 인지적 요소를 측정하는 것에 국한되는 것이 아닌 다양한 요소 즉, 흥미와 동기 등의 전체 성격 특성을 포함하고 있음을 주장한 것이다.

이에 반하여 이론적 입장의 대표학자인 커텔(Cattell), 길퍼드(Guilford), 스퍼먼(Sperman)과 서스톤(Thurstone)의 경우 지능의 개념을 보다 과학적으로 규명하고자 애썼으며 개인의 다양한 변인이 집단을 통해 얻은 검사결과와의 상관관계를 분석하여 소검사에 대한 요인분석을 통해 지능의 개념을 밝혀내고자 하였다. 스퍼먼의 상관관계 연구는 지능을 일반요인과 특수요인으로 구분하여 영역별 기능을 2요인으로 구분하였으며 서스톤은 지능을 7개의 요인구조로 추출한 다요인론을 주장하였다. 길퍼드는 서스톤의 이론을 확장하여 3차원의 보다 정교한 지능구조모형을 제안하였으며 이를 통해 내용, 조작, 결과 차원을 구분하였다. 커텔은 생물학적 접근에 기여하면서 지능을 선천적으로 타고나는 유동적 지능과 후천적으로 습득되고 계발되는 결정성 지능으로 구분하였다.

### (2) 지능검사의 목적

지능검사는 발달장애 아동을 진단하는 등 보다 인지적인 수준 및 병리적인 상태를 확인하기 위한 목적으로 사용되기도 하지만 상담 및 학교 장면에서 다양한 이유로 매우 유용하게 사용되고 있다. 따라서 피검자에게 유용한 정보를 제공할 수 있도록 목적에 맞는 검사를 선정하고 다각적 측면에서 보다 전문적 정보를 제시할 수 있도록 하는 것이 필요하다. 지능검사의 실시목적은 다음과 같다.

- 개인의 전반적인 지적 능력 평가
- 개인의 인지적 강점과 약섬 평가
- 지능검사 결과를 통한 임상적 진단의 명료화
- 신경학적 손상과 관련된 인지 기능 확인
- 치료 및 예방과 관련된 현실적 목표 수립

### (3) 한국판 아동용 웩슬러(Wechsler) 지능검사: K-WISC-V

아동용 웩슬러 지능검사는 아동의 지능 및 전반적인 인지기능 평가를 위해 가장 많이 사용되는 검사로 만 6세 0개월부터 만 16세 11개월까지의 아동 및 청소년의 지능을 평가하기 위한 임상도구이다. 현재 우리나라에서 사용되고 있는 아동용 웩슬러 지능검사는 K-WISC-V이며 K-WISC-Ⅳ와 함께 살펴보기로 한다.

K-WISC-IV는 도구의 이론적 토대를 업데이트하여 발달적 적합성을 증가시켰으며 심리 측정적 속성을 향상시켜 검사자의 편의성을 증대시켜 개발되었다. 이전의 웩슬러 지능검사에 비해 큰 폭으로 개정이 이루어졌으며 K-WISC-IV에서의 주요 변화와 특징은 다음과 같다.

- 언어성 IQ와 동작성 IQ 폐지
- 전체 IQ와 4개의 지표점수(언어이해, 지각추론, 작업기억, 처리속도) 산출
- 과정 점수(Process scores) 산출
- 15개의 소검사 구성(핵심 소검사 10개, 보충 소검사 5개)
  - 상식, 산수, 빠진 곳 찾기는 보충 소검사로 수정
  - 숫자, 동형 찾기는 핵심 소검사로 수정
  - 단어 추리, 행렬추론, 순서화, 선택 소검사가 새롭게 추가
  - 미로, 차례 맞추기, 모양 맞추기 제외

K-WISC-Ⅴ는 지능이론은 물론, 인지발달, 신경발달, 인지신경과학, 학습과정에 대한 최근 심리학 연구들에 기초하고 있다. K-WISC-Ⅳ에 비해 유동적 추론의 측정을 강화하였으며 아동의 수행을 보다 세분화하여 인지능력을 제공하였다. K-WISC-Ⅴ에서의 주요 변화와 특징은 다음과 같다.

- 전체 IQ와 5개의 지표점수(언어이해, 시공간, 유동추론, 작업기억, 처리속도)
- 5가지 추가지표점수(양적추론, 청각작업기억, 비언어, 일반능력, 인지효율)

- 16개의 소검사 구성
  - 빠진 곳 찾기와 단어추리 삭제
  - 무게 비교, 퍼즐, 그림기억 추가

## 2) 로르샤흐 검사

### (1) 로르샤흐 검사의 이해

로르샤흐(Rorschach) 검사는 현재 임상 실제에서 가장 널리 사용되고 있는 대표적인 투사적 검사로 개인 성격의 인지, 정서, 자기상, 대인관계 등에 대한 종합적이고 다각적인 정보를 준다. 그러나 어떤 투사검사나 마찬가지의 문제를 가지고 있지만, 특히 로르샤흐 검사는 다양하고 복잡한 정보를 주면서 그 중요도가 높게 평가되고 있는 만큼, 신뢰도나 타당도에 관하여 많은 논의와 이의가 있다. 즉, 실시나 해석 과정에서 임상가의 주관이나 편향이 개입되어 결과가 달라지거나 오도될 가능성이 많으며 해석자 간 의사소통이나 의견일치가 되지 않을 수 있다는 문제점이 지적되어 왔다.

이와 같은 문제를 해결하기 위해 1921년 헤르만 로르샤흐(Hermann Rorschach)에 의해 성격 분석의 도구로서 그 유용성이 인식되어 연구 발표된 이후 줄곧, 임상가들은 실시 및 해석에 표준화된 틀을 마련하고자 노력해 왔다. 엑스너(Exner)는 다섯 가지 체계를 연구하는 과정에서 연구 자체가 제대로 이루어지기 어려운 이유로 연구 자료들이 어떤 한 체계에 충실하기보다는 나름의 채점 방식과 틀을 발달시킨 경우가 많았다는 점을 들었다. 결국 로르샤흐 검사가 제대로 연구되기 위해 검사의 분석에 타당성 있게 객관적으로 접근하기 위해서 모든 체계의 특징을 통합한 하나의 체계를 만드는 작업이 필요해졌으며 엑스너는 로르샤흐 종합체계를 내놓게 되었다.

엑스너에 의한 종합체계가 가진 장점은 기존의 각 방식들에서 경험적인 근거를 바탕으로 실증적으로 입증된 부분과 연구 결과들만을 채택, 종합함으로써 과학적인 근거를 갖게 됨과 동시에 풍부한 해석 틀을 가지게 되었다는 것이다. 또한 그간의 체계들에서 서로 달리 쓰이던 채점 방식을 하나의 명백한 기준을 제시함으로써, 채점자 간 신뢰도를 높여 연구자 간의 의사소통에 도움을 주었다. 이는 구조적으로 체계화되어 있기 때문에 질적 분석방식에 비해 임상가들이 보다 용이하게 접근할 수 있다는 장점을 갖도록 하였다.

### (2) 로르샤흐 검사의 실시

로르샤흐 검사는 총 10장의 카드로 Ⅰ, Ⅳ, Ⅴ, Ⅵ, Ⅶ 5장의 흑백카드와 Ⅱ, Ⅲ, Ⅷ, Ⅸ, Ⅹ 컬러가 혼합되어 있는 5장의 카드로 구성되어 있다. 이 카드들은 명확한 형태를 가지고 있지 않다는 특징으로 인해 보는 사람에 따라 다양한 보고를 함으로써 개인의 반응양식, 정서상태, 인지적 조작, 동기, 대인 간 환경 간 지각 양식 등을 확인할 수 있다.

- 좌석 배치: 옆에 나란히 앉거나 90도 방향
- 검사의 소개
- 지시 내용: "이것은 무엇처럼 보이나요?"
- 반응 단계: 피검자의 말과 표현의 기록
- 질문 단계: 반응의 위치, 결정 요인, 내용 등 확인

### (3) 로르샤흐 검사의 채점

로르샤흐 검사를 통해 피검자가 표현한 반응을 기호화하는 것으로 각 기호의 빈도, 백분율, 비율, 특수 점수의 산출 등 이를 수치적으로 요약하는 '구조적 요약(Structural Summary) 과정을 거치게 된다. 이를 토대로 피검자의 성격 특성 및 병리 상태에 대한 해석이 이루어지므로 채점이 정확해야만 해석의 타당성이 보장된다. 따라서 정확한 채점방법을 익히는 것이 중요하다.

엑스너 종합체계에서의 채점은 기본적으로 다음과 같은 항목들로 이루어지게 된다.

- 반응의 위치(location): 피검자가 반점의 어느 부분에 반응하였는가
- 반응 위치의 발달질(developmental quality): 그 위치 반응은 어떤 발달 수준을 나타내는가
- 반응의 결정인(determinant): 반응을 결정하는 데 영향을 준 반점의 특징은 무엇인가
- 형태질(form quality): 반응한 내용이 자극의 특징에 적절한가
- 반응내용(content): 반응한 내용은 어떤 내용 범주에 드는가
- 평범반응(popular): 일반적으로 흔히 하는 반응인가
- 조직화 활동(organizational activity): 자극을 어느 정도 조직화하여 응답했는가
- 특수점수(special score): 특이한 언어반응을 하고 있는가
- 쌍반응(pair response): 사물을 대칭적으로 지각하였는가

채점의 핵심 원칙을 살펴보면 다음과 같다.

- 반응 단계에서 응답할 당시에 일어난 인지적 작용에 대해 이루어져야 하므로 질문단계에서 검사자의 질문을 받고 유도된 반응은 원칙적으로 채점하지 않는다.
- 반응단계에서 나타난 모든 요소들이 채점에 포함되어야 하며 질문단계에서 나온 답변일지라도 피검자가 자발적으로 응답한 것이라면 채점에 포함시킨다.
- 여러 개의 결정인이 복합적으로 사용된 경우, 각 요인들을 모두 개별적으로 채점한다.

이러한 원칙하에 반응을 기호화한 뒤 각 반응을 카드 순서에 따라 '반응 기록지'에 기록하며 이를 바탕으로 변인의 빈도, 총점수, 비율 등을 계산하여 '구

조적 요약지(structural summary sheet)의 상단과 하단에 적는다.

#### (4) 로르샤흐 검사의 해석

로르샤흐 채점을 통해 구조적 요약(structural summary)을 함으로써 피검자의 심리적 특성과 기능에 대한 해석적 가치를 상정할 수 있으며 구조적 요약은 세 단계를 거쳐 완성한다. 첫째, 각 반응의 기호나 점수계열을 기록하고 둘째, 각 변인의 빈도를 기록하며 셋째, 여러 가지 비율, 백분율, 산출한 점수 등을 기록하여 구조적 요약의 상단부와 하단부를 구성, 아래의 내용을 군집별로 해석한다.

- 특수지표: PTI, DEPI, CDI
- 통제와 스트레스 인내력
- 세 가지 인지적 요소: 조정(Mediation), 사고(Ideation), 과정(Processing)
- 정서, 자기지각, 대인지각

## 03 성격 및 정서 평가

Adult Learning and Counseling

### 1) MMPI-A

#### (1) MMPI-A 검사의 이해

다면적 인성검사(MMPI-A)는 기존 MMPI에서 가족 및 학교 문제, 또래 관계 문제 등과 관련된 문항을 포함하여 내담자에게 적용하기 위해 개발되었다. MMPI를 사용할 경우 성인에 비해 증상의 호소가 더 많기 때문에 F척도가 상승하는 결과가 빈번한 것도 개발 배경으로 중요하다 할 수 있다.

MMPI-ASMS 14~18세의 청소년을 대상으로 실시하며, 총 478문항으로 구성되어 있다. 척도 구성을 살펴보면 타당도 척도 6개, 임상척도 10개, 내용척도 15개, 보충척도 6개와 성격병리 5요인 척도로 이루어져 있다.

### (2) MMPI-A 검사의 타당도 척도

- 무응답(?) 척도
- 무선반응 비일관성(VRIN) 척도
- 고정반응 비일관성(TRIN) 척도
- 비전형(F) 척도
- 부인(L) 척도
- 교징(K) 칙도

### (3) MMPI-A 검사의 임상 척도

- 척도 1 건강염려증(Hs)
- 척도 2 우울증(D)
- 척도 3 히스테리(Hy)
- 척도 4 반사회성(Pd)
- 척도 5 남성성-여성성(Mf)
- 척도 6 편집증(Pa)
- 척도 7 강박증(Pt)
- 척도 8 정신분열증(Sc)
- 척도 9 경조증(Ma)
- 척도10 내향성(Si)

### (4) MMPI-A 검사의 내용 척도

- MMPI-A의 내용 척도는 총 15개로 아래와 같다.
- 불안 척도, 강박성 척도, 우울척도, 건강염려 척도, 정신상태 척도, 분노 척도, 냉소적 태도 척도, 소외 척도, 품행문제 척도, 낮은 자존감 척도, 낮은 포부 척도, 사회적 불편감 척도, 가정 문제 척도, 학교 문제 척도, 부정적 치료지표 척도

### (5) MMPI-A 검사의 보충 척도

- MMPI-A의 보충척도는 MMPI-2의 3개 척도와 3개의 척도가 포함되어 있다.
- 불안 척도, 억압 척도, MAC-R 척도, 알코올/약물문제 인정 척도, 알코올/약물문제 가능성 척도, 미성숙 척도

### (6) MMPI-A 검사의 성격병리 5요인 척도

- 공격성 척도
- 정신증 척도
- 통제결여 척도
- 부정적 정서성/신경증 척도
- 내향성/낮은 긍정적 정서 척도

## 2) HTP

### (1) HTP 검사의 이해

집-나무-사람 검사(House-Tree-Person Test)는 집, 나무, 사람이라는 누구에게나 친숙한 대상을 통해 개인의 성격 발달과 정서적, 표상적 경험을 드러나게 함

으로써 자신에 대한 관점과 환경에 대한 내부적 관점을 보여준다. 따라서 피검자 스스로는 알 수 없었던 성격 발달과 관련된 정서적인 면과 역동을 확인할 수 있다.

HTP 검사는 벅(Buck)의 시도 이후, 벅과 해머(Buck & Hammer)에 의해 개발하였다. 초기에는 정신분석학적 관점에서 해석하는 경향이 많았으나 번(Burn)은 인본주의적 관점이나 Jung의 입장을 더욱 강조하였다. HTP 검사는 표준화된 검사는 아니지만 내담자의 현재 모습과 내면의 욕구가 그대로 투사되어 직관적이며 상호작용적이다.

HTP 검사에서 사용되는 집, 나무, 사람은 연령을 제한하지 않고 받아들이기 쉽고 솔직하고 자유롭게 피검자의 무의식과 관련하여 풍부한 상징을 드러낸다.

- 집(House): 피검자의 자기-지각, 가정생활의 질, 가족 내 자신에 대한 지각 등의 반영
- 나무(Tree): 자신에 대한 무의식적, 원시적 성격을 투사하는 자아개념의 반영
- 사람(Person): 직접적 자기상으로 이상적 자아나 중요한 타인 혹은 인간에 대한 표상 반영

### (2) HTP 검사의 실시

HTP검사는 16절지 백지 4장과 HB 연필, 지우개를 사용하여 다음의 지시에 따라 각 대상을 그리는 것이다. 집-나무-사람의 순서대로 그림을 그리도록 하며 집은 16절지를 가로로 제시하고 나머지, 나무와 2장의 사람 그림은 16절지를 세로로 제시한다. 만화처럼 그리거나 막대형으로 그리지 않도록 '온전한 사람'을 그리도록 지시하는 것이 필요하다. 검사 수행 시 피검자의 말과 행동 등을 관찰, 기록해 두어야 하며 그림을 다 그린 후 질문 단계를 통해 피검자가 나타낸 그림의 개인적 의미와 현상적 욕구, 압박 등을 확인한다.

### (3) HTP 검사의 해석

HTP 그림을 그린 후 질문, 피검자의 면접 외의 행동관찰과 검사 시 태도 등으로부터 얻어진 임상소견을 고려하여 해석한다. 표현된 그림의 구조만을 통해 성격의 단면을 추론하는 해석을 지양해야 하며 적절한 해석을 위해 피검자의 상태를 충분히 확인해야 한다.

- 전체적 평가: 전체적 인상, 조화, 적응수준, 성숙도, 혼란 정도 등
- 형식적 분석: 그림의 순서, 위치, 크기, 필압, 선의 농담, 음영, 생략, 지우기 등
- 내용적 분석
  - 집: 지붕, 벽, 문, 창문, 굴뚝, 진입로와 계단, 기타 부속물 등
  - 나무: 둥치, 가지, 수관, 뿌리, 잎, 나무 껍데기 등
  - 사람: 머리, 얼굴, 사지, 몸통, 가슴, 어깨, 정면 or 측면 or 뒷면, 의상 등

## 3) SCT

### (1) SCT 검사의 이해

문장완성검사(sentence completion test: SCT)는 다수의 미완성 문장을 생각대로 완성하도록 한 검사로 단어연상 검사를 변형하여 발전시킨 것이다. 커텔(Cattell)은 골턴(Galton)의 자유연상 검사(free association test)로부터 단어연상 검사(word assciation test)를 발전시켰으며 이 단어연상 검사는 크레펠린(Kreapelin), 융(Jung)의 임상적 연구를 거쳐 랩포트(Rapaport)와 그의 동료들에 의해 성격 진단을 위한 유용한 투사법으로 확립되었다.

이후 여러 학자들이 미완성 문장을 통해 성격, 지능, 정서, 욕구와 갈등을 파악하는 연구를 지속적으로 발전시켰으며 로데(Rohde)는 청년기 문제 및 욕구, 내적 갈등, 환상, 감정, 태도, 야망, 적응상의 어려움 등에 대해 파악하고자

할 때 문장완성검사가 유용함을 말하였다. 현재 임상현장에서는 삭스(Sacks)의 문장완성 검사가 가장 널리 사용되고 있다.

### (2) SSCT 검사의 영역

SSCT(The Sacks Sentence Completion Test)의 네 가지 대표적인 영역-가족, 성, 대인관계, 자기개념이 의미하는 바를 살펴보면 다음과 같다.

- 가족 영역: 어머니, 아버지 및 가족 전체에 대한 태도 측정
- 성적 영역: 사회적인 개인으로서의 여성과 남성, 결혼, 성적 관계에 대한 태도 측정
- 대인관계 영역: 타인에 대한 감정, 타인이 자신을 어떻게 느낀다고 생각하는지를 측정
- 자기개념 영역: 자신의 능력, 과거, 미래, 두려움, 죄책감, 목표 등에 대한 태도 측정

### (3) SSCT 검사의 해석

SSCT의 평점 기록지는 각 태도에 대한 네 개의 자극 문항들과 그것에 대한 피검자의 반응들을 종합하도록 구성되어 있으며 평점을 통해 해당 영역의 손상 정도를 측정하게 된다. 심한 정도의 손상으로 정서적 갈등을 다루기 위해 치료적 도움이 필요하면 2점, 경미한 정도의 손상으로 정서적 갈등이 있는 것으로 보이지만 치료적 도움 없이 다룰 수 있을 때 1점, 유의한 손상이 발견되지 않으면 0점을 부여한다. 문장완성 검사를 통해 성격 구조에 대한 추론을 하고 이 추론을 근거로 다른 검사들로부터 얻어진 결론들과 종합하여 통합적 해석을 할 수 있으며 다음의 사항에 주의하는 것이 도움이 될 것이다.

- 내적인 충동에 주로 반응하는가? 외부환경 자극에 주로 반응하는가?
- 스트레스 상황에서 정서적 반응이 충동적인가? 잘 통제되는가?

- 자신의 책임과 타인의 관심을 적절히 고려하는가? 사고가 성숙한가? 미숙하거나 자기중심적인가?
- 사고가 현실적인가? 자폐적인가? 공상적인가?



## 04 신경심리평가

신경심리학적 손상에 대한 선별과 평가는 단순히 기질적 손상에 의한 신경학적 문제를 보이는 환자를 진단하기 위한 목적만이 아닌 환자의 관리와 치료계획에 대한 제언과 재활, 효과의 예후를 예측하는 중요한 자료이다. 신경심리학적 평가는 뇌 관련 질환의 경과와 치료 효과를 확인하는 것을 비롯하여 지적장애나 학습장애, ADHD를 비롯한 행동장애아의 연구에 도움을 주면서 아동 신경심리학의 발전에 크게 기여하였다.

### 1) 신경심리평가의 평가 절차

신경심리평가는 의뢰, 면담 및 행동 관찰, 검사 실시, 해석의 절차로 이루어진다.

#### (1) 의뢰

신경심리평가는 보통 뇌기능의 손상이 있거나 손상 가능성이 의심되는 환자를 진료하는 의료진에 의해 의뢰되는 경우가 대부분이며 법정 장면이나 보험사에서 의뢰하는 경우도 있다. 신경심리평가를 위해 환자의 협조를 얻는 것이 중요하며 어떤 방식으로 의뢰되었는지에 따라 환자의 태도가 달라지므로 다음을 고려하여야 한다.

첫째, 의뢰된 환자의 현재 상태가 급성 발병으로 인한 혼란감이 큰 경우 불안정한 상태이기 때문에 증상이 호전되거나 안정기에 접어든 후 시행하는 것이 바람직하므로 신경심리평가 시행이 적합한지를 우선 확인하는 것이 필요하다. 둘째, 의뢰된 환자를 평가하기 전 신경심리평가의 목적 및 절차, 검사의 종류와 유용성, 평가 관련 위험요소 등을 충분히 설명함으로써 평가받을 권한을 스스로 부여하도록 하여야 한다. 그렇지 않을 경우 평가에 대한 불신으로 인해 협조적 관계를 유지하는 것이 어렵게 된다. 셋째, 평가를 의뢰할 때 의뢰 목적과 사유, 신경심리평가 결과를 통해 얻고자 하는 정보에 대해 구체적으로 명시함으로써 신경심리평가의 방향을 결정하고 구체적으로 공식화함으로써 보다 유용한 정보를 제공할 수 있어야 한다.

### (2) 면담 및 행동 관찰

신경심리평가에서 면담은 개인력을 조사하는 것을 비롯하여 가설을 도출해 낼 수 있는 가장 중요한 방법으로 환자와의 직접적 만남을 통해 이루어지는 절차의 시작이다. 신경심리평가에서 면담은 심리평가와 마찬가지로 증상의 시작 시기, 병전과 병후의 기능 수준, 발달력, 학력, 개인력, 가족력, 기존의 병력 등을 수집하는 것이다.

검사결과의 신뢰성을 판단하고 보고되지 않은 증상을 파악하기 위해서는 검사 시의 행동을 면밀히 관찰하는 것이 중요하며 이처럼 환자의 상태를 파악하는 것은 검사결과의 해석에 매우 중요하다. 또한 인지기능에 영향을 미칠 수 있는 일반적인 의학적 상태, 신경학적·정신의학적 질환 병력 청취도 신경 써야 할 부분이다. 한편, 복용하고 있는 약물에 대한 투약 정도와 가족의 내과적·신경과적·정신과적 질환에 대한 병력도 파악해야 한다.

신경심리학적 손상은 시청각 기능, 운동 기능을 비롯한 다양한 신체 기능상의 문제를 야기하기 때문에 행동 관찰을 통해 신체적 특징과 자세, 걸음걸이, 시력, 청력 등과 같은 신체 기능 및 감각 기능을 평가해야 한다. 행동 관찰은 평가 상황에서 보이는 환자의 행동 관찰을 통해 이루어지지만 평가 상황이 비교적 구조화되어 있어 제한적이므로 보호자 면담 등을 통해 환자의 행동에 대한 정보를 수집하는 것이 필요하다.

### (3) 검사실시

신경심리평가의 실시는 의뢰 목적과 면담 및 행동 관찰에서 얻은 정보를 토대로 잠정적 가설을 세운 후 환자에게 필요한 검사를 선정하여 실시한다. 배터리형 검사를 통해 병전 기능과 손상된 기능 모두를 다각적으로 평가할 수도 있으며 뇌기능의 손상 정도에 따라 심각성에 따른 간편형 검사를 사용할 수도 있다.

신경심리평가에서는 환자의 실제적인 인지 기능을 정확하게 평가하는 것이 중요하기 때문에 환자로 하여금 최상의 능력을 발휘하도록 환자의 상태를 살피면서 검사 진행 과정을 조절해야 한다. 또한 과제 수행에 연속적으로 실패할 경우 이후 과제 수행에 영향을 미칠 수 있기 때문에 격려와 지지가 필요하다.

### (4) 해석

신경심리평가에서 해석은 실시한 검사 결과와 면담, 행동관찰을 통해 수집한 정보를 통합하여 의뢰 목적에 따라 분석 및 설명하는 과정이다. 환자의 검사 점수가 규준 자료와 어느 정도의 편차를 보이는지 파악하여 기능 손상 정도를 확인한다. 신경심리평가에서는 개인 간 비교뿐 아니라 개인 내 비교를 통해 환자의 현재 기능 상태와 병전 기능 상태의 비교에 큰 비중을 두기 때문에 반복 측정을 통해 환자의 인지 기능 변화를 파악할 수 있다.

신경심리평가에서 해석에 유념해야 할 사항은 개별검사 점수의 낮음과 기능 손상이 비례하지 않다는 것이다. 즉, 점수가 낮다고 반드시 뇌기능 손상을 확언할 수 없다는 것이므로 환자의 인지 기능에 대한 가설을 세우고 이를 검증해 나가는 것이 필요하다. 따라서 환자의 일상적 기능 수준, 임상적 양상 등을 충분히 검토하여야 한다.

## 2) 신경심리평가의 평가영역과 주요 검사

신경심리평가에는 다섯 가지의 전통적 영역과 치매, 성격, 정서 및 행동평가가 있다.

### (1) 주의력

- WAIS Ⅳ와 WISC Ⅴ의 작업 기억 지표 소검사
- 선로 잇기 검사(Trail Making Test)
- 스트룹 검사(Stroop Test)

### (2) 언어능력

- Boston 진단용 실어증 검사(Boston Diagnostic Aphasia Examination)
- Boston 이름 대기 검사(Boston Naming Test)
- 웨스턴 실어증 검사(Western Aphasia Battery)
- 언어 유창성 검사(Verbal Fluency Test)

### (3) 기억력

- Wechsler 기억검사(Wechsler Memory Scale–Ⅳ)
- 기억 평가 검사(Memory Assessment Scales)

- Rey-Kim 기억검사
- 숫자 외우기(Digit Span)
- Corsi 토막 두드리기 검사(Corsi Block Tapping Test)
- Rey 청각 언어학습 검사(Rey Auditory Verbal Learning Test)
- California 언어학습 검사(California Verbal Learning Test)
- Bender-Gestalt 검사(Bender Gestalt Test)
- Rey 복합도형 검사(Rey–Osterrieth Complex Figure Test)

### (4) 시공간 능력

- Bender-Gestalt 검사
- Rey 복합도형 검사
- 토막 짜기
- 자유 그림 검사

### (5) 실행 능력

- Wisconsin 카드 분류 검사(Wisconsin Card Sorting Test)
- Kims 전두엽 관리기능 신경심리검사
- 언어 유창성 검사, 선로 잇기 검사, 스트룹 검사, Rey 복합도형 검사 등

### (6) 치매 평가

- 서울신경심리검사
- 한국판 치매 평가 검사(Korean Dementia Rating Scale)
- CERAD-K(The Korean Version of CERAD)

### (7) 성격, 정서 및 행동 평가

- 다면적 인성검사(Minesota Multiphasis Inventory-2)
- Beck 우울 평가 척도
- CES-D(Center for Epidemioligic studies Depression Scale)
- 노인 우울 척도(Geriatric Depression Scale)
- Hamilton 우울 평정 척도(Hamilton Depression Rating Scale)

제 12 장

# 성인상담과 매체활용기법

01 미술치료
02 음악치료
03 모래놀이치료
04 독서치료

# 01 미술치료

미술은 개인의 심리적 상황과 실존적 물음에 답하며 카타르시스를 표현하고 심리적 에너지를 상승시켜 정서적 안정과 풍요로움을 전한다. 시각적 언어로서의 미술은 개인이 표현한 작품을 통해 의식적 방어 없이 생생하게 자신의 내면을 드러내면서 스스로를 이해하고 받아들이며 이후의 삶을 용기 있게 살아갈 동기를 만나게 한다.

미술이 개인의 심리적 내용을 투사하는 데 매우 유용하다는 것은 진단 도구로서의 활용 가능성을 높이는 것으로 대부분의 많은 사람들은 누군가가 그린 그림을 통해 그의 문제가 무엇인지를 찾고자 한다. 그러나 그림은 내담자가 가진 문제를 엑스레이처럼 찍어낸 것이 아니다. 작품에 표현된 상징적 의미와 내용을 분석하고 문제를 찾는 작업을 거치며 치료를 위한 매개가 되는 것이다.

## 1) 미술치료의 개념

미술치료는 미술과 치료의 합성어로 '미술적 활동'을 매개로 하여 내담자를 치료하는 일련의 행위를 말한다. 미술치료는 두 영역에서 통합된 관점을 갖게 되므로 이론적 관점과 임상적 관점에서 각자의 서로 다른 정의가 반영될 수 있으며 '미술치료'가 가장 일반적으로 통용되는 용어이지만 관점에 따라 '예술치료', '표현예술치료', '창의성 치료', '미술심리치료' 등으로 다양하게 사용된다.

미술치료는 내담자가 미술 작품을 만들고, 상담자는 치료 목표에 따라 내담자의 미술 과정에 개입하면서 미술을 매개로 내담자의 심리적 문제를 해결해 나가는 심리치료의 한 유형으로 언어로 자신을 표현하는 것에 어려움을 가진 대상에게 매우 유용하다.

### 2) 미술치료의 목표

미술치료는 다양하고 급격한 변화에 적극적으로 부응하는 창조적인 활동으로 이루어져야 한다. 미술치료 임상에서의 치료적인 과정은 미술치료사 각자의 이론적 접근과 임상 경험에 따라 창의적일 수 있으며 이를 통해 내담자의 잠재적 가능성을 끌어 올릴 수 있을 것이다.

1949년 페신(Pessin J.)과 프리드만(Friedman I.)은 내담자의 심리치료를 위한 긍정적 자아 강화를 중요시하였으며 치료사의 중재 행위를 통해 사회적 통합에 도움을 주어야 함을 강조하였다. 또한 이 시기 무의식의 혼돈은 의식적 수준에서 자연스러운 언어표현이 어려울 수 있기에 자신이 열망하고 관심을 갖는 것이 무엇인지 알아차릴 수 있도록 도와야 한다고 말한다. 따라서 다양한 심리치료 활동을 통해 그동안 모르고 있던 자신의 새로운 능력을 발견함으로 긍정적 미래를 기대하며 건설적인 삶을 설계하도록 하는 것이다.

성인을 대상으로 하는 미술치료의 목표는 치료사의 일방적 기대가 아닌 내담자, 스스로가 원하는 방향으로 설정되어야 하며 이를 위해 미술치료사는 내담자가 보이는 행동과 태도에 민감하게 반응하고 진솔한 태도로 상호작용하며 공감과 지지를 반영해야 한다. 내담자를 위한 구체적인 미술치료의 목표는 다음과 같다.

#### (1) 자아정체감 확립과 긍정적 자아개념의 형성

자신의 자아정체감을 확립하지 못한 체 여러 위기에 봉착하게 되며 혼란과 갈등을 경험한다. 이와 같은 혼돈은 자신에 대한 긍정감 획득에 실패하면서 미래를 부정적 이미지로 형성하게 된다. 따라서 미술치료 활동에서 내담자의 자신의 실존적 가치를 인식하고 자기 존재를 명확히 수용하여 건설적인 자아 형성을 도모할 수 있도록 다양한 매체와 방법을 통해 탐색하도록 독려해야 한다.

### (2) 건전하고 투철한 가치관의 정립

가치관은 개인의 행동양식, 수단, 목적 등에 있어 선택에 영향을 미치는 한 집단의 독특성을 규정짓는 개념으로 개인의 사고와 행동의 기준이 된다. 내담자의 가치관 혼란은 모호한 기준으로 인해 부적절한 행동의 가능성을 높이고 이상적 가치와 현실적 가치의 불일치를 통해 심각한 갈등을 양산한다. 따라서 미술치료 활동에서 개인의 행동양식을 살펴 적응과 부적응의 단서를 확인하고 이를 수정하여 올바른 가치관을 확립할 수 있도록 도와야 한다.

### (3) 적절한 의사표현 및 의사결정 기술의 함양

내담자의 의사결정은 때때로 불안정한 정서로 인해 매우 충동적이며 비합리적이기도 하다. 이들의 성급한 의사결정은 불만족스러운 결과로 반영되어 지속적인 좌절로 드러나거나 반대로 자신의 생각을 적절히 표현하지 못하여 그릇된 피드백과 오해를 받기도 한다. 따라서 내담자의 적절한 의사표현 및 결정을 돕기 위해 미술치료 활동을 통해 자신의 심상을 투사하여 적절한 자기표현이 이루어지도록 도와야 한다.

### (4) 진로에 대한 능동적 의사결정 능력 증진

내담자는 자아정체성의 혼란으로 자신의 미래를 매우 불안정하게 인식하며 어려움을 경험한다. 실제로 많은 내담자는 자신이 무얼 하고 싶은지, 무엇을 해야 하는지를 스스로 탐색하지 못하며 매우 수동적인 자세를 갖거나 무기력한 상태에 있다. 따라서 내담자를 대상으로 미술치료를 할 때에는 이들의 흥미와 강점을 탐색하는 데 주력하며 그에 따른 효능감으로 진로와 관련하여 능동적 자기 결정권을 갖도록 도와야 한다.

#### (5) 자신의 잠재력 개발

상담의 목표를 달성하기 위해 중요한 것이 개인의 잠재력을 개발하는 것이다. 현재의 심리적 불편감이나 미숙함은 아직 자신의 능력을 발견하지 못했거나 왜곡된 지각으로 인해 드러났을 가능성이 크다. 내·외부의 다양한 원인으로 인해 자신을 잘못 인식하고 있는 경우 미술치료 활동을 통해 강점을 확인하고 긍정적 미래를 전망하며 건설적 목표를 세우고 실행할 수 있도록 하는 것이 필요하다.

### 3) 미술치료의 장점

미술치료는 다른 심리치료 분야와 마찬가지로 여러 가지 제한점과 함께 앞으로의 연구과제를 많이 가지고 있지만 미술이 갖는 독특한 가치는 심리치료에서 매우 의미 있게 다루어진다. 특히나 자신의 감정을 표현하기 어려운 어린이나 노인의 경우 미술을 통한 작품 활동은 자기방어를 줄여 상담의 효과성을 높이는 데 큰 도움을 준다. Wadeson이 언급한 미술치료의 장점을 중심으로 미술치료의 가치에 대해 살펴보면 다음과 같다.

#### (1) 미술은 심상(Image)의 표현이다.

우리는 언어로 표현하기 전에 먼저 심상으로 사고하며 떠올린다. 예를 들어, 어머니라는 주제가 주어지면 언어적 표현 이전에 어머니의 심상이 먼저 떠오른다는 것이다. 이와 같은 심상의 형성은 삶의 초기 경험을 통해 만들어지고 성격 형성에 중요한 역할을 한다. 미술치료에서는 꿈, 환상, 경험에 대해 언어적 수단이 아닌 미술의 다양한 매체들을 통해 표현하게 되며 이는 언어적 개입에 비해 창조적 과정을 많이 담고 있다고 볼 수 있다.

### (2) 미술은 언어적 수단에 비해 방어가 감소된다.

방어는 심상과 밀접한 관련이 있다. 우리는 어떤 다른 의사소통 양식보다 언어화하는 작업에 숙달되어 있는데, 미술은 이성적으로 생각하는 과정이 생략되어 있어 언어에 비해 방어가 감소되며 자신의 심상을 보다 생생하게 표현할 수 있다. 이와 같은 의도치 않은 표현은 탐색과 인식을 통해 동찰, 학습, 성장으로 나아가는 촉매가 되기도 한다.

### (3) 미술은 구체적인 유형의 대상이 형성된다.

미술치료는 작품이라는 눈으로 볼 수 있고 만질 수 있는 구체적인 자료를 생산한다. 이는 치료사와 내담자 사이를 연결하는 다리 역할을 하면서 치료적 개입을 위해 매우 중요한 의미를 갖는다. 특히 저항이 강한 내담자들은 자신의 작품을 통해 스스로 내성할 수 있는 좋은 기회가 제공되며 자신이 만든 작품을 통해 실존의 가치를 깨닫고 자신의 감정을 느끼며 알아차리는 계기가 된다.

### (4) 미술은 자료의 영속성이 있다.

미술치료 활동을 통해 생성된 작품은 보관이 가능하기 때문에 이후 회상에 도움을 주며 기억의 왜곡을 방지하고 새로운 통찰을 얻을 수 있도록 돕는다. 때때로 내담자들은 자신의 작품을 만들 당시에는 느끼지 못했던 것을 이후 다시 확인하며 알아차리기도 하고, 새롭게 느껴지는 무언가를 찾기도 한다. 또한 필요한 때에 과거의 작업물을 통해 치료과정 전체를 검토하며 치료 효과를 높이는 데 도움을 줄 수 있다.

### (5) 미술은 공간성을 지닌다.

1차원적 의사소통방식인 언어표현과 달리 미술표현은 그 어떤 규칙을 따를 필요가 없다. 즉, 본질적으로 미술은 공간적인 것이며 시간적인 요소도 없다. 미술치료 안에서는 가깝고 먼 것, 결합과 분리 등 각 대상 간 역동을 표현할 수 있으며 인물상의 표현과 상황, 감정, 장소 등이 한 공간에서 표현되는 특성을 통해 이해를 돕는다.

### (6) 미술은 창조성과 신체적 에너지를 유발한다.

미술치료에서의 활동은 무에서 유를 만들어 내는 창조적 과정으로 신체적 에너지가 고갈되어 있는 내담자의 방전된 에너지를 충전해 주는 역할을 한다. 실제로 처음 올 때 에너지가 많이 떨어져 있던 내담자들이 미술치료 활동을 하면서 활기찬 모습으로 변하는 경우가 자주 있다. 이와 같은 에너지 수준의 변화는 자존감을 향상시켜 삶의 질을 높이는 데 긍정적 영향을 주게 된다.



## 02 음악치료

음악은 우리의 삶에 매우 친숙하면서 없어서는 안 될 중요한 매체로 일상을 즐겁게 해주고 스트레스를 완화시키며 활력의 에너지를 전해준다. 음악이 없는 세상은 상상도 안 될 정도로 우리는 다양한 상업 음악에 묻혀 살고 있다. 우리는 음악을 들으며 아픔을 달래기도 하고 음악을 들으며 기쁨을 나누기도 한다. 이처럼 음악은 정서를 자극하고 치유하며 삶을 풍요롭게 만든다.

치료도구로써의 음악은 고대시대, 질병 치유를 위해 사용되었으며 현대사회에서는 행동과학을 바탕으로 과학적으로 사용되어 음악치료의 개념화를 가능하게 하였다. 음악은 남녀노소 할 것 없이 모두 좋아하는 매체로 부작용 없이 내담자의 심리적 문제를 해결하기 위한 도구로 매우 큰 장점을 가지고 있다. 따라서 유아에서 노인까지 특수아동 및 장애인과 비장애인 등 많은 대상에게 쉽게 활용할 수 있어 그들의 다양한 심리적 문제해결에 적용되고 있다.

### 1) 음악치료의 개념

음악치료는 학자의 치료철학에 따라 서로 다른 정의로 발전해 왔으며 그 범위가 방대하다. 브러스처(Bruscia)는 음악치료에 대하여 클라이언트의 건강을 회복시키기 위해 음악적 경험과 관계들을 통해 역동적인 변화를 이끌어 내는 체계적인 치료과정이라고 정의하였다. 미국 음악치료 학회는 음익치료에 대하여 정신과 신체 건강을 복원, 유지 및 향상시키기 위한 치료적 목적으로 음악을 사용하는 과정으로 정의하였다. 음악치료는 승인된 음악치료 과정을 완수하여 자격을 갖춘 전문가에 의해 치료적 관계 안에서 개별적 목적을 달성하기 위해 음악적 개입을 임상적, 근거 중심적으로 사용하는 것이다.

음악치료 활동을 통해 치료자는 내담자에게 치료적 환경을 제공해주며 비경쟁적인 성취를 허용하는 과정을 통해 자신에 대한 바람직한 자화상을 가지도록 돕는다. 또한 집단 내에서의 음악활동은 개인을 다른 사람과 관련시켜 하나의 그룹으로 통합시키는 역할을 하여 공통된 활동으로 이끌고, 안전하고 지지적인 상호작용 내에서 감정 이입을 경험하면서 친밀한 관계형성을 이루도록 돕게 된다. 음악치료 활동으로 주로 쓰이는 기법으로는 노래 부르기, 치료적 노래 만들기, 악기연주, 음악 감상, 음악과 신체 활동, 즉흥연주 등이 있다.

### 2) 음악치료의 목표

음악치료는 받고자 하는 대상이 가지고 있는 과제 및 장, 단점에 따라 그에 맞는 치료 목표를 설정하고 세션을 구성하여 실시하게 된다. 이 과정에서 중요한 것은 논리적인 근거와 합리적 사고에 바탕하여 목표를 설정해야 한다는 것이다. 한세르(Hanser)가 목표 설정에 있어 제안한 고려 점에 대해 살펴보면 다음과 같다.

첫째, 목표로 설정된 행동이나 영역에 대하여 변화를 위한 객관적 증거와 자료를 제시하여야 한다. 또한 논리적 근거에 따라 설정된 목표가 성취되었을 때, 문제행동과 관련된 다른 영역의 기능에 긍정적 변화를 가져올 수 있음에 대하여도 검토해야 한다.

둘째, 호소문제에 따른 설정 목표가 내담자의 기능을 충분히 고려한 것인지를 검토하여야 한다. 설정된 목표에 따른 치료적 개입이 내담자에게 성취적으로 반영되려면 현재 내담자의 기능을 충분히 고려하여 지나치게 도전적이거나 실현 불가능한 부분이 없는지를 검토한다.

셋째, 설정된 목표에 따라 수행한 결과의 변화를 객관적으로 증명할 수 있는 측정 가능한 행동을 규명하여야 한다. 이와 같이 관찰가능하고 측정 가능한 행동을 기록하는 것은 변화를 증명하는 데 매우 필수적이다.

넷째, 음악치료를 통해 무엇이 제공되며 제공되는 것의 장점이 무엇인지를 분명히 해야 한다. 특히 매개가 되는 음악의 어떤 특성이 치료적 개입을 시도하게 되는지가 구체적으로 설명되고 그로 인해 치료 목표를 성취하는 데 효율성이 증가되어야 한다.

음악치료 활동은 음악치료 이론을 바탕으로 치료사의 역할을 구분하고 치료의 목적과 기대에 따라 달리 진행될 것이다. 다양한 이론을 토대로 중심이 되는 행동목표는 달라질 수 있으나 내담자 개인의 역량을 강화해야 한다는 입장에서는 서로 간 입장이 일치한다. 내담자의 역량 강화를 위한 목표는 다음과 같다.

### (1) 회복탄력성의 회복

회복탄력성은 스트레스와 일상적 도전들을 회피하지 않고 효과적으로 대처하여 실수나 역경으로부터 긍정적으로 되돌아올 수 있는 능력으로 현실적인 목표를 개발할 수 있을 뿐 아니라 타인과 편안하게 상호작용할 수 있는 능력을 말한다. 음악은 매우 가까운 매개체로 선호에 따라 자신의 내면 상태를 반영시키며 스스로 공감하고 탄력적으로 다른 사람과 의사소통 하도록 돕는다. 이처럼 음악은 일상생활에서 긍정적인 경험을 하는 데 도움을 줌으로써 회복탄력성을 회복시키는 데 도움을 줄 수 있다.

### (2) 정체성의 확립

정체성 형성의 결정적 시기로 주체적 자아(I)와 객체적 자아(Me)의 조화를 통해 실존의식을 갖게 된다. 이시기, 나와 타인을 구분할 수 있는 독자성, 일관성, 통일성은 새로운 가치관을 형성하여 혼돈에서 균형을 찾게 된다. 내담자의 음악 선호 경향은 그의 가치, 태도, 의견을 표현하고 의사소통의 기능을 하면서 정체성을 보여준다.

### (3) 잠재력의 발견

성인은 지식, 경험, 지혜 등의 다양한 정보를 통해 지적인 능력을 향상시키며 합리적 추론을 발달시킨다. 이와 같은 인시 발달은 자신의 경험 이상의 잠재성을 생각하며 주어진 환경의 다양한 결과를 상상할 수 있는 능력으로 확장된다. 음악은 인지영역에서 신경발달을 촉진하는 역할을 하기 때문에 음악치료 활동에 참여하는 것만으로도 관련된 기능을 향상시킨다. 음악은 감상, 연주, 창작 등 여러 형태로 다양하게 제시되면서 개인의 흥미와 기대를 반영하고 필요한 잠재적 능력을 발견하여 이를 개발하도록 돕는다.

#### (4) 유대감의 강화

삶에서 매우 중요한 것은 자신을 지지적으로 경험하며 친사회적 태도를 보이는 사람들에 대한 기대에 있다. 내담자에게 타인과의 유대감은 자신을 둘러싼 가정, 학교, 더 나아가 문화적 연결을 유지할 수 있어야 한다. 성장기에 형성된 유대감은 사회적 유대감을 포함하여 심리적 유대감으로 반영되어 이에 따른 안정감은 소속감을 강화시키며 올바른 대인관계 형성에 기여한다. 음악은 이들의 소속감과 일체감을 갖는 중요한 매개체로써 또래집단에서 자신의 역할과 위치에 대한 개념을 형성하며 사회적 역할을 배우도록 한다.

### 3) 음악치료의 장점

음악은 정서·사회성 발달의 토대를 이룬다. 이러한 음악을 통하여 자신감, 성취감, 자부심 등과 더불어 자긍심, 독창성, 자율성, 안정감 등을 키우고 적개심, 증오심 등 부정적인 감정 및 정서를 해소할 수 있다. 또한 긍정적인 자아개념을 신장시켜 자신의 감정을 건설적으로 표현하는 방법을 배운다.

음악치료에서의 활동은 타인과의 상호작용을 통해 관련된 기술을 익히도록 하며 관계 속에서 자신의 내적 욕구나 통제 능력을 발달시킬 수 있도록 돕고 타인의 권리를 존중하는 태도를 배우도록 한다. 또한 타인과의 조화를 통해 협동심, 책임감, 단결심, 인내심, 절제, 융화능력, 도덕성 등 공동체 의식을 높이면서 자신의 느낌과 타인의 경험을 독려하도록 한다. 음악치료사가 인식해야 할 음악의 다섯 가지 장점은 다음과 같다.

### (1) 음악성은 선천적으로 내재되어 있다.

인간은 엄마의 뱃속에서부터 엄마의 심박동 소리를 들으며 엄마가 사용하는 언어의 음색, 높낮이, 강도, 빠르기 등을 통해 엄마의 정서 상태에 대한 메시지를 전달받는다. 이렇게 인간은 태아인 상태부터 긍정적인 정서를 표현하는 소리와 그렇지 않은 소리를 구별할 수 있는 능력을 가지고 태어난다. 소리와 리듬은 인간의 정상적인 성장과 발달에 반드시 필요하며 만족되어야 하는 본능적인 욕구 중 하나인 것이다. 따라서 음악치료의 목적 중 하나는 특정 장애가 있건 없건 내재된 '음악아'를 어떠한 형식으로든 즐길 수 있는 본능을 일깨워 타고난 잠재력을 개발시켜 주고 음악적 경험 내에서 성장하도록 돕는다.

### (2) 음악적 환경에서 보인 행동은 외적 환경에 전이된다.

음악치료 활동에서 보여주는 행동은 내담자의 외부 환경을 예측하는 중요한 사인이 되듯이 외부 환경에서 하는 행동은 음악적 활동에서 다양한 형태로 드러나게 된다. 이와 같은 행동 양상으로 인해 내담자의 내재된 에너지를 음악을 통해 승화시키기 위한 노력이 의미 있는 것이며 대부분의 음악 활동은 실재로 행동 변화에 영향을 준다. 따라서 음악치료사의 역할은 음악치료 활동을 통해 내담자가 갖은 잠재력을 끌어내어 개발시켜 주고 이와 같은 성장 요인을 외부 환경에 전이시켜 확장시킴으로써 보다 건설적인 미래를 설계하도록 돕는다.

### (3) 음악에는 기본 욕구를 다루는 힘이 있다.

음악을 감상하거나 악기로 자신의 심정을 표현하는 것은 사전에 받은 음악교육과 무관하며 있는 그대로 자신이 드러나도록 독려한다. 전문 음악가가 자신의 영역을 넓히고 깊이를 다지기 위해 끊임없이 수련 받은 경우 그에 맞는 소양으로서 고도의 기술적, 예술적 수준을 보유하고 있지만 정상적인 발달과정을 거친 사람이라면 누구나 할 것 없이 자신에게 맞는 음악적 소양을 갖추고 있다는 뜻이다. 음악적 접근에는 노래, 악기 연주, 움직임 등 다양한 활동이 있는데 특별히 음악이 치료적인 까닭은 청각 자극을 감정과 연관 짓는 것에서 볼 수 있다. 즉, 감정은 음악을 통해 표현하며 경험되는 카타르시스가 음악치료의 효과로 반영되는 것이다.

### (4) 음악적 활동에는 인간의 모든 측면이 관련된다.

음악은 인간이 할 수 있는 총체적 체험으로 이해될 수 있다. 노래를 부르기 위해 자신의 정서와 맞는 음률이 있는 노래를 선택하고 가사를 읽고 외워야 하며 박자를 기억하고 조절한다. 각 단어의 발음을 적절히 하고 호흡하며 단어들 간 협응감을 가질 수 있도록 조절해야 한다. 이처럼 노래하나를 부르기 위해서도 자신의 정서를 인식하고 그에 맞는 노래를 선택하며 노래의 가사를 읽고 외우고 부르는 과정까지 동기에서부터 의욕적 실행까지 총체적 능력이 필요한 것이다.

### (5) 음악적 작업은 내재된 동기를 바탕으로 한 인식의 연속성을 유도한다.

음악적 경험은 개별적 동작이 아닌 연속적으로 일어나는 현상을 기본으로 하기에 음악치료에서의 음악적 감각은 인식의 주기로 시작되어 에너지를 동원시키고 심리적, 신체적 감각을 경험하도록 한다. 그로 인해 대상과의 통합과 자아 인식 등 내재된 욕구나 필요가 충족되도록 이끌게 된다. 음악적 작업에서 보이는 인식의 연속성을 내재적 동기와 보상으로 설명하는 플로우 이론은 음악에 몰입되는 과정에서 몸과 마음의 전체적인 경험이 결국 내담자에게 자신감 및 존재 의식을 강화시켜 주는 유의미한 시간으로 경험됨을 말하였다. 이처럼 음악치료는 내재된 동기를 자극하여 음악적 작업 내에서 인식의 주기를 경험하도록 하는 데 그 목적이 있다.

# 03 모래놀이치료

모래놀이치료는 자연물을 바탕으로 무의식과 의식 사이에서 치료자의 에너지 변용이 내담자가 놀이를 할 때 영향을 받아 서로 역동을 갖는 것이다. 모래놀이치료의 기본 가정은 안정된 공간 안에서 자신의 치유적 잠재력을 경험하며 손상된 모성 이미지를 치유할 수 있도록 조건을 제공하는 것으로 창조적 퇴행을 상려하여 치유를 돕는다. Wcinrib에 의하면 모래놀이치료는 인간 정신의 통합성을 도모하는 표현예술치료활동으로는 자기가 배열되고 활성화되도록 돕는다고 하였으며 상처받은 자아를 치유하고 심리적 재탄생을 도와 내면의 아이가 회복된다고 보았다. 즉, 인간은 적절한 조건이 주어지면 스스로를 치유해가는 자율적인 경향성이 있다는 것이다. 이 자율성은 발달직 요구를 충족시키고 정서적 삶에 참여하도록 도와주는 표현의 미학이다.

## 1) 모래놀이치료의 개념

모래놀이치료는 무의식으로부터 갈등을 끌어와 정신적 내용을 건강하게 재정리하도록 치유와 변형을 촉진하는 일련의 과정이다. 모래놀이치료는 자신의 내적 마음의 흐름을 모래상자 안에 옮겨놓는 순수예술로 치유를 위한 창조성의 역할이며 인간의 타고난 예술적 능력의 회복이라 할 수 있다. 모래놀이치료는 내담자에게 언어로 표현되기 어려운 감정적 문제에 대해 자연스러운 접근을 유도하며 치료과정이 자신의 경험을 온전히 드러낼 수 있도록 돕는다. 모래놀이치료는 일상에서 경험한 사건이나 감정 중 수용하기 어려운 것들 또는 고통스러운 것들을 모래판 위에 다양한 상징물을 이용하여 투사적으로 표현할 수 있기 때문에 저항감을 낮추면서 자발적 치료행위를 돕는다.

모래놀이치료는 어린아이부터 성인까지 연령과 성별에 상관없이 마음의 깊은 수준까지 도달할 수 있으며 비언어적이며 정서적인 치료형식이다. 자신의 내면세계를 모래상자에 충분히 표현하고 표현된 상징들을 재탐색하며 스스로의 문제를 찾아내어 수용하고 극복할 수 있는 자아의 성장을 도모한다. 모래놀이치료는 마음을 찍어내는 엑스레이가 되어 보이지 않는 내면을 다루기 위한 마중물 역할을 하는 것이다.

### 2) 모래놀이치료의 목표

모래놀이치료는 내담자가 자신의 경험을 포함한 내면세계의 이미지를 구체적으로 재현하는 작품놀이 활동으로 개인의 문제를 훈습하고 극복할 수 있도록 돕고 현실 원리를 자연스럽게 관찰하여 균형적 성장과 통합을 추구하도록 돕는다. 모래놀이치료를 위한 구체적인 목표는 다음과 같다.

#### (1) 자기인식 및 통찰

모래놀이치료는 내담자가 자신의 내면에 가장 깊은 감정과 정신에 접근할 수 있도록 함으로써 자신의 내면세계와 외부 세계에서 일어나는 것을 이미지로 보여준다. 이는 내담자의 내면의 소리가 모래판 위에서 구체화하여 드러난 것으로 외부 현실을 자기 자신과 연결시켜 보여주는 것이다. 이처럼 모래놀이치료는 개인의 잠재의식 속에 있는 내용을 구체적, 관찰 가능한 형태로 드러냄으로써 내면의 억압된 부분들을 의식화할 수 있게 된다.

#### (2) 무의식의 탐색을 통한 통합

모래놀이치료에서 창조과정을 통해 미지의 것을 볼 수 있게 되면 자신의 무의식적 과정을 더 많이 알게 되어 스스로를 이해하는 데 도움을 준다. 내담자는 이와 같은 과정 안에서 자신이 부정했던 에너지를 확인하고 통찰을 얻는다. 모래놀이치료는 무의식적 삶과 의식적 삶의 협력을 통해 인간 내면에 더 큰 조화와 힘을 만들어 협력의 틀을 제공한다.

#### (3) 퇴행을 통한 변화

모래놀이치료는 내담자가 모래와 자연스럽게 연결되면서 자신의 중심을 향하도록 돕고 필요한 곳으로 퇴행할 수 있도록 한다. 우리는 모두 어린 시절 모래와 흙에서 놀아 본 경험으로 과거 어린 시절로 퇴행할 수 있다. 퇴행을 통해 누릴 수 있는 무언가가 모래판 위에서 어려움 없이 실행에 옮기는 것을 돕는다.

#### (4) 개성화의 촉진

우리는 정신이 치유와 온전함을 향해 움직인다는 융의 전제에 동의한다. 무의식이 의식화되면서 내담자가 무의식적으로 추구하고 있을지도 모를 온전함을 향한 열망은 점진적으로 실현된다. 내담자는 그간 자신의 치유와 성장을 방해해 온 상처와 장애물 그리고 성격의 다른 측면들과 화해하고 더 잘 인식한다. 모래놀이치료는 내담자가 현실에서 보지 못한 것을 의식화할 수 있다는 점에서 꿈과 비슷하다.

### 3) 모래놀이치료의 장점

모래놀이치료는 개인마다의 치유와 성장에 창조적 표현을 사용하는 데 반영되며 여기서 창조적 표현능력은 건강의 기본적 측면이다. 그러므로 모래놀이치료를 하는 창조적 과정에서 흔히 도달되지 않는 감정과 경험 그리고 통찰력에 접근하게 되며 몰입함으로써 치유와 자기성장이 가능할 수 있다. 모래놀이치료는 무의식적 소재에 대한 강력한 접근법으로 심오한 감정, 직관, 통합, 창조성, 인간 경험의 총체성을 다루며 이를 위한 모래놀이치료의 장점은 다음과 같다.

첫째, 모래놀이치료에서 표현된 것들은 개성화 과정을 촉진하고 성인세계를 학습하는 데 도움을 준다. 모래놀이치료에서 환상은 내부세계와 외부세계를 결합할 가능성을 제공하는 근원이 되며, 모래와 물은 개인의 환상을 표현하기에 매우 강력한 도구로 이 두 세계를 중재하고 연결한다.

둘째, 모래놀이치료에서 표현된 여러 주제들은 내담자가 자신의 내면 생각과 감정을 구체적으로 드러낼 수 있는 세계를 만드는 것이며 삶의 외상과 회피된 경험을 상징물을 통해 외현화하고 객관화하는 작업은 매우 중요하다. 모래놀이치료에서 표현된 상징은 무의식이 객관화되어 현실과 통합되는 것이며, 정신적 영역을 신체적으로 느낄 수 있도록 한다.

셋째, 모래놀이치료는 비위협적이고 흥미로운 성질을 갖음으로 비자발적인 내담자나 말하고 싶어 하지 않는 내담자를 이끌어 들이는데 적절하다. 모래놀이치료에서 사용되는 모래상자는 누구나 할 것 없이 개인의 독자성을 갖으며 작업 후 다양한 도구를 이용하여 영속적 보존을 할 수 있으므로 회상에 따른 통찰을 돕는다.

넷째, 모래놀이치료는 모래라는 자연의 매체로 하여 작품을 만드는 과정에서 모래를 만지는 행위를 독려하며 신체적 감각과 정신을 연결짓는다. 이는 신체와 마음의 상호작용을 통해 방어수단을 감소시키며 깊은 내면의 문제에 빨리 접근하도록 돕는다.

# 04 독서치료

인간의 심리적 문제를 해결하고자 하는 노력은 미술, 음악, 놀이를 넘어 연극, 영화, 동작, 문학, 독서 등 여러 다양한 방법을 통해 연구되어 졌다. 그 중 책을 이용한 독서치료는 문학치료와 함께 효과적인 심리치료로 자리매김되고 있다. 처음 독서치료의 시작은 예술치료 내 보조 수단으로 사용되었으나 이제는 하나의 독립된 치료 영역으로 발전해 가고 있으며 다양한 연령층에서 심리적 문제를 해결하는 데 도움을 주고 있다.

독서치료는 20세기 초 미국에서 처음으로 환자를 치료하기 위해 병원에서 독서를 권장하는 것에서 시작되었으며 20세기 중반 이후에는 본격적으로 그 치료방법과 효과에 대한 연구가 활발히 진행되었다. 현재 독서치료는 자기개념 및 인간관계 증진 등 발달적 관심에서 필요와 기대를 충족시키면서 문제에 대한 해결 중심적 접근과 더불어 예방적 접근의 가용성은 넓어지고 있는 추세이다.

## 1) 독서치료의 개념

독서치료는 그리스어 'biblion(책, 문학)'과 'therapeia(도움이 되다, 의학적으로 돕다, 병을 고쳐 주다)'라는 두 단어에서 유래되었다. 이는 독서치료가 문학의 치료적 특성을 지니고 있음을 말해 주는 것이다. 독서치료는 응용 분야 및 적용 범위가 넓어 그 개념을 하나로 규정하기가 어렵지만 Doll & Doll에 의하면 독서치료는 인간의 전반적인 발달을 위해 사용하며 독자의 성격을 측정하고 적응과 성장, 정신적 건강을 위해 책과 독자 사이의 상호작용 과정을 다루는 것으로 정의하였으며 선택된 독서 자료에 내재된 생각이 독자의 정신적 또는 심리적 질병에 영향을 줄 수 있음을 말하였다. 또한 내담자에 의해 선택된 독서 자료는 내재된 심리적 근거로 정신적 또는 심리적 질병을 다루는 데 중요하다고 하였다.

상호작용을 강조한 Hynes & Berry는 내담자의 감정과 인지적 반응을 통합하도록 돕기 위해 내담자 스스로가 선택한 문학작품이나 글, 시청각 자료 등을 통해 창의적 글쓰기를 시도하고 작품에 대한 토론을 진행하며 상호작용을 돕는다고 하였다. 이와 같은 내용을 종합해 볼 때 독서치료는 발달적 문제나 적응상의 문제를 가지고 있는 내담자에게 문학작품을 매개로 하여 토론, 글쓰기, 그림 그리기 및 역할극 등의 상호작용을 통해 자신의 문제를 해결하도록 돕는다. 이처럼 독서치료는 시에서부터 단편소설, 자서전, 개인의 일기, 생활사 등등에 이르기까지 가능한 모든 문학적 형태를 포함하는 문학작품을 가지고 내담자를 이해하고 나누는 것이다. 현재 독서치료는 독서교육, 독서심리, 독서상담, 문학치료 등의 용어로 혼용되고 있으나 독서요법과 독서치료가 동일한 의미로 가장 많이 사용되고 있다.

### 2) 독서치료의 목표

독서치료를 하는 현장의 전문가들은 독서치료의 자료를 통해 내담자 문제와 관련된 정보가 제공되며 문제에 대한 통찰을 얻을 수 있음을 말한다. 또한 집단에서 독서치료를 진행하는 경우 각 집단원의 문제를 토론의 형식으로 자극하여 새로운 가치와 태도를 나누게 되고 동일한 문제로 갈등을 경험하는 사람들에게 지지와 희망을 줄 수 있음을 이야기한다. 이를 통해 문제에 대한 해결책이 제시되는 것이다. Doll & Doll이 이야기한 독서치료의 목표는 다음과 같다.

- 통찰력을 향상시킨다.
- 정서적 카타르시스를 경험하도록 한다.

- 일상 속 문제를 해결하도록 돕는다.
- 상호작용능력을 향상시켜 행동과 태도를 변화시킨다.
- 안전한 대인관계를 촉진시킨다.
- 다양한 상황에서의 대처 능력을 향상시킨다.
- 독서의 즐거움을 제공한다.

### 3) 독서치료의 장점

독서치료는 다양한 외상 및 심리적 불편감에 대해 직접적 언급이 어려운 내담자들에게 책 또는 관련 정보를 통해 투사하도록 독려함으로써 불안과 저항감을 줄이도록 돕는다. 따라서 자신의 사고와 경험을 표현하는 것에 어려움이 있는 여러 대상에게 독서치료는 매우 효과적이다. 특히나 충격적인 사건을 갖은 아동에게 그림책은 등장인물을 통해 자신의 경험을 표현하게 하거나 심정을 투사하도록 하는 매개로 매우 적절하며 저항감을 낮추도록 돕는다. 아동뿐 아니라, 청소년 및 성인의 경우에도 일상에서의 태도를 탐색하거나, 대리적 보상 경험을 통해 치료적 개입이 가능하다.

독서는 치료와 교육적 목적에서 두루 사용되며 자신이 경험하지 못한 어떠한 상황에 대한 정보를 제공하므로 문제해결에 도움을 주며 대처 능력을 높여준다. 또한 독서는 읽는 이에게 즐거움과 흥미를 줄 뿐 아니라 책 속의 주인공이 문제를 해결해 나가는 과정을 통해 용기를 얻고 기대와 희망을 통해 스스로를 돌아보게 하는 힘을 준다. 이와 같은 긍정적 인식과 보편성은 협소한 인식의 폭을 넓혀 삶을 유연하게 하며 기회를 제공한다. 독서치료의 장점을 살펴보면 다음과 같다.

- 독서치료는 책 속 등장인물 중 누군가와 자신을 동일시하면서 감정이입을 통해 자신을 공감하며 지지감을 경험한다.

- 독서치료는 책 속 등장인물의 감정, 사고, 성격, 태도를 통해 다양한 표현으로 억압된 감정을 발산할 수 있도록 돕는다.
- 독서치료는 일련의 과정을 통해 스스로 자신을 알아차리도록 하며 문제에 대한 통찰을 얻어 건강한 목표를 설정하도록 돕는다.

# 제 13 장

# 성인상담 과정


01 상담의 초기과정
02 상담의 중기과정
03 상담의 종결과정

상담의 과정은 전체 회기 수, 진행방식, 상담사와 내담자 또는 상담여건에 따라 달라지기 때문에 정해진 틀은 없으나 상담사와 내담자가 만나 상담 관계를 맺고 당면문제를 다루며 목표를 달성하고 종결에 이르는 과정을 갖게 된다. 상담과정을 이해하는 것은 상담사의 길을 안내하는 지도를 지참하는 것과 같이 매우 중요하다. 같은 목적지라 해도 안내자에 따라 방향과 길이 달라질 수 있기 때문이다.

상담의 일반적인 과정은 첫째, 상담의 본질을 이해할 수 있도록 전체 그림을 그리는 것에서 시작하며 둘째, 상담목표를 이루기 위해 어떤 과정을 거쳐야 하는지 확인하고 셋째, 실제 상담 장면을 구체적으로 적용시키는데 기본 지침이 된다. 실제 임상 장면에서 이와 같은 과정을 크게 초기, 중기, 종결기로 나누어 볼 수 있다.

상담의 초기과정은 상담사와 내담자가 만나 내담자의 호소내용을 듣고 내담자의 문제를 이해한 후 목표에 도달하기 위한 초기 계획을 수립하는 단계로 상담사와 내담자 간에 신뢰와 상호협력을 바탕으로 상담관계가 형성된다. 내담자는 있는 그대로 존중받는 경험을 통해 점차 자기개방에 대한 용기를 갖게 되며 통찰적 경험을 하게 된다.

상담의 중간과정은 상담사가 내담자의 자기개방과 사적인 비밀까지 공유하는 친숙한 관계인 동시에 상담목표를 향해 구조화된 관계로 발전하는 단계로 내담자는 상담 장면을 안전하게 느끼면서 많은 것을 개방하고 깊은 수준의 감정을 경험한다. 내담자는 자신의 문제에 대한 자기지각과 통찰을 얻기 위한 다양한 시도를 하게 되며 상담사는 내담자가 지금까지와는 다른 관점에서 자신과 외부 세계를 보고 새로운 문제를 해결할 수 있도록 돕는다.

상담의 종결과정은 상담사가 초기 상담목표에 대한 평가에 기초하여 그간의 의미 있는 관계를 성숙하게 마무리 짓는 단계로 내담자는 자신의 변화를 인식하고 자신의 변화에 긍정적 가치를 갖게 된다. 종결을 앞두고 상담과정을 점검하며 내담자의 공헌과 함께 변화된 내용을 확인하며 종결 후 나타날 수 있는 잠재된 문제와 재발 가능성 및 대처전략에 대하여 논의한다.



# 01 상담의 초기과정

## 1) 접수면접 및 내담자 평가

### (1) 접수면접

접수면접은 내담자의 상담 신청 후 상담사 배정에 앞서 호소문제 및 배경정보, 현상태, 위기 정도를 파악하는 것으로 내담자의 주 호소내용을 듣고 문제영역을 확인하며 기본정보를 수집하고 객관적 평가와 더불어 위험요인이 없는지 확인하는 것이다. 접수면접 과정을 통해 내담자에게 가장 적합한 상담사를 배정하거나 필요에 따라 외부 전문기관의 협력이 요구되는 경우 연결해 주는 중요한 과정이다. 접수면접은 내담자로 하여금 상담의 첫 장면에서 경험하게 되는 중요한 과정으로 기관에 대한 신뢰와 상담에 대한 기대를 갖게 하는 중요한 첫 키이므로 상담 경력이 많은 전문가가 실시하는 것이 바람직하다. 상담사는 접수면접을 통해 내담자의 기본적 정보를 수집하여 포괄적 평가를 한 후 심리평가 등을 연결할 수 있다.

접수면접 과정에서 내담자의 보고를 통해 기본적인 인적사항, 내방경위, 호소문제, 가족사항, 현병력 및 건강상태에 대한 정보를 수집하게 된다. 이외에도 상담사는 내담자의 행동 및 태도의 특이사항을 기록해 두어 이후 내담자

평가의 중요 자료로 사용한다. 상담사가 살펴야 할 또 다른 중요사항으로 내담자의 동기수준을 파악하는 것으로 이는 이후 치료계획에 매우 중요하다. 단기해결중심치료 이론가인 드세이져는 내담자를 방문자, 불평자, 고객으로 구분하였다. 방문자형 내담자(visitor)는 자발적이기보다 내담자에게 문제가 있다고 생각하는 타인에 의해 내방한 경우로 이들은 대체로 자신의 문제를 인정하지 않는 경우가 많다. 불평자형 내담자(complainant)는 문제가 있음을 인정하지만, 문제해결의 책임은 자신이 아닌 다른 사람에게 있다고 생각하여 상담사가 그 사람을 변화시켜주길 기대한다. 고객형 내담자(customer)는 문제에 대한 인식과 함께 상담사와 협력하며 상담목표에 도달하기 위해 노력한다.

### (2) 내담자 평가

상담의 주요한 목표는 내담자가 호소하는 문제의 해결을 돕는 것으로 현재 발생 된 문제가 무엇이며 어떻게 발생 되었고, 그로 인해 어떤 경험을 하고 있는지 등을 파악하는 것이다. 내담자의 문제를 파악한다는 것은 내용을 구체적으로 파악하는 것을 의미하므로 의학적 배경과 함께 다양한 내담자의 경험을 파악해야 한다. 이와 같은 다양한 정보를 수집하기 위해 인터뷰를 포함하여 심리검사를 하게 된다.

마이어와 멜처트는 생물심리사회적 접근에 속하는 25개의 평가목록을 분류하였으며 각 항목은 다음과 같다. 첫째, 생물학적 요소로는 일반적인 의학정보와 약물치료, 아동기 건강이 있으며 둘째, 심리학적 요소로는 현재문제, 정신의학적 문제, 자살사고, 약물남용, 아동기 학대, 정신상태검사, 심리적 외상, 성격양식과 특징, 행동관찰, 개인발달사가 있다. 셋째, 사회문화적 요소로는 고용상황, 법적문제, 관계, 현 생활환경 및 주거형태, 교육배경, 종교, 가족상황, 다문화적 특징, 재원, 군복무 관련, 개인 취미활동, 영성 등이 있다.

내담자들 중 심리적 어려움을 호소하며 자살에 대한 생각을 내비치는 경우가 더러 있는데, 이 경우 모두 자살시도를 하는 것은 아니지만 자살위험에 대해 자세히 살펴보고 혹시라도 있을 수 있는 위험한 선택에 대비해야 한다. 자살평가결과 위험수준에 따라 내담자를 다음과 같은 범주로 구분한다.

- 저위험군: 약간의 우울감을 호소하거나 자살에 대해 가끔 생각하지만 자살에 대한 계획은 없는 상태로 자살에 대한 감정 및 생각을 비교적 솔직하게 표현한다.
- 중위험군: 슬픔, 우울과 같은 감정변화가 있으며, 쉽게 짜증내고 전반적으로 에너지가 저하되어 있는 상태이다. 반복적으로 자살 생각을 하며 구체적이진 않지만 스쳐 가는 형태로 자살계획을 생각해 보거나 경미한 자해 경험이 있다.
- 고위험군: 절망, 분노와 같은 갑작스러운 감정변화를 보이는 상태로 자살에 대해 지속적이고 반복적으로 생각하며, 구체적으로 자살계획을 세우고 준비하는 등의 치밀함을 보인다.

## 2) 상담목표 및 계획 수립

### (1) 사례개념화

내담자의 주 호소문제와 관련 있는 다양한 정보를 수집하고 그 원인을 파악하여 내담자의 문제와 관련된 다양한 요인 및 맥락을 파악하고 그에 따라 상담전략을 수립하는 일련의 과정을 갖는 것을 사례개념화라 한다. 사례개념화는 주로 초기 진행되지만 상담을 진행하는 과정에서 연속적으로 수정, 보완할 수 있다. 스파리와 스파리에 의한 사례개념화의 구성요소는 다음과 같다.

- 호소문제: 호소하는 문제, 촉발요인에 대한 특징적 반응
- 촉발요인: 패턴을 활성화하여 호소문제를 일으키는 자극
- 부적응적 패턴: 지각, 사고, 행동의 경직되고 효과 없는 방식

- 유발요인: 적응 또는 부적응적 기능을 촉진하는 요인
- 유지요인: 내담자의 패턴을 지속적으로 활성화하여 호소문제를 경험하게 하는 자극
- 문화적 정체성: 특정 민족에 대한 소속감
- 문화: 주류문화에 대한 적응수준
- 문화적 설명: 고통, 질환, 장애의 원인에 대한 신념
- 문화 대 성격: 문화와 성격역동 간의 상호작용 정도
- 적응적 패턴: 지각, 사고, 행동의 유연하고 효과적인 방식
- 상담목표: 단기-장기 상담의 성과
- 상담의 초점: 적응적 패턴의 핵심이 되는 상담의 방향성을 제공하는 중요한 치료적 강조점
- 상담전략: 보다 적응적인 패턴을 달성하기 위한 실행계획 및 방법
- 상담개입: 상담목표와 패턴변화를 달성하기 위해 상담전략과 관련된 세부 변화기법 및 책략
- 상담의 장애물: 부적응적 패턴으로 인해 상담과정에서 예상되는 도전
- 문화적 상담개입: 문화적 개입, 문화적으로 민감한 상담, 개입의 구체화
- 상담의 예후: 상담을 하지 않을 경우 정신건강 문제의 경과, 기간, 결과에 대한 예측

### (2) 상담목표 정하기

상담을 항해로 비유한다면 상담이 도달해야 할 지점을 상담의 목표라 하는데, 이것은 분명할수록 순조롭게 진행되며 이를 통해 배가 표류되지 않도록 해야 한다. 상담의 최우선적 목표는 내담자가 호소하는 문제를 해결하는 것으로 내담자가 상담을 통해 자신의 문제를 성공적으로 해결하고 일상에서의 생활 적응을 돕는 것이 상담의 일차적 목표이다. 이처럼 직접적인 상담의 목표

가 되는 것을 일차적 목표라 부르며 이를 넘어서서 내담자가 내면적 자유를 회복하고 자신이 가지고 있는 수많은 가능성과 잠재력을 드러낼 수 있도록 성격을 재구조화하여 인간적 발달과 인격적 성숙을 이루는 것을 이차적 목표라 한다. 상담목표 설정 시 고려해야 할 사항은 다음과 같다.

- 목표에 대하여 상담사와 내담자 모두 동의해야 한다.
- 목표는 구체적이고 명확해야 한다.
- 목표는 성취 지향적이어야 한다.
- 목표는 측정 가능해야 한다.
- 목표는 행동적이고 관찰 가능해야 한다.
- 목표는 내담자의 문제 축약이어야 한다.

### (3) 상담의 진행방식 합의

상담은 일정한 방식으로 일관성 있게 구조화되는 특성을 지니므로 일반적 대화와 면접과는 다르다. 내담자가 만나고 싶다고 해서 아무 때나 찾아올 수도 없어야 하며 오고 싶지 않다고 아무런 연락 없이 오지 않는 것도 곤란하다. 따라서 상담사는 상담이 진행되는 방식이나 절차, 상담에서 바람직한 내담자의 행동과 태도 등을 안내하고 동의를 구하는 일련의 절차를 진행해야 한다.

상담이 효율적으로 진행될 수 있으려면 각 내담자의 특성에 따라 얼마나 오랫동안 어느 정도의 시간을 만날 것인지 일치하지 않기 때문에 내담자와 상담사의 사정에 따라 그 기간을 달리하며 상담기간 및 시간을 예측하여 내담자에게 미리 알려주고 그에 대한 동의를 구해야 한다. 또한 상담의 효과를 높이기 위해 내담자의 자발적 참여 및 상담과 상담사에 대한 합리적 기대를 갖도록 하는 것이 필요하다.

#### (4) 촉진적 상담관계 형성

상담사가 내담자와 촉진적 상담관계를 형성한다는 것은 상담목표를 달성하기 위해 매우 중요한 문제로 상담의 초기과정에서 매우 중요하다. 상담사는 내담자를 이해하기 위해 진지한 자세를 갖고 내담자의 입장에서 생각해 보려는 태도와 함께 비난과 비판이 아닌 수용과 존중의 자세를 가지고 진솔하게 내담자를 조력해야 하며 시종일관 일관된 태도와 행동으로 안정감을 주어야 한다.

상담사와 내담자의 치료적 관계 형성을 위해 그들의 사고와 문제를 주의 깊게 듣고 자유롭게 이야기할 수 있도록 독려해야 하며 자신이 존중받고 있다는 생각으로 상담에 대한 거부감을 없애고 자기인식, 자기탐색, 자기노출을 할 수 있도록 돕는다. 내담자의 불안정한 심리상태에서 상담사의 의도를 왜곡할 수 있으므로 보다 안전하고 수용적인 상담 분위기를 형성해 주는 것이 중요하다.

Adult Learning and Counseling

## 02 상담의 중기과정

### 1) 중기과정의 이행

#### (1) 중기과정의 개념

상담의 과정을 초기와 중기로 명확히 구분하기는 어렵지만 대체로 초기의 내담자 평가와 상담목표 수립 이후 실제적 교류와 촉진이 다양하게 일어나는 과정이다. 이 시기 초기과정에서 설정한 상담목표를 달성하기 위해 상담전략이 필요해지며 상담사와 내담자가 합의한 목표를 달성하기 위한 작업이 시작된다. 상담의 중기는 내담자가 자신의 문제를 탐색하고 자각하며 변화시키는 과정으로 높은 수준의 공감, 요약, 정보제공 및 질문하기, 상담사의 자기노출과 직면 등이 이루어진다. 그러나 이 시기 내담자는 새로운 변화에 대한 기대와 더불어 대안적 행동의 실천에 따른 부담감과 실패에 대한 두려움으로 저항을 보이기도 하므로 상담사는 내담자의 이와 같은 불안을 알아차리고 심리적 지원과 실제적 안내를 제공하여야 한다.

중기과정에서는 내담자 자신의 문제에 대한 자각과 재구성 과정을 통해 인식의 변화가 일어나며 다른 방식으로 반응하는 변화의 과정을 경험하게 되는데, 문제에 대한 이해만으로 상담과정이 달성되었다고 보는 경우도 있지만 대부분 내담자가 행동으로 옮겨 문제를 해결할 것을 강조하게 된다.

### (2) 중기과정의 목표

중기과정에서의 목표는 첫째, 탐색과 분석에 있다. 상담사의 이론적 배경에 따라 다양한 내용을 다루겠지만, 어떤 관점에서 상담을 진행하든 중기과정에서 중요한 상담목표는 내담자의 문제에 대한 심도 있는 탐색과 분석에 있다. 상담을 하면서 내담자는 자신의 관점이나 태도가 자신의 문제와 어떤 관계가 있는지 이해하게 된다.

둘째, 인식의 변화이다. 내담자는 자신의 생각과 욕구를 탐색하고 분석하는 과정을 통해 자신의 삶의 목표와 행동이 왜곡되어 있고, 역기능적임을 이해하게 되면서 통찰이 생기고 지금까지 자신의 행동양식과 사고, 감정이 왜곡되어 있었음을 알게 된다. 이처럼 자신의 문제에 대한 인식의 변화가 일어나면 문제상황에서의 행동이 달라지는 것이다.

내담자는 자신의 문제를 탐색하고 분석하며 현재 문제가 무엇 때문에 발생했는지를 확인하면서 긍정적 관점으로 자신을 다시 돌아보고 재구성하는 과정을 겪게 되면서 인식을 변화시킨다. 유능한 상담사는 내담자로 하여금 자신의 삶의 경험을 지속적으로 재구성하도록 돕는 역할을 하게 된다.

### (3) 중기과정에서의 과제

중기과정이 진행되는 동안 상담사와 내담자는 보다 협력적이 되어 상담을 진행해 가며 문제해결 및 긍정적 변화를 이루어 가지만 동시에 변화가 쉽지 않은 부분에 봉착하면서 방어, 저항이 나타나 이를 극복해야 하는 도전적인 과정이다. 중기과정을 진행하며 내담자와 상담사의 경험 및 과제를 살펴보면 다음과 같다.

첫째, 내담자는 자신의 내면세계와 더 깊은 탐색을 하기 위해 보다 진솔한 태도로 임하며 새로운 통찰 경험을 갖게 된다. 초기에 비해 점점 더 개방적이 되고 내담자에게 도움이 되는 부분에 초점을 맞춰 깊은 탐색과 통찰을 촉진한다. 이러한 부분은 내담자가 지금까지 부인하고 회피해 왔던 부분일 수도 있기 때문에 방어나 저항이 나타나기도 하지만 상담사는 이를 알아차리고 개방하도록 용기를 주어 보다 깊은 탐색을 촉진시킨다. 따라서 중기과정에서 내담자는 더 깊은 탐색과 개방, 풍부한 감정의 해소 및 새로운 통찰을 경험하게 된다.

둘째, 상담사와 내담자는 변화의 필요성에 공감하고 이를 위한 새로운 대안을 발굴하고 실천하는 작업을 진행한다. 지금까지 사용해 오던 비효율적인 행동방식과 문제 해결방법을 재점검하고 보다 효율적이며 현실적인 방법을 찾기 위해 모색하는 것이다. 발굴에 대한 공동의 노력을 통해 구체적인 장면과 방법이 의논되며 내담자를 연습시키고 도움이 되는 과제를 주는 등 상담실 밖에서의 실천을 구체화한다.

셋째, 상담사는 자신이 발견한 내담자의 감정과 사고, 행동 양식의 특징에 따라 필요한 부분에 개입기술을 활용하며, 이때 각 접근에서의 상담기술이 활용된다. 또한 내담자 각자가 갖고 있는 강점과 지금까지의 성공경험 및 효능감을 문제해결에 활용할 수 있도록 구체적인 계획을 세운다. 이 과정에서 상담사는 보다 적극적으로 내담자의 변화에 목적을 둔 개입을 하게 되며 이러한 개입은 상담사의 전문성에 따라 각기 다른 방식으로 계획된다.

넷째, 내담자는 자신과 중요한 타인 및 환경에 보다 깊은 이해를 가지며 변화에 대한 동기와 자신감을 갖게 된다. 이때 상담사는 내담자가 자신의 선택과 결정을 책임지도록 자율적인 선택을 강조한다. 상담사는 초기보다 적극적이며 때로 도전적인 개입을 하지만 모든 선택과 결정은 내담자 자신의 것임을 잊지 않도록 주지시키며 내담자의 자율성과 책임감을 중요하게 다룬다.

다섯째, 중기과정을 겪으며 내담자는 자신의 부적절한 감정을 해소시킴으로 이해의 폭이 넓어지면서 사고나 감정의 경직성에서 벗어나 자기 지도력을 나타낸다. 이때 상담사는 내담자의 변화된 지점을 잘 격려하고 내담자의 변화를 촉진한다. 내담자는 상담사가 관심을 둔 문제를 넘어서 작지만 새로운 통찰과 행동시도를 경험하면서 이전에 가볍게 넘기던 일상의 경험에서 새로운 통찰을 경험하며 의미 있는 관계를 만들 수 있게 된다.

여섯째, 중기과정을 끝날 때쯤 내담자는 상담 초기 호소문제로 문제시되던 주제에서 벗어나 정서적 안정과 여유가 생겼음을 알게 되며 단순히 문제해결이나 완화가 아닌 자신의 관점과 태도의 변화에 기쁨을 갖게 된다. 이전에 해보지 못한 방법으로 문제를 해결할 수 있게 되었으며 상담 이전에 비해 정서적으로 안정되고 건강해진 자신을 발견하게 되는 것이다.

### 2) 중기과정의 주요 기법

중기과정에서 상담사는 내담자의 자각 및 통찰을 돕기 위해 직면, 해석, 즉시성 등의 방법을 사용하거나 정서적 체험 및 해소를 위해 꿈 작업, 빈 의자기법 등을 사용할 수 있다. 이러한 다양한 기법은 상당 부분 잘 적용되어 내담자의 문제해결에 도움을 주지만 때로 저항에 부딪혀 진척없이 현 상태에 머물러 있도록 조정한다. 상담사는 이러한 도전적인 기법 사용에 신중해야 하며 내담자의 저항을 잘 다루어 해결해야 한다.

중기과정의 중요한 과제인 새로운 행동의 학습을 위해 역할연습이나 주장훈련, 이완법 등을 활용할 수 있으며 헤크니와 코미어는 내담자의 문제 및 증상과 관련하여 사용할 수 있는 기법을 다음과 같이 제시하였다.

### (1) 정서적 접근

- 관련이론: 인간중심이론, 게슈탈트치료, 신체자각요법, 정신역동치료, 실존치료
- 관련기법: 경청, 공감, 긍정적 존중, 진솔성, 자각기법, 빈의자기법, 환상, 꿈작업, 바이오에너지, 바이오피드백, 코어에너제틱스, 기지료, 자유연상, 전이부석, 꿈분석, 포커싱기법 등

### (2) 인지적 접근

- 관련이론: 합리적정서치료, 인지치료, 교류분석, 현실치료
- 관련기법: ABCDE 분석, 과제주기, 역조건화, 독서요법, 미디어활용, 브레인스토밍, 대안의 발굴, 재구성, 에고그램, 각본분석, 문제정의, 상호 작용적 귀결의 명료화, 코칭, 경계 짓기, 삼각측량패턴의 이동, 문제설명(역설기법) 등

### (3) 행동적 접근

- 관련이론: 조작적조건화, 역조건화, 사회학습, 중다양식치료
- 관련기법: 유도된 상상, 역할연습, 자기감시, 생리반응기록, 행동계약, 주

장훈련, 사회적 기술훈련, 체계적 둔감화, 수반성 계약, 행동계획, 역조건화 등

### 3) 중기과정의 저항 다루기

사람은 누구나 현재까지 살아온 삶 속에 습관적으로 행하는 사고, 감정, 행동패턴이 있으며 지속시키려는 경향은 변화를 위한 상담에서 흔히 저항으로 일어나게 된다. 저항은 변화의 걸림돌이 되기 때문에 상담사는 내담자의 다양한 저항을 잘 알아차리고 이를 극복할 수 있도록 돕는 것이 필요하다.

상담사는 내담자의 저항이 확인되었다면 이를 방어하거나 맞서지 말고 상담과정에서 어떤 일이 일어났는지 또는 어떤 일이 진행되고 있는지 확인하며 문제가 있는 경우 이를 개선해야 한다. 이 과정에서 상담사의 진솔성은 내담자로 하여금 적극적으로 자신을 탐색하도록 하며 스스로 자신을 돌볼 수 있는 힘을 갖도록 독려한다.

내담자의 입장을 고려하지 않는 상담사의 일방적인 지시나 통제, 내담자를 배려하지 않는 비우호적인 상담 분위기, 미처 준비도 안 된 내담자에게 너무 급격한 변화의 압력을 가하는 상담사의 행위 등이 내담자에게 강한 저항을 불러일으키는 주요 요인으로 알려져 있다. 따라서 상담사는 서두르지 말고 내담자의 변화에의 동기를 고취 시키며 문제해결에 노력해야 한다.

# 03 상담의 종결과정

## 1) 종결과정의 이행

### (1) 종결과정의 개념

종결은 상담과정을 마무리하는 것으로 상담 초기 설정된 목표가 어느 정도 도달되었다고 판단되면 내담자가 상담에서 경험된 것들을 자신의 삶 속에서 스스로 반영하여 적용하도록 돕는 과정이다. 상담의 종결은 상담 초기는 물론 상담이 진행되는 과정 모두에서 전반적으로 이루어지는 것이 바람직하므로 상담을 시작한 후에는 종결 시기에 대해 미리 언급해 두는 것이 좋다. 따라서 종결은 목표와 관련되어 미리 생각되어야 하며 목표가 달성되면 상담이 종결될 것을 서로 합의해 두는 것이 필요하다.

종결에 대해 상담사와 내담자가 서로 합의하에 상호 준비되어 있는 상태에서의 실행이 바람직한 이유는 종결에 대한 충분한 협의가 없을 때 내담자는 상담사로부터 버림받은 느낌을 갖을 수 있으며 당혹스러움으로 인한 저항감이 올라올 수 있기 때문이다. 따라서 상담사는 상담의 종결이 상담 초기 접수면접에서의 첫 대면만큼이나 중요함을 인지하여 친밀함 또는 익숙함으로 인해 과정을 소홀히 하지 않도록 하여야 한다.

종결은 상담의 전체 과정 중 확실히 구분되는 단계로 그간 신뢰와 함께 자신의 모든 불편감을 내어놓고 의지하던 상담사와의 관계를 끝내는 것이 내담자에게는 상실과 좌절에 따른 불안으로 드러날 수 있다. 그와 같은 감정을 어떻게 다루며 극복하도록 돕는가. 하는 것은 지금까지 진행되어 온 상담의 최종 결과에 영향을 주기 때문에 상담 종결을 잘 다루어야 한다. 인간에게 분리의 경험은 이후 개인이 자신의 삶에서 자신감을 획득하고 건강한 독립심을 갖는 데 큰 영향을 주므로 매우 중요하다. 따라서 전체 상담과정에서 과정별 중요도의 크기를 나눌 수는 없지만 심리적 재탄생으로서의 종결의 의미를 잘 이해해야 한다.

### (2) 종결과정의 과제

#### 가. 상담 성과 분석 및 내적 자원 확인

성공적인 상담 종결을 위해 내담자가 애초에 호소한 문제 증상이 얼마나 완화되었는가를 확인하여 목표와 비교, 평가한다. 목표를 중심으로 내담자가 현재 실생활에서 느끼는 감정, 사고, 행동에 어떠한 변화가 있었는지를 확인하여 긍정적 변화의 탐색을 돕는다. 특히 상담의 여러 과정 중, 내담자의 긍정적 변화에 큰 기여를 했던 일화 등을 떠올리며 내담자 자신의 강점과 잠재력을 확인해 보는 것은 매우 중요하다.

그간의 상담과정은 실제 삶에서 내담자의 행동을 시연해 봄으로써 안전하게 새로운 기대가 학습되므로 이후의 삶에서 자원이 될 것이 분명하기 때문이다. 성공적으로 상담이 종결되었다면 문제 증상의 완화와 더불어 현실 적응력이 증진됨으로 문제해결을 위한 내적 자원을 보유하게 된다.

#### 나. 재발방지를 위한 과제 및 각오 점검

상담을 종결한다는 것은 내담자의 호소문제가 완화되었거나 해소되었음을 의미하지만 이 시점에서 모든 문제가 완벽하게 해결되었다고 할 수는 없다. 상담을 하다보면 내담자의 호소문제외에 상담사에 의해 파악된 주문제들이 있는데 이는 내담자의 어린 시절부터 현재까지의 역사를 반영하며 반복적으로 행해온 습관이므로 쉽게 바뀔 수 없는 것들이다.

현재의 상담성과에만 집중하기보다, 동일증상의 재발 및 타 증상의 발현을 예측하고 그에 따른 행동목록을 작성하는 것이 필요하다. 상담 중 잘 통제되던 것들도 상담이 종결되면 통제할 수 없는 다양한 외적 변수로 인해 이전 상태로 회귀 될 수 있기 때문이다. 따라서 이후 자신의 주도적 삶을 개발하기 위한 각오와 기대를 점검하고 그에 따른 대안이 모색되어야 할 것이다.

### 다. 종결에 대한 불안 및 의존성 다루기

대부분의 내담자들은 상담 종결을 앞두고 자신의 상태 및 앞으로의 건강한 삶에 대해 확신을 갖지 못하며 상담사에게 더 의존하고 싶은 마음을 갖는다. 현재는 변화된 것 같지만 상담이 종결되어 일상으로 복귀하면 디시 또 같은 문제가 발생하지 않을까? 하는 두려움을 갖게 되는 것이다. 상담에서 내담자가 갖는 의존성은 불가피한 요소이기 때문에 종결을 앞두고 이와 같은 심리적 이유를 잘 다루어야 한다.

상담관계는 영원히 지속될 관계가 아니기 때문에 내담자가 삶의 여러 문제에 직면하였을 때 올바른 판단과 결정으로 실행에 옮길 수 있는 독립성을 만들어줌으로써 상담사의 도움 없이도 독자적으로 적응적인 삶을 영위할 수 있게 해 주는 것이 필요하다. 상담사는 종결을 앞둔 시점에서 자신의 감정을 솔직히 표현하고 성숙하게 받아들이는 모범을 보여야 하며 내담자 역시 허전하고 아쉽지만 이를 모델링 할 수 있도록 함으로 분리에 대한 불안을 극복할 수 있도록 한다.

### 라. 추수상담 계획하기

충분히 준비하고 분석하여 종결을 했지만 이후 삶에서 통제할 수 없는 다양한 변인은 내담자의 상담효과를 유지시켜 주는 데 어려움이 되기도 한나. 따라서 내담자가 상담의 종결 이후 자신의 삶에서 상담을 통해 이룬 성과 및 변화를 꾸준히 유지하고 있는지 확인하기 위해 추수상담이 필요하다.

추수상담은 대개 상담종결 전 내담자와 일정을 정한 후 진행하는데, 보통은 3개월 후 쯤 진행된다. 상담사례에 따라 종결은 하였지만 일정 시간 동안 정기적으로 간격을 넓혀 월 1회 또는 격월로 추수상담을 진행하기도 한다. 상담사는 내담자에게 추수상담에 대해 설명하고 내담자의 자발적 선택을 독려한다.

#### 마. 상담의 재개 가능성 열어 두기

상담은 종결되어도 필요하다면 언제든지 다시 상담사에게 도움을 요청할 수 있음을 안내해야 한다. 상담초기 내담자의 주 호소문제의 재발생과 더불어 다른 문제로 인해 어려움이 생겼을 때 효과적인 문제해결에 도움을 줄 수 있음에 대해 안전망을 구축하는 것은 이후 절망과 고통에 빠지는 순간 자신을 도와줄 희망의 기대로 반영되기 때문이다.

상담과정에서 상담사와 함께 어려운 문제들을 해결하고 자신의 가능성을 발견하였기에 이후 삶에서 자기 능력에 대한 효능감은 매우 긍정적으로 활용될 수 있다. 따라서 상담사는 언제든 내담자와의 만남의 가능성을 열어두고 이에 대해 내담자와 공유하여야 한다.

## 2) 종결과정의 유형

### (1) 외부요인에 의한 종결

상담의 전 과정 중에 예기치 못한 외부요인으로 인해 상담이 조기 종결되는 경우를 말한다. 상담의 진행을 위한 다양한 조건들 중 내담자의 원인으로는 학생의 경우 이사로 인한 전학 등이 될 수 있으며 성인의 경우 이직이나 해외발령 등 현재 자신의 생활권에서 벗어나 상담을 위한 이동이 불가할 경우가 이에 속하게 된다.

이와 같은 종결은 내담자 사정과 더불어 상담사 사정으로 인한 조기 종결도 있을 수 있다. 대체로 상담사의 이직이나 이사 등으로 인한 이동이 고려될 때는 내담자를 다른 상담사에게 리퍼하기 위한 절차를 다루게 되는데, 충분히 준비하더라도 상담사와 이미 라포형성이 된 상태에서 상담사에 대한 의존감을 내려놓기란 쉽지 않다. 따라서 상담사는 진행 중인 상담의 경우 매우 세심하게 배려하여야 하며 이직이 계획되어 있다면 새로운 내담자를 받지 않도록 하는 것이 바람직하다.

### (2) 상담사에 의해 촉발된 조기종결

상담을 진행하며 적절한 종결시점을 예측하고 그에 따라 순차적으로 준비해야 하는 것은 상담사의 당연한 의무이기도 하다. 그러나 다양한 이유로 상담사는 시기를 앞당겨 조기 종결하는 실수를 하게 되는데 이에 대하여 헤크니와 코미어는 상담사가 부적절한 조기종결을 촉발하는 요인에 심리적 배경이 있음을 다음과 같이 설명하였다.

첫째, 상담사가 내담자와 친밀한 관계 형성에 두려움을 갖고 있거나 강렬한 상담관계에 대한 경험 부족으로 이에 대한 불편감을 해결하지 못해 종결을 서두르게 된다. 둘째, 내담자의 문제를 과소평가하여 잘못된 개념화로 인한 조기종결이 있을 수 있다. 셋째, 상담사는 내담자의 문제를 정확히 개념화했으나 내담자의 문제에 크게 압도당하여 종결을 서두르게 된다.

이러한 문제가 발생하는 것을 막기 위해 상담사는 성실하게 탄탄한 수련과정을 밟아 상담사로서의 역량을 갖추고 상담과정 중 일어나는 역전이를 극복할 수 있도록 해야 한다. 상담사는 자신의 문제가 무엇인지 자각하고 이를 극복하기 위한 기회를 적극적으로 찾아 나서야 하며 자기분석과 슈퍼비전에 게을리하지 않도록 해야 한다.

### (3) 내담자에 의한 조기종결

내담자의 조기종결과 관련하여 스미스 등의 연구에서 내담자가 상담 중 심리적 변화단계를 경험하고 있음을 이야기하며 변화에 대한 숙고 전 단계에서 많은 내담자들이 조기종결 했음을 확인하였다. 즉, 조기종결은 내담자의 준비도와 관련이 많음을 알 수 있다.

가장 빠른 조기종결은 첫 회기 상담을 받고 두 번째 회기에 나타나지 않는 경우일 것이다. 대체로 내담자는 상담이 별 도움이 되지 않는다고 판단되거나 상담사의 개입이 과하다고 느껴질 때, 또는 자신이 이해받지 못한다고 여겨질 때와 상담비가 부담될 때 등일 것이다. 상담사는 내담자의 조기 종결 언급을 피하지 않고 다룸으로써 저항으로 인한 조기 종결을 피해야 한다.

때로 아무런 이유 없이 내담자가 나타나지 않을 때 상담사는 매우 곤란한 마음으로 문제의 원인을 자신의 능력에 귀인하여 자괴감에 빠지기도 하는데 어떤 이유에서건 피하지 않고 논의할 수 있는 기회를 갖는 것이 필요하다. 내담자의 개방이 이루어진다면 내담자를 존중하고 이해하려는 태도를 갖음으로 상담사에 대한 신뢰를 회복시키고 이와는 반대로 완강한 거부 의사를 보인다면 그 역시 수용함으로 이후 재진입의 가능성을 열어두는 것이 좋다.

### (4) 지연된 종결

상담을 진행하다 보면 다양한 이유로 상담이 조기종결되기도 하지만 때로 종결 지점에 도달했음에도 마무리를 지연시키는 경우가 있다. 종결을 지연시키는 원인으로는 내담자의 의존이 있는데 이는 그간의 든든한 지지자이며 버팀목이었던 상담사와의 분리가 두려워 나타난다. 이와 같은 두려움은 초기 문제를 재발생시키거나 다른 문제를 양산시키기도 한다.

상담사의 경우 내담자로부터 인정과 애착에 대한 욕구를 극복하지 못한다거나 내담자의 의존에 따른 새로운 관계 형성의 신호를 놓쳐 그 경계를 허물게 됨에 따라 이중관계를 갖지 않도록 해야 한다. 내담자와 상담사의 상호의존적인 관계 형성은 상담목표와 관계없이 그 목적과 경계가 불분명하므로 비윤리적 행위임을 자각하고 상담 본연의 목적에 충실하도록 끊임없는 자기성찰이 요구된다.

### (5) 합의에 의한 종결

접수면접을 시작으로 상담의 전반적 과정을 알맞게 수행하면 내담자의 주 호소 문제를 해결하고 목표했던 지점에 도달하였으므로 내담자와 상담사는 서로 합의하에 종결을 준비한다. 종결을 위한 준비는 이후의 삶을 준비하는 매우 중요한 과정이므로 건설적인 삶을 설계하기 위해 신중하게 논의하여야 한다.

상담목표와 관련하여 성과를 점검하고 종결을 계획할 때 테이버는 내담자의 세 가지 영역에서의 변화를 제안하였으며 그 내용은 다음과 같다. 첫째, 내담자가 자신의 상태를 긍정적으로 보고하며 보다 적응적인 방법으로 반응하여야 한다. 둘째, 내담자가 상담사에 대해 부적응적인 관계 패턴을 사용하지 않고 현실적인 방식으로 반응하여야 한다. 셋째, 내담자가 의미 있는 타인에게 이전과는 다른 언급 또는 피드백을 할 수 있다.

일반적으로 종결은 즉각적인 것이 아니며 종결과정을 위한 회기가 진행될 것임을 미리 고지하여 내담자가 심리적으로 준비할 수 있도록 도와야 하며 이를 위해 4~6회기 정도의 상담시간을 할애한다. 상담사는 내담자와 종결을 합의하면 종결을 결정하고 종결회기를 예고한다.

제 14 장

# 성인상담사의 역할 및 전문성

01 상담사의 역할과 자질
02 전문상담사의 전문성

# 01 상담사의 역할과 자질

상담사(Counselor)란 개인 및 가족, 조직의 심리, 정서, 관계, 문화에 대하여, 상담을 통해 내담자의 심층적인 내면을 탐색하며, 이로써 내담자의 사고, 행동, 정서에 어떠한 영향을 미치는지를 밝혀내어 문제 진단을 하고, 심리검사, 상담프로그램 등, 도구나 상담기법을 활용하여 예방 교육, 발달지도 및 치유 활동을 하는 자(한국표준직업분류, 2018)를 말한다.

상담관련 학회에서는 내담자의 신체적, 정신적, 사회적, 영적 안녕을 증진하는 복지를 가장 우선시하고, 내담자의 성장과 사회공익을 위하여 최선을 다하는 자(한국상담심리학회, 2018; 한국상담학회, 2018)라고 정의 내리고 있다. 이렇게 볼 때, 상담사란 인간의 개인적인 특성과 환경적인 특성에 대한 전반적인 이해를 바탕으로 일상생활에서 어려움을 경험하거나 갈등에 놓인 내담자에게 문제를 해결할 수 있는 힘을 기를 수 있게 돕는 자라고 할 수 있다. 상담사의 이러한 활동은 체계적이고 지속적인 훈련과정을 통해 전문성을 가지게 되고 전문상담사로 성장할 수 있다.

상담의 주체로서 상담자는 "상담에서 가장 중요한 도구는 상담자 자신이다"라는 말로 대표되기에(Corey & Corey, 2002), 상담자는 내담자의 문제해결과 성장을 조력하기 위해 전문적인 자질을 갖추어야 하고, 상담 과정에서 상담자 자체가 도구가 되기 때문에 인간적 자질 또한 갖추어야 한다.

전문상담사의 자질을 크게 인간적 자질과 전문적 자질로 나누어 살펴보면 다음과 같다(이형득, 1992; Nystul, 2006).

첫째, 인간적인 자질로는 내담자에 대한 믿음을 줌으로써 내담자가 존중받고 있다는 것을 느끼게 하고, 내담자의 긴장을 풀어 내담자가 상담에 대해 여유를 가지고 접근할 수 있게 하며, 상담의 어려움에서도 포기하지 않고 실패의 경험을 상담을 위한 효과적인 도구로 사용할 수 있어야 한다. 또한, 상담과정에서 전문상담사는 상담의 도구가 된다는 점과 그 핵심에는 인간적 수양이라는 점이 있다는 점에서 끊임없이 자기성장을 위해 노력하여야 한다.

두 번째, 전문적 자질로는 전문상담사는 상담에 대한 이론적 틀을 가지고 있어야 하고, 상담경험으로 쌓이면서 전문상담사가 자신의 이론을 개발하여야 할 것이다. 그러나 상담 이론의 개발은 사실 어렵고 기존의 개발된 이론들을 완전히 이해하여 자신만의 스타일로 상담을 자유자재로 할 수 있어야 할 것이다. 전문상담사가 가진 전문적 자질 중 실제적인 측면에서 어떤 이론적 틀에 따라 기존 이론을 합친 경우를 포함하여 자신이 현재 선택한 이론으로 상담과정을 효과적이고 능수능란하게 진행하여야 한다. 전문상담사는 어떤 상담 기법을 아는 수준이 아니고 실제로 다룰 줄 알아야 하며, 다룰 수 있는 수준을 넘어서 주어진 여건에 따라 가장 적절한 상담 기법을 의도적 노력 없이 자동적으로 적용할 수 있어야 한다(김인규, 이미현, 정보인, 2013). 상담사와 내담자의 상담관계를 형성하는 것이 상담사 자신이라고 하는 이유(Skovholt, 2011)에서 보면 상담자의 역할은 치료자이기 때문에 똑같은 상담 기법을 활용하더라도 내담자에게 맞게 새롭게 창조하여 적용하는 것이 중요하다.

전문상담사가 전문가로서의 역할을 유지하기 위해서는 상담에 대한 연구도 계속되어야 한다. 전문상담사가 내담자를 효과적으로 도울 수 있기 위해서는 자신이 적용하고 있는 상담 기법을 포함한 상담 이론에 대해 계속적인 의문을 가지고 더 타당성이 있고 효과적인 기술을 개발해야 한다(최연화, 양명숙, 2013). 전문상담사는 자신이 개발하였든 선호하는 이론이든상담 이론에 대한 계속적인 질문과 의문을 가지고 문제를 개선하기 위한노력을 하여야 한다. 완벽한 상담 이론은 없으며, 모든 내담자에게 공통적으로 사용 가능한 이론도 없을 것이다. 따라서 전문상담사는 자신이 적용하고 있는 이론에 따라 상담을 하면서도 그

이론에 대한 계속적인 보완이 있어야 하며, 말 그대로 이론은 검증을 위한 과정들을 거쳐야만 한다.

결론적으로, 전문상담사들은 상담의 특성상 고도의 지식과 기술, 경험을 갖추어야 하고 효과적인 상담 장면을 이어가기 위해서는 상담자 자신이 치료적 도구로서의 역할에 충실해야 한다. 이는 상담자가 중요한 변인으로 상담에서 성공에 영향을 미치기 때문이다(홍지영, 유정이, 김진희, 2018). 이렇게 상담의 성과는 어떤 접근의 상담을 하느냐보다는 어떤 상담자인지가 관련 깊다는 결론을 내리고 있다(Crits-christoph & Mintz, 1991: Luborsky, McClellan, Diguer, Woody, & Seliegman, 1997; Huppert et al., 2001).

따라서 상담자는 자신을 이해한 만큼 내담자를 이해할 수 있고, 자신이 성장한 만큼 내담자를 성장시킬 수 있으므로 자신이 어떤 사람인지 잘 알고 있어야 한다. 이를 위해 전문상담사로서 자신을 인식하고 이해하려는 노력 즉, 정체성을 위한 노력을 게을리해서는 안 된다(이장호, 정남운, 조성호, 2005). 정체성은 한번 발달하였다고 하여 그대로 유지되는 것이 아니라 언제든 위협받고 흔들일 수 있는 역할 갈등 및 혼란을 경험할 수 있기에 상담자의 지속적인 노력이 필요하다.

전문상담사가 전문가로서 역할을 계속 수행하기 위해서는 전문적 수련을 지속적으로 계속해야만 한다. 상담을 실제로 계속하지 않거나 자신이 하고 있는 상담 과정에 대해 평가를 받지 않을 경우에 전문상담사는 곧 한계에 맞닥뜨린다. 자신의 실제 상담 능력에 대해 점검하고 향상하기 위한 노력을 게을리하지 않아야 한다(이형득, 1992; Nystul, 2006). 이때 전문상담사는 유능감을 갖고 자신의 역량을 스스로 모니터링할 수 있어야 한다고 하였다(Goodyear, 2014).

한 사람의 유능한 전문상담사가 되기 위해 전문성 향상은 자연스럽게 이루어지지 않는다. 상담자가 전문지식과 기술을 축적해나가야 한다는 선행조건과 더불어 전문인으로서의 정체성과 핵심 요소인 유능감을 발달시켜 나아가야 한다는 것이다. 전문상담사의 유능감(Competence)이란 내담자에게 적합한 상담 서비스를 제공할 수 있는 능력을 비롯해 상담에 필요한 지식, 기술과 태도를 반영하는 상담 전문가로서의 전체적인 적합성을 뜻한다(Rubin, 2007). 즉, 개인과 공동체의 이익을 위하여 의사소통, 지식, 기술, 임상적 추론 정서, 가치, 그리고 성찰 능력을 신중하게 일상적으로 사용하는 것(Epstein & Hundert, 2002)이라고 정의할 수 있다.

## 02 전문상담사의 전문성



상담자는 상담에 관한 전문지식과 기술을 통합하여 상태 불안을 해결하고, 내담자와의 상담을 통해 새로운 경험을 하면서 경계선을 발달시키고, 이론적 방향을 선택하여 자신만의 상담스타일을 찾아가는 발달단계를 거치면서 전문성을 익히게 된다. 전문상담사의 '전문'은 전문직에 대한 정체성을 말하며 '연속적인 과정/평생과정(Continually Becoming)으로 학위과정의 시작에서부터 상담을 그만두는 시기까지 지속적으로 이루어지는 역동적인 과정을 갖는다(노미화, 최연실 2017). 초심상담자가 상담을 수행하면서 경험이 쌓일수록 현장에서 습득한 새로운 행동과 정서가 발달하는데, 그 과정에서 정체성 혼란 및 충격 등을 경험한다고 하였다. 이때 상담자는 상담기술과 유능감에 긍정적·부정적 영향을 받기도 하지만, 이러한 과정을 통해 자신감이 강화되면서 정체성을 형성해 나간다고 하였다(Auxier 2003).

이러한 전문직 정체성은 전문직 자아개념과 혼용되어 사용되기도 한다.

전문직 자아개념(Professional self-concept)이란 전문직업에 종사하는 개인이 자기 자신에 대해 가지는 느낌과 견해로 전문직 종사자 스스로에 대해 어떻게 평가하는지에 대한 정신적인 지각을 의미한다(백은주, 2016). 전문상담사인 자신을 어떻게 여기고 있는가에 관한 자아개념을 포괄적으로 함축하고 있으며, 개인의 전문성 유지를 위한 심리적 동기 향상에도 긍정적인 영향을 미친다. 정체성의 발달은 상담자의 발달 수준에 따라서 변화를 가지게 된다. 초심상담자들은 슈퍼바이저, 멘토링, 및 동료 슈퍼비전 등을 통해 자기 자신을 검증하고, 숙련 상담자들은 지속적인 학습과 상담을 하며 경험을 쌓고 전문성을 발달시키게 되며, 전문가 단계에서는 일에 대한 현실 감각을 갖추고, 일과 삶의 조화를 추구하면서 스스로를 검증하게 된다고 하였다(Moss, 2014).

전문성의 구성요소에는 전문지식과 기술, 경험, 문제해결능력이 포함된다. 전문가가 보유하는 지식과 경험은 역할 특수성을 가지며, 상담한 시간 동안의 교육과 훈련, 그리고 다양한 경험을 통한 성찰과정을 통해 축적되며, 문제해결능력을 지식과 경험의 결합으로 해당 분야의 문제를 해결하는 과정을 통해 길러진다(문현기, 2015; 오현석 외, 2009). 이에, 전문가의 특징으로는 각자의 분야에서 뛰어나며 광범위하고 의미 있는 형태를 인지한다. 초심자보다 수행이 신속하며 남다른 기억력을 갖고, 깊고 중요한 수준에서 문제를 이해하고 해결한다. 문제를 통찰하는 시간을 갖고 강한 자기 점검 기술을 가지고 있다.

전문상담사를 Profession Counselor라고 하며, 전문적 상담을 제공하는 사람으로 일상적인 관계에서가 아닌 전문적인 관계에서만 발견할 수 있는 특별한 전문성을 가지고 있다(이재창, 1996). 상담자의 전문성은 상담자가 상담할 수 있는 능력을 충분히 갖추고 있는 사람으로 보이는 정도를 말하며, 전문성의 개념에 대해(Knox, 1980)는 자기 확신감, 열정, 개방적 태도, 창의성으로 보았고, 프렌시와 스턴버그(Frensch & Sternberg, 1989)는 경험과 훈련을 통해 획득되고 숙달되는 능력으로 보고 있다는 점에서 경험과 훈련을 강조한다.

상담자의 전문성을 정의하기 위한 선행 연구들을 보면, 초기에 이루어진 연구들로는 초보 상담자와 숙련된 상담자의 특성을 비교하는 연구들인데 두 집단 간의 차이를 통해 전문성 개념에 접근하였다. 초보상담자들은 논리적으로 옳고 그름을 판단하려고 하고 훈련받은 상담기술을 사용하려고 하는 반면, 숙련된 상담자는 내담자에게 효과적인 상담이 되도록 하기 위한 노력에 초점을 두기 때문에 보다 상담성과가 높다고 보고하였다(Cummings, 1993). 그리고 초심상담자는 열정적으로 이론적 지식을 열심히 습득하지만 실제 상담 장면에서는 여러 가지 어려움을 경험하게 된다고 하였다. 어려움으로는 숙련상담자에 비해 내담자에 대한 알아차림이 부족하고, 상담과정과 상담기술에 대한 수행에 걱정이 많다. 높은 수준의 불안을 경험(Dodge, 1982)하는 초심상담자는 개념화한 내담자의 모습과 일치하는 방향으로 해석하려고 노력하므로 소진을 경험하며 상담 수행에 더 많은 주의를 기울여서 내담자에 대한 통찰이 잘 일어나지 않게 된다(Hill, Charless, & Reed, 1981).

상담에 대한 전문성은 역동적인 발달과정을 거치므로 전문성발달에 대한 초기연구와 더불어 상담자의 교육 및 훈련 과정을 위한 슈퍼비전과 상담자발달 연구들로 시도되었다.

상담자의 전문성 발달과정은 상담연구의 중요한 주제 중의 하나이며, 현재까지는 주로 발달과정에서 드러나는 핵심요소를 탐색하는 방향으로 진행되어 왔다. 그 중 스코볼트와 론스타드(Skovholt & Ronnestad, 1992)는 5년간 100명의 상담자 및 심리치료사를 대상으로 상담전문가로 성장해 가는 과정에서 나타나는 다양한 주제들을 정리하였다. 핵심적인 두 가지 분류로는 독립적인 상담자로 성장해 가는 개별화(individuation)과정과 성장 과정(Process) 자체로 나누어진다. 개별화란 상담과 관련된 지식 상담자로서의 역할, 내담자에 대한 개념화 등에 대해 본인만의 고유한 인식체계를 형성한다는 것을 의미한다. 수동적으로 학습한 전문지식으로부터 자신만의 이해의 틀을 형성하고 주체적으로 지식을 통합해 가는 여정으로 성장해 간다는 것이다.

그리고 성장 과정 자체의 특징과 관련된 것이다. 초심상담자들은 슈퍼바이저, 교수, 동료 상담자, 내담자들에 영향을 받고 동시에 이론과 연구, 본인의 사생활, 사회적 문화적 환경과 같은 확대된 영역에 의해서도 영향을 받는다. 아울러 상담자로 성장하는 과정은 일정한 학습과정을 따르지만 개인마다 성장에 필요한 시간이나 양상이 다르게 나타날 수 있다. 성장은 천천히, 그러면서도 갑작스럽게 일어나지만 초심상담자일 때 경험하게 되는 불안은 점차 편안함과 자신감으로 대체되는 것이 일반적이다.

Skovholt와 Ronnestad(1992)가 상담자 성장과정이 다양한 요소에 영향을 받고 장기간 진행되는 개별화 과정임을 밝혔다면, Jennings, Goh, Skovholt, Hansen 및 Banerjee-Steven(2003)는 상담자의 성장과정에서 네 가지 핵심적인 요인들을 정리하였다.

먼저, 첫 번째는 경험(experience)이다. 상담자의 경험이 쌓여 갈수록 방대한 양의 지식을 습득하게 되고 그 지식을 활용함에서 일정한 체계를 구축하고 동시에 여러 변인들 간의 상호작용을 고려하게 된다(Martin, Slemon, Heibert, Hallberg, & Cumming, 1989). 두 번째 요인은 상담자 개인의 성격특징(Personal characteristics)이다. 상담자의 성격을 내담자와의 관계의 질을 결정하고 이는 다시 상담성과로 이어질 수 있다(Luborsky, Mclellan, Woody, O'Brien, & Auerbach, 1985). 숙련된 상담자가 되기 위해서는 전문성에 가치를 부여하면서도 겸손하게 노력하고, 자신을 드러내면서도 고독을 즐기는 등 모순되는 듯하지만 유연한 성격과 자신의 모습을 있는 그대로 수용하는 통합적 성격을 갖는 것이 필요하다(Skovholt, Jennings, & Mullenbach, 2004). 세 번째 핵심요소는 미국심리학회에서 교육, 연구, 실습 등에 걸쳐 최근 강조하고 있는 다양한 문화를 수용하고 차이를 존중할 수 있는 능력(cultural competence)이다. 그리고 네 번째 요인은 상담자가 모호하거나 불확실한 상황에 대해 인내하는 능력이다. 이처럼 상담자로 성장하는 과정은 다양한 경험, 상담자 자신의 성격, 문화적 요인들의 영향을 받는다. 이러한 발달과정을 거친 상담자들은 그들만의 독특한 특징을 지닌다. Skovhot와 Jennings(2005)는 전문상담자들을 면담함으로써 그들의 인지적, 정서적 및 관계적인 특성을 구분하였다. 먼저, 인지적인 특성으로는 상담자들은 지속적인 학습을 중요시 하고, 오랜 시간 동안 축적된 경험을 보유하고 있으며 복잡하고 모호한 문제에 좌절하기보다는 이를 성장의 기회로 활용한다. 두 번째는 정서적 특징인데, 상담자들은 자신에 대해 자각하고 성찰하며, 방어적이지 않고 타인의 피드백에 대해 개방적인 태도를 취한다. 또한 정서적으로 안정되어 있고 자신의 개인적인 삶과 전문가로서의 삶이 일관적이 되도록 노력하며, 내담자에게 더 나은 성장을 제공할 수 있도록 자신의 정서적인 건강에도 관심을 가진다. 끝으로, 관계적인 측면에서 상담자들은 좋은 대인관계 기술을 가지고 있으며 타인이 말을 잘 들어주고, 관찰하며 그들의 복지를 중요시한다. 이들은 이를 통해 상담 장면에서 효율적인 작업동맹을 형성하는 능력이 있다.

이러한 상담자의 전문적 특성을 인지, 정서, 관계 영역으로 구분하여 살펴보는 통합적 관점과 지식, 기술, 자기 자각의 요인이라는 슈퍼비전의 훈련 요소는 상담자의 전문성 발달을 이해하는데 중요한 이해의 틀을 제공해 준다. 끊임없이 학습하는 인지적 특성, 스스로를 성찰하고 심리적 건강을 유지하는 정서적 특성, 원활하게 상호작용하는 대인 관계적 특성을 보유하고 아울러 내담자의 구체적인 내용 중심의 사례개념화를 하기보다 종합적이고 포괄적인 정보를 활용하여 사례개념화를 하는 능력을 계발하여야 한다.

상담자의 발달 연구는 상담자 요인이 상담 과정에서 치료적 요인으로 중요하다는 인식으로 연구에 대한 관심이 더 늘어나고 있다. 지금까지의 상담자의 발달 연구들로는 주로 상담자의 발달단계 수준에 따른 자기 대화, 역전이 관리능력, 알아차림, 사례 개념화 등의 차이에 대한 연구(손은정, 이혜성, 2002; 손진희, 김계현, 2001; 천성문, 최명식, 2001)가 진행되어 왔다. 그 대부분이 상담자의 발달단계에 적합한 상담사 교육 및 슈퍼비전을 제시하는 것에 초점을 둔, 전문가로서의 임상적 기술을 살펴보는 양적 연구들이 많았다. 상담자 발달을 위한 교육 발달단계에 따른 범주는 기준에 따라(심흥섭, 1998) 상담대화기술, 알아차리기, 사례이해, 상담계획, 인간적 윤리적 태도의 다섯 가지 유목화 단계로 나누는 방법과 실습 준비기와 실습수련기, 자기 수련기의 세 가지로 상담사교육 발달 단계에 다른 범주를 기준으로 하는 연구들이 있다(김계현, 문수정, 2000).

기존의 연구들은 주로 상담자의 전문가적인 발달에 초점을 맞추고 있어 개인적인 상담자의 발달과정에 대한 경험적인 부분에 대한 깊은 연구가 부족하였다. 그래서 상담자의 전 생애적 발달을 위해서는 개인적으로 또는 전문가적, 종합적인 발달이 필요하며 전인적인 상담자 발달을 강조한다.

상담자 발달 모델의 핵심은 상담자 발달이 전 생애적으로 지속적인 수련과 임상 경험을 통해 이루어지면, '전문가적 자기발달'과 '개인적 자기발달'이 통합되어 전인적인 발달을 이루어 간다는 것이다(Skovholt & Ronnestad,1992). 상담자는 개인적인 삶과 전문가로서의 삶이 통합된 전문상담자로서 발달해 나간다는 것이다. 이러한 전 생애발달적 관점의 상담자 이해는 전문성과 개인적 특성이 조화를 이루는 통합된 상담자에 대한 비전을 제시해 준다.

상담자의 전문성 발달은 멈춤이 아닌 지속적인 활동으로 보며, 상담자의 숙련과 전문성 연구에서 상담자의 전문성 발달은 시간이 소요되고, 경험의 확장, 의지의 성장, 일하는 환경의 개방, 성찰이 필수적이며, 초기에는 확실성을 추구하지만, 숙련도가 올라갈수록 불확실성을 수용하고 그 안에 머물 수 있다고 하였다. 전문적 삶의 단계가 한 사람의 개인적 삶의 단계와 유사하다고 본 것이다. 상담자는 자기 성찰을 통해 전문성 발달을 도모하고 상황에 따라 새로운 방식을 발견할 수 있게 되며 초심상담자와 숙련상담자는 서로 다른 방식으로 정보에 집중하고 파악하는 등 내담자의 다양한 측면들을 지각하는데 차이를 보일 수 있다는 것이다(김진숙, 2006).

초심상담자들은 내담자를 표면적으로 이해하고 심층적이고 다각적인 측면에서 통합적으로 이해하는 것이 부족한 것으로 살펴진다. 초심상담자들이 겪는 상담에 대한 자신감과 확신이 부족하다는 어려움에 반해 숙련상담자들은 발달과정에서 축적된 인지적, 정서적, 태도적 특성들을 바탕으로 질적으로 다른 관점에서 내담자 강점과 활용방안을 제안하고 있다(Skovholt, 2005).

초심상담자와 숙련상담자와의 상담 수행의 차이에 대한 인지적 연구도 진행되었는데 이러한 연구를 종합하여 Chi와 그의 동료들(1988)은 영역에 관계없이 초심상담자와 숙련상담자들의 인식적 수행상의 차이를 다음과 같이 일반화시켰다. 숙련상담자들은 자신의 영역에서 효율적인 능률을 발휘하며, 커다란 의미 있는 패턴으로 바르게 지각하며 적은 오류하에서 기능을 수행하고 문제를 해결한다. 단기기억력과 장기기억력이 초심상담자들에 비해 뛰어나고 문제를 깊은 수준으로 보고 표상하며 재인지 과정을 거치며 문제를 질적으로 분석하는 데 많은 시간을 할애한다. 자기 검토능력(self-monitoring skill)이 우수하다. 초심상담자들이 숙련상담자로 성장하는 과정에 있어서 영역 특수적(Domain specific) 지식의 차이가 아닌 보다 근원적인 부분의 차이가 있으며, 전문지식을 통해 내담자의 문제해결 상황을 적절히 사용할 수 있으려면 많은 지식을 형성하는 것뿐만 아니라, 내담자의 상황에 적합한 인식구조를 거쳐 공감을 통한 촉진이 이루어져야 한다고 한다.

# REFERENCE 참고문헌


가영희 외(2017). 성인학습 및 상담. 서울: 동문사.

강선보 외(2006). 노울즈의 성인교육론에 대한 종합적 고찰: 교육사상과 실천적 교육과정을 중심으로. 교육문제연구, 26, 1-28.

강현욱 외(2012). 도시와 농촌 노인의 우울에 미치는 영향요인 비교. 한국노년학, 32(1), 129-143.

곽금주 외(2011). K-WISC-Ⅳ 전문가 지침서. 서울: 학지사.

곽내영(2007). 곽내영 교육학(상). 서울: 도서출판 들풀.

권대봉(1998). 산업교육론. 서울: 문음사.

권대봉(1999), 성인교육방법론. 서울: 학지사.

권두승 외(2016). 평생학습사회 실현을 위한 성인학습 및 상담(3판). 경기: 교육과학사.

권두승(2000). 성인학습 지도방법의 이론과 실제. 서울: 교육과학사.

권양이(2020). 스마트 시대의 원격평생교육방법론. 경기: 공동체.

권중돈(2014). 인간행동과 사회복지실천: 이론과 적용. 서울: 학지사.

권진하 외(2010). 튜터 지원을 위한 블렌디드 협동학습 시스템 개발. 숭실대학교 한국평생교육 · HRD연구소. 평생교육·HRD연구, 6(2), 41-56.

김길수 외(2015). 창의적 아이디어 발상법. 서울: 아트하우스.

김동민 외(2018). 심리검사와 상담. 서울: 학지사

김동일 외(2020). 청소년지도사, 청소년상담사, 평생교육사를 위한 청소년교육론. 경기: 교육과학사.

김동일 외(2021). 문화예술교육론. 서울: 동문사.

김동일 외(2021). 평생교육론. 경기: 교육과학사.

김동일(2019). 평생교육 활성화를 위한 전담공무원 제도 제안. 인문사회과학기술융합학회. 예술인문사회융합멀티미디어논문지, 9(12), 27-36.

김동일(2019). 한국교회의 사회활동과 교회평생교육 고찰. 인문사회과학기술융합학회. 예술인문사회융합멀티미디어논문지, 9(11), 67-79.

김성렬 외(2001). 평생교육 학습자들의 학습욕구 분석. 서원대학교. 교육논총, 5, 1-28.
김수경 외(2019). 임상미술치료 이론과 실제. 경기: 공동체.
김승호(2019). 수업이란 무엇인가. 서울: 학지사.
김재은(1992). 성인교육론: 신앙공동체 인간화 모형. 서울: 성광문화사.
김재환 외(2014). 임상심리검사의 이해. 서울: 학지사.
김정환(1984). 교육학개론: 교육의 본질과 과제. 서울: 박영사.
김제한(2001). 발달심리학. 경기: 양서원.
김중술(1998). 다면적 인성검사: MMPI의 임상적 해석. 서울: 서울대출판부.
김지자 외(2001). 경험학습의 개념 및 이론과 발전방향. 한국평생교육학회. 평생교육학연구, 7(1), 1-15
김진숙(2003). 청소년상담의 기초. 서울: 한국청소년상담원.
김진희 외(2017). 학교상담자를 위한 상담면접의 실제. 서울: 학지사.
김창엽(2019). 바보야, 중요한 건 학습이 아니야: 알지만 말하지 않고, 듣지 않고, 보지 않는 평생교육 이야기. 경기: 공동체.
김한별(2019). 평생교육론(3판). 서울: 학지사.
김향희 외(1997). 한국판 보스톤 이름대기 검사(K-BNT). 서울: 학지사.
김현택 외(2003). 심리학. 서울: 학지사.
김현희 외(2010). 상호작용을 통한 독서치료. 서울: 학지사.
김형재 외(2015). 유아교사를 위한 창의·인성교육의 이론과 실제. 서울: 학지사.
김홍근(2001). Kims 전두엽-관리기능 신경심리검사: 해설서. 대구: 도서출판 신경심리.
김희정 외(2011). 노인의 시력 및 청력 저하가 우울 및 인지기능에 미치는 영향: 2008년 고령화연구패널조사, 성인간호학회지, 23(6), 584-594.
나항진 외(2017). 성인학습 및 상담. 경기: 양성원.
남윤석(1988). M. S. Knowles의 성인교육론 연구. 연세대학교 교육대학원 석사학위논문.
박경실 외(2013). 평생교육론. 서울: 학지사.
박노열(1997). 사회교육방법론. 서울: 형설출판사.
백양희 외(2014). 청소년 미술치료. 경기: 양서원
백영균 외(2010). 유비쿼터스 시대의 교육방법 및 교육공학. 서울: 학지사.
백영균 외(2020). 스마트 시대의 교육방법 및 교육공학. 서울: 학지사.
서기원(2009). 주인공이 되고 싶어요!: CYA(catholic youth action)활동 청소년의 주체성 강화과정 연구. 서강대학교 대학원 석사학위논문.

서명환 외(2016). **평생교육방법론**. 경기: 공동체.

서은주(2009). 노인의 성공적 노화 구조모형. 경희대학교 대학원 박사학위논문.

송명자(2008). **발리심리학**. 서울: 학지사.

송영혜(2019). **놀이치료 개론**. 서울: 에버그린북스

송준석(2018). **인간과 교육의 탐구**. 경기: 정민사.

신용주(2013). **평생교육방법론**. 서울: 학지사.

심은정 외(2013). **20대를 위한 심리학: 자기 성장 노트**. 서울: 숭실대학교 출판부.

안범희(1996). **학교 학습심리학**. 서울: 하우.

안요한(2015). 성인 중간지도자 교육 개발 연구. 협성대학교 신학대학원 석사학위논문.

안효찬(2012). 소셜 네트워크(Social network) 시대의 청년 교육목회 연구. 장로회신학대학교 목회전문대학원 박사학위논문.

양정환(2004). 포스트모던(Postmodern) 시대의 신앙변화와 기독교교육 연세대학교 연합신학대학원 석사학위논문.

유평수(2002). 성인교육에 대한 철학적 접근과 그 평가. 전주대학교 교육문제연구소. **교육논총**, **17**(1), 169-199.

유형근 외(2010). **자살하려는 아이들**. 서울: 학지사.

윤경원(2013). 학교 진로상담의 새로운 접근에 관한 연구. **교류분석상담연구**, **3**(2), 43-61.

은여옥(2007). 일 지역 성인의 성역할 정체감과 건강행위. 전북대학교 대학원 석사학위논문.

이동혁 외(2003). 상담연구의 주제 및 연구 대상 분석. **청소년상담연구**, **8**(1), 37-58.

이미나 외(2021). **청소년 심리 및 상담**. 경기: 지식공동체.

이미리 외(2020). **청소년 심리 및 상담**. 서울: 학지사.

이상섭 외(1994). **인간과 교육**. 서울: 형설출판사.

이성호 외(1983). 산업체의 인력자원개발 효율화를 위한 교육전략. 연세대학교 교육대학원. **연세교육과학**, **24**, 59-105.

이인정 외(2020). **인간행동과 사회환경**(3판). 경기: 나남.

이장호 외(2016). **상담심리학의 기초**. 서울: 학지사.

이정님(2009). e-learning을 활용한 자기주도적 초등 수학 학습 향상에 관한 연구. 경희대학교 교육대학원 석사학위논문.

이정숙(2004). 소그룹에서의 수용과 격려를 통한 기독교청년의 자존감 향상. 호남신학대학교 기독교상담대학원 석사학위논문.

이지원 외(2014). 성인의 생애주기별 진로적응과업에 대한 개념도 연구. **한국심리학회지: 상**

담 및 심리치료 심리치료, 26(4), 1073-1108.
이지은 외(2015). 진로문제에 영향을 미치는 심리문제에 관한 국내 연구 동향. 상담학연구, 16(5), 171-192.
이현림 외(2006). 성인학습 및 상담(2판). 서울: 학지사.
이현수(2005). 노인의 기억은 정말로 떨어지는가?. 한국심리학회: 임상, 24(3), 581-598.
이효주(2002). 성인학습 이론과 교회 성인교육 프로그램 개발의 실제. 목원대학교 대학원 석사학위논문.
이희수 외(2005). UNESCO 세계성인교육회의가 평생교육정체성 형성에 미친 영향 연구. 한국평생교육학회. 평생교육학연구, 11(1), 115-144.
이희영(1999). 평생교육사 역할에 관한 일 연구. 성균관대학교 교육대학원 석사학위논문.
임규혁 외(2007). 교육심리학(2판). 서울: 학지사.
임성관 외(2014). 청소년을 위한 독서치료. 서울: 시간의 물레
임정수(2014). 평생교육 관점에서 본 성인중기 신앙회복을 위한 프로그램의 한 연구. 장로회신학대학교 목회전문대학원 학위논문.
임창재(2000). 교육심리학. 서울: 학지사.
임형택 외(2015). 평생교육방법론. 경기: 공동체.
장상호(1997). 학문과 교육. 서울: 서울대학교 출판부.
장용성(1991). 말콤 노울즈의 안드라고지. 연세대학교 교육대학원 석사학위논문.
장유리 외(2008). 노년기 자기 통제감에 영향을 주는 요인. 한국노년학, 28(4), 1055-1068.
장재인(2021). 욕구이론과 교회교육의 관계연구: 매슬로우를 중심으로. 장로회신학대학교 대학원 석사학위논문.
장휘숙(2008). 성인심리학. 서울: 박영사.
전숙녀(2012). 중등교사의 교육정향성에 관한 연구. 동의대학교 교육대학원 석사학위논문.
전애영(2012). 심리를 읽어가는 모래놀이치료. 경기: 공동체
정순례 외(2016). 청소년 상담 이론과 실제. 서울: 학지사.
정여주(2016). 미술치료의 이해(2판) 이론과 실제. 서울: 학지사.
정옥경(2012). 직업심리학. 서울: 에듀윌.
정옥분(2000). 성인발달의 이해. 서울: 학지사.
정옥분(2015). 청년발달의 이해(3판). 서울: 학지사.
정옥분(2019). 발달심리학: 전생애 인간발달(3판). 서울: 학지사.
정종(1980). 공자의 교육사상: 공자사상의 교육학적 전개. 서울: 집문당,

정지애 외(2018). 진로와 직업 분야 소명에 관한 국내 연구동향. 한국취업진로학회지: 취업진로연구, 8(4), 119-145.

정진복(2004). 신경심리학적 평가. 안창일(편저), 임상심리학. 서울: 시그마프레스.

정현주(2005). 음악치료학의 이해와 적용. 서울: 이화여자대학교 출판부.

조남옥 외(2017). 키워드네트워크 분석을 통한 '상담학연구'의 연구동향과 지식구조 탐색. 상담학연구, 18(2), 1-19.

조성연 외(2017). 성인학습 및 상담(2판). 서울: 학지사.

조용하(1992). 사회교육방법론. 서울: 교육과학사.

주명희(2012). 성인 문해학습의 전환학습적 특성. 전남대학교 교육대학원 석사학위논문.

직업상담연구소(2018). 직업상담학. 서울: 시대고시기획.

차갑부(1995). 성인교육방법론. 경기: 양서원.

차갑부(2009). 성인교육방법의 새로운 지평 텔리아고지. 경기: 교육과학사.

최병철 외(2015). 음악치료학(3판). 서울: 학지사.

최성애(2010). 장애아동 양육을 통한 부모의 무형식 학습 탐색. 한국교원대학교 대학원 석사학위논문.

최영섭(2017). 미래노동시장 변화와 직업능력개발 정책의 변화.

최윤정 외(2013). 여성 진로발달 및 상담에 관한 국내 연구 동향. 상담학연구, 14(2), 1285-1308.

최윤정 외(2014). 진로개인성과 연구의 동향과 향후 과제. 상담학연구, 15(1), 321-341.

최윤정(2018). 성인학습 및 상담론. 서울: 학지사.

최은수 외(2010). 평생교육론. 서울: 학지사.

최은수 외(2017). 평생교육론. 경기: 공동체.

최인수 외(2016). 2017 대한민국 트렌드: 신 개인의 탄생·리얼리티·탈권위에 주목하라. 서울: 한국경제신문.

최정윤(2016). 심리검사의 이해. 서울: 시그마프레스

최진영(2011). 한국판 치매평가검사(K-DRS-2) 전문가 요강. 서울: 학지사.

최희주 외(2017). 상담 및 심리분야 중년연구 동향분석. 재활심리연구, 24(3), 519-539.

추헌(1994). 조직행동론. 서울: 형설출판사.

평생교육진흥원(2008). 국제기구 평생교육 정책동향: 유럽연합(EU), 유네스코(UNESCO)를 중심으로. 서울: 평생교육진흥원.

하표욱(2001). 미술과 특기적성 교육활동의 현장연구: 광주광역시 초등학교를 중심으로. 전남대학교 교육대학원 석사학위논문.

한국교육개발원(2001). 지역별 평생교육 관계자 연수 자료집.

한국교육학회 사회교육연구회(1995). **사회교육학 서설**. 서울: 교육과학사.

한국청소년상담원(2006). **청소년상담 과정 및 기법**. 서울: 한국청소년상담원.

한숭희(1999). 학습생태학적 입장에서 바라본 성인학습. 한국평생교육학회. **평생교육학연구**, **5**(1), 223-244.

한숭희(2002). 평생학습시대는 오고 있는가?. 한국평생교육학회. **평생교육학연구**, **8**(2), 1-20.

한우섭 외(2019). **평생교육론**(2판). 서울: 학지사.

한준상(1999). **호모 에루디티오**. 서울: 학지사.

현청환(2002). **상담이론 그리고 연습**. 서울: 창지사.

홍길회(2018). **유아교사를 위한 창의성 교육의 실제**. 경기: 정민사.

홍지명 외(2018). **인간과 교육**. 경기: 정민사.

홍지선 외(2016) 여성 진로장벽에 관한 국내 연구동향과 향후 과제: 진로발달단계를 중심으로. **상담학연구**, **17**(3), 225~250.

황매향 외(2013). **심층직업상담**. 서울: 학지사.

황은영 외(2014). **음악심리치료의 이론과 실제**. 서울: 학지사.

Allport, Gordon W. (1961). *Pattern and growth in personality*. New York: Holt, Rinehart & Winston.

Ausubel, David Paul. (1968). *Educational Psychology*: a cognitive view. New York: Holt, Rinehart and Winston.

Barron(1969). *Creative person and creative pross*. New York Holt Rinehart & Winston

Bee, H. L., & Bjorkland, B. R. (2004). *The journey of adulthood* (5th ed.). Englewood Cliffs, NJ: Prentice Hall.

Bergevin, Paul. (1967). *A Philiosophy for Adult Education*. New York: Seabury.

Berkman, L. F., Seeman, T. E., Albert, M., Blazer, D., Kahn, R., Mohs, R., Finch, C.,Schneider, E., Cotman, C., McClearn, G., Nesselroade, J., Featherman, D., Garmezy, N., McKhann, G., Brim, G., Prager, D., & Rowe, J. (1993). High, usual and impaired functioning in community-dwelling older men and women: Findings from the MacArthur Foundation Research Network on Successful Aging. *Journal of Clinical Epidemiology*, *46*, 1129-1140.

Binet, A., & Simon, T. (1976). *The development of intelligence in children* (E. S. Kit Trans.). Baltimore, MD: William & Wilkins.

Bookfield, S. D. (1987). *Developing critical thinkers: Challenging adult to explore altermative way of thinking and acting*. San Francisco: Jossey-Bass.

Boyle, P. G. (1981). *Planning better programs*. NY: McGraw-Hill Book Company.

Brems, C. (2005). 심리상담과 치료의 기본 기술 [Nasic skills in psychotherapy and counseling]. (조현춘, 이근배 역). 서울: 아카데미 프레스.

Brockett, R. G. & Hiemstra, R. (1991). *Self-direction in adult learning: Perspectives on theory, research and practice*. New York: Routledge & Kegan Paul.

Brookfield, S. D. (1985). *A critical definition of adult education. Adult Education Quarteriy, 36*(1), 44-49.

Broudy, Harry. (1967). *Aims in Adult Education: A Realist's View*. New York: Seabury.

Brubacher, J. S. (1966). *A History of the Problems of Education*. New York: McGraw-Hill.

Bruscia, K. E. (2003). 음악치료(최병철, 김영신 역). 서울: 학지사

Buber, Martin. (1975). *What is man*. 인간이란 무엇인가. 남정길 역. 서울: 대한기독교서회.

Buboltz, W. C., Jr., Miller, M., Jr., & Williams, D. J. (1999). Content analysis of research in the Journal of Counseling Psychology. *Journal of Counseling Psychology*, *46*, 496-503.

Buck, J. N., & Hammer, E. F. (Eds.) (1969). *Advances in the house tree-person technique: Variations and applications*. Los Angeles, CA: Western Psychological Services.

Buck. J. N. (1948). The H-T-P techniques: A Quantitative and qualitative scoring manual. *Clinical psychology*. *5*, 1-120.

Burgess, Harold W. (1975). *An Invitation to Religious Education*. Birmingham: Religious Education Press.

Burns, R. C. (1987). *The Kinetic HTP*. New York: Brunner Mazel.

Candy, P. C.(1991). *Self-direction for lifelong learning*. San Francisco: Jossey-Bass.

Carlo Rovelli. (2016). *Seven brief lessons on physics*. 모든 순간의 물리학. 김현주 외 역. 경기: 쌤앤파커스.

Cattell, R. B. (1963). Theory of fluid and crystallized Intelligence: A critical experiment. *Journal of Educational Psychology*, *54*, 1-22.

Collins, Dennis. (1977). *Paulo Freire: His Life & Thought*. NY: Paulist Press.

Combs et al,. (1971). *Helping relationships: basic concepts for the helping professions*. Boston: Allyn and Bacon.

Cormier, S., & Hackney, H. L. (2016). *Counseling stategies and interventions for professional helpers, Global Edition* (9th ed.). Bostion, MA: Pearson Education Limited.

Costa, P. T. & McCrae, R. R. (1994). Set like plaster? Evidence for the stability of adult personality. In T. F. Hetherton & J. L. Weinberger(Eds.), *Can personality change?*(Washington, DC: American Psychological Association), 21-40.

Cotman, C, W., & Neeper, S. (1996). Activity-dependent plasticity and the aging brain. In E. L. Schneider & J. W. Rowe (Eds.), *Handbook of the biology of aging* (4th ed., 283-299), San Diego, CA: Academic Press.

Crain, William C. (2004). *Theories of Development*. 서봉연 역. 발달의 이론. 서울: 중앙적성출판사.

Cremin, Lawrence. (1970). *American Education: The Colonial Experience*. 1607-1783. New York: Harper and Row.

Darkenwald, G. G and Merriam, S. B. (1986). **성인교육의 이론과 실제**. 백종억 역. 서울: 덕성여자대학출판부.

De Shazer, S. (1988). *Clues: Investigating solutins in brief therapy*. New York: Norton.

Dewey, John & Evelyn Dewey. (1915). *Schools of tomorrow*. New York: Dutton.

Dewey, John. (1910). *How We Think*. Chicago: University of Chicago.

Dewey, John. (1916). *Democracy and Education*. New York: Macmillan.

Dewey, John. (1943). *The Child and Curriculum*. Chicago: University of Chicago.

Dewey, John. (1983). *Experience and education*. New York: Macmillan.

Dixon, R. A, & Hultsch, D. F. (1999). Intelligence and cognitive potential in late life, In J. C. Cavanaugh & S. K. Whitbourne (Eds.), *Gerontology: An interdisciplinary perspective*(213-237). NY: Oxford University Press.

Doll, B., & Doll. C. (1997). *Bibliotherapy with young people: Llibrarians and mental health professional working together*. Englewood, Co: Libraries Unlimited, Inc.

Driscoll, M. P. (2005). *Psychology of learning for instruction(3rd ed.)*. NY: Allyn & Bacon.

Duvall, Evelyn Millis. (1962). *Family development*. New York: Lippincott.

Egan, G. (2013). *The skilled helper: A problem-management and opportunity-development ap-proach to helping* (10th ed.). Pacific Grove, CA: Brooks/Cole, Cengage

Learning.

Egan, R., Watson, J. C., Goldman, R. N., & Greenberg, L. S. (2004). *Learning emotion-focused therapy: The process-experiential approach to change*. Washington, DC: American Psychological Association.

Elias, John and Merriam, Sharan. (1980). *Philosophical Foundations of Adult Education*. Huntington, N.Y.: Robert E. Krieger Publishing Company.

Elliot, R., Watson, J. C., Goldman, R. N., & Greenberg, L. S. (2004). *Learning emotion-focused therapy: The process-experiential approach to change*. Washington, DC: American Psychological Association.

Erikson, E. H. (1950). *Identitact und Lebenszyklus*. Frankfurt: Suhrkamp.

Evams. D. R., Hearn, M. T., Uhlemann, M. R., & Jvey, A. E. (2000). 상담의 필수기술: 효과적 의사소통을 위한 사례중심 접근법[*Essential interviewing: A programmed approach to effective communication*]. (성숙진 역). 서울: 나남출판.

Exner, J. E. (1969). *The Rorschach system*. New York: Grune & Stratton.

Fitzgerald, L. F., & J. B. Rounds (1989). Vocational behavior, 1988: A critical analysis. *Journal of Vocational Behavior*, *35*(2), 105-163.

Freire, Paulo. (1970). *Pedagogy of the oppressed*. NY: Seabury.

Freire, Paulo. (1973). *Education for critical consciousness*. NY: Seabury.

Freire, Paulo. (1967). *Educacao como Pratica da Libertade*. Rio de Janeiro: Paze Terra.

Freire, Paulo. (1970). *Cultural Action for Freedom. Harvard Educational Review and Center for the Study of Development and Social Cbange*, Cambridge, MA.

Freire, Paulo. (1970). *Pedagogy of the Oppressed*. New York: Herder and Herder.

Friedenberg, Edgar. (1956). *"Liberal Education and the Fear of Failure."* Leader Digest, Vol. 3, Washington: Adult Education Association.

Fry, H., Ketteridge, S., & Marshall, S. (2006). *A Handbook for Teaching & Learning in Higher Education. Enhancing Academic Practice*. 대학의 최신 교수-학습 방법. 전남대학교 교육발전연구원(공역). 서울: 학지사.

Gardner, H. (1983). *Frames of mind: The theory of multiple intelligences*. New York: Basic Books.

Getzels, Jacob W, & Jackson, Philip W. (1962). *Creativity and intelligence: explorations with gifted students*. New York; London: John Wiley.

Greenberg, I. S. (2002). *Emotion-focused therapy*. New York: Guilford Press.

Groehnert, Gary. (1999). *Basic training for trainers*. 교육 연수 실무 핸드북. 한국능률협회 편. 서울: 한국능률협회.

Grow, G. (1991). Teaching learners to be self-directed: A stage approach. *Adalt Edacation Quarterb*, *41*(3), 125-149.

Grow, G. (1994). In defense of the staged self-directed learning model. *Adalt Edacation Quarterb*, *44*(2), 109-114.

Guilford, J. P. (1967). *The nature of human intelligence*. New York: McGraw-Hill.

Hackney, H., & Cormier, L. S. (2001). *The proffesional counselor: A process guide to helping* (4th ed.). Needham Heights, MA: Allyn & Bacon.

Hanser, S. (2002), *Music therapist's handbook*. St. Louis: Warren H. Green, Inc.

Havighurst, R. J. (1972). *Developmental Tasks and Education*. NY: David McKay Co.

Hiemstra, R. & Sisco, B. (1990). *Individualizing instruction*. San Francisco: Jossey-Bass.

Hiemstra. (1988). *Translating Personal Values and Philosophy into Practical Action*. In R. G. Brockett, (ed.), Ethical Issues In Adult Education. New York: Teachers College Press.

Hilgard, Ernest R, Atkinson, Rita L, Atkinson, Richard C. (1972). *Psychology*. New York: Harcourt Brace Jovanovich.

Hill, C. E. (2012). 상담의 기술[*Helping Skills: Facilitating Exploration, Inshght, and Action* (3rd ed.)]. (주은선 역). 서울: 학지사.

Hynes, A. M., & hynes-Berry, M. (1994). Biblio/poetry therapy-The Interactive process: A handbook. st. Cloud, MN: North Star Press of St. Cloud.

Illich, Ivan. (1970). *Deschooling Society*. New York: Harper and Row.

Illich, Ivan. (1973). *Tools for Conviviality*. New York: Harper and Row.

Ivey, A., & Ivey, M. B. (2013). *Intentional interviewing and counseling: Facilitation client development in a multicultural society*. Monterey, CA: Brooks/Cole.

James, William. (1972). *The Varieries of Religious Experience*. London: Longmann.

Jane, L. Swanson.& Nadya A. Fouad. (2005) 사례로 배우는 진로 및 직업상담{*Career Theory and Practice:Learning Through Case Studies*}. (황매향 역), 서울:학지사,(원전은 1999년에 출판).

Jarvis, P. (1985). *The Sociology of Adult and Continuing Education*. London: Croom-Helm.

Jarvis, P. (2006). *Towards a comprehensive theory of human learning*. London: Routledge.

Jarvis, P. et al. (2018). *Twentieth Century Thinkers in Adult & Continuing Education.* 강보선 외 역(2018). 20세기 성인교육철학. 서울: 동문사.

Jensen, Arthur. (1969). How Much Can We Boost IQ and Scholastic Achievement. Harvard University. *Harvard educational review*, *39*(1). 1-123.

Jernigan, T. L., Archibald, S. L., Berhow, M. T., Sowell, E. R., Foster, D. S., & Hesselink, J. R.(1991). Cerebral structure on MRI, Part I: Localization of age-related changes. *Biologaical Psychiatry*, *29*, 55-67.

Jonnson, H., Josephsson, S., & Kielhofner, G.(2001). Narratives and experience in an occupational transition: A longitudinal study of the retirement process. *American Journal of Occupational Therapy*, *55*, 424-434.

Keller, Fred.(1977). "*Behaviorism." Collier's Encyclopedia* (Vol.4). New York: MacMillan Educational Corporation, Inc.

Kidd, J. R. (1973). *Howe Aduls leant* (Rev. ed.). New York: Association Press.

Knight, George R. (1980). *Philosophy and education: an introduction in Christian perspective*. Berrien Springs: Andrews University Press.

Knowles, M. S. (1996). *"Andragogy: An emerging technology for adult learning"* In Edwards, R.(ed.). *Boundaries of adult learning*. Londen: The Open University.

Knowles, M. S. (1975). *Self-Directed learning*. New York: Association Press.

Knowles, M. S. (1977). *A History of the Adult Education Movement in the United States*. New York: Krieger.

Knowles, M. S. (1980). *The modern practice of adult education: From pedagogy to andragogy*. New York: Cambridge Books.

Knowles, M. S. (1989). *The making of an adult educator: An autobigraphical journey*. San Francisco: Jossey-Bass.

Knowles, M. S. et al. (1984). *Andragogy in Action: Applying modem principles of adult education*. San Francisco: Jossey-Bass.

Knowles, M. S., Holton, E. F., & Swanson, R. A. (1998). *The adult learner: The definitive classic in adult education and human resource development*. Houston: Gulf Publishing.

Knox, Alan Boyd. (1977). *Adult development and learning*. San Francisco: Jossey-Bass.

Kolb, D. A.(1984). *Experiential Learning: Experience as the source of learning and development*. Englewood Cliff, NJ: Prentice Hall.

Lehman, H. C. (1953). *Age and achievement*. Prinston: Prinston University Press.

Leonard, George Burr. (1968). *Education and Ecstasy*. New York: Delacorte Press.

Levinson, Daniel J. (2004). *The seasons of a woman's life*. 여자가 겪는 인생의 사계절. 김애순 역. 서울: 이화여자대학교출판부.

Levinson, Daniel J. et al. (1978). *The Seasons of a man's life*. New York: Ballantine.

Lindeman, Eduard Christia. (1956). *The Democratic Man: Selected Writings of Edward by Robert Glessner*. Boston: Beacon.

Lindeman, Eduard Christia. (1961). *The Meaning of Adult Education*. Montreal: Harvest House.

Loevinger, Jane et al. (1970). *Measuring ego development*(vols. 1-2). San Francisco: Jossey-Bass.

Long, H. B. (1996). *Adult and continuing education*. New York: Teachers College, Columbia University.

Maritain, Jacques. (1943). *Education at the Crossroads*. New Haven: Yale University Press.

Mark, L. Savickas. (2016) 커리어 카운슬링(*Career Counseling*). (김봉환, 김소연, 정희숙 역). 서울: 박영스토리(원전은 2011년에 출판).

Marsick, Victoria J. & Watkins, Karen E. (1990). *Informal and incidental leaning in the workplace*. London: Routledge.

Maslow, Abraham. H. (1943). *A theory of human motivation*. Psychological Review.

Maslow, Abraham. H. (1954). *Motivation and Personality*. New York: Harper and Row.

Maslow, Abraham H. (1962). *Toward a psychology of being*. Princeton: D. Van Nostrand.

Maslow, Abraham. H. (1976). *"Education and Peak Experience," The Person in Education: A Humanistic Approach, Courtney D. Schlosser (ed.),* New York: Macmillan.

Mayer, R. E. (1992). Cognition and instruction: Their historic meeting within educational psychology. *Journal of Educational Psychology*, *84*, 405-412.

McKenzie, Leon. (1982). *The Religious Education of Adults*. Birmingham: Religious Edueation Press.

Merriam, S, B., & Bierema, L. L. (2014). *Adult learning: Linking theory and practice.* San Francisco, CA: Jossey-Bass.

Merriam, S. B. & Brockett, R. G. (1997). *The Profession and practice of adult education: an introduction.* San Francisco: Jossey-Bass Publishers.

Merriam, S. B. & Caffrella, R. S. (1999). *Learning in adulthood: A comprebensive guide.* San Francisco: Jossey-Bass.

Merriam, S. B., Caffarella, R. S., & Baumgartner, L. M.(2007). *Learning in adulthood: A comprehensive guide*(3rd ed.). San Francisco: Jossey-Bass.

Merriam, S., Mott, V., & Lee, M. (1996). Learning that comes from the negative interpretation of life experience. *Studies in Continuing Education, 18*(1), 1-23.

Meyer, J. S., & Shaw, T. G. (1984). Cerebral blood flow in aging. In M. L. Albert (Ed.), *Clinical neurology of aging*(178-196), NY: Oxford University Press.

Meyer, L., & Melchert, T. P. (2011). Examining the content of mental health intake assessment from a biopsychosocial perspective, *Journal of Psychotherapy Integration, 21*(1), 70-89.

Meyer, S. L. (1977). Andragogy and the aging adult leaner. *Educational Gerontology: An International, Quarterly, 2,* 115-122.

Mezirow, J. (1978). *Education for perspective transformation: Women's re-entry programs in community college.* New York: Teachers College, Columbia University.

Mezirow, J. (1995). *Transformation theory of adult learning.* In M. R. Welton(ed.), In defense of the life world. NY: State University of New York Press. 39-70.

Miller, S.(2008). 'What is the Secret of their Success?' paper presented at the supershrinks workshop, Melbourne, Australia, 19 November 2008.

Moustakas, Clark, ed. (1972). *The Authentic Teacher: Sensitivity and Awareness in the Classroom.* Cambridge, Mass: Howard A. Doyle Publishing Company.

Neill, A. S. (1960). *Summerhill.* New York: Hart Publishing Co.

Ohliger, John. (1974) "Is Lifelong Adult Education a Guarantee of Permanent Inadequacy": Public Lecture at Saskatoon, March 1974. Available from, University of Wisconsin.

Pavlov, Ivan P. (1960). *Conditioned Reflexes: an investigation of the physiological activity of the cerebral cortex.* translated and edited by G. V. Anrep. New York: Dover Publications.

Penland, P. R. (1979). *Self-initiated learning. Aduit Education,* 29, 170-179.

Plato. (1941). *The Republic of Plato.* tr. by Frances Macdonald Cornford. New York: Oxford University Press.

Postman, Neil. (1982). *The disappearance of childhood.* New York: Delacorte.

Rapaport, D., Gill, M. M., & Schafer, R. (1968). *Diagnostic psychological testing.* Internation university press, Inc.

Reuter-Lorenz, R., & Lustig, C. (2005), Brain aging: Reorganizing discoveries about the aging mind. *Current Opinion in Neurobiology, 15*(2), 245-251.

Rogers, A. (1998). *Teaching adult.* Buckingham: Open University Press.

Rogers, Carl R. (1961). *On becoming a person: a therapist's view of sychotherapy.* Boston: Houghton Mifflin Commpany.

Rogers, Carl R. (1969). *Freedom to learn: a view of what education might become.* Columbus, Ohio: C. E. Merrill Pub. Co.

Rohde, A. (1946). Explorations in Personality by the Sentence Completion Method. *Journal of Applied Psychology*, *30*, 169-181.

Rouseau Jean Jacques. (2012). *Emile.* 김종욱 역. 에밀. 서울: 미네르바.

Rowe, J. W., & Kahn, R. L. (1987). *Human aging:* Usual and successful. *Science, 237*, 143-149.

Rubin, J. A. (1999). *Art therapy. An introduction.* Philadelphia: Brunner & Mazel.

Rubin, J. A. (2005). *Child art therapy.* New York: Wiley & sons, Inc.

Ryff, C. D. (1984). Personality development from the inside: The subjective experience of change in adulthood and aging. In P. B. Baltes & O. G. Brim, Jr. (Eds.), *Life-span development and behavior.* *6*(243-279). Orlando, FL: Academic Press.

Savicevic, D. (1999). *Understanding andragogy in Europe and America: Comparing and contrasting.* In J. Reischmann, M. Bron, & Z. Jelenc (Eds.), *Comparative adult education 1998: The contribution of ISCAE to an emerging field of Study*(97-119). Ljubljana, Slovenia: Slovenian Institute for Adult Education.

Schaefer, James R. (1972). *Program Planning for Adult Christian Education.* New York: Newman Press.

Schaie, K. W. (1996). The Course of Adult Intellectual Development. *American Psychologist*, *49*(4), 304-313.

Schaie, K. Warner & Parham, Iris A. (1976). Stability of adult personality traits: Fact or fable?. American Psychological Association. *Journal of personality and social psychology*, *34*(1), 146-158.

Sharf, R. S. (2006). *Applying career development theory to counseling* (4th ed.). Belmont, CA: Thomson, Brooks Cole.

Silberman, Charles E. (1970). *Crisis in The Classroom.* New York: Random House.

Simpson, Elizabeth Leonie. (1980). *Adult learning theory: A state of the art.* Washington, D. C.: U. S. Department of Education.

Skinner, Burrhus F. (1974). *About Behaviorism.* New York: Alfred A. Knopf.

Smith, K L., Subich, L. M〉, & Kalodner, C. (1995). The transtheoretical model's stages and process of change and their relation to premature termination. *Journal of Counseling, 42*(1), 34-39.

Smith, Robert McCaughan. (1982). Learning how to learn: applied theory for adults. Chicago: Follett Pub. Co.

Sparry, L., & Sparry, J. (2012). 상담실무자를 위한 사례개념화 이해와 실제(이명우 역, 2014). 서울: 학지사.

Spear, G. E. (1988). *Beyond the organizing circumstance: A search for methodology for the study of self-directed learning. In H. B. Long & others, Self-directed learning: Application and theory.* Athens: Department of Adult Education, University of Georgia.

Spear, G. E., & Mocker, D. W. (1984). The organizing circumstance: Environmental determinants in self-directed learning. *Adult Education Quarterly*, *35*(1), 1-10.

Spearman, C. (1927). *The abilities of man: Their nature and measurement.* New York: Macmillan.

Sternberg, R. J. (1986). *Intelligence applied,* San Diego: Harcourt Brace Jovanovich.

Sullivan, H. S. (1953). *The interpersonal theory of psychiatry.* New York: Norton.

Super, D. E. (1957). *The psychology of careers.* NY:Harper & Row.

Super, D. E. (1986). Life career roles: Self-realization in work and leisure. In D. T. Hall & Associates (Eds.), *Career development in organizations* (95-119). San Francisco, CA: Jossey-Bass.

Super, D. E. (1990). A life-span, life-space approach to career development. In D. Brown & L. Brooks (Eds.), *Career choice and development:* Applying contemporary theories to practice (197-261), CA: Jossey-Bass.

Swanson, J. L., Daniels, K, K., & Tolar, D. M. (1996) Assesssing perceptions of career-related barriers: The Career Barriers Inventory. *Journal of Career Assessment*, *4*(2), 219-244.

Teyber, E. (2000). Interpersonal process in psychotherapy (4th ed.). Pacific Grove, CA: Brooks/Cole.

Torrance, E. P. (1959). Current research on the nature of creative talent. *Journal of Counseling Psychology,* VI(4), 6-11.

Tough, A. (1979). *The adult's learning projects: A fresh approach to theory and practice in adult learning.* Toronto: Ontario Institute for Studies in Education.

Trilling, Bernie & Fadel, Charles. (2016). *21st century skills: learning for in our times.* 한국교육개발원 역. 서울: 학지사.

Tuijnman, A. (2002). "Themes and questions for a research agenda on lifelong learning." in Richard Edwards, Nod Miller, Nick Small and Alan Tait (eds.). *Supporting Lifelong Learning,* 3. London: The Open University.

Turk, D. C., Ruby, T. E., & Salovey, P. (1984). Health protection: Attitudes and behavior of LPN's teachers and college students. *Health psychology*, *3*, 189-210.

U.S. Senate Special Committee on Aging (2010). *Developments in aging: 3.* Washington, D.C.: U.S. Government Printing Office.

UIL. (2013). *Annual Report 2012.* Hamburg: UNESCO Institute for Lifelong Education.

UNESCO. (2014). 2014-2021 Medium-term strategy. Paris: UNESCO.

Vaillant, George E. (1977). *Adaptation to life.* Boston: Little, Brown.

Van Doren, Mark. (1943). *Liberal Education.* Boston: Beacon.

Villaume, W. A., Brown, M. H., Darling, R., Richardson, D., Hawk, R., Henry, D. M., & Reid, T. (1997). Presbycusis and conversation: Elderly interactants adjusting to multiple hearing losses. *Research on Language and Social Interaction*, *30*, 235-262.

Vincent, John. (1959). *"The Rationale of the Chatauqua Movement,"* (1886). Inc. Hartley Grattan (ed.), *American Ideas about Adult Education,* 1710-1951. New York: Teachers College Press.

Wadeson, H. (1980). *Art psycotherapy*. New York: John Wiley & Sons.

Wain, K. (2001). "Lifelong learning: Small adjustment or Paradigm Shift?" in David Aspin, Judith Capman, Michael Hatton, and Yukilo Sawano (eds.). *International Handbook of lifelong learning.* London: Kluwer Academic Publishers.

Waldron, M. W., & Moore, G. (1991). *Helping adult learn: Course planning for adults,* Toronto: Thompson Educational Publishing, Inc.

Wechsler, D. (1958). *The measurement and appraisal of adult intelligence* (4th ed.). Baltimore, MD:Wiliams & Wikins.

Weinrib, E, L. (1983). *Images of the self: The sandplay therapy process.* Boston: Sigo Press

Whitehead, A. N. (1931). *"Introduction." In Wallace B. Donham, Business adrift.* New York: McGraw-Hill Book Co.

Wittgenstein, Ludwig. (1921). *Tractatus logico-philosophicus.* London: Routledge and Kegan Paul.

Wong, P. T. P. (1989). Personal meaning and successful aging. *Canadian Psychology, 30*(3), 516-525.

경제사회노동위원회 (www.eslc.go.kr)에서 2019. 12. 10 인출.

고용복지플러스센터(www.workplus.go.kr)

위키백과사전(2021). 신중. https://ko.wikipedia.org.

한국직업상담협회. www.kvoca.org

한국직업전망 워크넷 직업 진로. www.work.go.kr

한국표준직업분류. KSCO. 2017. 워크넷 직업진로. www.work.go.kr

# AUTHOR 저자소개


**김 동 일**

교육학 박사
광신대학교 초빙교수
주식회사 토브컴퍼니 전임강사
전) 광신대학교 교학처 교학과장, 부설 평생교육원(평생교육사) 팀장 역임
광주광역시평생교육사협회 사무국장 역임
티엔글로벌(평생교육사) 강사, 광주인재개발원(평생교육사) 교수 역임
초당대학교 강사 역임


〈저서〉
평생교육실습 이론과 실제(2020), 중독상담과 재활(2020), 학교폭력 예방 및 학생의 이해(2020), 청소년교육론(2020), 노인돌봄과 노인상담(2020), 생애주기별 부모교육(2020), 평생교육론(2021), 문화예술교육론(2021), 세계시민교육론(2021), 평생교육경영론(2021), 통합예술심리치료 이론과 실제(2022), 질적연구방법(2022), 청소년지도사 길라잡이(2022), 직업진로설계(2023), 평생학습방법론(2023), 발달장애와 직업진로상담(2023), 평생교육프로그램 개발론(2024) 외 다수

**이 미 나**

아동가정학박사
상담심리학박사
문화학(다문화이민정책)박사
현) 광신대학교 휴먼서비스교육학과 주임교수
휴먼서비스행복연구소 소장
광주광역시 북구 무장애도시조성위원회 위원
광주광역시 북구 여성친화도시 가족친화분과위원장

〈저서〉

다문화가족복지 및 상담, 부모교육, 생애주기별 부모교육, 영유아발달, 문화예술교육론, 세계시민교육론, 임상미술치료이론과 실제, 모래상자치료입문, 중독상담과 재활, 청소년 심리 및 상담, 발달장애와 직업진로상담, 청소년교육론 외 다수

## 임 형 택

교육학 박사, 교육상담시인
광주대학교 청소년상담 · 평생교육학과 명예 교수
삶지혜 · 사회혁신연구원 원장
미래문화교육연구소 고문

전) 호심기념도서관장
전) 광주 남구 청소년상담복지센터장, 남구 학교밖청소년지원센터장, 광주대학교 보건복지교육대학 학장, 학생생활연구소장, 교수학습지원센터장, 성인학습지원센터장 등 역임
우리함께 협동조합 이사장, 광주평생교육진흥원 이사 등 역임
월간 「모던 포엠」 2016년 3월호에 당선작으로 시인 등단

〈저서〉
슬픈 낙관주의자의 희망의 노래(2016), 에니어그램 이해와 적용(2003, 공편), 에니어그램 지능(2003, 공역), 청소년상담(2009, 공저), 교육방법 및 교육공학(2010, 공저), 교육복지론(2010, 공저), 평생교육방법론(2013, 공저), 청소년교육론(2013, 공저), 마을평생교육(2015, 공저) 외 다수

성인교육을 위한 **성인학습 및 상담**

**초판 1쇄 발행** / 2022년 3월 11일
**초판 2쇄 발행** / 2024년 3월 2일

•

**공저자** / 김동일 · 이미나 · 임형택
**발행인** / 이 중 수
**발행처** / **동 문 사**

•

서울특별시 서대문구 홍제원 1길 12
(홍제동 137-8)
Tel: 02)736-3718(대), 736-3710, 3720
Fax: 02)736-3719
**등록번호**: 1974.04.27. 제9-17호
**가격**: 22,000원

•

ISBN: 979-11-6328-397-3(93330)
E-mail: dong736@naver.com
www.dongmunsa.com